THAÏLANDE

Austin Bush, Tim Bewer, Cesleste Brash,
David Eimer, Damian Harper, Anita Isalska

Sommaire

Avant le départ

LAOS
Golfe du Tonkin
CHINE
VIENTIANE
NONG KHAI ET LE NORD-EST p. 186
Loei
Sakhon Nakhon
Khon Kaen
THAÏLANDE
Ubon Ratchathani
Nakhon Ratchasima (Khorat)
VIETNAM
Prachinburi
CAMBODGE
Chanthaburi
PHNOM PENH
Ho Chi Minh-Ville
Delta du Mékong
Golfe de Thaïlande
MER DE CHINE MÉRIDIONALE
Narathiwat
Kota Bharu
MALAISIE
0
500 km

Bienvenue en Thaïlande

Accueillante et joyeuse, exotique et mystérieuse, moderne et riche d'une longue histoire, la Thaïlande resplendit d'un éclat inaltérable.

Bangkok, capitale du royaume, marche à l'adrénaline. Le pouls de la ville est rapide, l'espace y est compté, les monuments et les parfums font tourner la tête. Elle désoriente, mais attire. La côte méridionale, quant à elle, apaise les nerfs de l'homme moderne. L'océan est limpide, les plongées sont superbes, et le rythme de vie est serein. Les célèbres îles et plages thaïlandaises sont dédiées au bon temps, aux fêtes sur la plage et aux repas décontractés. Le long de la côte d'Andaman, d'incroyables formations calcaires s'alignent tels des monuments préhistoriques.

Au-delà des plages, la culture thaïlandaise instruit et éclaire le voyageur. Grandes démonstrations religieuses et temples majestueux l'attendent à Bangkok, siège religieux et monarchique. Plus au nord, les anciennes capitales d'Ayutthaya et de Sukhothai égrènent leurs vestiges bien conservés et leurs bouddhas sereins. Le nord du pays n'est que montagnes verdoyantes, cités historiques et intrigues frontalières. Chiang Mai, porte d'accès à la région, offre une vieille ville bien préservée et une ambiance estudiantine. À plus haute altitude, des ethnies montagnardes tentent de sauvegarder leur identité culturelle.

Aux quatre coins du royaume, les Thaïlandais savent transformer les ingrédients les plus simples en véritable festin. Chaque région réserve son lot de spécialités culinaires – curries corsés au lait de coco dans le Sud, bols de nouilles fumants à Bangkok, ou plats mijotés réconfortants à Chiang Mai.

> *Par sa beauté et son caractère, la Thaïlande attire le monde entier sur ses côtes.*

Fête de Yi Peng, dans le cadre de Loi Krathong, Chiang Mai (p. 24)

NAYPYIDAW
MYANMAR (BIRMANIE)
YANGON (RANGOUN)
Golfe du Bengale
Golfe de Martaban
INDE
Mer d'Andaman
OCÉAN INDIEN
INDONÉSIE
Détroit de Malacca
CHIANG RAI ET L'EXTRÊME NORD p. 166
CHIANG MAI ET LE NORD-OUEST p. 122
Phayao
Nan
Lampang
Uttaradit
SUKHOTHAI ET SES ENVIRONS p. 100
Phitsanulok
Nakhon Sawan
Uthai Thani
AYUTTHAYA ET LE CENTRE p. 76
BANGKOK p. 34
Phetchaburi
HUA HIN p. 200
Rayo
Chumphon
KO PHANGA ET KO TA p. 230
KO SAMUI p. 214
Surat Thani
RAILAY p. 278
Nakhon Si Th
PHUKET ET LA CÔTE D'ANDAMAN p. 246
KO PHI PHI ET KO LANTA p. 288
Songkh
Yala
Alor Setar

Détail d'une œuvre d'art bouddhique

Avant le départ
12 expériences incontournables

HAFIZ JOHARI/SHUTTERSTOCK ©

Bangkok

Ville d'excès

Cette ville pleine d'énergie (p. 34) aime les néons et le bruit, le chaos et le béton, la mode et le futur. Filez à bord du métro aérien (BTS ou Skytrain), regardez le soleil se coucher sur le fleuve Chao Phraya (p. 48) à bord d'un ferry ou faites-vous masser par des mains expertes : l'effervescente capitale mêlant passé, présent et avenir ravira à coup sûr les amateurs d'espaces urbains.

1

JOESAYHELLO/SHUTTERSTOCK ©

THE GOATMAN/SHUTTERSTOCK ©

DAVID SALA/500PX ©

Chiang Mai et le Nord-Ouest

Capitale culturelle du Nord

La ravissante Chiang Mai (p. 122) arbore fièrement son patrimoine Lanna. Vous serez séduit par sa vieille ville emplie de temples datant de l'âge d'or du teck, ses librairies, ses boutiques ethniques chics et ses restaurants mettant à l'honneur les produits frais locaux. On peut faire de belles escapades dans la campagne à seulement 1 heure de la ville ou partir à la découverte de la province de Mae Hong Son (p. 158) et de la divertissante Pai (p. 158).

2

KAVRAM/SHUTTERSTOCK ©

Ko Samui

Synonyme de soleil, d'amusement et de confort

Désireuse de plaire, Ko Samui (p. 214) est une île aménagée pour le tourisme qui, outre son côté festif, propose une large gamme de services bien-être, tels que stages de yoga, massages, cures détox, etc. Les amateurs de soleil viennent sur l'immense plage de Chaweng (p. 218) pour voir et être vus ; mais, au-delà des plages dorées s'étendent les cocotiers emblématiques de l'île, ainsi que quelques criques tranquilles pour les familles.

3

4

Chiang Rai et l'extrême Nord

Diversité ethnique et paysages grandioses

L'époque du commerce de l'opium dans le Triangle d'or est révolue, et la province de Chiang Rai (p. 166) est désormais une destination incontournable en matière de randonnées, d'exploration en indépendant et d'expériences culturelles – visite d'un village akha ou séjour dans le hameau yunnanais de Doi Mae Salong (p. 174). Des plaines du Mékong aux montagnes, cette magnifique province, proche du Myanmar (Birmanie) et du Laos, fait la fierté du pays.

Parc culturel et artistique de Mae Fah Luang (p. 176)

5

Railay

Vertigineuses formations karstiques

On croit aborder une île lorsque l'on rejoint en *long-tail boat* cette péninsule parsemée de formations calcaires (p. 278), donnant l'illusion d'une forteresse rocheuse. Les mordus d'escalade ont fait des falaises leur terrain de jeu vertical, se hissant assez haut pour admirer la baie parsemée de tours karstiques. Kayakistes et plongeurs découvrent des grottes accessibles à marée basse et la vie marine qu'abritent ces îlots qui surgissent de l'eau. Phra Nang (p. 284)

NATTHAWUT UTSAWACHAICHOT/SHUTTERSTOCK ©

MAXIM TUPIKOV/SHUTTERSTOCK ©

Sukhothai et ses environs

Temples en ruine dans une campagne pittoresque

Enfourchez une bicyclette pour découvrir les temples délabrés, les statues du Bouddha et les étangs poissonneux du plus grand parc historique de Thaïlande. L'endroit est doté de musées intéressants et d'hébergements d'un bon rapport qualité/prix. Malgré sa popularité, Sukhothai (p. 100) est rarement bondé, et le parc historique de Si Satchanalai-Chaliang (p. 108), tout proche, n'attire que quelques férus d'histoire venus gravir ses antiques escaliers. Wat Si Chum (p. 107)

6

TONIMD/GETTY IMAGES ©

Hua Hin

Cocktail royal de ville et de mer

Villégiature royale, Hua Hin (p. 200) est proche de Bangkok et comblera les amateurs de ville et de mer. Ses plages sont immenses, sa cuisine de marché fantastique et l'on peut aussi se cultiver. Découvrez les plages tranquilles du sud de la ville, rejoignez un temple juché sur un promontoire ou prenez un cours de kitesurf. Entre deux activités balnéaires, vous mangerez comme un roi.

7

8

Ko Phangan et Ko Tao

Terres de fête et de farniente

Célèbre pour ses fêtes échevelées de la Pleine Lune, Ko Phangan (p. 230) est une ancienne destination bohème où règne une ambiance décontractée. Les voyageurs sac au dos y trouvent des adresses rustiques et tranquilles, et certains amateurs de confort la préfèrent à Ko Samui. Les plongeurs peuvent accéder facilement à des sites parmi les meilleurs du golfe de Thaïlande à proximité de Ko Phangan ou de Ko Tao (p. 236).

SETTAWAT UDOM/SHUTTERSTOCK ©

MATYAS REHAK/SHUTTERSTOCK ©

DENIS COSTILLE/SHUTTERSTOCK ©

9

Ko Phi Phi et Ko Lanta

Pépites de la côte d'Andaman

Peut-être la plus belle île de Thaïlande, Ko Phi Phi Don (p. 288 ; photos ci-contre) offre de superbes plages de sable blond, des falaises calcaires et des eaux turquoise. Les fêtes à la belle étoile y durent toute la nuit. Si vous venez chercher la tranquillité, Ko Phi Phi Leh (p. 294), sa voisine, est un parc doté de récifs coralliens et de lagons intérieurs. Sillonnez ces paysages de rêve en bateau, un verre à la main. Toute proche, Ko Lanta (p. 299) est plus calme et authentique.

CARLOS CASTILLA/SHUTTERSTOCK ©

DENIS COSTILLE/SHUTTERSTOCK ©

ANAN KAEWKHAMMUL/SHUTTERSTOCK ©

Phuket et la côte d'Andaman

Station balnéaire par excellence

Phuket (p. 246) est une station balnéaire internationale accessible à tous. Embarquez sur un vol intérieur depuis Bangkok et prenez vos quartiers dans un complexe cinq étoiles ou un boutique-hôtel. Profitez de belles plages, de lieux de fête hédonistes et de tout le confort qu'offre cette destination touristique phare. Sans oublier les excursions à la journée dans les mangroves ou la jolie Phuket-ville (p. 264), les sports aquatiques et les refuges pour les singes.

10

MARTINHOSMART/GETTY IMAGES ©

Ayutthaya et le Centre

Escapades hors du temps

11

Inscrites au patrimoine mondial, les ruines d'Ayutthaya (p. 76), l'ancienne capitale du Siam, se visitent en une journée depuis Bangkok, à l'occasion de circuits à vélo qui en font revivre l'histoire et la grandeur artistique. Plus à l'ouest, Kanchanaburi (p. 89) et le pont de la rivière Kwaï (p. 90) témoignent d'un passé tragique, tandis qu'à l'est l'une des plus grandes zones protégées d'Asie abrite de nombreuses cascades et grottes. Wat Phanan Choeng (p. 81)

AMNAT30/SHUTTERSTOCK ©

Nong Khai et le Nord-Est

Ville frontalière au bord du Mékong

12

Nong Khai (p. 186) n'est pas une halte habituelle. Elle mérite pourtant la visite pour son joli cadre au bord du Mékong. Un jardin de sculptures offre une étonnante collection d'œuvres d'avant-garde. Les visiteurs passent le reste du temps à visiter la ville à vélo, au milieu des poules en liberté, des écoliers en uniforme et des jardins de fruits tropicaux. Plusieurs temples et cascades tout proches valent le détour.

Avant le départ
Ce qu'il faut savoir

Quand partir

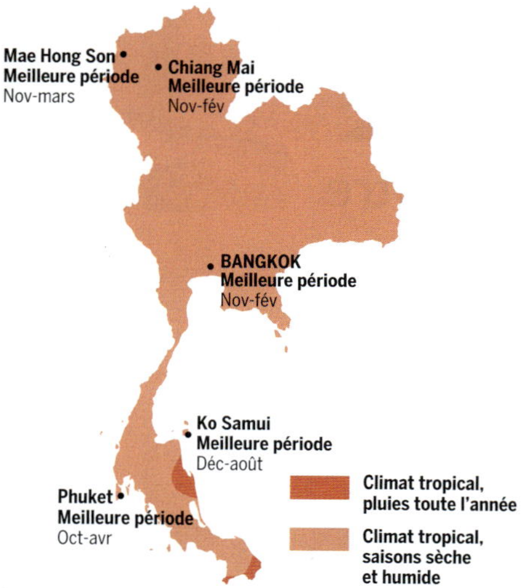

Haute saison (nov-mars)

- Une saison fraîche et sèche succède à la mousson.
- À Noël et au jour de l'An, il y a foule et les prix grimpent.

Saison intermédiaire (avr-juin et sept-oct)

- Avril à juin sont chauds et secs ; les brises marines ventilent le littoral.
- Septembre et octobre sont idéals pour visiter le Nord et le littoral du golfe de Thaïlande.

Basse saison (juil-oct)

- La mousson oscille entre simples averses l'après-midi et franches inondations.
- Certaines îles sont fermées ; les dessertes en bateau sont restreintes lors des tempêtes.
- Les pluies sont généralement brèves mais intenses.

Monnaie

Baht (B)

Langue

Thaï

Visa

Les visiteurs de la plupart des pays peuvent rester en Thaïlande jusqu'à 30 jours sans visa. Voir aussi p. 349.

Argent

Les DAB, très répandus, prélèvent 150 à 180 B pour les retraits sur un compte étranger ; les cartes Visa et MasterCard sont acceptées dans la plupart des hôtels et restaurants haut de gamme, mais pas dans les établissements familiaux.

Téléphone portable

Les cartes SIM prépayées, compatibles avec les téléphones GSM, sont bon marché ; la 4G est largement répandue.

Heure locale

Heure GMT + 7 heures. Lorsqu'il est midi à Paris, il est 17h/18h à Bangkok (heure d'été/d'hiver).

Budget quotidien

Moins de 1000 B

- Chambre dans une petite *guesthouse* : 600-1000 B
- Repas sur un marché ou un stand de rue : 40-100 B
- Petite bouteille de bière : 100 B
- Transport public en ville : 20-50 B

1000-4000 B

- *Guesthouse* ou hôtel de catégorie moyenne : 1000-4000 B
- Repas occidental ou plat de poisson : 150-350 B
- Circuit organisé/activité : 1000-1500 B
- Location de moto : 150-250 B

Plus de 4000 B

- Hôtel tout confort : 4000 B
- Repas dans un restaurant haut de gamme : 350-1000 B
- Excursion privée : 2000 B
- Location de voiture : à partir de 800 B/jour

Sites Internet

Ambassade de France en Thaïlande (th.ambafrance.org). Le site de l'ambassade de France à Bangkok.
Office national du tourisme de Thaïlande (TAT ; www.tourismethaifr.com). Informations touristiques et événements.
Lonely Planet (www.lonelyplanet.fr). Renseignements sur la destination, réservation d'hébergements et forum de voyageurs.
Guide de la Thaïlande sur Internet (thailande-guide.com). Petites annonces, cuisine, langue, etc.
ThailandeFr (www.thailande-fr.com). Actualités, culture, médias, société, etc.
Thaivisa (fr.thaivisa.com). Site d'actualité et de discussion pour expatriés.
Dictionnaire français-thaï (www.francais-thai.com)

Heures d'ouverture

Les administrations et les banques ferment les jours fériés. Bars et clubs baissent leur rideau les jours de scrutin et pour certaines fêtes religieuses.
Banques 8h30-16h30 ; DAB 24h/24.
Bars 18h-minuit ou 1h.
Clubs 20h-2h.
Administrations 8h30-16h30 lun-ven. Parfois fermées pour le déjeuner.
Restaurants 8h-22h.
Boutiques 10h-19h.

À l'arrivée

Aéroport international Suvarnabhumi (Bangkok) Un taxi coûte 220-380 B plus les péages et le supplément d'aéroport de 50 B. L'Airport Rail Link fait aussi la liaison.
Aéroport international Don Mueang (Bangkok) Quatre lignes de bus partent de l'aéroport "low cost" de Bangkok. Taxis avec compteur 24h/24.
Aéroport international de Chiang Mai Les taxis prennent un forfait de 120 B.
Aéroport international de Phuket Des bus et des minibus rallient Phuket-ville (100-150 B) et les plages (180 B). Les taxis prennent 550 B.

Comment circuler

Avion De nombreux vols intérieurs partent de Bangkok.
Bus Les bus interurbains sont commodes ; achetez vos tickets dans les gares routières pour éviter les indélicatesses.
Transports privés Des taxis avec compteur circulent à Bangkok ; ailleurs, il faut négocier le prix de la course avec les *tuk-tuk* et les motos. On peut louer facilement deux-roues et voitures.
Transports publics Bangkok possède un réseau de transport très développé. Ailleurs, des *songthaew* (*sŏrng·tăa·ou* ; pick-up collectifs) suivent des itinéraires fixes.
Train Lent, mais permet d'apprécier le paysage.

Voir aussi **Transports**, p. 363

Avant le départ

Envie de...

MMEEE/GETTY IMAGES ©

Plages

Farniente sur une plage tropicale bordée d'eaux turquoise et de montagnes couvertes de jungle.

Ko Phangan (p. 230)
Maîtrisez l'art d'accrocher un hamac, faites la fête jusqu'à l'aube ou nagez avec les requins-baleines.

Hat Rin Nok La plage la plus propre de l'île accueille des fêtes de la Pleine Lune. (p. 234)

Ko Samui (p. 214)
Une escapade accessible, alliant plages somptueuses, yoga en bord de mer et spectacle de la foule.

Plage de Mae Nam Une vue somptueuse, magique au crépuscule. (p. 219)

Railay (p. 278)
Sublimes plages sur fond de formations calcaires féeriques (photo ci-dessus) et de forêt vierge.

Hat Railay Est Le site à ne pas manquer pour les amateurs d'escalade. (p. 282)

TAKE PHOTO/SHUTTERSTOCK ©

Sites historiques

Suivez la piste culturelle à travers les capitales historiques, l'évolution artistique et architecturale, et les identités régionales.

Sukhothai (p. 100)
Une plongée méditative dans le passé, parmi les ruines d'un ancien royaume thaïlandais.

Parc historique de Sukhothai Un site vaste, à visiter à vélo. (p. 104)

Ayutthaya (p. 76)
Une ville de province assoupie entoure aujourd'hui les temples en ruine.

Parc historique d'Ayutthaya Les ruines de l'ancienne capitale du Siam. (p. 80)

Chiang Mai (p. 122)
Des joyaux en teck attestent le passé artistique de l'ancien royaume Lanna.

Wat Phra That Doi Suthep Des stupas étincelants. (p. 138 ; photo ci-dessus)

Cuisine thaïlandaise

Avec ses plats toniques à base d'ingrédients et d'épices fraîches relevés de piment, la cuisine thaïlandaise est l'une des préférées dans le monde.

TAMMY54/ADOBE STOCK ©

Bangkok (p. 34)
Cette étoile culinaire sait jouer toute la gamme : simples nouilles, grande cuisine et plats internationaux.

nahm Le meilleur restaurant thaïlandais du monde ? (p. 69)

Chiang Mai (p. 122)
Cette ville du Nord excelle dans la cuisine végétarienne et les cours de cuisine thaïlandaise.

Nouilles au curry Testez les *kôw soy* de Kao Soi Fueng Fah. (p. 150 ; photo ci-dessus)

Hua Hin (p. 200)
Plats sino-thaïlandais et produits de la mer méridionaux éclipsent l'attrait des plages pour les gourmands.

Curry de crabe Goûtez le *pàt pŏng gà·rèe bou* au marché nocturne de Hua Hin. (p. 207)

Shopping

Passe-temps privilégié des Thaïlandais, le shopping a pour cadre les marchés de rue exubérants et les centres commerciaux haut de gamme.

VASSAMON ANANSUKKASEM/SHUTTERSTOCK ©

Bangkok (p. 34)
Des marchés aux galeries marchandes, on peut pratiquement acheter de tout et partout.

Marché du week-end de Chatuchak Unique en son genre (p. 52 ; photo ci-dessus)

Chiang Mai (p. 122)
Des objets artisanaux chics et une atmosphère festive caractérisent les marchés en plein air.

Rues piétonnes Nourriture, mode et divertissement. (p. 132)

Phuket (p. 246)
Phuket-ville compte des boutiques artistiques et un marché animé le week-end.

Ranida Une boutique mêlant antiquités et vêtements d'inspiration vintage. (p. 267)

Avant le départ
100% thaïlandais

MACIEJ BLEDOWSKI/SHUTTERSTOCK ©

Activités

La Thaïlande propose une large palette d'activités. Nage avec les requins-baleines ou visite de Sail Rock et Chumphon Pinnacle à Ko Phangan, principaux spots de plongée du golfe de Thaïlande, les activités aquatiques figurent en tête de liste. Si vous préférez le plancher des vaches, direction la province de Kanchanaburi et ses sites historiques, grottes et nombreux parcs nationaux, tandis que les accros à l'adrénaline escaladeront les rochers de calcaire ou visiteront en kayak les formations rocheuses autour de Railay. Les randonneurs découvriront les tribus peuplant les collines reculées de Chiang Rai, ou se délasseront dans des sources chaudes.

Ko Tao L'île offre des conditions de plongée exceptionnelles. C'est la destination idéale pour un baptême.

Parcs nationaux des îles Surin et Similan Réputés dans le monde entier, ces deux archipels ont fait de la Thaïlande une destination internationale pour la plongée.

Achats

Les adeptes du shopping seront heureux en Thaïlande. Les gigantesques centres commerciaux de la capitale débordent d'articles de créateurs, de cadeaux et d'objets de décoration uniques, et le marché du week-end de Chatuchak et les autres marchés extérieurs feront leur bonheur. Le marché nocturne de Chiang Mai est plein de souvenirs et d'antiquités, tandis que des boutiques contribuent au développement économique des villages ruraux en vendant des produits artisanaux comme des textiles et de la vannerie. Gardez de la place dans votre valise pour les beaux tissus *mát·mèe* d'influence laotienne que l'on trouve dans la ville alanguie de Nong Khai, au Nord-Est.

Se restaurer

La cuisine thaïlandaise est succulente, remarquablement pratique et ridiculement bon marché. Chaque région possède sa propre version de curry odorant,

OPERATION SHOOTING/SHUTTERSTOCK ©

épicé et coloré, dont les secrets vous seront révélés dans l'une des écoles de cuisine de Bangkok, Phuket ou Chiang Mai. Les trois plats emblématiques du Nord-Est (poisson grillé, salade de papaye verte épicée et riz gluant) ont leurs adeptes dans tout le pays, et sur la côte on se régale des meilleurs produits de la mer.
Ne boudez pas les fruits tropicaux, suaves comme des bonbons, empilés en pyramides colorées à travers le pays.

Prendre un verre et faire la fête

DJ internationaux dans les discothèques de la capitale, cocktails coulant à flots dans les bars sur les toits, fêtes de la Pleine Lune, seaux de whisky et farniente sur la plage de Ko Phangan pour les lendemains difficiles, bringues avec des étudiants branchés et des bobos travaillant pour des ONG dans les *beer gardens* de Chiang Mai... la convivialité des Thaïlandais est légendaire.

★ Meilleurs restaurants locaux

Bang Po Seafood (p. 226), Ko Samui
Krua Apsorn (p. 66), Bangkok
Lung Eed (p. 178), Chiang Rai
Lung Lek (p. 88), Ayutthaya
Daeng Namnuang (p. 194), Nong Khai

Sortir

Les occasions de se divertir ne manquent pas en Thaïlande. Musique et danse traditionnelles animent les défilés de rue colorés lors des fêtes de Chiang Mai, Chiang Rai et Nong Khai. À Bangkok, allez voir les champions de boxe thaïlandaise dans le plus grand stade du pays, ou découvrez des scènes ouvertes, des jam-sessions de jazz et de la musique traditionnelle dans des clubs musicaux intimistes, notamment à Chiang Mai.

Page ci-contre : escalade, Railay (p. 282) ;
ci-dessus : tissage de la soie

Avant le départ
L'agenda

501ROOM/SHUTTERSTOCK ©

Janvier

Temps sec et frais et pic de la saison touristique.

Nouvel An chinois
On fête le Nouvel An lunaire (*đrùđ jin*). Grand ménage et feux d'artifice pendant une semaine.

Février

C'est toujours la haute saison en Thaïlande ; on y vient pour le soleil et la fête.

Makha Bucha
À la pleine lune du troisième mois lunaire, Makha Bucha (*mah·ká bou·chah*) est l'un des trois jours fériés rappelant des moments clés de la vie du Bouddha. Il célèbre le jour où 1250 *arahants* (bouddhistes ayant atteint l'Éveil) se sont réunis pour rendre visite au Bouddha et recevoir ses enseignements.

Fête des Fleurs
Chiang Mai se pare de fleurs pendant trois jours. Le clou du spectacle : une parade de chars fleuris dans la ville.

Mars

La saison chaude et sèche approche et les plages se vident. Les étudiants, en vacances avant le second semestre, visitent le pays.

Fêtes des Cerfs-volants
C'est la saison des vents. Des cerfs-volants hauts en couleur s'affrontent dans le ciel du Sanam Luang, à Bangkok, et partout dans le pays.

Avril

Temps chaud et sec. La saison touristique ralentit, mais il faut réserver tôt, car les Thaïlandais voyagent durant Songkran.

Saison de la mangue jaune
Les succulentes mangues sont mûres à point en avril. Découpées sous vos yeux,

MATT MUNRO/LONELY PLANET ©

elles sont mélangées à du riz gluant et accompagnées d'une sauce au lait de coco.

Songkran

Le Nouvel An traditionnel thaïlandais (13-15 avril) commence sagement, puis dégénère en bataille d'eau. Le matin, des cortèges colorés ornés de bouddhas s'avancent vers les temples et sont aspergés. Puis tout le monde charge son pistolet à eau et descend dans la rue.

Poi Sang Long

Cette fête bigarrée, célébrant l'ordination des novices bouddhistes, se déroule fin mars/début avril à Chiang Mai et Mae Hong Son. De jeunes garçons shan (Tai Yai), âgés de 7 à 14 ans, paradent en costume d'apparat, avec coiffes et maquillage.

Mai

La saison des pluies arrive. Les festivités annoncent des pluies et des récoltes abondantes. Les prix sont bas et les touristes peu nombreux. Il fait encore très chaud.

★ Cinq plus belles fêtes

Fête des Fleurs, février

Songkran, avril

Fête des Fusées, mai

Fête végétarienne, septembre/octobre

Loi Krathong, novembre

Cérémonie des Labours royaux

Astrologie et rites brahmaniques se mêlent durant cette cérémonie royale qui marque l'ouverture de la saison de plantation du riz.

Fête des Fusées

Dans le Nord-Est, où les précipitations se font parfois attendre, des fusées en bambou (*bâng fai*) peintes sont envoyées dans le ciel pour provoquer la pluie. Festivités à Yasothon, Ubon Ratchathani et Nong Khai.

Page ci-contre : Makha Bucha, Chiang Mai ; ci-dessus : Songkran, Chiang Mai

Visakha Bucha

Le jour sacré de Visakha Bucha (*wí·săh·kà bou·chah*) tombe le quinzième jour de lune croissante du sixième mois lunaire. Il commémore la naissance, l'Éveil et la mort (*parinibbana*) du Bouddha.

Juin

Dans certaines régions, la saison des pluies se résume à une averse l'après-midi, laissant le reste de la journée à la musique et aux réjouissances. C'est la saison intermédiaire.

Juillet

La saison des pluies marque le début du carême bouddhique, une période de réflexion et de méditation. C'est l'été et les touristes arrivent en masse.

Anniversaire de Sa Majesté le roi

L'anniversaire du roi, le 28 juillet, est un jour férié.

Asanha Bucha

Lors de la pleine lune du 8e mois lunaire, on célèbre le premier sermon du Bouddha et les quatre nobles vérités de la religion. L'une des fêtes les plus sacrées du bouddhisme.

Khao Phansaa

Le jour suivant Asanha Bucha, cette fête marque le début du carême bouddhique (premier jour de la lune décroissante du huitième mois lunaire). Les hommes choisissent ce moment pour entrer dans les ordres.

Août

La mi-saison des pluies se caractérise par un ciel couvert et des averses quotidiennes.

Fête des Mères

Le 12 août, jour de l'anniversaire de la reine mère Sirikit, est férié. C'est la fête des Mères.

Octobre

Les préparatifs religieux pour la fin de la saison des pluies et du carême bouddhique commencent. C'est la fin de la mousson dans presque tout le pays.

Fête végétarienne

Durant les neuf jours de cette fête, la viande est bannie de l'alimentation, conformément aux croyances chinoises concernant la purification de l'esprit et du corps. À Phuket, les manifestations prennent une tournure parfois effrayante lorsque des participants en transe se transpercent le corps avec des objets pointus. La fête a généralement lieu fin septembre/début octobre.

Ork Phansaa

La fin du carême bouddhique (durant trois lunes, environ trois mois après Khao Phansaa) est marquée par la cérémonie de *gà·tĭn*, au cours de laquelle les personnes méritantes offrent de nouvelles robes aux moines. Des courses de *long-tail boat* sont organisées sur la rivière à Nong Khai et dans d'autres villes.

Fête du roi Chulalongkorn

Le jour anniversaire de la mort de Rama V, le 23 octobre, est fêté près de sa statue dans le parc Dusit.

Novembre

Saison fraîche et sèche. Évitez la foule en arrivant tôt. Les plages sont agréables et les paysages luxuriants.

Loi Krathong

C'est l'une des fêtes les plus populaires de Thaïlande. Loi Krathong se déroule lors de la première pleine lune du douzième mois lunaire. De petits bateaux en origami (*kràthong* ou *grà·tong*), ornés de fleurs et de bougies, sont lâchés sur les cours d'eau.

Décembre

Ciel bleu, hôtels bondés et ambiance de vacances : c'est le haut de la saison touristique.

Fête des Pères

Date de l'anniversaire de l'ancien roi Bhumibol, le 5 décembre est un jour férié.

Avant le départ

En avant-goût

Livres

Plusieurs vies (*Lai Chiwit*, 1986), de Kukrit Pramoj. Tableau saisissant de la société thaïlandaise sous forme de nouvelles.

Terre de mousson (1993), de Pira Sudham. Hommage au monde paysan et brillante évocation du Nord-Est dans sa lutte contre la pauvreté et la corruption.

La Plage (*The Beach*, 1996), d'Alex Garland. Aventure devenue un classique.

La Chute de Fak (2003), de Chart Korbjitti. Drame d'un jeune villageois injustement accusé d'un délit.

Jours tranquilles à Bangkok (2010), de Lawrence Osborne. Récit amusant et intelligent du quotidien à Bangkok.

Films

La Plage (2000), de Danny Boyle. Utopie hollywoodienne sur une île paradisiaque, adapté du roman éponyme.

Wonderful Town (2007), d'Aditya Assarat. Histoire d'amour dans une ville ravagée par le tsunami.

Agrarian Utopia (*Sawan baan na*, 2009), d'Uruphong Raksasad. Vie quotidienne et difficultés financières des paysans du Nord.

Oncle Boonmee, celui qui se souvient de ses vies antérieures (2010), d'Apichatpong Weerasethakul. Les apparitions magiques de sa femme et de son fils disparus confirment à Oncle Boonmee que sa fin est proche. Palme d'or à Cannes en 2010.

36 (2012), de Nawapol Thamrongrattanarit. Histoire d'amour retracée à travers 36 plans fixes.

How to Win at Checkers (Every Time) (2015), de Josh Kim. D'après la nouvelle de Rattawut Lapcharoensap. Oat, 11 ans, assure les obligations militaires de son frère gay.

Musique

Best (Pumpuang Duangjan). Le meilleur de feu la diva de la country thaïlandaise.

Boomerang (Bird Thongchai). L'album le plus apprécié du roi de la pop thaïlandaise.

Made in Thailand (Carabao). Classique du rock thaïlandais.

Romantic Comedy (Apartment Khunpa). Rock post-alternatif.

Ci-dessus : restaurants de rue, Bangkok (p. 58)

Itinéraires : 5 jours

De Bangkok à Chiang Mai

Atterrissez à Bangkok, envolez-vous pour Chiang Mai et fuyez le vacarme urbain lors d'une excursion dans les montagnes.

DE GAUCHE À DROITE : STEPHANE BIDOUZE/SHUTTERSTOCK © ; SERGEY EDENTOD/SHUTTERSTOCK ©

1 Bangkok (p. 34)
Découvrez les temples étincelants et les restaurants haut de gamme de cette capitale dynamique, adonnez-vous au shopping, puis détendez-vous dans un bar perché sur un toit.
✈ 1 heure jusqu'à Chiang Mai

2 Chiang Mai (p. 122)
Découvrez la vieille ville, flânez dans Th Nimmanhaemin, la rue de la mode, ou visitez un sanctuaire d'éléphants.
🚗 4-6 heures jusqu'à la vallée de Mae Sa

3 Vallée de Mae Sa (p. 152)
Admirez le paysage d'altitude en déjeunant dans un restaurant juché sur une crête, avant de batifoler dans les eaux de la Nam Tok Mae Sa.

De Bangkok à Hua Hin

Goûtez un peu à tout – culture, nature, plages, produits de la mer – au cours de cet itinéraire rapide et facile à une demi-journée de Bangkok.

1 Bangkok (p. 34)
Pour échapper au chaos urbain, visitez les temples historiques qui bordent le fleuve ou rejoignez le marché flottant de Taling Chan.
2 heures 30 jusqu'à Phetchaburi

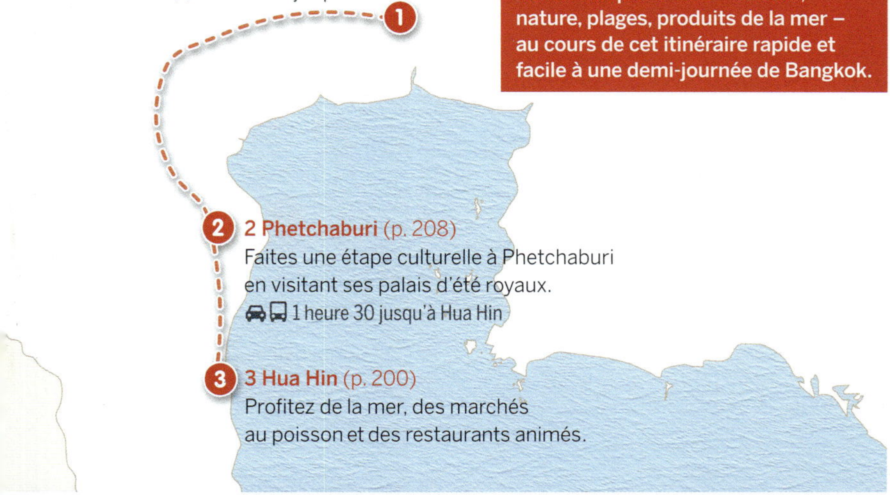

2 Phetchaburi (p. 208)
Faites une étape culturelle à Phetchaburi en visitant ses palais d'été royaux.
1 heure 30 jusqu'à Hua Hin

3 Hua Hin (p. 200)
Profitez de la mer, des marchés au poisson et des restaurants animés.

Avant le départ

Itinéraire : 10 jours

De Ko Samui à Railay

Savourez le paysage tropical au fil des plages et des îles du célèbre littoral thaïlandais : le golfe de Thaïlande et la mer d'Andaman.

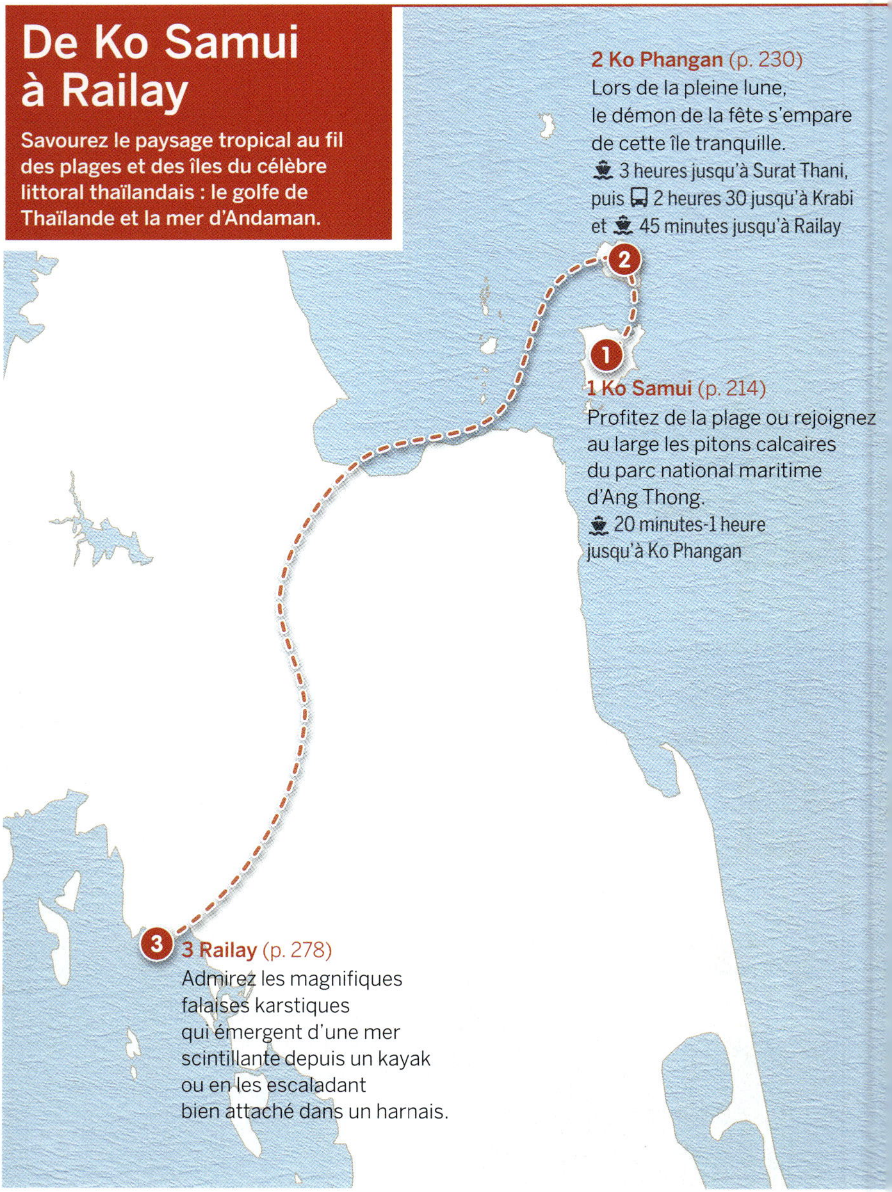

1 Ko Samui (p. 214)
Profitez de la plage ou rejoignez au large les pitons calcaires du parc national maritime d'Ang Thong.
20 minutes-1 heure jusqu'à Ko Phangan

2 Ko Phangan (p. 230)
Lors de la pleine lune, le démon de la fête s'empare de cette île tranquille.
3 heures jusqu'à Surat Thani, puis 2 heures 30 jusqu'à Krabi et 45 minutes jusqu'à Railay

3 Railay (p. 278)
Admirez les magnifiques falaises karstiques qui émergent d'une mer scintillante depuis un kayak ou en les escaladant bien attaché dans un harnais.

DE HAUT EN BAS ET DE GAUCHE À DROITE : DON MAMMOSER/SHUTTERSTOCK ©, STEPHEN J. BOITANO/GETTY IMAGES ©, DITTY_ABOUT_SUMMER/SHUTTERSTOCK ©

Itinéraire : 2 semaines

D'Ayutthaya à Chiang Rai

Découvrez la riche culture thaïlandaise : d'Ayutthaya, ancienne capitale, à Chiang Mai, siège du royaume Lanna, et Chiang Rai.

1 Ayutthaya (p. 76)
Compensez la fièvre consommatrice de Bangkok par 2 jours d'excursion culturelle dans le parc historique d'Ayutthaya, inscrit au patrimoine mondial.
🚌 7 heures jusqu'à Sukhothai

2 Sukhothai (p. 100)
Restez 2 jours à Sukhothai pour visiter les parcs historiques de Sukhothai et de Si Satchanalai-Chaliang.
🚌 6 heures jusqu'à Chiang Mai

3 Chiang Mai (p. 122)
Prévoyez au moins 3 jours pour découvrir les temples de la vieille ville, les boutiques d'artisanat et Thanon Nimmanhaemin, la rue de la mode.
🚌 3-4 heures jusqu'à Chiang Rai

4 Chiang Rai (p. 166)
Visitez le Wat Rong Khun, flânez au marché nocturne pour découvrir l'artisanat des tribus montagnardes et faites un trek de 3 à 4 jours avec une ONG.
🚌 Transfert, puis 1 heure en songthaew jusqu'à Doi Mae Salong

5 Doi Mae Salong (p. 174)
Cette bourgade peuplée par une ethnie chinoise est juchée sur une crête ; une excursion facile d'une journée (on peut aussi y passer la nuit).

2

4

5

Voyager en famille

ANEKOHO/SHUTTERSTOCK ©

Les Thaïlandais aiment les enfants. Les adultes leur cèdent leur place dans le bus et le personnel des hôtels et des restaurants joue volontiers avec eux. Même les chauffeurs de taxi les plus bourrus se transforment en tontons gâteux pour jouer à "Coucou ! Qui est là ?".

À voir et à faire

Les enfants apprécieront les plages, pour la plupart en pente douce et adaptées aux débutants. Les plus grands pratiqueront le snorkeling sur les récifs proches du rivage dans des îles du golfe et de la mer d'Andaman. Courants et marées sont toutefois puissants sur certaines plages, surtout pendant la mousson.

Fermes de crocodiles, singes savants et zoos de tigres sont nombreux en Thaïlande, mais les animaux vivent dans des conditions discutables. Les éco-circuits de Chiang Mai sont plus recommandés. Les sanctuaires d'éléphants permettent de découvrir ces pachydermes vénérés sans leur infliger de traitement indigne.

Les plus grands apprécieront les excursions dans la jungle et autres activités de plein air. Des stations balnéaires comme Phuket permettent aussi d'admirer des cascades et de pratiquer les sports nautiques.

Les enfants risquent de se sentir à l'étroit en ville. La piscine d'un hôtel leur fournira un espace de jeu , sinon, ils profiteront d'un parc où joggeurs et familles viennent en début de soirée. À Bangkok, ils pourront observer les chantiers de construction et les galeries marchandes. Pour les longs trajets, préférez le train où ils pourront déambuler et faire des rencontres ; dans les wagons-lits, les couchettes du bas leur sont réservées.

Alimentation

Les petits Thaïlandais ne mangent généralement pas épicé jusqu'à l'école primaire ; avant, ils se satisfont de riz et de malbouffe. Le poulet non épicé convient aux enfants : *gài yâhng* (poulet grillé), *gài tôrt* (poulet frit) et *gài pàt mét má·môo·ang* (poulet sauté aux noix de cajou).

FOTOS593/SHUTTERSTOCK ©

Essayez le *kôw pàt* (riz sauté), mais l'odeur du *nám þlah* (sauce de poisson) peut les rebuter. Le personnel serviable des restaurants conseille le *kài ji·o* (omelette thaïlandaise), prêt en un clin d'œil. Sinon, les fruits tropicaux et les jus en vente partout leur permettront de s'hydrater. Bien sûr, beaucoup de centres touristiques sont dotés de restaurants occidentaux.

Santé et sécurité

D'une manière générale, la Thaïlande ne pose guère de problèmes de santé pour les enfants. Faites-les boire beaucoup et se laver régulièrement les mains. Les enfants thaïlandais sont baignés au moins deux fois par jour, et on leur poudre le corps pour réduire l'irritation de la peau provoquée par le climat humide. Les petits étrangers devraient être lavés au moins une fois par jour.

★ Meilleures destinations pour les enfants

Ko Samui (p. 214)

Ko Phangan (p. 230)

Bangkok (p. 34)

Bon à savoir

Chaises hautes Parfois disponibles dans les *resorts*.

Couches Petites tailles disponibles dans les supérettes et les 7-Eleven ; essayez les Tesco Lotus et les Tops Market pour les tailles 3 et plus.

Lits pour bébé Sur demande dans les hôtels de catégorie moyenne et haut de gamme.

Poussettes Apportez une poussette-canne avec ombrelle.

Tables à langer Inexistantes.

Transports Sièges auto et ceintures de sécurité plutôt rares dans les transports publics ou privés.

Page ci-contre : kayak dans le golfe de Thaïlande ; ci-dessus : Elephant Nature Park, Chiang Mai (p. 135)

Pilier de la Ville
(p. 128)
Bouddha d'Émeraude
(p. 41)
Grand Palais
(p. 40)

BANGKOK

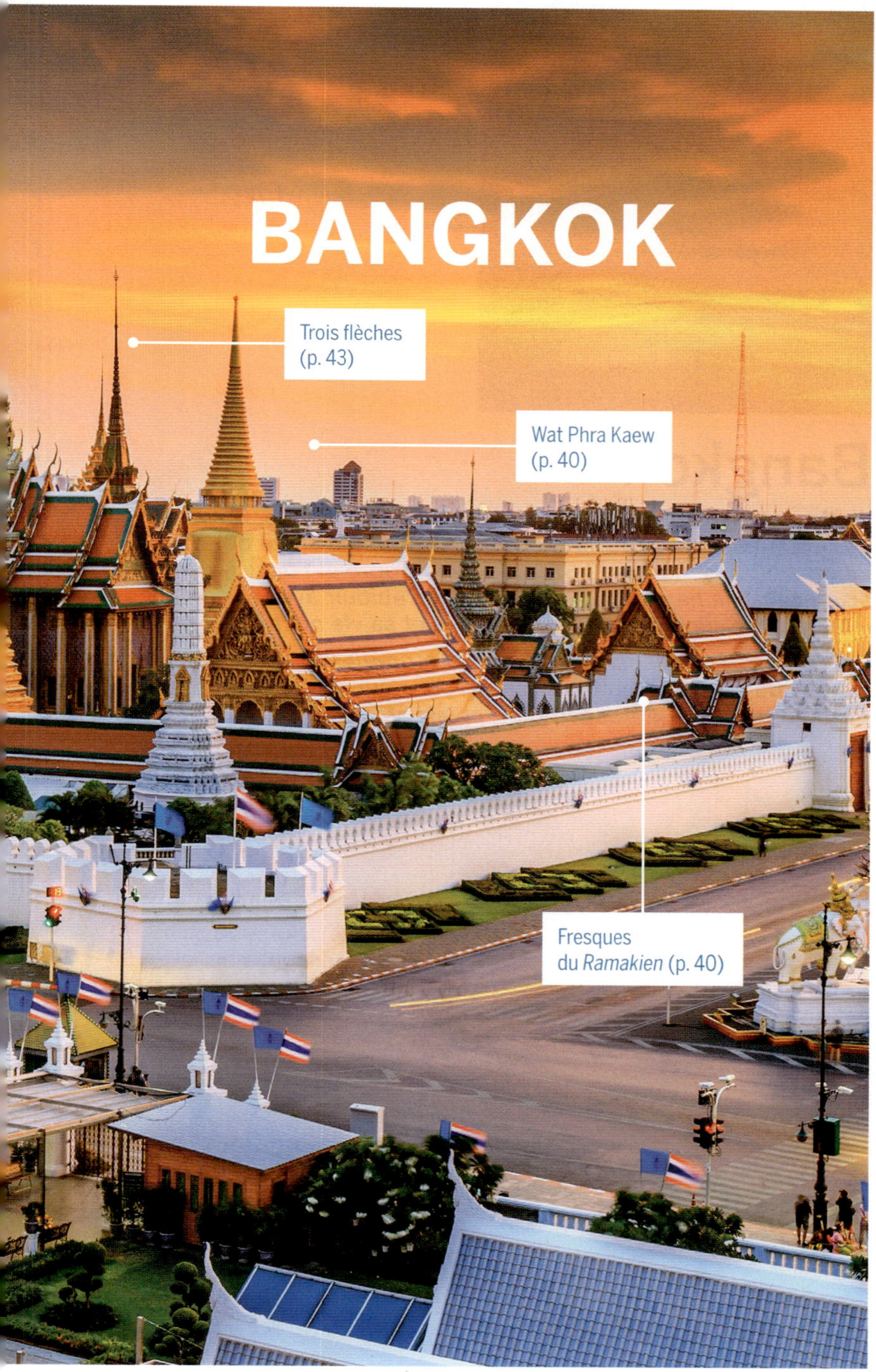
Trois flèches
(p. 43)
Wat Phra Kaew
(p. 40)
Fresques
du *Ramakien* (p. 40)

Dans ce chapitre

Bangkok

Jadis archétype de la métropole asiatique suffocante, Bangkok s'est métamorphosée en vedette internationale après des décennies de rénovations. Aujourd'hui, la ville est propre et l'on y circule aisément. Elle ne manquera pas de vous éblouir avec ses balades inoubliables, ainsi que ses restaurants et sa vie nocturne sophistiqués.

Bangkok, ce sont aussi des activités culturelles, telles que visites historiques et cours en tous genres, de la cuisine à la méditation. Et toujours, les célèbres temples, palais et marchés de la ville.

Bangkok en 2 jours

Après une visite des temples de **Ratanakosin** (p. 62), déjeunez à **Banglamphu** (p. 66). Le lendemain, direction la **maison de Jim Thompson** (p. 50), puis offrez-vous un **massage** thaïlandais (p. 65) avant de déguster la cuisine haut de gamme de **nahm** (p. 69).

Bangkok en 4 jours

Passez une journée au **marché du week-end de Chatuchak** (p. 52). À midi, goûtez la cuisine de rue à **Chinatown** (p. 67). Rejoignez les *hipsters* de Bangkok dans les bars et discothèques de **Sukhumvit** (p. 54).

Aéroport international Suvarnabhumi (p. 70)

Comment s'y rendre

Aéroport international Suvarnabhumi (p. 70). L'Airport Rail Link rejoint l'aéroport depuis la station Phaya Thai (30 minutes, 6h-minuit). Des taxis avec compteur assurent la liaison 24h/24.

Aéroport international Don Mueang (p. 70). Deux lignes de bus desservent l'aéroport : les bus A1 depuis la station BTS Mo Chit (30 B, fréquents, 7h30-23h30), les bus A2 depuis BTS Mo Chit et Victory Monument (30 B, toutes les 30 minutes, 7h30-23h30). Des taxis avec compteur assurent la liaison 24h/24.

Où se loger

Bangkok regroupe une grande diversité d'auberges de jeunesse, de *guesthouses* et d'hôtels modernes. En outre, le rapport qualité/prix est souvent excellent, et la concurrence est si féroce que d'importantes remises sont fréquemment consenties.

Pour vous aider à choisir votre hébergement selon les quartiers, reportez-vous p. 75.

0
2 km
Ko Ratanakosin et Banglamphu
Temples bouddhiques, palais royaux, allées verdoyantes, vénérables *shophouses*, marchés animés et temples dorés.
FLEUVE CHAO PHRAYA
Chinatown
Restaurants servant des nids d'hirondelles, boutique d'or et de jade, néons clignotants en forme d'idéogrammes.
MAISON DE JIM THOMPSON
Gare ferroviaire Hualamphong
WAT PHO
WAT PHRA KAEW ET GRAND PALAIS

Bang Sue

Aéroport international Don Mueang (13 km)

Khlong Samsen

Aéroport international Suvarnabhumi (20 km)

MARCHÉ DU WEEK-END DE CHATUCHAK

Sukhumvit

Enclaves japonaises, restaurants de burgers, quartiers nocturnes moyen-orientaux, repaires de mauvais goût pour “sexpats” : on trouve de tout sur Th Sukhumvit.

Siam Square

Le quartier commercial regroupe d'immenses centres commerciaux, des galeries marchandes en plein air et des marchés tentaculaires.

Silom et rives du fleuve (Riverside)

Les édifices délabrés des berges du fleuve contrastent avec la modernité de Silom, le quartier financier.

Ko Ratanakosin et Chinatown (p. 64)
Siam Square, Silom et rives du fleuve (Riverside) (p. 68)
Sukhumvit (p. 72)

TRAVEL MANIA / SHUTTERSTOCK ©

Wat Phra Kaew et Grand Palais

Ce formidable ensemble, qui constitue la principale curiosité touristique de Bangkok, est le cœur spirituel du bouddhisme thaïlandais et de la monarchie, réunis symboliquement dans la représentation la plus sacrée du pays, le Bouddha d'Émeraude.

Pour ceux qui aiment...

☑ Ne ratez pas

Les fresques du *Ramakien* retraçant l'intégralité de la version thaïlandaise de l'épopée indienne du *Ramayana*.

Complexe sacré

Cet espace consacré en 1782, année où Bangkok devint capitale, est aujourd'hui un lieu de pèlerinage pour les bouddhistes pratiquants et les nationalistes. Ses 94,5 ha regroupent plus de 100 édifices représentant 200 ans de royauté et d'expériences architecturales.

Fresques du Ramakien

À l'extérieur du *bòht* (salle d'ordination) principal du Wat Phra Kaew se dresse une statue en pierre de Guan Yin, déesse chinoise de la Compassion ; tout près se tiennent deux vaches représentant l'année de naissance de Rama Ier (roi Phraphutthayotfa Chulalok ; règne 1782-1809). Les 2 km de muraille intérieure du cloître délimitant le périmètre du complexe sont ornés de 178 fresques illustrant

Détail des fresques du *Ramakien*

NICEPIX / SHUTTERSTOCK ©

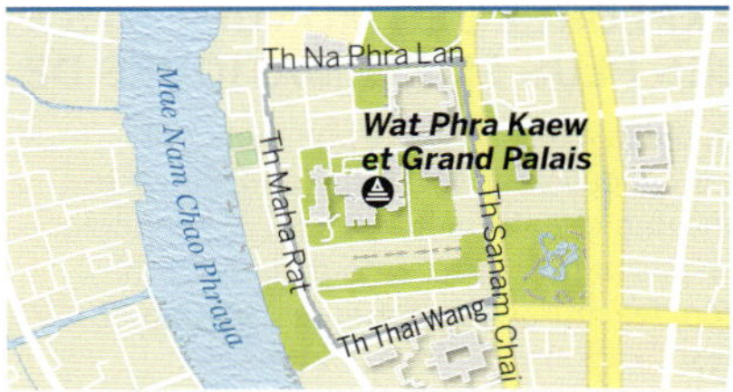

Infos pratiques

วัดพระแก้ว, พระบรมมหาราชวัง ; carte p. 64 ; Th Na Phra Lan ; 500 B ; 8h30-15h30 ; Chang Pier, Maharaj Pier, Phra Chan Tai Pier.

Une petite faim ?

Quoique rudimentaire, nous vous conseillons le stand de curry en plein air **Pa Aew** (carte p. 64 ; Th Maha Rat ; plats 20-60 B ; 10h-17h mar-sam ; Tien Pier).

★ Bon à savoir

Des règles vestimentaires strictes s'appliquent à l'entrée du Wat Phra Kaew et du Grand Palais. Vous ne pourrez pas pénétrer dans l'enceinte du temple en short ou T-shirt sans manches.

la totalité du *Ramakien* ; ce récit débute à l'entrée nord et se déploie dans le sens des aiguilles d'une montre. Si le temple est envahi par les touristes, les fresques sont généralement très tranquilles et ombragées.

Bouddha d'Émeraude

Les *yaksha*, deux géants musclés issus du *Ramakien*, gardent l'entrée du Wat Phra Kaew. Derrière eux s'étend une cour où le *bòht* central renferme le Bouddha d'Émeraude. La spectaculaire décoration intérieure et extérieure pourrait faire oublier au visiteur néophyte de saluer cette petite effigie de 66 cm. Elle est juchée si loin au-dessus des fidèles que son autel doré attire davantage l'attention que la statuette elle-même. Signalée pour la première fois à Chiang Rai (nord du pays) au XVe siècle, nul ne sait exactement d'où elle vient ni qui l'a sculptée. Photos interdites à l'intérieur du *bòht*.

Grand Palais

À côté du Wat Phra Kaew se dresse le Grand Palais (Phra Borom Maharatchawong), ancienne résidence royale utilisée aujourd'hui pour des cérémonies.

Les visiteurs peuvent accéder à une partie du parc, mais ne peuvent pénétrer que dans un seul des bâtiments.

Wat Phra Kaew et Grand Palais

EXPLOREZ LES MONUMENTS RELIGIEUX ET ROYAUX LES PLUS EMBLÉMATIQUES DE BANGKOK

La plupart des visiteurs commencent par découvrir le Wat Phra Kaew, un vaste ensemble renfermant un temple bouddhique. Un passage couvert entoure le site, dont les murailles intérieures sont ornées des **1 2 fresques du Ramakien**. Peintes sous le règne de Rama Ier (roi Chao Phraya Chakri ; r. 1782-1809), elles retracent l'épopée hindoue du *Ramayana*, à travers 178 panneaux décrivant la lutte de Rama pour libérer son épouse kidnappée, Sita.

Une fois parvenu à la fin de l'histoire, franchissez l'une des portes gardées par de saisissants **3 yaksha** pour gagner le complexe intérieur. L'édifice le plus important est le **4 bòht**, ou **salle d'ordination**, qui renferme le fameux **5 Bouddha d'Émeraude**.

Kinari
Mi-cygnes, mi-femmes, ces gracieuses créatures de la mythologie hindou-bouddhique se tiennent devant le Prasat Phra Thep Bidon.

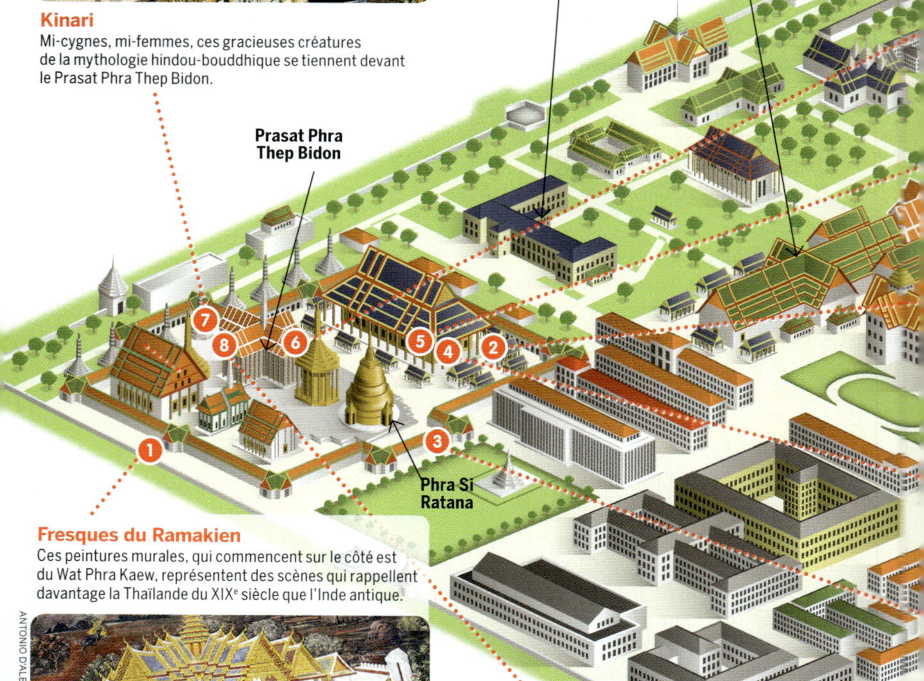

Fresques du Ramakien
Ces peintures murales, qui commencent sur le côté est du Wat Phra Kaew, représentent des scènes qui rappellent davantage la Thaïlande du XIXe siècle que l'Inde antique.

Hanuman
Des rangées de ces singes malicieux, divinités appartenant à la mythologie hindoue, soutiennent les étages inférieurs de deux petits *chedi* près du Prasat Phra Thep Bidon.

Dirigez-vous ensuite vers l'est jusqu'à la terrasse supérieure, un espace où se dressent les **6 flèches des trois principaux chedi**. Celui du milieu, le Phra Mondop, est utilisé pour conserver des manuscrits bouddhiques. Ce secteur abrite aussi des personnages mythiques du Wat Phra Kaew, notamment de superbes **7 kinari** et des **8 hanuman** grimaçants.

Franchissez la porte ouest du complexe pour atteindre le Grand Palais. Ici, peu d'édifices sont ouverts au public. Le plus remarquable est le **9 Chakri Mahaprasat**, édifié en 1882. Sa façade extérieure est un mélange unique de style occidental et d'architecture thaïlandaise traditionnelle.

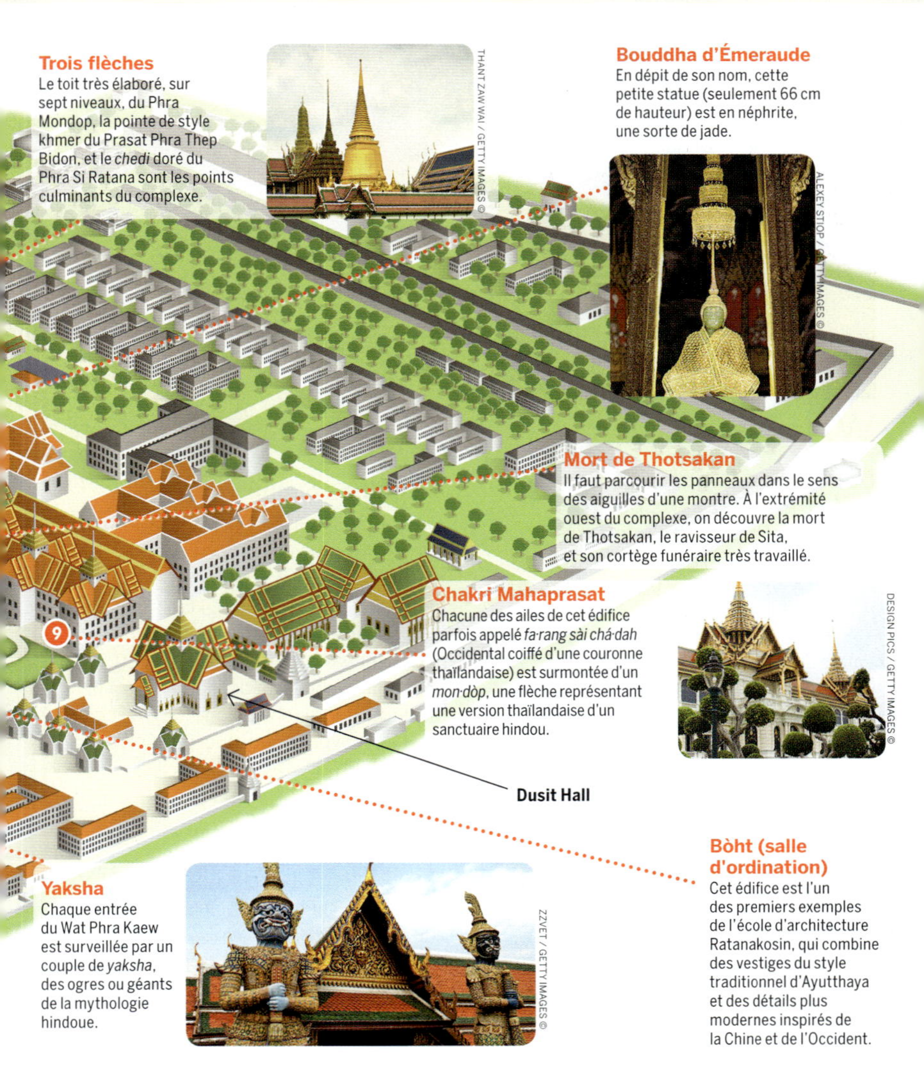

Trois flèches
Le toit très élaboré, sur sept niveaux, du Phra Mondop, la pointe de style khmer du Prasat Phra Thep Bidon, et le *chedi* doré du Phra Si Ratana sont les points culminants du complexe.

THANT ZAW WAI / GETTY IMAGES ©

Bouddha d'Émeraude
En dépit de son nom, cette petite statue (seulement 66 cm de hauteur) est en néphrite, une sorte de jade.

ALEXEY STIOP / GETTY IMAGES ©

Mort de Thotsakan
Il faut parcourir les panneaux dans le sens des aiguilles d'une montre. À l'extrémité ouest du complexe, on découvre la mort de Thotsakan, le ravisseur de Sita, et son cortège funéraire très travaillé.

Chakri Mahaprasat
Chacune des ailes de cet édifice parfois appelé *fa·rang sài chá·dah* (Occidental coiffé d'une couronne thaïlandaise) est surmontée d'un *mon·dòp*, une flèche représentant une version thaïlandaise d'un sanctuaire hindou.

DESIGN PICS / GETTY IMAGES ©

Bòht (salle d'ordination)
Cet édifice est l'un des premiers exemples de l'école d'architecture Ratanakosin, qui combine des vestiges du style traditionnel d'Ayutthaya et des détails plus modernes inspirés de la Chine et de l'Occident.

Yaksha
Chaque entrée du Wat Phra Kaew est surveillée par un couple de *yaksha*, des ogres ou géants de la mythologie hindoue.

ZZVET / GETTY IMAGES ©

Bouddha couché

Wat Pho

De tous les temples de Bangkok, le Wat Pho est sans doute le plus intéressant à la fois pour son remarquable bouddha couché et pour sa vaste enceinte jalonnée de stupas.

Pour ceux qui aiment...

☑ **Ne ratez pas**

Le bouddha couché, les statues de granit et les pavillons des massages.

Bouddha couché

Au nord-ouest du site se trouve la principale curiosité du Wat Pho, l'énorme bouddha couché. Cette statue commandée par Rama III (roi Phranangklao ; r. 1824-1851) illustre le passage du Bouddha dans le nirvana. Constituée d'une structure en brique recouverte de plâtre doré à la feuille, la statue renvoie une luminescence sereine et hypnotique, quel que soit l'angle sous lequel on la regarde.

Phra Ubosot

Construite dans le style Ayutthaya, Phra Ubosot, principale salle d'ordination (*bòht*) du Wat Pho, est bien plus discrète que le Wat Phra Kaew. Un temple nommé Wat Photharam occupait ce site depuis le XVIe siècle, mais Rama Ier ordonna en 1781 de le reconstruire pour orner

Phra Bouddha Deva Patimakorn (p. 46)

KRISSANAPONG WONGSAWARNG / SHUTTERSTOCK ©

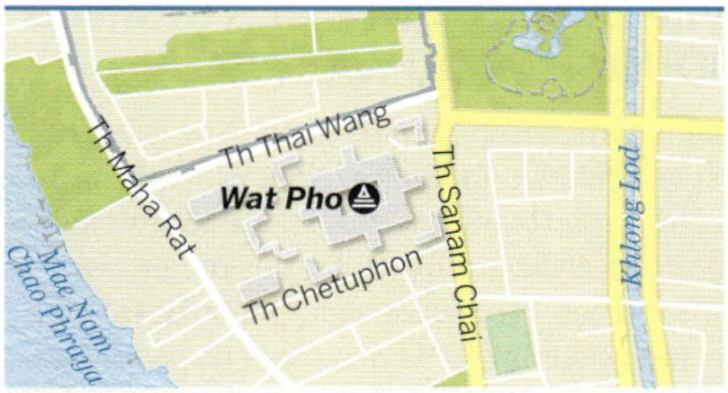

Infos pratiques

วัดโพธิ์/วัดพระเชตุพน, Wat Phra Chetuphon ; carte p. 64 ; Th Sanam Chai ; 100 B ; 8h30-18h30 ; Tien Pier.

Une petite soif ?

Sirotez un cocktail chez **Amorosa** (carte p. 64 ; www.arunresidence.com ; toit-terrasse, Arun Residence, 36-38 Soi Pratu Nokyung ; 17h-minuit lun-jeu, 17h-1h ven-dim ; Tien Pier) avec vue sur le fleuve et le Wat Arun de l'autre côté.

★ Bon plan

Entrez par Th Chetuphon ou Th Sanam Chai pour éviter les rabatteurs et les groupes à l'entrée principale, dans Th Thai Wang.

la nouvelle capitale. La dépouille de Rama Ier est inhumée au pied du principal bouddha de Phra Ubosot. Les images visibles dans les quatre *wihăan* (sanctuaires) entourant la salle valent le détour, de même que le muret de marbre orné de 152 bas-reliefs représentant des scènes du *Ramakien*.

Chedi royaux

À l'ouest de l'enceinte se dressent quatre imposants *chedi* (stupas) recouverts de céramiques, élevés en hommage aux quatre premiers rois de la dynastie Chakri. Le mur d'enceinte fut érigé sur ordre de Rama IV (roi Mongkut ; r. 1851-1868). L'enceinte renferme 91 *chedi* plus petits, dont certains abritent les cendres de descendants royaux de rang moindre.

Pavillons des massages

Un petit pavillon à l'ouest de Phra Ubosot est orné d'inscriptions classées au patrimoine mondial décrivant les principes du massage traditionnel. Ces écrits et d'autres ont conduit à considérer le Wat Pho comme la première université thaïlandaise. Aujourd'hui, la tradition se perpétue dans ce lieu devenu le quartier général de l'enseignement et de la préservation de la médecine traditionnelle thaïlandaise. Cette école réputée comprend deux **pavillons des massages** (massage thaïlandais 420 B/h ; 9h-16h), dans l'enceinte du temple, et d'autres salles dans le **centre de formation** (carte p. 64 ; 02 622 3551 ; www.watpomassage.com ; 392/32-33 Soi Phen Phat ; cours à partir de 2 500 B, massage thaïlandais 420 B/h ; cours 9h-16h, massage 9h-20h), à l'extérieur.

Wat Pho

À LA DÉCOUVERTE DES GRANDS BOUDDHAS DU WAT PHO

Le point de départ le plus logique de la visite est le *wihãan* (sanctuaire) principal, qui abrite la pièce maîtresse du Wat Pho, le gigantesque **1 Bouddha couché**. Outre ses dimensions imposantes, remarquez les **2 incrustations de nacre** sur la plante des pieds de la statue. Les murs du *wihãan* sont couverts de fresques représentant les vies antérieures du Bouddha, tandis que 108 bols à aumônes en bronze sont disposés sur le côté sud de l'édifice. Pour 20 B, vous pourrez acheter 108 pièces que vous déposerez dans chacun des bols, pour que la chance soit avec vous !

Sortez du *wihãan* et passez entre les deux **3 géants de pierre**. Au sud se dressent les quatre grands **4 chedi royaux**.

PHOTO BY VICHAN SRISEANGNIL / GETTY ©

Phra Ubosot
Construit sous le règne de Rama Ier, l'imposant *bòht* (salle d'ordination) doit son apparence actuelle à des rénovations remontant au règne de Rama III (r. 1824-1851).

KISZON PASCAL / GETTY ©

Galeries des bouddhas
Les deux passages couverts entourant le Phra Ubosot abritent quelque 394 bouddhas dorés, dont beaucoup présentent des caractéristiques classiques des styles Ayutthaya ou Sukhothai.

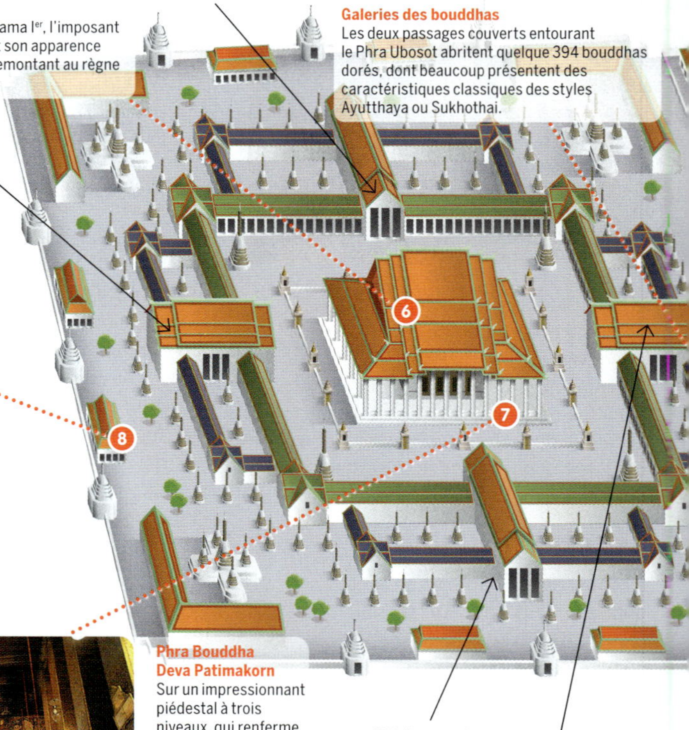

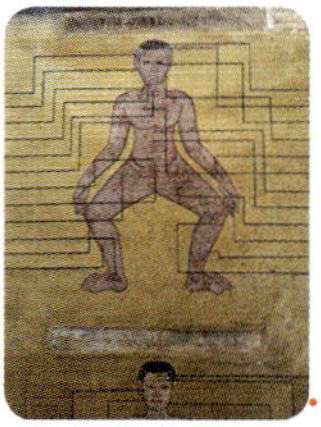

PIDJOE / GETTY ©

Pavillons des massages
Si vos pieds demandent une trêve, ces deux salles climatisées sont idéales pour se détendre en profitant d'un massage thaïlandais de grande qualité, pour un prix relativement bas.

OASIZZ / GETTY ©

Phra Bouddha Deva Patimakorn
Sur un impressionnant piédestal à trois niveaux, qui renferme les cendres de Rama Ier, se dresse cette statue du Bouddha datant de la période Ayutthaya. Elle fut apportée au temple par le roi.

Continuez à l'est, traversez deux **5 galeries de statues du Bouddha** reliant quatre *wihãan*, dont deux conservent de remarquables bouddhas de la période Sukhothai. Elles constituent l'extérieur du **6 Phra Ubosot**, l'immense salle d'ordination, deuxième plus importante structure du Wat Pho. La base du bâtiment est entourée de bas-reliefs ornés d'inscriptions, et l'intérieur renferme la célèbre statue du Bouddha, **7 Phra Buddha Deva Patimakorn**.

Le Wat Pho, souvent présenté comme la première université thaïlandaise, accueille aujourd'hui une école de médecine traditionnelle et, dans l'annexe est, deux **8 pavillons dédiés au massage**.

Enfin, la moitié orientale du complexe est ponctuée de plusieurs autres petits *chedi* et de jardins de pierre.

TAKEPICSFORFUN / GETTY ©

Chedi royaux
Décorés de céramiques colorées, dans la plus pure tradition du style Ratanakosin, ces quatre *chedi* représentent les quatre premiers rois de la dynastie Chakri.

SAMART BOONYANG / GETTY ©

Bouddha couché
La structure intérieure en brique, de 46 m de long et 15 m de haut, est habillée de plâtre et recouverte de feuilles d'or. L'énorme bouddha couché du Wat Pho évoque le passage du Bouddha au *nirvana* (la mort de Bouddha).

IMAGE SOURCE / GETTY ©

Géants de pierre
Ces gigantesques statues en granit – certains y voient des personnages d'opéra chinois, d'autres Marco Polo – sont arrivées en Thaïlande au XIXe siècle : elles servaient de lest sur des jonques chinoises.

Incrustations de nacre
Les 108 *lák·sà·nà* (traits physiques d'un bouddha) bienveillants sont représentés sur la plante des pieds du bouddha couché.

KAMPEE PATISENA / GETTY ©

Marché flottant de Taling Chan

Fleuve Chao Phraya

Le fleuve des Rois (Mae Nam Chao Phraya) symbolise le sang irriguant la nation thaïlandaise. Bateaux et barges transportent sur ses eaux marchandises et passagers, tandis que des temples révérés illuminent ses berges et que la brise rafraîchit les soirées.

Pour ceux qui aiment...

☑ Ne ratez pas

Prenez le Chao Phraya Express Boat quand le soleil se couche sur cette métropole vibrante.

Wat Arun

Le **Wat Arun** (วัดอรุณฯ ; carte p. 64 ; www.watarun.net ; près de Th Arun Amarin ; 50 B ; 8h-18h ; traversée depuis Tien Pier), qui domine le fleuve, marque la renaissance de la nation après la prise d'Ayutthaya par les Birmans au XVIIIe siècle. La façade est ornée de délicates mosaïques en porcelaine, décoration courante dans les temples depuis l'époque où la porcelaine chinoise servait à lester les bateaux.

Canaux de Thonburi

L'ancienne Venise de l'Orient est toujours bien vivante dans le réseau de canaux de Thonburi, notamment le Khlong Bangkok Noi et le Khlong Mon. Les maisons traditionnelles construites sur pilotis ont une porte principale donnant sur l'eau.

Wat Arun

SAIKO3P / SHUTTERSTOCK ©

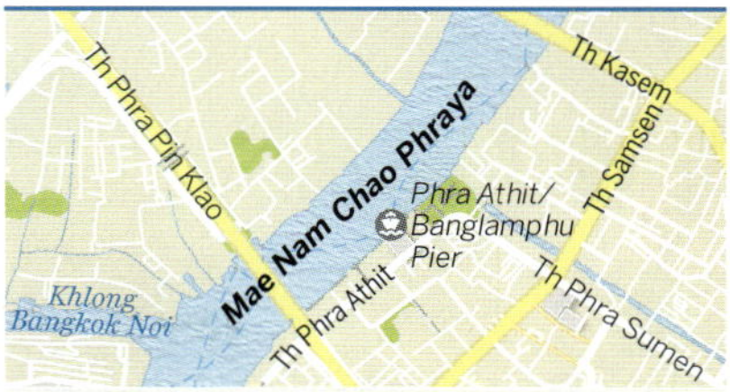

Infos pratiques

On peut se promener sur le fleuve et visiter les sites sur les berges en louant un *long-tail boat* (1 heure 30-2 heures, 1300-1500 B) ou en empruntant les ferries Chao Phraya Express.

Une petite faim ?

Dînez en tête à tête avec le fleuve au **Khinlom Chom Sa-Phan** (carte p. 64 ; 02 628 8382 ; www.khinlomchomsaphan.com ; 11/6 Soi 3, Th Samsen ; plats 100-2500 B ; 11h30-minuit ; Thewet Pier).

★ Bon à savoir

En bateau, ne vous asseyez pas dans la dernière rangée de sièges, réservée aux moines.

Musée national des Barges royales

Le voyage en bateau était jadis majestueux. Des vaisseaux datant de la période Ayutthaya sont exposés au **Musée national des Barges royales** (พิพิธภัณฑสถานแหงชาติ เรือพระราชพิธี/เรือพระที่นั่ง ; carte p. 64 ; Khlong Bangkok Noi ou 80/1 Th Arun Amarin ; 100 B, appareil photo 100 B ; 9h-17h ; Thra Saphan Phra Pin Klao). *Suphannahong* (la barge personnelle du roi) est ornée à la proue d'une énorme tête de cygne sculptée. La proue des barges plus petites est sculptée de figures mythologiques tels le naga (créature mythique mi-humaine mi-serpent) et le *garuda* (monture ailée de Vishnou).

Marché flottant

Les marchés flottants (*đà·làht nám*), qui avaient presque disparu, ont été sauvés par des habitants nostalgiques et par le tourisme. Le **marché flottant de Taling Chan** (ตลาดน้ำตลิ่งชัน ; hors carte p. 64 ; Khlong Bangkok Noi, Thonburi ; 7h-16h sam-dim ; Wongwian Yai sortie 3 et taxi), au bord du canal Khlong Bangkok Noi, est un marché hybride. Les marchands de fruits sont installés dans la rue, des pontons flottants servent de salles à manger informelles, et la cuisine est préparée à bord de barques amarrées.

Ko Kret

Facile à rejoindre, cette localité rurale est une île sans voiture, où vivent les Môn, réputés pour leurs poteries façonnées à la main. Les Thaïlandais viennent y grignoter et faire des emplettes le week-end. Ko Kret se trouve à Nonthaburi, à environ 15 km au nord du centre de Bangkok. Prenez le bus n°166 à Victory Monument ou un taxi pour Pak Kret, puis le ferry (5h-21h) qui traverse le fleuve depuis le Wat Sanam Neua.

Maison de Jim Thompson

Cette ancienne maison d'un exportateur de soie américain abrite des objets d'art. On y admire des pièces artisanales, des sculptures bouddhiques et des textiles dignes d'un musée.

La vie de Jim Thompson, personnage mondain et ancien espion, est aussi passionnante que ses collections. Il travailla pour l'Office of Strategic Services (OSS, ancêtre de la CIA) en Thaïlande pendant la Seconde Guerre mondiale, puis s'installa à Bangkok après le conflit, devint un exportateur prospère de soie thaïlandaise et fit connaître ces textiles aux maisons de haute couture à l'étranger. Il disparut en Malaisie en 1967, mort mystérieuse laissant soupçonner un acte criminel.

Pour ceux qui aiment...

☑ Ne ratez pas

Une promenade dans le parc paysager à la végétation luxuriante.

Art

Collectionneur aux goûts éclectiques, Thompson achetait objets d'art et antiquités à des marchands itinérants et à l'étranger. Il s'intéressait à des œuvres encore méconnues à l'époque, notamment celles de la période Dvaravati.

COWARDLION / SHUTTERSTOCK ©

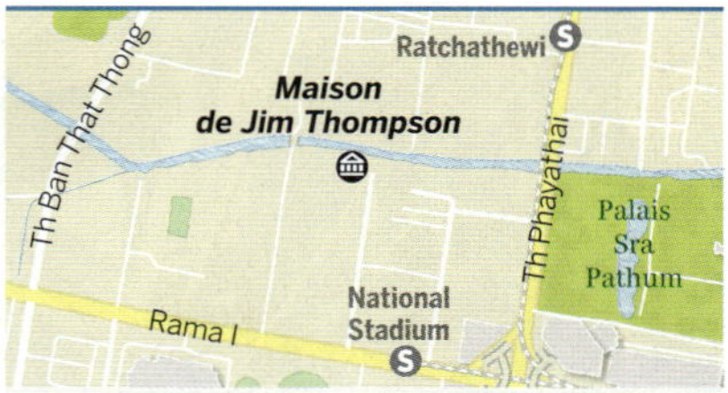

Infos pratiques

เรือนไทยจิมทอมป์สัน ; carte p. 68 ; www.jimthompsonhouse.com ; 6 Soi Kasem San 2 Song ; tarif plein/étudiant 150/100 B ; 9h-18h, visite guidée obligatoire toutes les 20 minutes ; klorng-taxi jusqu'à Sapan Hua Chang Pier, S National Stadium sortie 1.

Une petite faim ?

Food court de centre commercial par excellence, le **MBK Food Island** (carte p. 68 ; 6e ét, MBK Center, angle Th Rama I et Th Phayathai ; plats 35-150 B ; 10h-21h ; ; S National Stadium sortie 4) propose des plats thaïlandais et internationaux.

★ Bon à savoir

Attention aux rabatteurs bien vêtus qui flânent dans les ruelles à côté de la maison de Thompson. Ils prétendent que la résidence est fermée et tentent d'entraîner les visiteurs vers un magasin sans intérêt.

Architecture

Thompson recueillit six maisons en teck de différentes régions pour y exposer ses collections. Certaines furent rapportées de l'ancienne capitale royale d'Ayutthaya, d'autres, venues de Baan Krua, n'eurent qu'à traverser le canal. Il créa un jardin aux allures de jungle. Le logis du propriétaire est toutefois conçu comme une maison occidentale avec un hall d'entrée et des pièces de plain-pied donnant sur la terrasse et le canal.

Baan Krua

De l'autre côté du canal se trouve le quartier des tisseurs de soie de **Baan Krua** (บ้านครัว ; carte p. 68). Il fut fondé par des musulmans chams venus du Cambodge et du Vietnam qui s'installèrent à Bangkok après avoir combattu pour le roi de Thaïlande pendant les guerres de la fin du XVIIIe siècle. Dans les années 1950 et 1960, Jim Thompson, séduit par leur habileté à tisser la soie, mit ces tisserands au service de ses exportations de soieries, alors en plein essor. De nombreux producteurs de soie se sont installés ailleurs depuis, mais deux entreprises familiales sont restées, **Phamai Baan Krua** (ผ้าไหมบ้านครัว ; www.phamaibaankrua.com ; Soi 9, Soi Phaya Nak ; 8h30-17h) et **Aood Bankrua Thai Silk** (ลุงอู๊ดบ้านครัวไหมไทย ; 02 215 9864 ; Soi 9, Soi Phaya Nak ; 9h-20h), qui perpétuent la tradition. On rejoint Baan Krua en empruntant le pont situé au bout de Soi Kasem San 3.

Marché du week-end de Chatuchak

On trouve de tout au marché du week-end de Chatuchak. Bondé et labyrinthique, ce marché géant en plein air est unique en son genre.

Pour ceux qui aiment...

☑ Ne ratez pas

Si vous n'êtes pas là le week-end, allez à l'immense **marché d'Or Tor Kor** (องคกร ตลาดเพื่อเกษตรกร ; carte p. 68 ; Th Kamphaeng Phet 1 ; 8h-18h ; M Kamphaeng Phet sortie 3), tout proche, pour ses fruits et légumes.

Préparer votre visite peut être très utile. La *Map of Bangkok* de Nancy Chandler contient une carte schématique pratique, et la tour de l'horloge est un repère précieux.

Antiquités, artisanat et souvenirs

Dans la Section 1, on trouve des bouddhas, de vieux guides Lonely Planet et diverses antiquités. Les Sections 25 et 26 proposent des objets d'art et d'artisanat plus utilitaires – instruments de musique, articles provenant des tribus montagnardes.

Vêtements et accessoires

Les vêtements sont majoritaires à Chatuchak ; ils occupent toutes des sections paires de 8 à 24. Les Sections 5 et 6 sont dédiées à la fripe qu'affectionnent

Infos pratiques

ตลาดนัดจตุจักร, Talat Nat Jatujak ; carte p. 68 ; www.chatuchakmarket.org; ; 587/10 Th Phahonyothin ; 7h-18h mer-jeu plantes uniquement, 18h-minuit ven vente en gros uniquement, 9h-18h sam-dim ; M Chatuchak Park sortie 1, Kamphaeng Phet sorties 1 et 2, S Mo Chit sortie 1.

Une petite faim ?

Les Sections 6 et 8 abritent des marchands d'en-cas et de boissons – utiles pour se remettre de sa fatigue.

Bon plan

Arrivez de bonne heure, avant la foule et la chaleur.

les jeunes, des punks aux cow-boys, et le Soi 7, au niveau des Sections 12 et 14, est orienté vers la mode hip-hop et skateur. On trouve des marques plus raffinées dans les Sections 2 et 3, et des vêtements à la taille des touristes, ainsi que des textiles dans les Sections 8 et 10.

Articles ménagers et décoration

La lisière ouest du marché, surtout les Sections 8 à 26, est dédiée aux articles ménagers, du seau en plastique au wok en cuivre. C'est le lieu idéal pour acheter des céramiques thaïlandaises à bas prix – des céladons aux bols de Lampang au motif de coq traditionnel. La Section 7, sorte de galerie d'art à ciel ouvert, propose des fresques sur le thème de Bangkok et des pièces uniques. Dans la Section 10, on trouve des laques birmanes, et dans la Section 26, des reproductions et des antiquités thaïlandaises et birmanes.

Où se restaurer et prendre un verre

Vous trouverez de nombreux plats et en-cas thaïlandais pour vous rassasier, ainsi que des stands gastronomiques entre les Sections 6 et 8. Parmi les établissements reconnus, citons Foontalop et ses spécialités du Nord-Est ; Café Ice, restaurant fusion occidentalo-thaïlandais proposant des *pàt tai* (nouilles sautées), bonnes mais un peu chères, et de savoureux milk-shakes aux fruits ; Toh-Plue, qui propose tous les classiques thaïlandais ; et Saman Islam, restaurant thaïlando-musulman préparant un savoureux poulet biryani. Le Viva 8 dispose d'un DJ et un chef y préparait d'immenses paellas lors de notre passage ; le soir venu, allez prendre une bière dans ce café-bar avec musique live.

The Commons

Bangkok hipster

Ces dernières années, Bangkok a vu s'ouvrir des dizaines de nouveaux bars, discothèques, galeries d'art et marchés branchés. Les espaces les plus tendance combinent toutes ces fonctions.

Pour ceux qui aiment...

☑ Ne ratez pas

WTF (carte p. 72 ; www.wtfbangkok.com ; 7 Soi 51, Th Sukhumvit ; 18h-1h mar-dim ; ; S Thong Lo sortie 3). Excellents cocktails, galerie d'art et clientèle sympathique : combinaison gagnante pour le meilleur bar de Bangkok.

Bars et clubs

Les bières nationales aux noms d'animaux et les cocktails aux appellations étranges ne séduisent plus la clientèle branchée de Bangkok, qui leur préfère les bières artisanales et les cocktails sophistiqués.

Ku Bar (carte p. 64 ; www.facebook.com/ku.bangkok ; 3e ét, 469 Th Phra Sumen ; 19h-minuit jeu-dim). Cocktails riches en fruits et autres ingrédients solides.

Ba Hao (carte p. 64 ; www.ba-hao.com ; 8 Soi Nana ; 18h-minuit mar-dim ; Ratchawong Pier, M Hua Lamphong sortie 1). De la bière artisanale, des cocktails innovants et d'excellents en-cas chinois.

Q&A Bar (carte p. 72 ; www.qnabar.com ; 235/13 Soi 21/Asoke, Th Sukhumvit ; 19h-2h lun-sam). On se croirait dans un salon d'aéroport des années 1950.

Roast

PHILIP GAME / ALAMY STOCK PHOTO ©

- **Studio Lam** (carte p. 72 ; www.facebook.com/studiolambangkok ; 3/1 Soi 51, Th Sukhumvit ; 18h-1h mar-dim ; S Thong Lo sortie 3). DJ sets de musique thaïlandaise rétro et concerts occasionnels.

- **Beam** (carte p. 72 ; www.beamclub.com ; 72 Courtyard, 72 Soi 55/Thong Lor, Th Sukhumvit ; 21h-tard mer-sam ; S Thong Lo sortie 3 et taxi). Le club du moment à Bangkok.

- **Teens of Thailand** (carte p. 64 ; 76 Soi Nana ; 19h-minuit mar-dim ; M Hua Lamphong sortie 1). Ambiance de bar clandestin avec un penchant pour le gin.

- **Roast** (carte p. 72 ; 02 185 2865 ; www.roastbkk.com ; The Commons, 335 Soi Thong Lor 17 ; 10h-23h lun-jeu, 9h-23h ven-sam, 10h-22h dim ; S Thong Lo). Spécialiste du café le plus tendance de Bangkok.

Infos pratiques

Bars et clubs ferment à minuit, 1h ou 2h, suivant leur désignation et selon que la loi est appliquée ou non.

Une petite faim ?

La plupart des bars proposent des en-cas ; vaste choix de restauration dans les marchés et centres commerciaux.

★ Bon à savoir

Presque tous les bars sur les toits des hôtels appliquent un code vestimentaire strict, interdisant l'accès aux personnes en short et/ou portant des sandales.

Restaurants

Les Thaïlandais enrichissent continuellement leur cuisine de nouvelles saveurs. Pour plus d'adresses gourmandes, voir p. 66.

- **Tonkin-Annam** (carte p. 64 ; 093 469 2969 ; www.facebook.com/tonkinannam ; 69 Soi Tha Tien ; plats 140-300 B ; 10h-22h mer-lun ; ; Tien Pier). Délicieux restaurant vietnamien dans une *shophouse* (maison de négoce traditionnelle en bois) en bordure du fleuve.

- **The Commons** (carte p. 72 ; www.thecommonsbkk.com ; 335 Soi 17, Soi 55/Thong Lor, Th Sukhumvit ; plats 500-2 000 B ; 8h-minuit ; ; S Thong Lo sortie 3 et taxi). Le *food court* de Bangkok, version haut de gamme.

- **Baan Nual** (carte p. 64 ; 081 889 7403 ; 372 Soi 2, Th Samsen, enseigne en thaï ; plats 70-390 B ; midi-21h mar-ven, 16h-21h sam-dim ; Phra Athit/Banglamphu Pier). Minuscule restaurant thaïlandais rétro.

- **Guss Damn Good** (carte p. 68 ; 081 901 1787 ; www.facebook.com/gussdamngood ; Soi Sala Deang 1 ; glace 85-100 B ; 11h-23h ; ; M Si Lom sortie 2, S Sala Daeng sortie 4). Crèmes glacées audacieuses.

- **Daniel Thaiger** (carte p. 72 ; 084 549 0995 ; www.facebook.com/danielthaiger ; Soi 11, Th Sukhumvit ; plats à partir de 140 B ; 11h-tard ; S Nana sortie 3). Les meilleurs burgers de Bangkok.

80/20 (carte p. 64 ; 02 639 1135 ; www.facebook.com/8020bkk ; 1052-1054 Th Charoen Krung ; plats à partir de 240 B ; 18h-minuit mer-lun ; ; Ratchawong Pier, Hua Lamphong sortie 1). Cuisine fusion réussie.

Shopping et marchés

À Bangkok, le commerce a toujours été un ciment social. Ces dernières années, les centres commerciaux de la ville ont gagné en audace, et de nouveaux marchés tendance, souvent installés dans des bâtiments rénovés, voient le jour un peu partout.

Warehouse 30 (carte p. 64 ; 52-60 Soi 30, Th Charoen Krung ; 11h-20h lun-ven, 10h-21h sam-dim). Boutiques installées dans un ensemble d'entrepôts datant de la Seconde Guerre mondiale.

Siam Discovery (carte p. 68 ; www.siamdiscovery.co.th ; angle Rama I et Th Phayathai ; 10h-22h ; Siam sortie 1). Récemment rénové, c'est désormais le centre commercial le plus design de la ville.

Siam Center (carte p. 68 ; www.siamcenter.co.th ; Rama I ; 10h-21h ; Siam sortie 1). Le 3e étage de ce centre commercial est dédié aux créateurs thaïlandais.

ZudRangMa Records (carte p. 72 ; www.zudrangmarecords.com ; 7/1 Soi 51, Th Sukhumvit ; 14h-21h mar-dim ; Thong Lo sortie 1). On vient ici pour chiner les disques et boire un verre.

Talat Rot Fai (ตลาดรถไฟ ; www.facebook.com/taradrodfi ; Soi 51, Th Srinakharin ; 17h-1h jeu-dim ; Udom Suk sortie 2 et taxi). Marché extérieur aux airs rétro.

Étal, Talat Rot Fai

Galeries d'art

La scène artistique de Bangkok est désormais constituée de petits espaces d'art multimédia indépendants de plus en plus pointus.

- **Bangkok CityCity Gallery** (carte p. 68 ; 083 087 2725 ; www.bangkokcitycity.com ; 13/3 Soi 1, Th Sathon Tai/South ; 13h-19h mer-dim ; M Lumphini sortie 2). GRATUIT Espace artistique petit et moderne.

- **Bangkok Art & Culture Centre** (BACC ; หอศิลปวัฒนธรรมแห่งกรุงเทพมหานคร ; carte p. 68 ; www.bacc.or.th ; angle Th Phayathai et Rama I ; 10h-21h mar-sam ; S National Stadium sortie 3). GRATUIT L'un des principaux acteurs de la scène artistique contemporaine de la ville.

- **Gallery VER** (02 103 4067 ; www.vergallery.com ; 10 Soi 22, Th Narathiwat Ratchanakharin/Chong Nonsi ; midi-18h mar-dim ; S Chong Nonsi sortie 2 et taxi). GRATUIT Vaste espace présentant des œuvres d'artistes thaïlandais.

- **Subhashok The Arts Centre** (SAC ; carte p. 72 ; www.sac.gallery ; 160/3 Soi 33, Th Sukhumvit ; 10h-17h30 sam, midi-18h dim ; S Phrom Phong sortie 6 et taxi). Cette nouvelle galerie est l'une des plus ambitieuses de Bangkok.

> ★ **Bon plan**
> **Connectez-vous à BK (www.bk.asia-city.com) pour connaître programmations et nouveautés.**

CHUMPHON_TH / SHUTTERSTOCK ©

Repaires de hipsters

Les lieux associant art, commerce et restauration fleurissent à Bangkok.

- **Chang Chui** (ช่างชุ่ย ; hors carte p. 64 ; en.changchuibangkok.com ; 460/8 Th Sirindhorn ; 20-40 B ; 11h-23h jeu-mar). Marché éclectique particulièrement enthousiasmant.

- **Jam Factory** (carte p. 64 ; 02 861 0950 ; www.facebook.com/thejamfactorybangkok ; 41/1-5 Th Charoen Nakon ; 11h-20h ; ferry depuis le River City Pier). Restaurants, boutiques et galeries dans des entrepôts rénovés.

- **Whiteline** (carte p. 68 ; 087 061 1117 ; www.facebook.com/whitelinebangkok ; Soi 8, Th Silom ; 19h-minuit jeu-dim ; M Si Lom sortie 2, S Sala Daeng sortie 1). *Shophouse* organisant projections de films, concerts, soirées d'exposition et fêtes.

- **Soy Sauce Factory** (carte p. 64 ; www.facebook.com/soysaucefactory ; Soi 24, Th Charoen Krung ; 10h-19h mar-dim ; M Hua Lamphong sortie 1). Une ancienne manufacture transformée en galerie/lieu d'événements/bar/studio photo.

- **YELO House** (carte p. 68 ; www.yelohouse.com ; 20/2 Soi Kasem San 1 ; 11h-20h mar-dim). Dénichez des vêtements et céramiques vintage, admirez la dernière exposition, ou dégustez un expresso dans le café.

> ★ **Le saviez-vous ?**
> Il est interdit de fumer à l'intérieur des bars et des restaurants.

Préparation d'un plat de nouilles

Bangkok culinaire

L'amour des Thaïlandais pour la cuisine n'est nulle part aussi évident qu'à Bangkok. La vie peut y ressembler à un repas sans fin entrecoupé d'un peu de boulot et d'un peu de métro.

Pour ceux qui aiment...

☑ Ne ratez pas

Pas besoin de restaurant et de nappe pour bien manger à Bangkok : les gastronomes locaux affectionnent plusieurs célèbres stands de rue.

Paysage culinaire

Toutes les traditions culinaires convergent à Bangkok. La cuisine simple des marchés nourrit les employés et transforme les trottoirs en réfectoire. Des classiques thaïlandais luxueusement revisités et des recettes royales caractérisent les tables haut de gamme. Les restaurants familiaux sont les ambassadeurs des communautés de quartier, qu'elles soient originaires d'Arabie ou du sud de la Thaïlande.

Où déguster les incontournables

- **Pàt tai** : les célèbres nouilles thaïlandaises. Au **Thip Samai** (carte p. 64 ; 313 Th Mahachai ; plats 50-250 B ; 17h-2h ; klorng-taxi jusqu'à Phanfa Leelard Pier).

Pàt tai

- **Gŏo·ay đĕe·o reua** : "nouilles bateau" dans un bouillon de porc ou de bœuf. Au **Bharani** (Sansab Boat Noodle ; carte p. 72 ; 96/14 Soi 23, Th Sukhumvit ; plats 60-250 B ; 11h-22h ; ; M Sukhumvit sortie 2, S Asok sortie 3).

- **Mèe gròrp** : recette princière de nouilles croustillantes. Au **Chote Chitr** (carte p. 64 ; 146 Th Phraeng Phuthon ; plats 60-200 B ; 11h-22h ; klorng-taxi jusqu'à Phanfa Leelard Pier).

- **Hŏy tort** : crêpe aux huîtres, spécialité de Chinatown. Au **Nai Mong Hoi Thod** (carte p. 64 ; 539 Th Phlap Phla Chai ; plats 50-70 B ; 17h-22h mar-dim ; Ratchawong Pier, M Hua Lamphong sortie 1).

- **Má·đà·bà** : pain sans levain farci à la viande, spécialité musulmane d'Asie du Sud-Est. Au **Karim Roti-Mataba**

Infos pratiques

Les restaurants ouvrent généralement de 10h à 20h. Les stands de rue ne peuvent pas ouvrir le lundi.

Une petite faim ?

Les espaces de restauration (*food centre/food court*) des centres commerciaux sont une excellente introduction à la cuisine de rue.

★ Bon à savoir

Les Thaïlandais se servent de leur cuillère comme d'une fourchette, et de leur fourchette comme d'un couteau. Les baguettes ne sont utilisées que pour les plats de nouilles.

(carte p. 64 ; 136 Th Phra Athit ; plats 40-130 B ; 9h-22h mar-dim ; ; Phra Athit/ Banglamphu Pier).

Cours de cuisine

Plus précieux qu'un souvenir matériel, un cours de cuisine thaïlandaise vous aidera à préparer chez vous des plats typiques. Ces cours durent une demi-journée, déjeuner et livre de recettes compris.

- **Amita Thai Cooking Class** (02 466 8966 ; www.amitathaicooking.com ; 162/17 Soi 14, Th Wutthakat, Thonburi ; cours 3 000 B ; 9h30-13h jeu-mar ; klorng-taxi depuis Maharaj Pier).

- **Cooking with Poo & Friends** (080 434 8686 ; www.cookingwithpoo.com ; cours 1500 B ; 8h30-13h ;).

- **Bangkok Bold Cooking Studio** (carte p. 64 ; 098 829 4310 ; ; 503 Th Phra Sumen ; cours 2 500-4 500 B ; 11h-14h ; klorng-taxi jusqu'à Phanfa Leelard Pier).

Promenade dans Bangkok

Pour cette balade dans l'ancien quartier royal de Ko Ratanakosin, partez tôt pour éviter la chaleur, habillez-vous décemment pour visiter les temples et ignorez les rabatteurs.

Départ Wat Phra Kaew et Grand Palais

Distance 5 km

Durée 3 heures

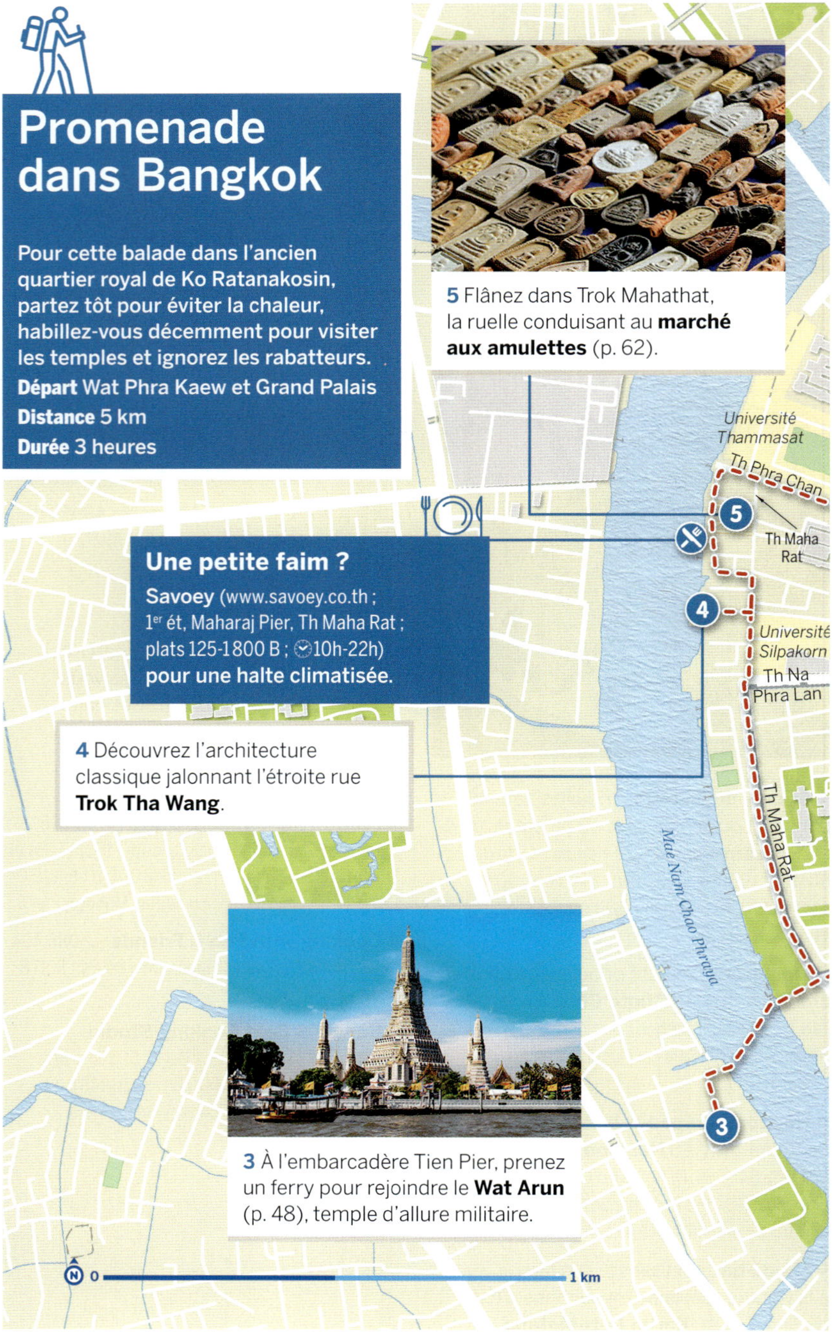

5 Flânez dans Trok Mahathat, la ruelle conduisant au **marché aux amulettes** (p. 62).

Une petite faim ?

Savoey (www.savoey.co.th ; 1er ét, Maharaj Pier, Th Maha Rat ; plats 125-1800 B ; ⌚10h-22h) **pour une halte climatisée.**

4 Découvrez l'architecture classique jalonnant l'étroite rue **Trok Tha Wang**.

3 À l'embarcadère Tien Pier, prenez un ferry pour rejoindre le **Wat Arun** (p. 48), temple d'allure militaire.

6 Continuez vers l'est jusqu'au **Sanam Luang (Champ royal)**, où se déroulent des célébrations saisonnières et qui a accueilli la fastueuse crémation royale.

La photo à prendre

Décoration d'un *garuda* doré au Wat Phra Kaew

1 Commencez par le **Wat Phra Kaew** et le **Grand Palais** (p. 40), ensemble révéré à l'architecture flamboyante.

2 Rejoignez le **Wat Pho** (p. 44), lieu de massages thérapeutiques traditionnels.

À VOIR

Ko Ratanakosin et Banglamphu

Musée national Musée

(พิพิธภัณฑสถานแห่งชาติ ; carte p. 64 ; 4 Th Na Phra That ; 200 B ; 9h-16h mer-dim ; Chang Pier, Maharaj Pier, Phra Chan Tai Pier). Souvent présenté comme le plus grand musée d'Asie du Sud-Est, il renferme des collections gigantesques, mais parfois poussiéreuses, plus passionnantes si l'on suit les **visites guidées** (incluses dans l'accès au musée ; 9h30 mer-jeu) bihebdomadaires.

La majeure partie des bâtiments furent construits en 1782 pour servir de palais au prince Wang Na, vice-roi de Rama Ier. Rama V en fit un musée en 1874 et trois expositions permanentes occupent aujourd'hui plusieurs bâtiments. Certaines galeries étaient en rénovation lors de notre passage.

Musée du Siam Musée

(สถาบันพิพิธภัณฑ์การเรียนรู้แห่งชาติ ; carte p. 64 ; www.museumsiam.org ; Th Maha Rat ; 300 B ; 10h-18h mar-dim ; ; Tien Pier). Temporairement fermé pour rénovation lors de notre passage, cet amusant musée explore les origines du peuple thaï et sa culture au travers de médias variés. Il est installé dans un édifice du XIXe siècle de style européen qui fut jadis le ministère du Commerce, et renferme des expositions présentées de manière moderne, interactive et attrayante (ce qui est assez rare dans les musées thaïlandais). L'ensemble est équilibré et divertissant, avec des galeries consacrées à diverses questions sur les origines de la nation et sa population.

Tenue appropriée

Beaucoup des grands sites touristiques de Bangkok étant des lieux sacrés, il faut s'habiller et se conduire en conséquence. Au Wat Phra Kaew, au Palais royal et au Wat Arun en particulier, vous ne serez pas admis si vous n'êtes pas suffisamment couvert. Shorts, débardeurs, caracos, jupes courtes, bermudas (tout ce qui ne descend pas jusqu'aux coudes ou aux chevilles) ne sont pas admis. Le cas échéant, vous serez conduit à un vestiaire où l'on vous prêtera un sarong.

Mont d'Or et Wat Saket Temple bouddhique

(ภูเขาทอง & วัดสระเกศ ; carte p. 64 ; Th Boriphat ; accès au sommet du mont d'Or 10 B ; 7h30-17h30 ; klorng-taxi jusqu'à Phanfa Leelard Pier). Les temples vous ont épuisé ? Encore un effort pour arriver au mont d'Or (Phu Khao Thong). L'escalier qui gravit la colline artificielle serpente entre les arbres noueux, les tombes abandonnées et les portraits des disparus. Le sommet offre une vue panoramique sur Bangkok et un peu d'air frais.

Juste à côté, le Wat Saket cache sous des airs paisibles les fresques parmi les plus belles mais aussi les plus sanglantes du pays ; la colonne placée derrière le bouddha dépeint de manière explicite l'enfer bouddhiste.

Marché aux amulettes Marché

(ตลาดพระเครื่องวัดมหาธาตุ ; carte p. 64 ; Th Maha Rat ; 7h-17h ; Chang Pier, Maharaj Pier, Phra Chan Tai Pier). Ce marché étrange et fascinant investit les trottoirs de Th Maha Rat et Th Phra Chan, et s'étend en un dédale de stands couverts au sud du Phra Chan Pier. L'accès le plus facile se fait par Trok Maha That, clairement indiquée. On y vend une grande variété de petits talismans prisés des collectionneurs, moines, chauffeurs de taxi et professionnels de métiers à risques.

Chinatown

Wat Traimit (Bouddha d'or) Temple bouddhique

(วัดไตรมิตร, temple du Bouddha d'or ; carte p. 64 ; Th Mitthaphap Thai-China ; 100 B ; 8h-17h ; Ratchawong Pier, M Hua Lamphong sortie 1). Le Wat Traimit est connu pour son extraordinaire bouddha en or massif

SAIKO3P / SHUTTERSTOCK ©

Parc Lumphini

de 3 mètres de hauteur qui pèse 5,5 tonnes. Sculptée dans le gracieux style Sukhothai, la statue fut "redécouverte" il y a 60 ans, sous un revêtement de stuc qui se brisa alors qu'on la déplaçait dans le temple.

Ce revêtement fut sans doute ajouté pour la protéger des voleurs, à la fin de la période Sukhothai ou, plus tard, lors du siège birman de la période Ayutthaya. Le temple daterait, lui, du début du XIIIe siècle.

Les dons et l'affluence des touristes ont profité au temple : la statue se trouve désormais dans un nouvel édifice en marbre de quatre étages.

Talat Mai Marché

(ตลาดใหม่ ; carte p. 64 ; Soi Yaowarat 6/Charoen Krung 16 ; ⏲6h-18h ; Ratchawong Pier, M Hua Lamphong sortie 1 et taxi). Le mal nommé "nouveau marché" existe en réalité depuis deux siècles. Avec ses produits exotiques qui réveillent les sens et sa frénésie ambiante (attention aux motos qui se faufilent entre les acheteurs), c'est le marché chinois le plus authentique de Bangkok, voire de Thaïlande.

Silom, rives du fleuve (Riverside) et Lumphini

Parc Lumphini Parc

(สวนลุมพินี ; carte p. 68 ; bordé par Th Sarasin, Rama IV, Th Witthayu (Wireless Rd) et Th Ratchadamri ; ⏲4h30-21h ; M Lumphini sortie 3, Si Lom sortie 1, S Sala Daeng sortie 3, Ratchadamri sortie 2). La ville natale du Bouddha, au Népal, a donné son nom au parc, havre de paix en plein centre-ville. Son grand lac artificiel, ses sentiers ombragés et ses pelouses soignées font oublier le brouhaha de la circulation et les tours de béton.

Il y a des pédalos pour les amoureux, des aires de jeux pour les enfants et d'énormes varans pour petits et grands. L'un des meilleurs moments pour s'y rendre est le matin avant 7h ; l'air y est encore frais (pour Bangkok), et des Chinois y pratiquent le taï chi. Le soir, lorsque la chaleur décroît, le parc sort de sa torpeur au son de la musique techno des cours d'aérobic. La nuit, des prostitués (hommes et femmes) fréquentent ses abords.

Ko Ratanakosin, Banglamphu et Chinatown

Ko Ratanakosin, Banglamphu et Chinatown

À voir
1 Marché aux amulettes ... A3
2 Mont d'Or et Wat Saket ... C3
3 Jam Factory ... D6
4 Musée du Siam ... B4
5 Musée national ... B3
6 Musée national des Barges royales ... A2
7 Talat Mai ... D5
8 Wat Arun ... A4
9 Wat Pho ... B4
10 Wat Phra Kaew et Grand Palais ... B4
11 Wat Traimit (Bouddha d'or) ... D5

Activités
12 Bangkok Bold Cooking Studio ... C3
13 Chetawan Traditional Massage School ... B4
Pavillons des massages ... (voir 9)
Visites guidées du Musée national ... (voir 5)

Achats
14 Marché de Thanon Khao San ... B3
15 Warehouse 30 ... D6

Où se restaurer
16 80/20 ... D6
17 Baan Nual ... C2
18 Chote Chitr ... B4
19 Err ... B4
20 Hoon Kuang ... D5
21 Jay Fai ... C3
22 Karim Roti-Mataba ... B2
23 Khinlom Chom Sa-Phan ... B2
24 Krua Apsorn ... C3
25 Nai Mong Hoi Thod ... D5
26 Pa Aew ... B4
27 Savoey ... A3
28 Échoppes de fruits de mer de Thanon Phadungdao ... D5
29 Thip Samai ... C3
30 Tonkin-Annam ... A4

Où prendre un verre et faire la fête
31 Amorosa ... A4
32 Ba Hao ... D5
33 Ku Bar ... C3
34 Teens of Thailand ... D5

Où sortir
35 Stade Ratchadamnoen ... D3
36 Soy Sauce Factory ... D6

Renseignements
Bureau du Musée national ... (voir 5)

Musée de Bangkok Musée

(พิพิธภัณฑ์ชาวบางกอก ; carte p. 68 ; 273 Soi 43, Th Charoen Krung ; don à l'entrée ; 10h-16h mer-dim ; Si Phraya/River City Pier). Trois bâtiments anciens construits au début du XXe siècle forment ce musée consacré à une période souvent ignorée de l'histoire de la ville. Une plongée dans un Bangkok qui, ces derniers temps, disparaît rapidement.

ACTIVITÉS

Health Land Massage thaïlandais

(Carte p. 72 ; 02 261 1110 ; www.healthlandspa.com ; 55/5 Soi 21/Asoke, Th Sukhumvit ; massage thaïlandais 2 heures 550 B ; 9h-23h ; M Sukhumvit sortie 1, S Asok sortie 5). Tarifs accessibles, soins experts et cadre agréable composent la formule gagnante du petit empire des centres Health Land à Bangkok.

Eight Limbs Boxe thaïlandaise

(Carte p. 72 ; 090 987 9590 ; www.facebook.com/8LimbsBKK/ ; Soi 24, Th Sukhumvit ; cours à partir de 580 B ; 10h-20h30 mar-dim ; S Phrom Phong sortie 2). Cette petite salle, dans le centre de Bangkok, propose des cours de *muay thai* (boxe thaïlandaise) de 1 heure 30 sans rendez-vous, pour tous niveaux. Consultez les horaires sur la page Facebook.

ACHATS

MBK Center Centre commercial

(Carte p. 68 ; www.mbk-center.co.th ; angle Rama I et Th Phayathai ; 10h-22h ; S National Stadium sortie 4). Ce centre commercial sur huit niveaux est devenu une attraction phare. Tous les week-ends, la moitié de Bangkok et beaucoup de touristes s'y retrouvent pour farfouiller parmi les innombrables petits stands, boutiques et articles.

Asiatique Marché

(Hors carte p. 68 ; Soi 72-76, Th Charoen Krung ; 16h-23h ; navette fluviale depuis Sathon/Central Pier). Dans des entrepôts à côté du fleuve, ce marché nocturne très fréquenté comprend des échoppes d'habillement

NOPPASIN WONGCHUM / SHUTTERSTOCK ©

De gauche à droite : Thanon Khao San (ci-dessous) ; Asiatique (p. 65) ; centre commercial Siam Discovery (p. 56)

MELISSA GRUNDEMANN / SHUTTERSTOCK ©

et de souvenirs, ainsi que quelques lieux où boire et manger. Une navette fluviale gratuite part fréquemment de Sathon/Central Pier de 16h à 23h30.

Siam Square Centre commercial

(Carte p. 68 ; Rama I ; 11h-21h ; ; Siam sorties 2, 4 et 6). Cet espace commercial en plein air est le terrain de prédilection des ados de Bangkok. La musique pop se déverse d'enceintes minuscules, et des bandes de jeunes aux styles vestimentaires divers flânent entre les fast-foods et les boutiques. Un lieu idéal pour dénicher des modèles uniques, même si souvent les vêtements ne conviennent qu'aux petits gabarits.

Marché de Thanon Khao San Cadeaux et souvenirs

(Carte p. 64 ; Th Khao San ; 10h-minuit ; Phra Athit/Banglamphu Pier). La principale artère de *guesthouses* de Banglamphu abrite un marché permanent, ouvert jour et nuit, qui fournit toutes sortes d'articles prisés des baroudeurs : T-shirts, baladeurs MP3 de contrebande, fausses cartes d'étudiant, contrefaçons de grandes marques et inévitables grenouilles en bois qui croassent.

House of Chao Antiquités

(Carte p. 68 ; 9/1 Th Decho ; 9h30-19h ; Chong Nonsi sortie 3). Cette maison ancienne abrite un magasin d'antiquités sur trois niveaux, où vous trouverez de quoi faire de votre maison la demeure coloniale de vos rêves. Un espace couvert derrière la salle d'exposition contient des portes, encadrements de porte, portails et treillages usés par le temps.

OÙ SE RESTAURER

Consultez aussi les adresses gourmandes de la rubrique *Bangkok hipster* p. 55.

Ko Ratanakosin et Banglamphu

Krua Apsorn Thaïlandais $$

(Carte p. 64 ; www.kruaapsorn.com ; Th Din So ; plats 100-450 B ; 10h30-20h lun-sam ; ; klorng-taxi jusqu'à Phanfa Leelard Pier). Des membres de la famille royale et les critiques culinaires apprécient cette salle aux airs de cafétéria. Les plats du Centre et du Sud y sont savoureux, mais les

ARTAPARTMENT / SHUTTERSTOCK ©

habitués commandent le délicieux crabe sauté au piment jaune ou la moelleuse omelette au crabe façon *tortilla* espagnole.

Err Thaïlandais $$

(Carte p. 64 ; www.errbkk.com ; près de Th Maha Rat ; plats 65-360 B ; 11h-tard mar-dim ; ; Tien Pier). Imaginez les mille et une saveurs de la cuisine de rue réunies dans un même restaurant au cadre bohème et rétro, qui sert en plus des cocktails d'inspiration thaïlandaise et des bières artisanales du pays.

Jay Fai Thaïlandais $$$

(Carte p. 64 ; 327 Th Mahachai ; plats 180-1000 B ; 15h-2h lun-sam ; klorng-taxi jusqu'au Phanfa Leelard Pier). Sa salle à manger dépouillée ne le laisse pas deviner, mais Jay Fai est très réputé pour servir les *pàt kêe mow* ("nouilles d'ivrogne", larges pâtes de riz sautées aux fruits de mer et aux herbes) les plus chères de Bangkok ; un prix justifié par l'abondance de produits de la mer frais et par une friture particulière, presque sans graisse.

Il occupe une *shophouse* dépourvue d'enseigne, juste en face d'un 7-Eleven.

Chinatown

Échoppes de fruits de mer de Thanon Phadungdao Étals de rue $$

(Carte p. 64 ; angle Th Phadungdao et Th Yaowarat ; plats 100-600 B ; 16h-minuit mar-dim ; Ratchawong Pier, M Hua Lamphong sortie 1 et taxi). Après le coucher du soleil, ces deux restaurants en plein air, installés l'un en face de l'autre, se transforment en une enfilade de barbecues, avec plateaux de fruits de mer sur de la glace et tables sur le trottoir. La plupart

Aux fourneaux !

Un cours de cuisine populaire, Cooking with Poo & Friends (p. 59), a été créé par une habitante du bidonville de Khlong Toey et se déroule dans son quartier. Les cours, qui doivent être réservés, mettent à l'honneur trois plats et incluent une visite du marché de Khlong Toey et le transport depuis/vers le centre commercial Emporium.

Siam Square, Silom et rives du fleuve

Siam Square, Silom et rives du fleuve (Riverside)

À voir

	Aood Bankrua Thai Silk	(voir 1)
1	Baan Krua	B3
2	Bangkok Art & Culture Centre	B3
3	Bangkok CityCity Gallery	D6
4	Musée de Bangkok	A5
5	Marché du week-end de Chatuchak	A1
6	Maison de Jim Thompson	B3
7	Parc Lumphini	D5
8	Marché d'Or Tor Kor	A2
	Phamai Baan Krua	(voir 1)
9	YELO House	B3

Achats

10	House of Chao	B5
11	MBK Center	B3
12	Siam Center	C3
13	Siam Discovery	B3
14	Siam Square	C3

Où se restaurer

15	Guss Damn Good	D5
16	Kai Thort Jay Kee	D5
17	MBK Food Island	B3
18	nahm	C6

Où sortir

19	Whiteline	B5

des clients sont des touristes étrangers, mais le cadre reste chaleureux, l'expérience amusante et les prix très doux.

Hoon Kuang Chinois $$

(Carte p. 64 ; 381 Th Yaowarat ; plats 90-240 B ; 11h-19h45h lun-sam ; ; Ratchawong Pier, M Hua Lamphong sortie 1 et taxi). Ce discret restaurant ouvert de longue date propose la cuisine de rue de Chinatown, le confort climatisé en plus. Les plats incontournables sont en photo sur la porte, mais ne manquez pas les nouilles de riz plates au curry de crevettes, mariage réussi de spécialités chinoise et thaïlandaise, le crabe à la poudre de curry et les nouilles sautées.

Silom et rives du fleuve (Riverside)

Kai Thort Jay Kee Thaïlandais $$

(Polo Fried Chicken ; carte p. 68 ; 137/1-3 Soi Sanam Khli/Polo ; plats 50-350 B ; 11h-21h ; ; M Lumphini sortie 3). Même si le *sôm·đam* (salade de papaye verte épicée), le riz gluant et le *lâhp* (salade épicée de viande hachée) de cet étal installé de longue date évoquent un restaurant du nord-est du pays, le nom de l'établissement, "poulet frit", puise plutôt ses origines dans le Sud. Toutefois, l'épaisse panure à l'ail est typique de Bangkok.

nahm Thaïlandais $$$

(Carte p. 68 ; 02 625 3388 ; www.comohotels.com ; rdc, Metropolitan Hotel, 27 Th Sathon Tai/sud ; menu déj 600-1600 B, menu dîner 2500 B, plats 310-800 B ; midi-14h lun-ven, 19h-22h30 tlj ; ; M Lumphini sortie 2). Le chef et auteur australien David Thompson a fondé ce restaurant thaïlandais, l'un des meilleurs de Bangkok et, à en croire les critiques gastronomiques, du monde. Il a ressuscité des plats oubliés, comme le curry de poisson fumé aux crevettes, foie de poulet, coques, piment et poivre noir.

Sukhumvit

Soul Food Mahanakorn Thaïlandais $$

(Carte p. 72 ; 02 714 7708 ; www.soulfoodmahanakorn.com ; 56/10 Soi 55/Thong Lor, Th Sukhumvit ; plats 140-290 B ; 17h30-minuit ; ; S Thong Lo sortie 3). Cet établissement contemporain doit son succès à sa double casquette : restaurant attrayant, proposant de savoureuses interprétations de plats rustiques thaïlandais, et bar servant de délicieux cocktails aux saveurs locales. Réservation conseillée.

Bo.lan Thaïlandais $$$

(Carte p. 72 ; 02 260 2962 ; www.bolan.co.th ; 24 Soi 53, Th Sukhumvit ; menu 1200-3500 B ; 18h-22h30 jeu-dim, midi-14h30 sam-dim ; ; S Thong Lo sortie 1). Souvent, la cuisine thaïlandaise haut de gamme mise davantage sur le visuel que sur les saveurs, mais Bo.lan fait exception. L'approche érudite de la gastronomie locale adoptée par Bo et Dylan ("Bo.lan" signifie également ancien) produit des plats généreux et très goûteux. Menus uniquement, y compris végétariens. Réservation conseillée.

OÙ PRENDRE UN VERRE ET FAIRE LA FÊTE

Pour une sélection de bars et de clubs, voir la rubrique *Bangkok hipster* p. 54.

OÙ SORTIR

Stade Ratchadamnoen Matchs sportifs

(สนามมวยราชดำเนิน ; carte p. 64 ; www.rajadamnern.com ; près de Th Ratchadamnoen Nok ; tickets 3e catégorie/2e catégorie/ring 1000/1500/2500 B ; Thewet Pier, S Phaya Thai sortie 3 et taxi). C'est le stade de boxe le plus ancien et le plus mythique de Bangkok consacré au *muay thai* (boxe thaïlandaise). Les matchs se déroulent le lundi, le mercredi et le jeudi de 18h30 à 23h, et le dimanche à 15h et 18h30. Achetez vos tickets au guichet officiel ou en ligne, et non aux revendeurs qui traînent devant l'entrée.

RENSEIGNEMENTS

Bangkok Information Center (carte p. 64 ; 02 225 7612-4 ; www.bangkoktourist.com ; 17/1 Th Phra Athit ; 8h-19h lun-ven, 9h-17h sam-dim ; Phra Athit/Banglamphu Pier). L'office du tourisme de Bangkok fournit cartes, brochures et adresses. Il dispose en ville de kiosques (rarement occupés) reconnaissables à leur logo vert sur fond blanc représentant un cornac sur un éléphant.

DEPUIS/VERS BANGKOK

AVION

Aéroport international Suvarnabhumi (02 132 1888 ; www.suvarnabhumiairport.com). Situé à 30 km à l'est de Bangkok, l'aéroport international Suvarnabhumi (prononcer *sù·wan·ná·poum*) accueille les vols commerciaux internationaux et locaux depuis 2006. Il a hérité du code BKK de l'ancien aéroport Don Mueang. Le site de l'aéroport propose le détail des arrivées et départs en temps réel.

Aéroport international Don Mueang (02 535 2111 ; www.donmueangairportthai.com).

De gauche à droite : étals de rue ; statue, Wat Saket (p. 62) ; exposition de sculptures, Musée national (p. 62)

AUSTIN BUSH / LONELY PLANET ©

PIITH HANT / SHUTTERSTOCK ©

L'autre aéroport de Bangkok, à 25 km au nord du centre-ville, fermé en 2006, a rouvert pour assurer les liaisons low cost. Le terminal 1 gère les vols internationaux, le terminal 2 les vols domestiques.

BUS

Terminal Est des bus (hors carte p. 72 ; ☎02 391 2504 ; Soi 40, Th Sukhumvit ; Ⓢ Ekkamai sortie 2). Point de départ des bus en direction de Pattaya, Rayong, Chanthaburi et d'autres destinations à l'est, sauf ceux qui rejoignent d'Aranya Prathet (à la frontière cambodgienne). Beaucoup de gens l'appellent *sà·tăh·ni èk·gà·mai* (station Ekkamai). Proche de la station BTS Ekkamai.

Terminal Sud des bus (Sai Tai Mai ; hors carte p. 64 ; ☎02 422 4444, centre d'appels 1490 ; Th Boromaratchachonanee). Souvent appelé *săi đâi mài,* il se situe loin du centre, à l'ouest. De ce terminal, l'un des plus agréables et ordonnés du pays, démarrent tous les bus vers le sud de Bangkok. C'est ici que s'effectuent les départs pour Kanchanaburi et l'ouest de la Thaïlande.

Terminal Nord et Nord-Est des bus (Mo Chit ; hors carte p. 68 ; ☎lignes nord-est 02 936 2852, poste 602/605, lignes nord 02 936 2841, poste 325/614 ; Th Kamphaeng Phet ; Ⓜ Kamphaeng Phet sortie 1 et taxi, Ⓢ Mo Chit sortie 3 et taxi). Cette gare routière trépidante au nord du parc Chatuchak est souvent aussi appelée *kŏn sòng mŏr chít* (terminal Mo Chit) – ne confondez pas avec la station BTS Mo Chit. Les bus qui en partent desservent les destinations du Nord

Transports publics en un clin d'œil

BTS Le Skytrain aérien circule de 6h à minuit. Un ticket vaut entre 9 et 19 B.

MRT Le métro circule de 6h à minuit. Un ticket vaut entre 16 et 42 B.

Taxi Très intéressant en dehors des heures de pointe. Prise en charge : 35 B.

Chao Phraya Express Boat Ces bateaux circulent de 6h à 20h (tickets 10-40 B).

Klorng-taxi Ces bateaux desservent les canaux de 5h30 à 19h15 presque tous les jours (tickets 9-19 B).

Bus Un moyen bon marché, mais lent et compliqué, de circuler dans Bangkok (tickets 5-30 B).

BEN BRYANT / SHUTTERSTOCK ©

Sukhumvit

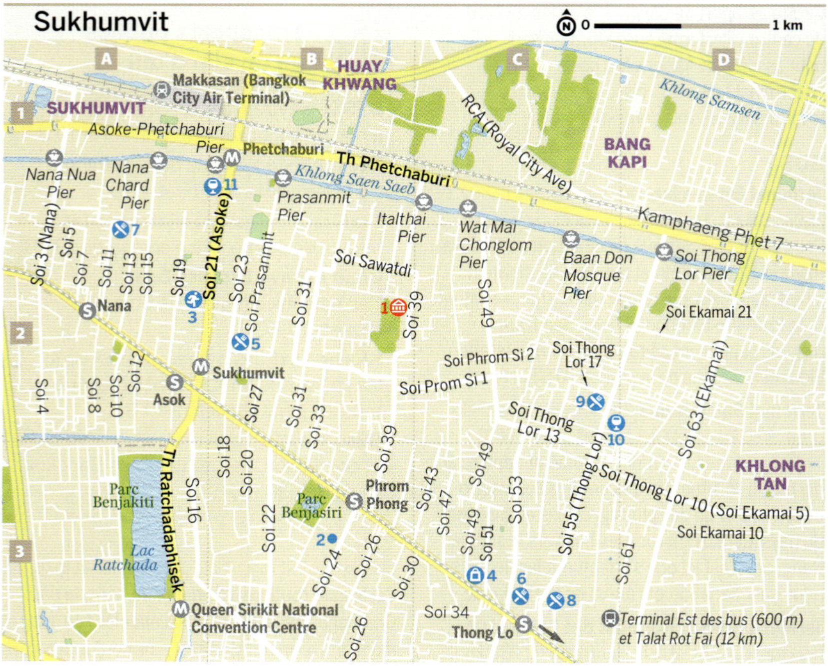

et du Nord-Est et des destinations étrangères, dont Pakse (Laos), Phnom Penh (Cambodge), Siem Reap (Cambodge) et Vientiane (Laos).

TRAIN

Gare ferroviaire Hualamphong (carte p. 68 ; ☎02 220 4334, centre d'appels 1690 ; www.railway.co.th ; près de Rama IV ; Ⓜ Hua Lamphong sortie 2). Hualamphong est le terminus des grandes lignes ferroviaires desservant le sud, le nord, le nord-est et l'est du pays.

La gare propose les services suivants : douche, centre de courrier, consigne à bagages, cafés et *food courts*. Depuis Sukhumvit, prenez le MRT jusqu'à l'arrêt Hua Lamphong. Depuis l'ouest (Banglamphu, Thewet), empruntez le bus n°53.

COMMENT CIRCULER

Si Bangkok peut sembler impénétrable de prime abord, son système de transport ne cesse de s'améliorer. Le taxi est le transport le plus intéressant, mais le trafic à Bangkok est imprévisible : aux heures de pointe, préférez les transports publics.

Gardez ces conseils à l'esprit pour survivre au trafic et ne pas allonger la liste des touristes escroqués par les artistes du genre.

- Ignorez les Thaïlandais trop serviables, souvent élégants et anglophones, qui vous annoncent que les sites touristiques et les transports sont fermés pour cause de jour férié ou de nettoyage : c'est l'amorce d'une escroquerie, probablement aux pierres précieuses.
- Déclinez les courses en *tuk-tuk* à 50 B, sauf si vous avez du temps à perdre et suffisamment de volonté pour résister aux boniments d'un vendeur chez un tailleur ou un marchand de pierres précieuses.
- Ce n'est pas par l'intermédiaire d'un chauffeur de *tuk-tuk* que vous trouverez des adresses de qualité.
- N'imaginez pas que les piétons ont des droits : ne traversez jamais seul et cédez le passage à tout engin plus solide que vous.

Sukhumvit

À voir

1 Subhashok The Arts Centre B2

Activités

2 Eight Limbs B3
3 Health Land A2

Achats

4 ZudRangMa Records C3

Où se restaurer

5 Bharani B2
6 Bo.lan C3
7 Daniel Thaiger A2
8 Soul Food Mahanakorn C3
9 The Commons C2

Où prendre un verre et faire la fête

10 Beam C2
11 Q&A Bar B1
Roast .... (voir 9)
Studio Lam .... (voir 4)
WTF .... (voir 4)

- Pour héler un taxi utilisant son compteur, éloignez-vous des artères touristiques. Dites "meter" au chauffeur ; s'il refuse d'enclencher son compteur, descendez.

BTS ET MRT

Le **BTS** (02 617 6000, infos touristiques 02 617 7341 ; www.bts.co.th), également appelé Skytrain (*rót fai fáh*), dessert le "nouveau" Bangkok (Silom, Sukhumvit et Siam Sq). Les deux lignes de ce métro aérien se croisent à la station Siam. La plupart des automates n'acceptent que les pièces, mais les guichets d'information font la monnaie.

Le **MRT** (02 354 2000 ; www.bangkokmetro.co.th), ou métro de Bangkok, est utile si l'on séjourne dans le quartier de Sukhumvit ou de Silom et que l'on souhaite rejoindre la gare ferroviaire Hualamphong.

BUS

Les bus de Bangkok sont gérés par la **Bangkok Mass Transit Authority** (02 246 0973, centre d'appels 1348 ; www.bmta.co.th).

Les lignes n'étant pas toujours claires et les taxis étant bon marché, il faut vraiment avoir un budget limité pour circuler en bus à Bangkok. Comptez entre 10 et 23 B pour un bus climatisé et 6,50 B minimum pour un bus avec ventilateur.

La plupart des lignes sont assurées de 5h à 22h ou 23h ; les bus de nuit roulent de 3h ou 4h jusqu'au milieu de la matinée.

Vous aurez probablement besoin du *Bangkok Bus Guide*, publié par thinknet, ou de télécharger le guide des transports de Transit Bangkok sur www.transitbangkok.com.

TAXI

Tous les taxis doivent utiliser leur compteur. La prise en charge coûte 35 B et les courses dans le centre de Bangkok coûtent 60-90 B. Les passagers doivent payer le péage (25-70 B).

Ne prenez pas un taxi qui refuse d'utiliser son compteur. Si un chauffeur ne veut pas vous emmener quelque part, c'est probablement parce qu'il doit rendre son véhicule avant une certaine heure. Très peu de chauffeurs parlent vraiment l'anglais ; une adresse rédigée en thaï est toujours utile.

Les vieux taxis sont parfois moins confortables mais leurs chauffeurs sont généralement plus expérimentés ; ils conduisent leur propre véhicule, contrairement aux taxis neufs qui sont souvent loués.

Les **Taxi Radio** (1681 ; www.taxiradio.co.th) et d'autres services d'appels de taxis 24h/24 appliquent un supplément de 20 B.

Si vous oubliez un objet dans un taxi, vous avez une (petite) chance de le récupérer en appelant le 1644.

TUK-TUK

Les Thaïlandais utilisent les *tuk-tuk* (*đúk đúk ;* sorte de pousse-pousse motorisé), emblématiques de Bangkok, pour les courses trop courtes pour que le taxi soit valable. Ce transport est indissociable d'une découverte de Bangkok, malgré des tarifs en hausse. La grande majorité des chauffeurs de *tuk-tuk* pratique des prix abusifs pour les touristes ; une petite course doit coûter 60 B.

Industrie du sexe

La prostitution était répandue en Thaïlande longtemps avant que le pays n'en tire sa triste célébrité. Tout au long de l'histoire, cette pratique fut tolérée, quoique non respectable.

Sous la pression des Nations unies, la prostitution a été déclarée illégale en 1960, bien que les lieux de divertissement (go-go bars, bars à bières ou à karaoké, salons de massage, saunas) soient régis par une loi particulière votée en 1966. Ces établissements agréés peuvent légalement proposer des services non sexuels (danseuses, masseuses, entraîneuses) ; s'ils fournissent des services sexuels, ceux-ci ne font théoriquement pas partie de leurs attributions.

Avec l'arrivée des militaires américains en Asie du Sud-Est dans les années 1960 et 1970, les entrepreneurs ont adapté la prostitution au goût des étrangers, créant une industrie qui perdure aujourd'hui et joue un rôle majeur dans l'économie touristique.

En 1998, l'Organisation internationale du travail (Nations unies) a conseillé aux pays d'Asie du Sud-Est, dont la Thaïlande, de reconnaître la prostitution comme un secteur économique et une source de revenus. On estime qu'un tiers des établissements de divertissement sont déclarés auprès des autorités ; la majorité paie une taxe officieuse sous forme de pots-de-vin à la police.

En 1996, la Thaïlande a adopté une réforme concernant la prostitution des enfants. Aidez à faire disparaître le tourisme sexuel impliquant des enfants en dénonçant les comportements suspects sur une ligne dédiée (☎1300) ou directement auprès de l'ambassade du pays d'origine de l'auteur de ces comportements.

BATEAU

KLORNG-TAXI

Ces bateaux qui naviguent sur le Khlong Saen Saep (de Banglamphu à Ramkhamhaeng) permettent d'aller facilement de Banglamphu à la maison de Jim Thompson et aux centres commerciaux de Siam Square. Descendez au Saphan Hua Chang Pier après avoir changé de bateau au Pratunam Pier.

Ces bateaux, surtout utilisés par les habitants des banlieues, ne restent que quelques instants à quai – sautez vite pour ne pas rester à bord !

Les tickets coûtent de 9 à 19 B et les bateaux circulent de 5h30 à 19h15 du lundi au vendredi, de 6h à 18h30 le samedi et de 6h à 18h le dimanche.

TRANSPORT FLUVIAL

Chao Phraya Express Boat (☎02 623 6001 ; www.chaophrayaexpressboat.com) assure le principal service de ferry sur le Chao Phraya. L'embarcadère central, appelé Tha Sathon, Tha Saphan Taksin ou parfois Sathon/Central Pier, est relié à la station BTS Saphan Taksin.

- Il fonctionne de 6h à 20h. Les tickets (10-40 B) s'achètent à l'embarcadère (*pier*) ou à bord. Conservez bien votre titre tout au long du trajet.
- Les bateaux les plus courants sont les express à drapeau orange. Ils circulent entre le Wat Rajsingkorn, au sud de Bangkok, et Nonthaburi, au nord, et desservent les principaux embarcadères (15 B, fréquents, 6h-19h).
- Un bateau touristique à drapeau bleu (40 B, toutes les 30 minutes, 9h30-17h) relie le Sathon/Central Pier au Phra Athit/Banglamphu Pier. Il dessert huit embarcadères correspondant à des sites touristiques en délivrant un commentaire en anglais à peine compréhensible. Au Tha Sathon, des vendeurs proposent des forfaits journée (150 B) qui ne sont pas intéressants, sauf si vous prévoyez de nombreux trajets en bateau.
- Des dizaines de ferries assurant la simple traversée (3 B) se succèdent à quelques minutes d'intervalle jusqu'à tard le soir.
- On peut louer des *long-tail boats* privés pour des circuits touristiques aux embarcadères Phra Athit/Banglamphu Pier, Chang Pier, Tien Pier et Oriental Pier.

Où se loger

Bangkok est une métropole si étendue qu'il vaut mieux commencer par choisir un quartier, puis un hôtel en fonction de son budget. Sinon, choisissez un établissement situé sur une ligne de BTS (métro) pour naviguer facilement d'un quartier à l'autre.

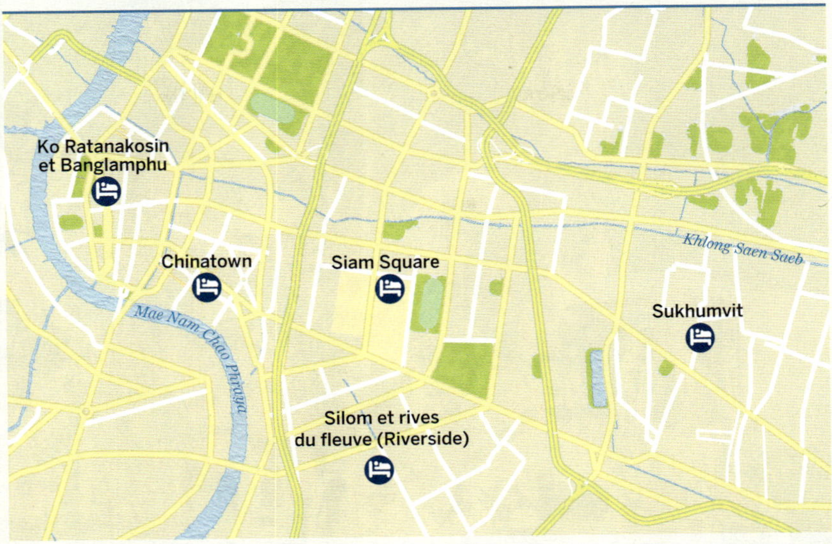

Quartier	Avantages et inconvénients
Ko Ratanakosin et Banglamphu	Proches des curiosités, ambiance désuète ; beaucoup de revendeurs et de touristes.
Chinatown	Bonnes adresses pour petits budgets et catégorie moyenne, accès facile aux sites touristiques et à la gare ferroviaire ; bruyant et agité.
Siam Square	Accès facile aux boutiques et au BTS ; excessivement commerçant ; manque de restaurants et d'adresses pour sortir.
Silom et rives du fleuve (Riverside)	Hébergements haut de gamme, commode par rapport aux transports, beaucoup de restaurants et de lieux nocturnes ; bruyant et agité.
Sukhumvit	Hôtels raffinés, accès facile au BTS et au MRT ; bars et restaurants internationaux ; touristique.

SUKPAIBOONWAT / SHUTTERSTOCK ©

AYUTTHAYA ET LE CENTRE

Dans ce chapitre

Ayutthaya et le Centre

Capitale du Siam pendant plus de 400 ans, cette cité insulaire éblouissait par ses temples d'or et sa splendeur architecturale. Le royaume résista aux intrigues politiques et à l'expansionnisme européen, mais, après avoir combattu contre les Birmans, la cité fut prise en 1767. Guerres, pillages et ravages du temps eurent raison des temples dont les ruines sont désormais classées au patrimoine mondial par l'Unesco. Aujourd'hui, Ayutthaya est une ville provinciale tranquille où découvrir la vie thaïlandaise ordinaire dans un cadre historique.

Ayutthaya en 2 jours

Parcourez l'exposition interactive de l'**Ayutthaya Tourist Center** (p. 82) pour découvrir ce qui fit la grandeur de la ville. Promenez-vous ensuite à vélo dans le **parc historique d'Ayutthaya** (p. 80), avant de déguster les meilleures nouilles du cru au **Lung Lek** (p. 88). Le lendemain, flânez dans les ruines, puis terminez par un festin au **Pae Krung Gao** (p. 88).

Ayutthaya et le Centre en 4 jours

Quittez ensuite la ville pour visiter le **palais Bang Pa In** (p. 84) et le **centre d'Art et d'artisanat de Bang Sai** (p. 87).

Rejoignez **Kanchanaburi** (p. 89), vers l'ouest, pour découvrir le pont de la rivière Kwaï et le Chemin de fer de la mort, ou bien partez vers l'est pour le **parc national de Khao Yai** (p. 96) et le **parc historique du Phanom Rung** (p. 97), le plus vaste et le mieux restauré des monuments khmers de Thaïlande. Au retour, arrêtez-vous au **Wat Phanan Choeng** (p. 81), puis revenez sur l'île suffisamment tôt pour visiter le **musée du Million de jouets** (Million Toy Museum, p. 87).

Voir cartes Ayutthaya (p. 86) et Kanchanaburi (p. 92)

Comment s'y rendre

Arrêt de bus La plupart des visiteurs arrivent en bus ou en minibus de Bangkok. L'arrêt de bus est situé dans le centre-ville.

Gare ferroviaire Des trains en provenance de la gare Hualamphong de Bangkok desservent Ayutthaya, dont la gare ferroviaire se trouve de l'autre côté de la rivière par rapport au centre-ville.

Où se loger

Les *guesthouses* sont principalement regroupées sur l'île du côté de Soi 2, Th Naresuan, un quartier d'où l'on rejoint facilement le parc historique, les restaurants, les marchés et les transports ; on trouve aussi des chambres bon marché près de la gare ferroviaire. Les hôtels de catégorie moyenne et supérieure sont situés près de la rivière.

Wat Phra Si Sanphet

Parc historique d'Ayutthaya

À son apogée, Ayutthaya comptait plus de 400 temples. Plusieurs dizaines ont été partiellement restaurés, laissant aux stupas dégarnis, aux chapelles sans toiture et aux bouddhas décapités le soin de raconter les luttes du royaume contre les ennemis et le temps.

Pour ceux qui aiment...

☑ Ne ratez pas

Le soir, les ruines sont joliment illuminées : l'occasion de prendre de belles photos.

Le parc historique réunit les sites de l'île et ceux situés en dehors. On peut explorer l'île à vélo, mais il faut une moto ou un véhicule privé pour pousser la visite au-delà.

Wat Phra Si Sanphet

Doté de trois magnifiques stupas, ce **site** (วัดพระศรีสรรเพชญ์ ; 50 B ; 8h-18h) parmi les plus sacrés servit de modèle au Wat Phra Kaew de Bangkok. Érigé à la fin du XVe siècle dans le parc du palais, le temple était le plus grand d'Ayutthaya et abritait un bouddha debout de 16 m (Phra Si Sanphet), recouvert de 143 kg d'or.

Wihan Phra Mongkhon Bophit

À côté du Wat Phra Si Sanphet, ce **sanctuaire** (วิหารพระมงคลบพิตร ; 8h-17h) GRATUIT renferme l'un des plus grands bouddhas de bronze du pays. La statue,

Wihan Phra Mongkhon Bophit

NATTUL / SHUTTERSTOCK ©

haute de 12,5 m (17 m avec le socle) fut gravement endommagée au XVIIIe siècle lors d'un incendie provoqué par la foudre, puis pendant le sac de la ville par les Birmans. Elle fut restaurée, ainsi que l'édifice, au XXe siècle.

Wat Mahathat

Fondé en 1374 sous le règne de Borom Rachathirat Ier, ce **temple** (วัดมหาธาตุ ; Th Chi Kun ; 50 B ; 8h-18h30) était le plus important du royaume et le siège du patriarche suprême. Ses ruines sont aujourd'hui connues pour leur surprenante tête d'un bouddha en grès, suspendue au-dessus du sol par les racines d'un figuier des pagodes.

Wat Ratchaburana

Le *prang* (stupa de style khmer) de ce **temple** (วัดราชบูรณะ ; près de Th Naresuan ;

Infos pratiques

อุทยานประวัติศาสตร์อยุธยา ; par site 20-50 B, pass à la journée 220 B ; 8h-17h

Une petite faim ?

Lung Lek (p. 88) sert des "nouilles bateaux" à l'ancienne, une recette datant de l'époque des marchés flottants.

★ Bon à savoir

Les ruines des temples sont des symboles royaux et religieux respectés ; portez une tenue correcte et adoptez une attitude respectueuse.

50 B ; 8h-18h) est l'un des plus beaux de la ville avec ses lotus et ses créatures mythiques finement sculptés. On peut y grimper pour visiter la crypte peinte de couleurs vives si l'on ne craint ni la hauteur, ni les espaces confinés, ni les chauves-souris. Le temple fut fondé en 1424 par Borom Rachathirat II sur le site de crémation de ses deux frères, morts alors qu'ils s'affrontaient pour le trône.

Wat Chai Wattanaram

Il s'agit du **site** (วัดไชยวัฒนาราม ; Ban Pom ; 50 B ; 8h-18h) le plus impressionnant situé en dehors de l'île, avec son *prang* central haut de 35 m et son bon état général. Le roi Prasat Thong en lança la construction en 1630 (elle dura vingt ans) en l'honneur de sa mère.

Wat Phanan Choeng

Ce **temple** (วัดพนัญเชิง ; Khlong Suan Plu ; 20 B ; lever-coucher du soleil) est très animé le week-end lorsque s'y déroulent une foule de rituels visant à acquérir des mérites. Bâti à l'endroit où une communauté chinoise s'installa à Ayutthaya au XIVe siècle, il est souvent associé à Zheng He (Sam Po Khong en Thaïlande), l'émissaire chinois qui explora l'Asie du Sud-Est au XVe siècle.

Son attraction emblématique est le Phra Phanan Choeng, bouddha haut de 19 m créé en 1324 et installé dans un sanctuaire entouré de 84 000 petits bouddhas. Le sanctuaire chinois face à la rivière est particulièrement coloré.

Wat Na Phra Men

Ce **temple** (วัดหน้าพระเมรุ ; Lum Phli ; 20 B ; lever-coucher du soleil) fut l'un des rares à échapper aux destruction de l'envahisseur birman en 1767, qui en fit le principal camp de base de son armée. Le gigantesque *bòht* (salle des ordinations) est plus grand que ses homologues modernes ; le bouddha principal, très vénéré, porte une tenue royale, pratique très courante dans la dernière période d'Ayutthaya. N'en déplaise à la pancarte en anglais, il est en bronze, pas en or.

Ayutthaya Tourist Center

Le rez-de-chaussée de ce bâtiment polyvalent accueille le **centre d'information touristique** (ศูนย์ท่องเที่ยวอยุธยา ; 035 246076 ; près de Th Si Sanphet ; 8h30-16h30) GRATUIT, mais on y vient avant tout pour le musée situé à l'étage, où sont proposées des expositions sur les temples et la vie quotidienne de l'Ayutthaya d'autrefois. Au même niveau, le Musée national des Beaux-Arts est petit mais intéressant.

Bouddha couché, Wat Yai Chai Mongkhon

Centre d'Études historiques d'Ayutthaya

Ce **musée** (ศูนย์ศึกษาประวัติศาสตร์อยุธยา ; ☎035 245123 ; Th Rotchana ; adulte/enfant 100/50 B ; ⌚9h-16h30 lun-ven, 9h-17h sam-dim) moderne, financé par le Japon, accueille des expositions sur la vie des villageois et des communautés étrangères au temps du royaume d'Ayutthaya, ainsi que des dioramas décrivant la grandeur passée de la ville.

Une petite faim ?

Passez au marché nocturne de Bang lan (Th Bang lan ; en-cas à partir de 10 B, plats 30-100 B ; ⌚5h-20h30) **si vous visitez le parc en fin d'après-midi ou en soirée.**

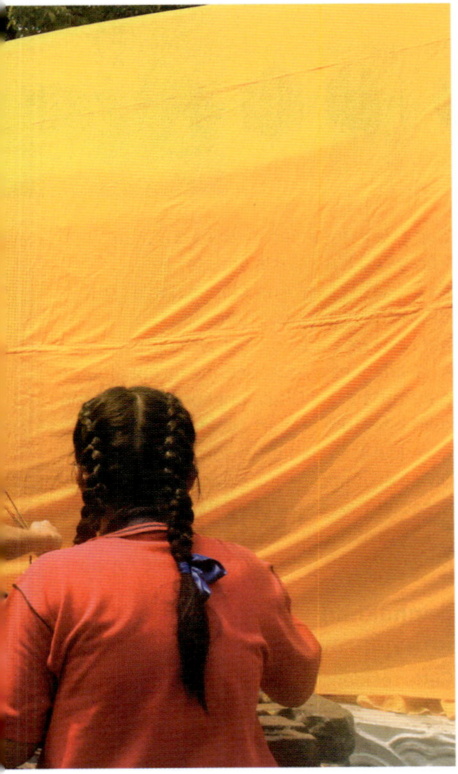

AMNAT30 / SHUTTERSTOCK ©

Musée national Chao Sam Phraya

Le plus grand **musée** (พิพิธภัณฑสถานแห่งชาติเจ้าสามพระยา ; ☎035 244570 ; angle Th Rotchana et Th Si Sanphet ; adulte/enfant 150 B/gratuit ; ⌚9h-16h mer-dim) de la ville expose beaucoup d'artefacts exhumés durant les fouilles des ruines, notamment les trésors en or découverts dans les cryptes du Wat Mahathat et du Wat Ratchaburana. Un peu vieillot, l'endroit manque de signalétique en anglais.

Wat Yai Chai Mongkhon

Le roi U Thong fonda ce **temple** (วัดใหญ่ชัยมงคล ; 20 B ; ⌚6h-18h) en 1357 pour héberger les moines au retour de leur ordination au Sri Lanka. En 1592, le roi Naresuan érigea le fantastique *chedi* (stupa) en forme de cloche après sa victoire contre les Birmans. Les jardins paysagers rendent ces ruines particulièrement photogéniques. Un bouddha couché long de 7 m est placé près de l'entrée ; selon la croyance locale, la chance vous sourira si vous parvenez à faire tenir une pièce de monnaie sur ses pieds.

Wat Phu Khao Thong

Cet immense **stupa blanc** (เจดีย์ภูเขาทอง ; ⌚lever-coucher du soleil) GRATUIT fut édifié par les Birmans pour commémorer l'occupation d'Ayutthaya en 1569. La grande statue est un hommage à Naresuan, le roi conquérant thaïlandais qui chassa les Birmans. Il est entouré de reliefs décrivant ses exploits, notamment sa lutte contre un crocodile, et de dizaines de statues de coqs de combat.

★ Le saviez-vous ?

En Thaïlande, le vélo est idéal pour se déplacer dans les secteurs ruraux où le trafic routier est limité, comme le parc historique d'Ayutthaya.

Aisawan Thiphya-At

Palais Bang Pa In

Ancien palais des rois thaïlandais, Bang Pa In mélange divers styles architecturaux, depuis sa salle du trône chinoise jusqu'à ses églises gothiques.

Pour ceux qui aiment...

☑ **Ne ratez pas**

Nourrir le poisson qui vit dans le lac du palais – cet acte méritoire selon le bouddhisme thaïlandais est réputé porter chance.

Bang Pa In fut édifié au bord du Chao Phraya au XVIIe siècle sous le règne de Prasat Thong. Abandonné par les rois d'Ayutthaya, le palais fut rendu à la vie par ceux de Bangkok. Les jardins, statues et résidences à l'européenne furent ajoutés par Rama V (roi Chulalongkorn), passionné d'architecture et d'art occidentaux. Lorsqu'il était habité, le domaine était divisé en deux secteurs par un lac artificiel ; le secteur extérieur était utilisé pour les cérémonies et le secteur intérieur était réservé à l'usage de la famille royale.

Saphakhan Ratchaprayun

Cette résidence à l'européenne, construite à l'origine pour les frères du roi, abrite aujourd'hui un musée sur l'histoire du palais.

PHATHAWUT THIPAPAL / SHUTTERSTOCK ©

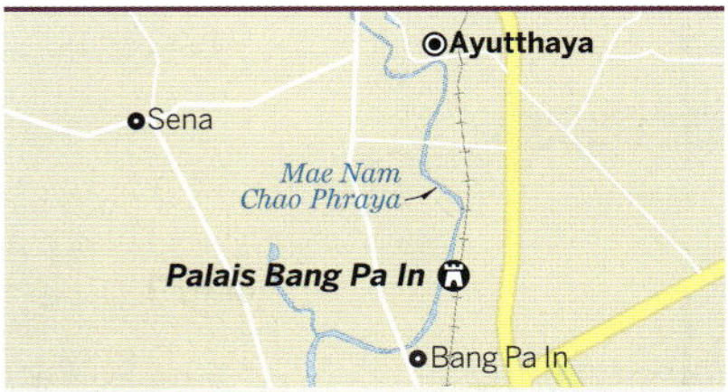

Infos pratiques

พระราชวังบางปะอิน ; 100 B ; 8h-16h, dernière entrée 15h15

Une petite faim ?

Le petit café donnant sur le lac, à côté de la Therawat Khanlai Gate, sert des boissons et des en-cas.

★ Bon à savoir

Une tenue correcte est nécessaire pour visiter cette demeure royale.

Phra Thinang Warophat Phiman

Cet édifice néoclassique construit en 1876 servait de résidence et de salle du trône à Rama V. Des tableaux historiques décorent les salles. La famille royale actuelle y séjourne lors de ses rares visites dans la région. Le rez-de-chaussée comprend une salle du trône raffinée.

Aisawan Thiphya-At

Un pavillon de style classique thaïlandais est placé sur le lac ; il contient une statue de Rama V.

Phra Thinang Wehut Chamrun

Ce majestueux palais de style chinois, appelé "résidence de la Lumière céleste", est un cadeau que fit la chambre de Commerce chinoise à Rama V en 1889.

Ho Withun Thatsana

Ce "point d'observation des sages" est une tour aux couleurs vives ; l'escalier en colimaçon conduit au panorama favori de Rama V.

Wat Niwet Thamaprawat

Rama V adorait le mélange des styles thaïlandais et occidentaux. Ce temple bouddhique situé sur une île de la rivière est la copie d'une église gothique : vitraux, flèche et statues de chevaliers en armure côtoient des bouddhas. On y accède en traversant la rivière en télécabine.

Mémorial de la reine Sunanda

Un obélisque de marbre célèbre la mémoire de la reine Sunanda, épouse de Rama V, qui se noya en rejoignant le palais en bateau. La loi thaïlandaise interdisant alors aux membres de la cour de toucher la reine, personne n'osa se jeter à l'eau pour la sauver. La loi fut modifiée par la suite.

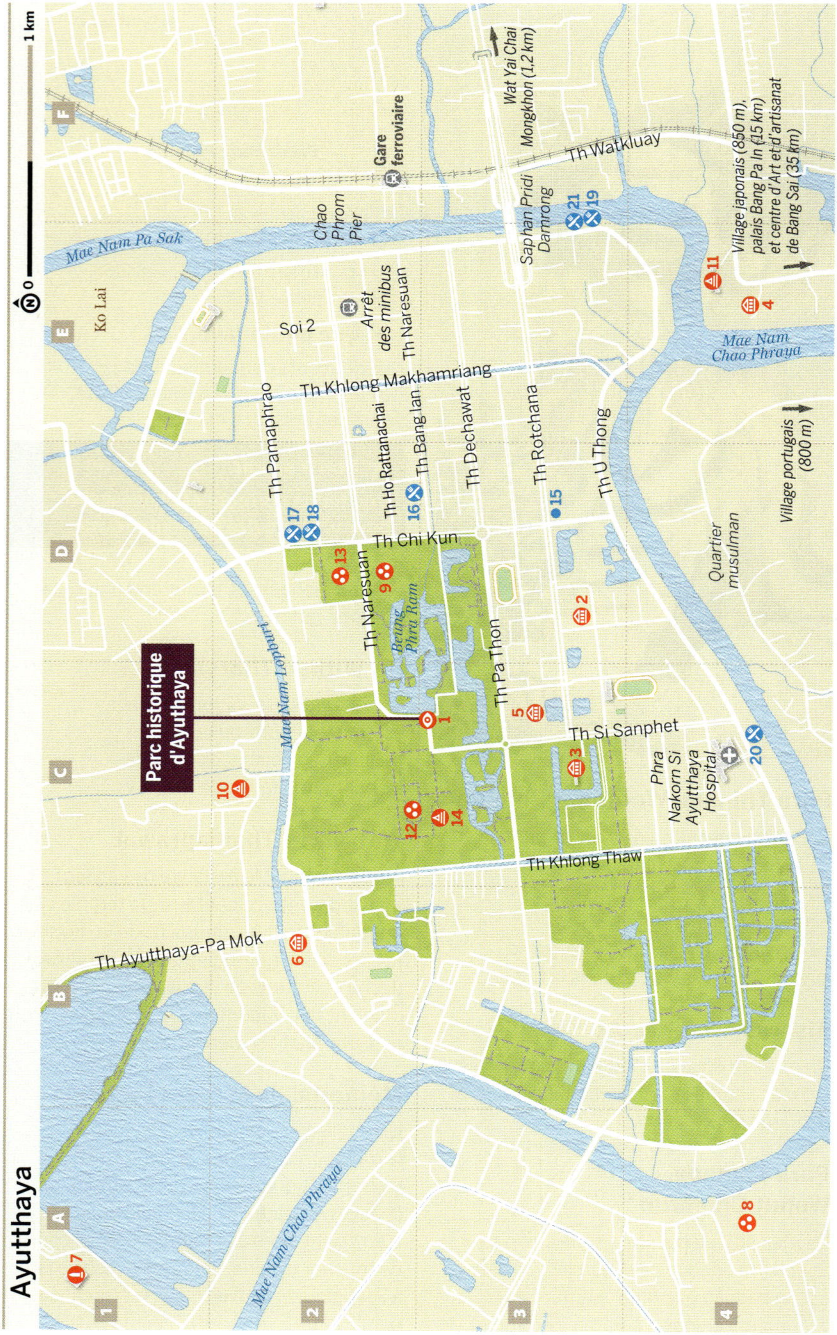

Ayutthaya
0
1 km
Parc historique d'Ayutthaya
Mae Nam Pa Sak
Ko Lai
Chao Phrom Pier
Gare ferroviaire
Soi 2
Arrêt des minibus
Th Naresuan
Th Khlong Makhamriang
Th Pamaphrao
Th Ho Rattanachai
Th Bang Ian
Th Dechawat
Th Rotchana
Th U Thong
Th Chi Kun
Beung Phra Ram
Th Pa Thon
Th Si Sanphet
Th Khlong Thaw
Th Ayutthaya-Pa Mok
Mae Nam Lopburi
Mae Nam Chao Phraya
Saphan Pridi Damrong
Th Watkluay
Wat Yai Chai Mongkhon (1,2 km)
Village japonais (850 m), palais Bang Pa In (15 km) et centre d'Art et d'artisanat de Bang Sai (35 km)
Village portugais (800 m)
Quartier musulman
Phra Nakorn Si Ayutthaya Hospital

Ayutthaya

À voir

1 Parc historique d'Ayutthaya C3
2 Centre d'Études historiques d'Ayutthaya D3
3 Ayutthaya Tourist Center C3
4 Baan Hollanda E4
5 Musée national Chao Sam Phraya C3
6 Musée du Million de jouets B2
7 Wat Phu Khao Thong A1
8 Wat Chai Wattanaram A4
9 Wat Mahathat D2
10 Wat Na Phra Men C2
11 Wat Phanan Choeng E4
12 Wat Phra Si Sanphet C2
13 Wat Ratchaburana D2
14 Wihan Phra Mongkhon Bophit C3

Activités

15 Ayutthaya Boat & Travel D3

Où se restaurer

16 Marché nocturne de Bang Ian D2
17 Lung Lek D2
18 Malakor D2
19 Pae Krung Gao F3
20 Étals de *roti săi măi* C4
21 Sainam Pomphet F3

Renseignements

Tourism Authority of Thailand ....(voir 3)

Ayutthaya

À VOIR

Musée du Million de jouets — Musée

(พิพิธภัณฑ์ล้านของเล่นเกริกยุนพันธ์, Million Toy Museum ; 081 890 5782 ; www.milliontoymuseum.com ; Th U Thong ; adulte/enfant 50/20 B ; 9h-16h mar-dim ; P). Ce musée privé expose des milliers de jouets de toutes les époques. La plupart des présentations n'étant pas étiquetées, il est difficile de comprendre pourquoi éléphants de porcelaine rares, voitures de course rétro et figurines de Shrek ou de Pikachu produites en série sont rangés les uns à côté des autres. Cependant, la collection occupe un atrium dont la fraîcheur offre un répit bienvenu en comparaison de la moiteur des ruines d'Ayutthaya.

Centre d'Art et d'artisanat de Bang Sai — Centre culturel

(ศูนย์ศิลปาชีพบางไทร ; adulte/enfant 100/50 B ; 9h-17h mar-dim). Ce centre culturel situé à 30 km au sud d'Ayutthaya permet d'admirer le tressage de paniers, la peinture sur céramique et de nombreux autres artisanats thaïlandais traditionnels. Que vous y veniez pour les délicats porte-monnaie en soie ou les meubles en bois sculpté, c'est un bon endroit pour dénicher des souvenirs faits main. Il faut être motorisé pour visiter le centre depuis Ayutthaya,

CIRCUITS ORGANISÉS

Ayutthaya Boat & Travel — Circuits organisés

(081 733 5687 ; www.ayutthaya-boat.com ; angle Th Chi Kun et Th Rotchana ; 9h-17h lun-sam). Cette agence fiable associe le vélo et le paddle à des activités culturelles. Les circuits proposés incluent demi-journées à vélo à travers Ayutthaya (1050 B/pers), excursions à la journée au Palais Bang Pa In (p. 84) à vélo et en bateau (2150 B/pers), et séjours de 2 jours à la campagne avec hébergement chez une famille locale (5050 B/pers).

OÙ SE RESTAURER

Malakor — Thaïlandais $

(www.facebook.com/malakorrestaurant ; Th Chi Kun ; plats 40-200 B ; restaurant midi-22h, café 8h-16h ;). Touristique mais accueillant, le Malakor sert un menu varié. Son cuisinier émérite vous préparera un curry de poisson-chat ou un *pàd gàprow gài* (poulet au basilic), à savourer dans un joli abri en bois. Côté service, il vous faudra être patient.

Sainam Pomphet — Thaïlandais $

(Th U Thong ; plats 100-150 B ; 10h-22h ;). Le crabe araignée, cuit à la vapeur ou mélangé à du riz frit, est le plat vedette de ce délicieux restaurant en bord de rivière. Les poissons "bateaux à vapeur" (dans une soupière bouillonnante)

Quartiers étrangers

Les dirigeants d'Ayutthaya accueillaient volontiers marchands étrangers et immigrants : jusqu'à 40 groupes ethniques demeurèrent dans le royaume. Môn, Lao, Khmers et Chinois se mêlaient aux habitants, tandis qu'Indiens, Perses, Javanais et Malais se virent donner des terres, principalement au sud de l'île. Les Portugais, arrivés en 1511, furent les premiers Européens au Siam. Le **Village portugais** (หมู่บ้านโปรตุเกส ; Samphao Lom ; 9h-16h) GRATUIT comprend une église catholique et un site de fouilles. Plus tard, Hollandais, Anglais, Espagnols et Français vinrent à leur tour, apportant des armes et des produits de luxe qu'ils échangeaient contre du fer-blanc, des peaux de daim, du bois de campêche et du riz.

La Compagnie néerlandaise des Indes orientales (VOC) arriva à Ayutthaya en 1604 et y ouvrit un comptoir commercial, pour faire du Siam un relais vers la Chine. **Baan Hollanda** (บ้านฮอลันดา ; 035 245683 ; www.baanhollanda.org ; Soi Khan Rua, Mu 4 ; 50 B ; 9h-17h mer-dim) raconte l'histoire thaïlando-néerlandaise et dévoile les fondations des bâtiments hollandais séculaires.

Le **Village japonais** (หมู่บ้านญี่ปุ่น ; 035 259867 ; 25/3 Mu 7, Tambon Kohrian ; adulte/enfant 50/20 B ; 8h-17h ; P) détaille la vie des quelque 1500 Japonais qui s'installèrent à Ayutthaya au début du XVIIe siècle. Certains vinrent commercer, mais la plupart étaient des chrétiens fuyant les persécutions dans leur pays.

Église Saint-Joseph
TIGERSTOCK'S/SHUTTERSTOCK ©

sont aussi très appréciés. Si vous n'aimez pas les produits de la mer, il y a d'autres plats thaïlandais (essayez les travers à l'ananas).

Lung Lek Nouilles $
(Th Chee Kun ; plats 30-50 B ; 8h30-16h). Ce "temple" des nouilles, très apprécié des gens du coin, sert un des meilleurs *gŏo·ay đĕe·o mŏo đŭn* (nouilles vapeur au porc, ou "nouilles des bateaux") d'Ayutthaya.

Le propriétaire, Oncle Lek, peaufine ses recettes depuis plus de 40 ans.

Étals de roti săi măi Desserts $
(Th U Thong ; desserts à partir de 35 B ; 8h-20h). Le *roti săi măi* (sorte de barbe à papa), dessert inventé à Ayutthaya, se trouve partout en ville, mais les étals face à l'hôpital sont les plus appréciés.

Achetez-en un petit sac et préparez votre dessert en roulant ensemble les fines lamelles de sucre de palme fondu et en les enveloppant dans un *roti* (pain plat) sucré.

Pae Krung Gao Thaïlandais $$
(Th U Thong ; plats 60-1000 B ; 10h-21h30 ;). Ce restaurant en bord de rivière est réputé pour ses crevettes d'eau douce grillées, mais les plats de riz sauté et la salade de poisson-chat à la mangue sont tout aussi savoureux.

RENSEIGNEMENTS

Phra Nakorn Si Ayutthaya Hospital (035 211888 ; www.ayhosp.go.th/ayh ; Th U Thong). Service d'urgence et médecins anglophones.

Tourism Authority of Thailand (TAT ; 035 246076 ; tatyutya@tat.or.th ; Th Si Sanphet ; 8h30-16h30). Bureau d'information dispensant bons conseils et cartes, dans le centre d'information touristique d'Ayutthaya (p. 82).

DEPUIS/VERS AYUTTHAYA

BUS ET MINIBUS

À Ayutthaya, l'**arrêt des minibus** (Th Naresuan) se trouve juste au sud de la rue des auberges

Pont de la rivière Kwaï (p. 90)

de jeunesse. Départs fréquents pour Bangkok (40-70 B, 45 minutes à 1 heure 30).

TRAIN

La **gare ferroviaire d'Ayutthaya** est proche de la rivière. La plupart des trains pour Bangkok s'arrêtent à la gare de Bang Sue (pratique pour le quartier de Banglamphu) avant d'arriver à celle de Hualamphong.

Quelques destinations desservies depuis Ayutthaya :

Bang Pa In (15 minutes, 16/jour)

Bangkok (20-65 B, 1 heure 30-2 heures 30, fréquents)

Chiang Mai (370-1850 B, 11-14 heures, 5/jour)

Nong Khai (202-1750 B, 9-11 heures, 3/jour)

COMMENT CIRCULER

Le vélo est le moyen idéal de découvrir la ville. Beaucoup de *guesthouses* louent des vélos (40-50 B/jour) et des motos (250-300 B).

Des ferries traversent la rivière avec des voyageurs. Le plus proche de la gare ferroviaire circule de 5h à 19h30 (5 B).

Kanchanaburi

Dans cette ville affairée et dynamique, musées et mémoriaux rappellent un passé tragique. Durant la Seconde Guerre mondiale, les forces japonaises firent construire par des prisonniers de guerre alliés et des travailleurs asiatiques enrôlés de force une ligne de chemin de fer entre la Thaïlande et la Birmanie (Myanmar). Cette histoire poignante fut rendue célèbre par le roman du Français Pierre Boulle, *Le Pont de la rivière Kwaï,* librement inspiré de faits réels, et le film de 1957 qui s'ensuivit. Les cimetières militaires, les musées, et l'occasion de parcourir une partie du "Chemin de fer de la mort" attirent beaucoup de visiteurs à Kanchanaburi. Le livre *La Route étroite vers le Nord lointain*, de Richard Flanagan, lauréat du Man Booker Prize en 2013, inspiré de l'expérience du propre père de Flanagan, prisonnier de guerre, a ravivé l'intérêt pour ce chemin de fer.

Un grand nombre de parcs et de sites historiques dans la campagne environnante sont aisément accessibles depuis Kanchanaburi ; la ville se révèle donc une base idéale pour explorer l'ouest sauvage du pays.

À 130 km de Bangkok, elle est prisée le week-end par les habitants de la capitale, qui préfèrent généralement embarquer sur les bateaux de karaoké plutôt que profiter de la sérénité des lieux.

À VOIR

Pont de la rivière Kwaï — Site historique

(สะพานข้ามแม่น้ำแคว, Death Railway Bridge, pont du Chemin de fer de la mort ; Th Mae Nam Khwae ; 24h/24). GRATUIT Ce pont ferroviaire long de 300 m porte le poids de l'histoire de la ligne Thaïlande-Birmanie, dont la construction a coûté la vie à des milliers de prisonniers. La partie centrale de l'ouvrage fut détruite par les Alliés en 1945 et seules les travées extérieures incurvées sont d'origine. Abstraction faite de la foule de touristes près de l'entrée, et des rabatteurs et vendeurs de souvenirs qui circulent alentour, vous pouvez y circuler librement, mais rejoignez les refuges qui jalonnent le pont à l'approche d'un convoi – un train passe toutes les 30 minutes.

Le dernier week-end de novembre et le premier week-end de décembre, un **spectacle son et lumière** (fin nov/début déc) intéressant raconte l'histoire du pont de la rivière Kwaï.

Cimetière militaire des Alliés — Site historique

(สุสานทหารพันธมิตรดอนรัก, Allied War Cemetery ; Th Saengchuto ; 24h/24). GRATUIT Face au centre du Chemin de fer Thaïlande-Birmanie, ce cimetière parfaitement entretenu abrite les sépultures de 6982 prisonniers de guerre, majoritairement britanniques, australiens et néerlandais. Les dépouilles des prisonniers de guerre américains furent, quant à elles, toutes rapatriées aux États-Unis.

Musée militaire du JEATH

Centre du Chemin de fer Thaïlande-Birmanie — Musée

(ศูนย์รถไฟไทย-พม่า, Thailand-Burma Railway Centre ; ☎034 512721 ; www.tbrconline.com ; 73 Th Jaokannun ; adulte/enfant 140/60 B ; ⊙9h-17h). Ce passionnant musée fournit un contexte historique et statistique aux récits personnels décrivant les conditions de vie des prisonniers de guerre et des travailleurs forcés qui ont construit la voie ferrée Thaïlande-Birmanie. Le rôle de Kanchanaburi durant la Seconde Guerre mondiale est bien illustré, à l'aide de vidéos, maquettes et panneaux détaillés, mais le musée est surtout consacré aux ouvriers du rail et au sort des survivants après la guerre. Prenez le temps de voir la vidéo poignante où figurent des témoignages de prisonniers, ainsi que de soldats japonais.

Musée militaire du JEATH — Musée

(พิพิธภัณฑ์สงคราม ; angle Th Wisuttharangsi et Th Pak Phraek ; 50 B ; ⊙8h30-16h30). Ce petit musée en plein air, en partie installé dans un *attap* en bambou similaire aux bâtiments dans lesquels étaient enfermés les prisonniers de guerre, décrit leurs conditions de vie pénibles à travers de nombreuses photos et des effets personnels datant de la guerre (coupures de journaux, lettres et œuvres d'art).

Heritage Walking Street — Rue historique

(ถนนปากแพรก ; Th Pakprak). Proche de la porte de la ville, cette vieille rue offre un aperçu de l'ancienne Kanchanaburi. Beaucoup de bâtiments datent de l'entre-deux-guerres. Prévoyez au moins 1 heure de promenade pour admirer la variété des styles, notamment sino-portugais, thaïlandais, vietnamien et chinois. Des panneaux jaunes décrivant l'histoire et l'architecture de ce secteur intéressant jalonnent la balade. Parmi les plus remarquables : les jolis parapets de la Sirichumsang Shophouse (1932), la maison Chansiri (1927), ancienne bijouterie pailletée d'or, et l'Hôtel Kanchanaburi (1937), de style chinois, qui a gardé ses vitraux d'origine.

Chemin de fer de la mort et pont de la rivière Kwaï

Si la construction du "Chemin de fer de la mort" (*Death Railway*) fut une véritable prouesse technique, elle coûta de terribles souffrances aux prisonniers et aux travailleurs contraints d'y participer. Environ 100 000 d'entre eux périrent dans des conditions extrêmes.

La voie ferrée fut édifiée lors de l'occupation japonaise (1942-1943) durant la Seconde Guerre mondiale pour relier la Thaïlande et la Birmanie sur 415 km et créer une voie d'approvisionnement en vue de la conquête d'autres pays d'Asie. Irréalisable pour certains, ce projet aboutit malgré la pénurie d'équipements et les conditions effroyables.

Le paysage montagneux nécessita la construction de 688 ponts sur le parcours. La plupart d'entre eux étaient des ponts à tréteaux en bois, tel le Tham Krasae, souvent visité. Le pont qui enjambe la "rivière Kwai" près de Kanchanaburi, désormais baptisé "pont du Chemin de fer de la mort" (ci-contre), fut le seul pont d'acier construit côté Thaïlandais ; il y en avait sept en Birmanie. Il fut utilisé pendant 20 mois avant que les Alliés ne le bombardent en 1945.

Du côté thaïlandais, le State Railway of Thailand (SRT ; Chemins de fer thaïlandais) entretient la ligne et fait circuler des trains sur les 130 km de voies entre Nong Pladuk, au sud-est de Kanchanaburi, et Nam Tok.

Chemin de fer de la mort
GEE1999/FOTOLIA ©

Kanchanaburi

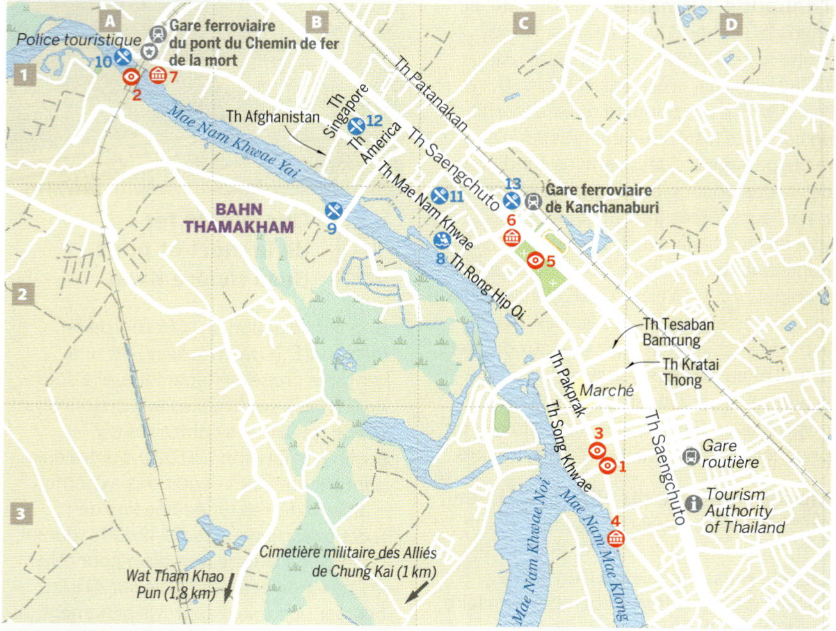

Kanchanaburi

À voir

1 Porte de la ville C3
2 Pont de la rivière Kwaï A1
3 Heritage Walking Street C3
4 Musée militaire du JEATH C3
5 Cimetière militaire des Alliés C2
6 Centre du Chemin de fer Thaïlande-Birmanie C2
7 Musée de la Seconde Guerre mondiale A1

Activités

8 River Kwai Canoe Travel Services C2

Où se restaurer

9 Blue Rice B2
10 Keeree Tara A1
11 On's Thai-Issan C2
12 Library Café B1
13 Marché JJ C2

Musée de la Seconde Guerre mondiale — Musée

(พิพิธภัณฑสงครามโลกครั้งที่สอง, WWII Museum ; Th Mae Nam Khwae ; 40 B ; 8h-18h). Proche du pont de la rivière Kwaï, ce musée hétéroclite présente l'histoire de Kanchanaburi durant le conflit, mais ses expositions dispersées ont une valeur éducative limitée. On y voit quand même des trains, des motos japonaises, des ancres et des casques anciens ; par ailleurs, la vue sur le pont est superbe (surtout depuis la tour dans l'angle nord-ouest).

Cimetière militaire des Alliés de Chung Kai — Cimetière

(สุสานทหารพันธมิตรช่องไก ; Nong Ya ; 7h-18h). GRATUIT Plus petit et moins visité que le cimetière militaire de la ville (p. 90), mais tout aussi bien entretenu, celui de Chung Kai honore 1400 soldats du Commonwealth et 300 soldats néerlandais. Il se trouve sur le site de l'un des plus grands camps de prisonniers alliés. Ceux-ci bâtirent leur propre infirmerie et leur église à proximité. La majorité de ceux qui reposent ici moururent à l'hôpital.

Statue du Bouddha, Wat Tham Seua

Le cimetière est près de la rivière, à 2,5 km au sud-ouest du pont de Wat Neua. On y accède facilement à vélo.

Wat Tham Seua Temple bouddhique
(วัดถ้ำเสือ ; Muang Chum ; ⏲lever-coucher du soleil ; P). GRATUIT La pièce maîtresse de ce “monastère de la grotte du Tigre”, perché sur une colline, est un impressionnant bouddha de 18 m couvert de mosaïque dorée. L'une des façons d'acquérir des mérites consiste pour les dévots à déposer des pièces sur les petits plateaux d'un tapis roulant, qui fait tomber les dons dans un bol central en tintant. Il existe un funiculaire (20 B/pers) pentu qui monte au sommet du temple, mais on peut aussi gravir les marches.

Plusieurs styles de stupas sont visibles autour de la principale statue du Bouddha. Le plus haut, de neuf étages (69 m), est rempli d'images historiques de Kanchanaburi, pour la plupart liées à la guerre, et de représentations du Bouddha, souvent dans des postures inhabituelles. La grotte du Tigre éponyme, flanquée de statues de tigres de couleurs vives, se trouve au pied de la colline, à droite du funiculaire. Le temple voisin de style chinois est le Wat Tham Khao Noi, surtout intéressant pour son extérieur.

Le Wat Tham Seua est à 12 km au sud-est du centre de Kanchanaburi. Traverser le pont le plus au sud de la ville, puis prendre la première rue à gauche et suivre la rivière. Pas de transports publics.

Wat Tham Khao Pun Temple bouddhique
(วัดถ้ำเขาปูน ; Nong Ya ; 30 B ; ⏲6h-18h). Le temple troglodytique le plus proche de Kanchanaburi est un envoûtant labyrinthe de passages de pierre. Le parcours signalé peut être glissant (et étroit) par endroits, mais passer sous des saillies calcaires pour découvrir ces sanctuaires souterrains est une expérience unique ; le silence dans ces grottes est total (à l'exception des chauves-souris qui volettent). Le temple est à 4 km au sud-ouest du centre-ville, au-delà du cimetière militaire des Alliés de Chung Kai (page ci-contre).

Mémorial du col du Feu de l'enfer

Poignant, le **mémorial du col du Feu de l'enfer** (พิพิธภัณฑ์ช่องเขาขาด, Hellfire Pass Memorial ; 034 919605 ; Hwy 323 ; entrée du musée sur don ; musée 9h-16h, site 7h30-18h ; P) GRATUIT est un hommage superbement entretenu à ceux qui perdirent la vie lors de la construction du chemin de fer Thaïlande-Birmanie, pendant la Seconde Guerre mondiale.

Commencez votre visite par le musée, au dernier étage, et procurez-vous un audioguide gratuit, avec description détaillée du secteur et anecdotes fascinantes rapportées par les survivants. Contemplez la vue de la terrasse, puis descendez derrière le musée, jusqu'au sentier qui suit le chemin de fer d'origine. La tranchée tristement célèbre baptisée col du Feu de l'enfer (Hellfire Pass) était la plus longue du parcours – et la plus redoutable pour les travailleurs qui durent la creuser.

Le musée, situé à 80 km au nord-ouest de Kanchanaburi, sur la Hwy 323, est desservi par les bus Sangkhlaburi-Kanchanaburi (55-65 B, 1 heure 30, toutes les 30 minutes) et Sangkhlaburi-Thong Pha Phum (45-65 B, 2 heures, toutes les 30 minutes). Le dernier bus à destination de Kanchanaburi passe vers 17h.

Mémorial du col du Feu de l'enfer
BIGGABIG/ADOBE STOCK ©

Wat Ban Tham Temple bouddhique

(วัดบ้านถ้ำ ; temple lever-coucher du soleil, escalier 8h-17h ; P). GRATUIT Dans la campagne autour de Kanchanaburi, les temples troglodytiques sont nombreux, mais celui-ci est l'un des plus intéressants. Gravissez les marches et franchissez la "bouche du dragon" pour atteindre la vaste caverne principale.

Il faut une voiture ou un vélo pour gagner le temple, qui se trouve à 10 km à l'est de la ville, sur la rive sud, 4 km avant le Wat Tham Seua.

ACTIVITÉS

INTERACTION AVEC LES ÉLÉPHANTS

Elephant Haven Promenade avec des éléphants

(053 272855 ; www.elephantnaturepark.org ; Sai Yok ; demi-journée/journée 1500/2500 B ; sur rdv). Pour des raisons liées au bien-être animal, nous déconseillons fortement de faire appel aux prestataires proposant des balades à dos d'éléphant, qui ont malheureusement pignon sur rue à Kanchanaburi. Il est toutefois possible d'approcher ces attachants pachydermes sans leur faire du tort : Elephant Haven programme ainsi une excursion d'un jour facile depuis Kanchanaburi ou Nam Tok, permettant aux visiteurs de préparer le repas des éléphants, de les nourrir, de les observer dans leur habitat forestier naturel et de se joindre à eux pour leur baignade dans la rivière. Le personnel prend soin et traite avec affection ces créatures très intelligentes, dont la plupart ont été reprises aux sociétés qui vendent des balades à dos d'éléphant. Les visites d'une journée comprennent le déjeuner, des rafraîchissements et le transport depuis/vers Kanchanaburi.

KAYAK

River Kwai Canoe Travel Services Kayak

(087 001 9137, 086 168 5995 ; riverkwaicanoe@yahoo.com ; 11 Th Mae Nam Khwae ; horaires variables). On vous emmènera à l'extérieur de la ville et vous rentrerez en kayak. L'excursion de 15 km (3 heures ; 500 B/pers) est la plus demandée, mais d'autres, plus courtes ou plus longues, sont proposées.

Nous déconseillons fortement les balades à dos d'éléphant organisées ici pour des motifs liés au bien-être des animaux.

OÙ SE RESTAURER

Ne quittez pas Kanchanaburi sans dîner dans un de ses charmants restaurants au bord de l'eau, sur Th Mae Nam Khwae. Le **marché JJ** (Th Saengchuto ; en-cas à partir de 15 B ; ⌚17h30-22h), près de la gare ferroviaire, propose de savoureux plats à emporter.

Blue Rice Thaïlandais **$**

(www.applesguesthouse.com ; 153/4 Mu 4 Ban Tamakahm ; plats à partir de 135 B ; ⌚midi-14h et 18h-22h ; P 📶 ✎). Le superbe cadre, en bord de rivière, l'excellent menu et les saveurs exquises valent à cette adresse un réel succès. Le chef Apple prépare une version gastronomique et moderne de classiques thaïlandais, tels que le riz bleu, le *yam sôm oh* (salade au pamplemousse) et la soupe de poulet-coco aux feuilles de bananier.

On's Thai-Issan Végétarien **$**

(☎087 364 2264 ; www.onsthaiissan.com ; Th Mae Nam Khwae ; plats à partir de 70 B ; ⌚midi-22h ; ❄ ✎). La cuisine végétarienne et végétalienne thaïlandaise (avec quelques plats de l'Isan) est tellement bonne que de nombreux carnivores viennent manger ici.

Keeree Tara Thaïlandais **$$**

(☎034 513855 ; www.facebook.com/keereeTara ; 431/1 Th Mae Nam Khwae ; plats 150-400 B ; ⌚11h-23h). Un restaurant raffiné au bord de la rivière, un peu en amont des autres qui s'entassent près du pont. La cuisine thaïlandaise est de haute volée, du canard fourré aux lys à un succulent poisson-chat au curry rouge. Pour finir, choisissez un dessert thaïlandais comme le *đa·go peu·ak* (perles de taro au lait de coco), un gâteau d'inspiration française ou une mousse au chocolat blanc.

Library Café Desserts **$$**

(☎034 514300 ; Soi Singapore, Th Mae Nam Khwae ; desserts à partir de 170 B ; ⌚9h-22h30 ; ❄ 📶). On est très loin des prix des marchés de Kanchanaburi, mais une assiette de *bingsu* (dessert de copeaux de glace à la coréenne) servie dans le cadre voluptueux du Library Café relève du péché mignon. Le *bingsu* est copieux, garni de mangue, de biscuits au chocolat, de haricots rouges et d'autres douceurs.

DEPUIS/VERS KANCHANABURI

BUS

Située à côté de Th Saengchuto, dans le centre, la **gare routière** (☎034 515907 ; Th Lak Meuang) de Kanchanaburi accueille bus et minibus. Pour Ayutthaya, changez à Suphanburi. Si vous allez vers le sud, il est plus rapide de changer à Ratchaburi plutôt qu'à Bangkok. Des minibus rallient le Victory Monument et Mo Chit (terminal Nord des bus), tous deux à Bangkok. Départ des minibus pour Bangkok jusqu'à environ 22h.

TRAIN

La **gare ferroviaire** (☎034 511285) se trouve à 2 km au nord-ouest de la gare routière, près du quartier des *guesthouses*. Kanchanaburi se trouve sur la ligne ferroviaire Bangkok Noi-Nam Tok, qui comprend une partie du Chemin de fer de la mort. Le SRT la promeut comme un itinéraire historique et facture 100 B l'aller aux touristes quelle que soit la distance – un prix raisonnable si vous venez de la gare de Bangkok Noi (à Thonburi), mais exagéré pour de courts trajets.

Parmi les destinations desservies :

Nam Tok (100 B, 2 heures, 6h07, 10h35, 16h26).

Gare de Bangkok Noi à Thonburi (100 B, 3 heures, 7h19, 14h48).

COMMENT CIRCULER

BATEAU

Près du pont du Chemin de fer de la mort (p. 91) et du musée militaire du JEATH (p. 91), des *long-tail boats* proposent des circuits standards de 1 heure 30 pour découvrir le cimetière militaire de Chung Kai (p. 92), le Wat Tham Khao Pun (p. 93) et, suivant votre point de départ, soit le pont, soit le musée. Le prix pour 6 personnes est de 800 B maximum (parfois négociable).

Vestiges khmers

Les amoureux des temples en ruine ne manqueront pas ces vestiges près du Phanom Rung.

Prasat Muang Tam

(100 B ; 6h-18h). Ce temple restauré, à 8 km du Phanom Rung, offre un bon complément de visite. Financé par le roi Jayavarman V, cet ancien sanctuaire dédié à Shiva (fin Xe-début XIe siècle) est entouré d'un rempart de latérite, à l'intérieur duquel quatre bassins couverts de lotus sont gardés par un naga à cinq têtes.

Prasat Ta Meuan

(lever du soleil-15h). Ce complexe composé de trois sites khmers est situé à 55 km du Phanom Rung, à la frontière cambodgienne. Les vestiges comprennent un pavillon de repos du XIIe siècle, utilisé jadis par les pèlerins, un "poste de guérison" et un sanctuaire de Shiva.

Statue en grès, parc historique du Phanom Rung
BENNNN/ADOBE STOCK ©

TRANSPORTS EN COMMUN

De la gare routière au quartier des *guesthouses*, comptez 50 B à moto-taxi. Des *songthaew* (*sŏrng·tăa·ou* ; pick-up collectifs) sillonnent Th Saengchuto (10 B/pers) ; descendez au cimetière pour le quartier des *guesthouses*.

VÉLO ET MOTO

Des *guesthouses* et des échoppes le long de Th Mae Nam Khwae louent des motos/vélos pour environ 200 B/50 B par jour.

Parc national de Khao Yai

Le **Khao Yai** est un immense espace sauvage étonnamment proche des grands centres densément peuplés. Il contient l'une des plus vastes forêts de mousson intactes du continent asiatique et, associé aux ensembles forestiers voisins, il est désormais inscrit au patrimoine mondial par l'Unesco.

Le parc entoure un sommet de 1351 m d'altitude à l'extrémité ouest des monts Dangrek, qui forment une frontière naturelle avec le Cambodge. Il compte plus de 50 km de sentiers de randonnée, quelques hardes d'éléphants sauvages, de majestueuses cascades (une partie de l'année) et une faune avicole impressionnante.

La plus belle époque de l'année pour le visiter est juste après les pluies de mousson en novembre et jusqu'au début de la saison chaude (autour d'avril), lorsque les paysages sont verdoyants, et les cascades à leur débit maximal – mais c'est aussi l'époque où les sangsues sont les plus féroces.

Le centre administratif du parc propose des informations générales sur les sentiers. Les sites incontournables sont faciles à atteindre en solo, mais il faudra un guide pour suivre les sentiers moins connus et découvrir la faune. Les *guesthouses* de Pak Chong peuvent organiser le transport et des excursions à la journée. La **Greenleaf Guesthouse** (044 936 361 ; greenleaftour.com) reçoit depuis longtemps des louanges pour ses circuits, de même que le prestataire **Bobby's Apartments & Jungle Tours** (086 262 7006 ; www.bobbysjungletourkhaoyai.com).

COMMENT S'Y RENDRE ET CIRCULER

Pak Chong, la principale base pour visiter le parc, est desservie par des bus et des minibus en provenance des lieux suivants :

Terminal Nord et Nord-Est des bus (Mo Chit) de Bangkok 128-150 B, 2 heures 30-3 heures.

Victory Monument de Bangkok 180 B, 2 heures 30, toutes les heures (minibus).

Nakhon Ratchasima (Khorat) 80 B, 1 heure.

Pak Chong est située sur une ligne ferroviaire, mais le train est une bonne idée seulement si vous venez d'Ayutthaya (23-363 B, 2-3 heures, 9/jour).

Des *songthaew* parcourent les 30 km entre Pak Chong et l'entrée nord du parc (40 B, 45 minutes, toutes les 30 minutes, 6h-17h) ; vous pourrez y monter sur Th Thanarat devant le 7-Eleven et descendre au niveau de l'entrée, située à 14 km du centre d'information des visiteurs ; l'auto-stop est assez courant pour aller de là jusqu'au centre. On peut aussi louer une moto à l'entrée du parc (500 B) et à Pak Chong (300 B).

Parc historique du Phanom Rung

Le **Phanom Rung** (อุทย“นประวัต‘ศ“สตร์เข“พนม รุง ; ✆0 4466 6251 ; 100 B, billet combiné avec le Prasat Muang Tam 150 B ; 🕑6h-18h), le plus vaste et le mieux restauré des monuments khmers de Thaïlande, occupe un emplacement à couper le souffle. Couronnant le sommet d'un volcan éteint, dont le nom en khmer signifie "grande montagne", ce sanctuaire domine à une altitude de 200 m la plaine alentour quadrillée de rizières.

L'ensemble de temples fut construit en l'honneur de Shiva, entre le Xe et le XIIIe siècle, mais la plupart des travaux datent du règne de Suriyavarman II (1113-1150), qui marque l'apogée de l'architecture d'Angkor. Le site est orienté vers l'est, et, quatre fois par an, les rayons du soleil parfaitement alignés franchissent les quinze portes du sanctuaire. Ce phénomène se produit au lever du soleil du 3 au 5 avril et du 8 au 10 septembre, et à son coucher du 5 au 7 mars et du 5 au 7 octobre. Certaines années, il commence un jour plus tôt.

À VOIR

L'un des aspects remarquables du Phanom Rung est la promenade qui conduit à la porte principale. Elle commence sur une pente, à 400 m à l'est de la tour principale, par une succession de trois terrasses en terre. Vient ensuite un soubassement cruciforme sur lequel devait s'élever un pavillon en bois. À droite se trouve le pavillon de l'Habillement (Phlab Phla), où les membres de la famille royale faisaient leurs ablutions

Phanom Rung

et changeaient de vêtements avant d'entrer dans le temple. Une fois descendu de la zone du pavillon, on arrive devant une chaussée de procession longue de 160 m, bordée de piliers de grès surmontés de boutons de lotus dans le style primitif d'Angkor (1100-1180). Celle-ci aboutit au premier et plus grand des trois ponts décorés de nagas, lui-même flanqué de 16 nagas (serpents mythiques) à cinq têtes de style classique d'Angkor. Comme dans les autres temples khmers, les ponts représentent le passage du monde terrestre au royaume céleste.

Après avoir traversé le grand pont et gravi l'escalier, on rejoint la magnifique galerie orientale qui mène au sanctuaire principal. La tour principale est entourée de quatre galeries dont chaque entrée est une version réduite de la tour.

Phanom Rung est un chef-d'œuvre de l'art khmer au même titre que les bas-reliefs d'Angkor Vat. Des sculptures de divinités vishnouites et shivaïtes ornent les linteaux et les frontons des portes des édifices centraux, ainsi que des endroits clés de l'extérieur du sanctuaire. Sur le portique oriental du *mon·dòp*, remarquez le Nataraja (Shiva dansant) de style Baphuon tardif ou Angkor primitif. À l'entrée sud, on découvre les vestiges de Shiva et d'Uma juchés sur leur taureau, Nandi. La pièce centrale du *Ƅrah·sàht* renferme un lingam (symbole phallique) de Shiva et devant celui-ci une statue de Nandi.

Cascade d'Erawan, parc national d'Erawan
PEANGDAO/SHUTTERSTOCK ©

Parc national d'Erawan

Célèbre pour sa cascade à sept niveaux, le **parc national d'Erawan** (อุทยานแห่งชาติเอราวัณ ; ☎034 574222 ; adulte/enfant 300/200 B, voiture/moto 30/20 B ; ⊙8h-16h30 ; P) fait le bonheur des touristes et des Thaïlandais le week-end. La cascade d'Erawan porte ce nom car son niveau supérieur ressemblerait à Erawan, appellation thaïlandaise de l'éléphant à trois têtes Airavata, la monture du dieu Indra dans le panthéon hindou. Si la montée des trois premiers niveaux est aisée, vous aurez besoin d'endurance et de bonnes chaussures pour achever la grimpée de 2 km. Apportez un maillot de bain, car vous pourrez nager au milieu des poissons dans les eaux bleues transparentes à chaque niveau. Les niveaux 2 et 4 sont particulièrement impressionnants. Méfiez-vous des singes qui risquent de s'emparer de vos affaires pendant que vous vous baignez. Des buggies (adulte/enfant 30/15 B) peuvent transporter les personnes à mobilité réduite jusqu'au premier palier. Si vous pique-niquez, sachez que vous ne pouvez emporter à manger ou à boire au-delà du deuxième palier.

Les bus en provenance de Kanchanaburi (50 B, 1 heure 30, 8/jour de 8h à 17h) s'arrêtent devant le centre d'information des visiteurs (☎034 574222 ; portal.dnp.go.th/ ; ⊙8h-16h). Le dernier bus pour Kanchanaburi est à 16h.

DEPUIS/VERS LE PARC HISTORIQUE DU PHANOM RUNG

La P **California Inter Hostel** (☎081 808 3347 ; pcalifornianangrong.webs.com) organise un circuit d'une demi-journée (385 B/pers), lequel englobe le Phanom Rung et le Prasat Muang Tam.

Phimai

La discrète bourgade de Phimai entoure l'une des plus belles œuvres architecturales khmères de Thaïlande. Rappelant Angkor Vat au Cambodge, le Prasat Phimai s'élevait autrefois sur la route royale khmère

TUNGPHOTO/FOTOLIA ©

Parc historique de Phimai

entre la capitale, Angkor, et les confins septentrionaux du royaume. Phimai est le premier des grands monuments khmers que l'on atteint en venant de Bangkok, et l'un des plus pittoresques. Du fait de sa situation en plein centre de cette agréable bourgade, il est aussi le plus accessible.

Phimai peut faire l'objet d'une excursion facile d'une journée au départ de Khorat, mais si vous appréciez la quiétude, vous pourrez très bien envisager d'y séjourner.

À VOIR

Parc historique de Phimai Site historique

(อุทยานประวัติศาสตร์พิมาย ; 0 4447 1568 ; Th Anantajinda ; 100 B ; 7h30-18h). Selon les explications du **centre d'information des visiteurs** (8h30-16h30), la construction de ce temple commença sous le roi khmer Jayaviravarman (r. 1002-1011), mais d'autres sources la font remonter au XIIe siècle. Quoi qu'il en soit, ce site de ruines khmères, méticuleusement restauré par le département des Beaux-Arts, est l'un des plus impressionnants de Thaïlande. Bien qu'édifié pour être un temple bouddhique mahayana, il comporte des sculptures à l'effigie de nombreuses divinités hindoues. En outre, des éléments décoratifs du Prasat Phimai auraient été repris à Angkor Vat.

Pour entrer, il faut franchir le pont du Naga, en forme de croix, symbolisant le passage de la terre au paradis céleste, puis la porte sud (alors que la plupart des temples khmers sont orientés à l'est) du mur d'enceinte rectangulaire de 565 m sur 1030 m. Un passage surélevé, autrefois couvert de tuiles, mène au sanctuaire intérieur où s'élève le sanctuaire principal, haut de 28 m, en grès blanc orné de superbes sculptures. Au centre du Prang Brahmathat, face au sanctuaire principal, le roi d'Angkor, Jayavarman VII, est assis dans une posture du Bouddha. Sa sculpture est un moulage, l'original se trouvant au Musée national de Phimai.

Des étudiants thaïlandais font parfois office de guides, mais peu parlent anglais. Heureusement, une brochure gratuite permet une bonne compréhension du site.

DEPUIS/VERS PHIMAI

Au départ de Khorat, les bus et minibus pour Phimai partent du terminal 2 (50 B, 1 heure 30, toutes les 20 minutes) toute la journée.

NONG2 / SHUTTERSTOCK ©

SUKHOTHAI ET SES ENVIRONS

Dans ce chapitre

Sukhothai et ses environs

Sukhothai est généralement considérée comme la première capitale du Siam. Après s'être détachée du royaume khmer en 1238, Sukhothai devint une puissance régionale et culturelle. De magnifiques temples mêlant styles khmer et Sukhothai furent érigés en l'honneur du bouddhisme theravada, récemment adopté, et de la nouvelle dynastie. La vieille ville se cache aujourd'hui dans un cadre verdoyant et tranquille, propice à la méditation et idéal pour apprécier la majesté des monuments. Sukhothai ne semble jamais bondé, et des coins hors des sentiers battus comme Si Satchanalai-Chaliang permettent de se sentir aventurier solitaire.

Sukhothai en 2 jours

Découvrez le **parc historique de Sukhothai** (p. 104). Les zones centrale et nord se visitent aisément à vélo. Le second jour, louez une moto pour visiter les zones ouest et sud.

Sukhothai et ses environs en 4 jours

Le troisième jour, rejoignez le **parc historique de Si Satchanalai-Chaliang** (p. 108). Le dernier jour, partez pour **Kamphaeng Phet** (p. 116) à la découverte de son **parc historique** (p. 116) ou de son agréable ville moderne. L'accueillante **Phitsanulok** (p. 119) constitue également une bonne base pour explorer les sites historiques de Sukhothai, Si Satchanalai et Kamphaeng Phet.

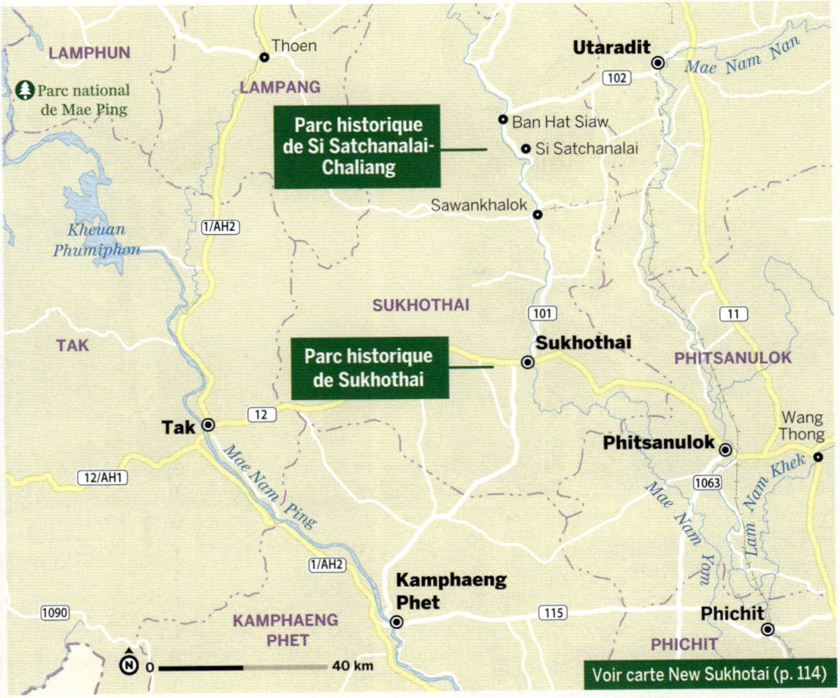

Comment s'y rendre

Aéroport de Sukhothai La plupart des visiteurs arrivent en bus de Bangkok, mais il y a un aéroport à Sukhothai (à 27 km au nord de la ville) et un autre à Phitsanulok. Des minibus relient ces deux aéroports aux hébergements de Sukhothai.

Gare routière À 1 km au nord-ouest de New Sukhothai ; prenez un moto-taxi depuis/vers le centre de New Sukhothai, ou grimpez dans n'importe quel *songthaew* (*sŏrng·tăa·ou* ; pick-up collectif) en direction du parc historique de Sukhothai.

Où se loger

La plupart des hébergements, dont certaines adresses petits budgets parmi les plus intéressantes du Nord, sont à New Sukhothai. Les hôtels et *guesthouses* pimpants et propres sont nombreux, et beaucoup d'établissements disposent de jolis bungalows, proposent gratuitement le ramassage à la gare routière et le prêt de vélos. Il y a de plus en plus d'hébergements près du parc, dont beaucoup d'adresses haut de gamme.

Parc historique de Sukhothai

Temples en ruine et bouddhas sereins offrent une balade méditative dans l'ancienne capitale thaïlandaise, classée au patrimoine mondial. La zone centrale, verdoyante, est l'un des parcs historiques les plus imposants et paisibles du pays.

Pour ceux qui aiment...

☑Ne ratez pas

Louer un vélo pour se balader dans les ruines est le meilleur moyen de visiter la zone centrale.

Le royaume de Sukhothai (*sukhothai* signifie "aube du bonheur") prospéra de la moitié du XIIIe siècle à la fin du XIVe siècle, alors que le royaume impérial d'Angkor, au Cambodge, relâchait son emprise sur sa frontière occidentale. Cette période est généralement considérée comme l'âge d'or de la civilisation thaïlandaise. La dynastie Sukhothai perdura 200 ans et compta neuf souverains. En 1438, Sukhothai fut absorbée par Ayutthaya.

Zone centrale

Les vestiges de ce qui semble avoir été le centre administratif du royaume sont concentrés dans la **zone centrale** (อุทยานประวัติศาสตร์สุโขทัย โซนกลาง ; 100 B, plus 10/20/50 B par vélo/moto/voiture ; ⌚6h30-18h dim-ven, 6h30-21h sam), sur un ensemble de 45 km^2 appelé *meuang·gòw* (vieille ville).

Statue, Wat Mahathat

PAKIN SONGMOR / GETTY IMAGES ©

Infos pratiques

Le samedi soir, une grande partie de la zone centrale est illuminée et reste ouverte jusqu'à 21h.

Une petite faim ?

Coffee Cup (Rte 12 ; plats 30-150 B ; 8h-22h ;) sert du pain frais, des boissons et autres spécialités de café.

★ Bon plan

Avec une lumière et des températures plus douces, la fin de journée est idéale pour visiter la zone centrale.

Musée national Ramkhamhaeng

Bon point de départ dans le parc historique, ce **musée** (พิพิธภัณฑสถานแหงชาติรามคำแหง ; 150 B ; 9h-16h) porte le nom du troisième roi de Sukhothai, considéré comme le père fondateur de la nation. On lui attribue l'invention de l'écriture thaïe et l'établissement du bouddhisme theravada comme principale religion du royaume. Une réplique de la stèle de Ramkhamhaeng, réputée être le premier exemple d'écriture thaïe, est conservée ici parmi une ample collection d'objets de Sukhothai.

L'art religieux et l'architecture de cette époque sont assimilés au style thaïlandais classique, influencé par la période khmère précédente, mais enrichi d'éléments gracieux inspirés des attributs et des gestes des bouddhas sculptés de l'époque. La forme des *chedi* (stupas) et le travail de stuc en relief sont également caractéristiques de ce style. Selon les historiens, les ruines des temples du parc historique constituent une transition entre l'art khmer et l'art thaïlandais.

L'entrée au musée n'est pas comprise dans le ticket d'accès à la zone centrale.

Wat Mahathat

Plus grand temple du parc historique, le **Wat Mahathat** (วัดมหาธาตุ), achevé au XIIIe siècle, aurait été le centre spirituel et administratif de l'ancienne capitale. Empruntant aux styles khmer et Sukhothai, il est entouré d'un mur de brique (de 206 m de long et 200 m de large) et d'une douve qui symboliserait la paroi externe de l'Univers et l'océan cosmique, thème courant de l'architecture khmère. Un grand nombre des 198 *chedi* que regroupe l'enceinte présentent le célèbre motif en bouton de lotus considéré comme caractéristique du style Sukhothai et réinterprétant les *chedi* sri-lankais en cloche. Certains des imposants bouddhas originaux siègent toujours parmi les colonnes en ruine de l'ancien *wihăan* (sanctuaire).

Wat Si Sawai

Juste au sud du Wat Mahathat, ce **temple** (วัดศีรสวาย) bouddhique des XIIe et XIIIe siècles présente des tours de style khmer et une douve pittoresque. C'était à l'origine un temple hindou construit par les Khmers, auquel les artisans de Sukhothai ont ajouté des reliefs en stuc montrant des créatures mythiques comme l'*apsara* (nymphe céleste) et le naga (créature mythique, mi-humaine, mi-serpent).

Wat Sa Si

Le **Wat Sa Si** (วัดสระศรี, monastère du Bassin sacré) occupe une île à l'ouest du monument en bronze au roi Ramkhamhaeng. Ce *wat* de style Sukhothai classique renferme un grand bouddha, un *chedi* en cloche et les colonnes d'un *wihăan* en ruine. Les *chedi* en cloche, hérités du Sri Lanka, sont arrivés à Sukhothai avec l'adoption du bouddhisme.

Wat Trapang Thong

À côté du musée national Ramkhamhaeng, ce petit **wat** (วัดตระพังทอง ; près de la Rte 12 ; ⏲lever-coucher du soleil) toujours habité et orné de beaux reliefs en stuc, est accessible par une passerelle enjambant le grand bassin de lotus qui l'entoure. Ce réservoir, où se déroulait la fête de Loi Krathong, fournit à Sukhothai la majeure partie de son eau.

Zone nord

La **zone nord** (อุทยานประวัติศาสตร์สุโขทัย โซนเหนือ ; 100 B, plus 10/20/50 B par vélo/moto/voiture ; ⏲7h30-17h30), située à 500 m au nord des remparts de la vieille ville, se rejoint facilement à vélo. Ses ruines

Wat Sa Si

architecturales valent largement celles de la zone centrale.

Wat Si Chum

Chouchou des photographes, ce **temple** (วัดศรีชุม), situé au nord-ouest de la vieille ville, renferme un imposant *mon·dòp* (sorte de *chedi* surmonté d'une flèche) contenant un bouddha assis de 15 m en brique et stuc dont les élégants doigts fuselés sont abondamment photographiés. Selon les archéologues, il s'agirait du "Phra Atchana" mentionné sur la fameuse stèle de Ramkhamhaeng. Le passage dans le mur du *mon·dòp* qui conduisait au sommet a été bouché, si bien qu'il n'est plus possible de voir les *jataka* sous forme d'inscriptions ornant son plafond.

★ Bon à savoir

Le parc comprend 21 sites historiques et 4 grands bassins à l'intérieur des remparts, ainsi que 70 sites dans un rayon de 5 km.

BOONSOM / GETTY IMAGES ©

Wat Phra Phai Luang

Souvent considéré comme l'équivalent du Wat Si Sawai de la zone centrale, ce **temple** (วัดพระพายหลวง) un peu isolé possède trois tours khmères du XIIe siècle. Une seule est encore debout et le bâtiment est décoré de reliefs en stuc érodés caractéristiques du style Sukhothai. C'était peut-être le centre de Sukhothai lorsqu'elle était gouvernée par les Khmers d'Angkor avant le XIIIe siècle.

Zone ouest

Il y a rarement foule dans la **zone ouest** (อุทยานประวัติศาสตร์สุโขทัย โซนตะวันตก ; 100 B, plus 10/20/50 B par vélo/moto/voiture ; ⏲8h-16h30), située à environ 2 km de la vieille ville. Le chemin qui y conduit traverse de beaux paysages ruraux.

Wat Saphan Hin

Le nom de ce **wat** (วัดสะพานหิน), juché sur la crête d'une colline s'élevant à quelque 200 m au-dessus de la plaine, signifie "pont de pierre", et fait référence au sentier et à l'escalier pavés d'ardoise, toujours existants, qui y conduisent. Les seuls vestiges du temple d'origine sont quelques *chedi* et les ruines d'un *wihăan,* composées de deux rangées de colonnes en latérite encadrant un bouddha debout haut de 12,5 m, sur une terrasse en brique. Ce site à 3 km des anciens murs de la ville offre une belle vue sur les ruines de Sukhothai, au sud-est, et sur les montagnes, au nord et au sud.

★ Le saviez-vous ?

Sukhothai, fondé en 1238, est souvent décrit comme le premier royaume thaïlandais ; c'est inexact, car le royaume de Chiang Saen avait été fondé 500 ans plus tôt.

Parc historique de Si Satchanalai-Chaliang

De pittoresques paysages encadrent les ruines de cette cité satellite du royaume de Sukhothai, édifiée du XIIIe au XVe siècle, où vous croiserez probablement peu de monde.

Pour ceux qui aiment...

☑ Ne ratez pas

Gravir les marches conduisant au Wat Khao Phanom Phloeng, juché sur une colline, est un défi qui mérite d'être relevé.

Avec l'accroissement de son influence, Sukhothai étendit sa position stratégique sur les rives de la Mae Nam Yom entre deux hauteurs. Si Satchanalai accueillait de nombreux monastères et temples, ainsi que des fabriques de céramique qui exportaient dans les pays voisins. Après la chute de Sukhothai, ce secteur continua d'être exploité par les royaumes rivaux de Lanna et d'Ayutthaya. Les parcs historiques de Si Satchanalai et de Sukhothai sont classés au patrimoine mondial par l'Unesco. Celui de Si Satchanalai-Chaliang, d'une surface de 720 ha, est entouré d'une douve de 12 m de large.

Wat Phra Si Ratana Mahathat

Principal site de Si Satchanalai, le **Wat Phra Si Ratana Mahathat** (วัดพระศรีรัตนมหาธาตุ ; 20 B) se trouve avant l'entrée

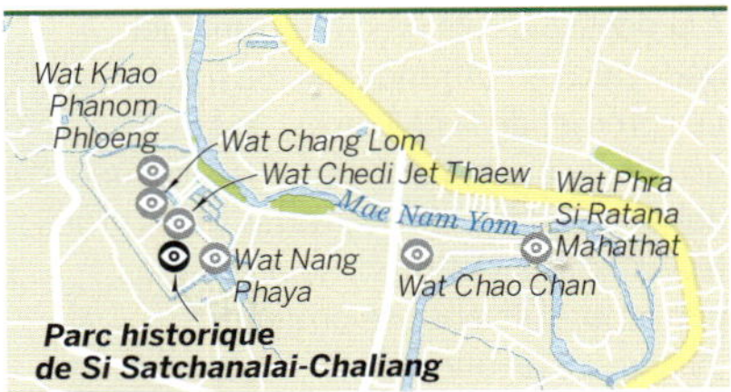

Infos pratiques

อุทยานประวัติศาสตร์ศรีสัชนาลัย-เชลียง ; près de la Rte 101 ; 100 B ; 8h30-16h30

Une petite faim ?

Des marchands placés au bord de la route principale vendent des boissons et des plats tout simples.

Bon à savoir

Apportez suffisamment d'eau car les sites sont éloignés les uns des autres et il n'y a aucun commerce en chemin.

du parc historique au bord de la Mae Nam Yom. Son imposante tour centrale se dresse paisiblement dans la verdure, encadrée d'un grand bouddha assis de style Sukhothai et de colonnes. Non loin, un bouddha debout plus petit et un bas-relief du célèbre bouddha marchant sont représentatifs du style fluide de Sukhothai. La tour en épi de maïs suggère un style khmer alors qu'elle est de style Ayutthaya, comme l'indique sa courbure lisse, par opposition aux "escaliers" khmers. Près de l'entrée principale, ne manquez pas la colonne surmontée d'une statue à quatre visages rappelant les temples d'Angkor. Elle représente la divinité hindoue Brahma.

Wat Chang Lom

Ce beau **temple** (วัดช้างล้อม ; 100 B) correspondant au centre de la vieille ville de Si Satchanalai est entouré de statues d'éléphants et composé d'un imposant *chedi* en cloche mieux conservé que son homologue de Sukhothai. Les éléphants donnent l'illusion de porter tout l'édifice sur leur dos. Souvent assimilé à un gardien dans l'iconographie bouddhique, l'éléphant est un motif courant sur les temples de Sukhothai. Une inscription explique que ce temple fut érigé par le roi Ramkhamhaeng entre 1285 et 1291.

Wat Khao Phanom Phloeng

Sur la colline surplombant le Wat Chang Lom se tiennent les vestiges du **Wat Khao Phanom Phloeng** (วัดเขาพนมเพลิง ; 100 B) dont le nom signifie "temple de la montagne du feu sacré". La forêt s'invite entre le *chedi*, un grand bouddha assis et des colonnes de pierre qui supportaient jadis le toit du *wihăan*. De cette hauteur, on comprend mieux le plan général de la cité. L'ascension des 144 degrés en blocs de latérite jusqu'au sommet est une épreuve, mais la forêt confère un côté mystique à l'aventure. Un petit autel à la déesse locale reçoit les tuniques apportées en offrande par les fidèles. Le sommet de la colline est aussi un site de ponte pour certains oiseaux aquatiques, dont les aigrettes et les grues ; les habitants s'abritent souvent sous des ombrelles pour se protéger de leurs déjections.

Wat Chedi Jet Thaew

Peut-être le plus beau temple de Si Satchanalai, le **Wat Chedi Jet Thaew** (วัดเจดีย์เจ็ดแถว ; 100 B), voisin du Wat Chang Lom, doit son nom à ses sept rangées de *chedi*, dont le plus grand est la réplique d'un *chedi* du Wat Mahathat de Sukhothai. Un intéressant *wihăan* en brique et plâtre présente des fenêtres à barreaux imitant le bois tourné (une ancienne technique indienne utilisée dans toute l'Asie du Sud-Est).

Ce temple du XIVe siècle offre un mélange de styles khmer, Lanna et Sukhothai.

Wat Nang Phaya

Au sud du Wat Chedi Jet Thaew, le **Wat Nang Phaya** (วัดนางพญา ; 100 B), temple parmi les plus récents du site, date des XVe ou XVIe siècles et comporte un *chedi* cinghalais en cloche. En face du *chedi*, les reliefs en stuc sur le grand *wihăan* en latérite – aujourd'hui protégé par un toit – datent de la période Ayutthaya, où Si Satchanalai s'appelait Sawankhalok. Les orfèvres de la région utilisent toujours un motif appelé *nahng pá·yah* inspiré de ces reliefs.

Wat Chang Lom (p. 109)

Wat Chao Chan

Protégé par la forêt, le **Wat Chao Chan** (วัดเจ้าจันทร์ ; 100 B, billet combiné avec Si Satchanalai et le centre Si Satchanalai pour l'étude et la conservation des fours de Sangkalok 250 B ; ⏲8h-17h) comprend une grande tour de style khmer semblable à celles construites ultérieurement à Lopburi et probablement édifiée sous le règne du roi khmer Jayavarman VII (1181-1217). Elle est en bon état, grâce à des travaux de restauration. À droite, le *wihăan* sans toit renferme les contours en latérite d'un grand bouddha debout qui a pratiquement fondu sous l'érosion et les intempéries.

☑ Ne manquez pas

En visitant le parc, n'oubliez pas d'aller voir les fours retrouvés le long de la Mae Nam Yom.

CHIRAWAN THAIPRASANSAP / SHUTTERSTOCK ©

Centre Si Satchanalai pour l'étude et la conservation des fours de Sangkalok

Il fut un temps où plus de 200 grands fours de potiers bordaient la Mae Nam Yom, près de Si Satchanalai. On y cuisait des céramiques émaillées exportées dans d'autres pays d'Asie. En Chine – plus gros importateur de céramiques thaïlandaises pendant les périodes Sukhothai et Ayutthaya –, on en vint à les appeler céramiques de Sangkalok, déformation de Sawankhalok, le nom initial de la région.

On peut voir des fours retrouvés lors de fouilles au **Centre Si Satchanalai pour l'étude et la conservation des fours de Sanghalok** (ศูนย์ศึกษาและอนุรักษ์เตาสังคโลก ; 100 B, billet combiné avec Si Satchanalai et Wat Chao Chan 250 B ; ⏲8h-16h30), situé à 5 km au nord-ouest des ruines de Si Satchanalai. Il contient aussi de nombreux exemples de poteries intactes et une exposition intéressante, malgré le manque d'indications en anglais. On fabrique toujours des poteries dans le secteur et un potier continue même à cuire ses pièces dans un four à bois enfoui dans le sol.

★ Le saviez-vous ?

Le Wat Phra Si Ratana Mahathat, un des temples les plus vastes, les plus anciens et les plus importants du parc au niveau historique, a reçu le titre de propriété royale après une visite du roi Bhumibol.

Sukhothai

À VOIR

Musée Sangkhalok Musée

(พิพิธภัณฑสังคโลก ; Rte 1293 ; adulte/enfant 100/50 B ; 8h-17h). Ce petit musée très complet constitue une bonne introduction au plus ancien produit exporté par Sukhothai : la fameuse céramique.

Le rez-de-chaussée montre une collection de poteries thaïlandaises retrouvées dans le secteur et quelques pièces du Vietnam, du Myanmar et de Chine. Au 1er étage sont exposés des exemples de poteries artistiques sans but utilitaire, comme de beaux et rares bouddhas.

Le musée se situe à environ 2,5 km à l'est du centre de New Sukhothai – un *tuk-tuk* vous y conduira pour environ 100 B.

Wat Chetupon Site historique

(วัดเชตุพน ; près de la Rte 1272, zone sud, parc historique de Sukhothai ; 24h/24). GRATUIT À 1,4 km au sud des remparts de l'ancienne cité, ce temple possédait jadis un *mon·dòp* à quatre côtés, chacun orné d'un bouddha dans l'une des postures classiques (assis, couché, debout et marchant). On peut encore distinguer les lignes gracieuses d'un bouddha marchant.

Wat Chedi Si Hong Site historique

(วัดเจดีย์สี่ห้อง ; près de la Rte 1272, zone sud parc historique de Sukhothai ; 24h/24). GRATUIT Situé face au Wat Chetupon, son *chedi* principal conserve la plupart des bas-reliefs en stuc d'origine, avec de vivantes descriptions d'éléphants, de lions et d'humains.

ACTIVITÉS

Organic Agriculture Project Cuisine

(055 647290 ; près de la Rte 1195 ; demi-journée avec déj 900 B ; 8h-17h jeu-mar). À Sukhothai, le Projet d'agriculture biologique permet aux visiteurs de participer à une demi-journée de travail dans une ferme thaïlandaise traditionnelle.

La demi-journée se déroule à la ferme bio de l'aéroport de Sukhothai. On commence par revêtir la tenue du

De gauche à droite : nouilles à la mode de Sukhothai ; parc historique de Sukhothai (p. 104) ; Wat Chetupon

NAME THOMYA / SHUTTERSTOCK ©

MATTHEW MICAH WRIGHT / GETTY IMAGES ©

riziculteur thaïlandais et enfourcher un *i đaan* (véhicule utilitaire traditionnel) pour ramasser les œufs de canard. Viennent ensuite une chevauchée à dos de buffle, la visite d'une ferme d'orchidées, la découverte des étapes de production du riz et, pour finir, la plantation ou la récolte du riz. Le stage se termine par un cours de cuisine informel et un repas à base de produits bio de la ferme. Réservez si vous voulez un guide anglophone.

Le domaine comprend aussi un restaurant servant des plats à base de produits bio de la ferme (plats 50-120 B, 8h-17h jeu-mar).

Cette ferme se trouve sur la même route que l'aéroport de Sukhothai, à 27 km de New Sukhothai près de la Rte 1195, et n'est pas desservie par les transports publics. Si vous n'êtes pas motorisé, adressez-vous au service de minibus de l'aéroport (p. 115).

Cycling Sukhothai Vélo

(08 5083 1864, 055 612519 ; www.cycling-sukhothai.com ; près de Th Jarodvithithong ; demi-journée/journée 800/990 B, circuit coucher du soleil 450 B). Habitant de Sukhothai

Nouilles façon Sukhothai

La spécialité de Sukhothai est le *gŏo·ay đĕe·o sù·kŏh·tai*, ou "nouilles à la mode de Sukhothai", servies dans un bouillon légèrement sucré avec des morceaux de porc, des cacahuètes pilées et des haricots verts émincés. Voici les meilleures adresses où les déguster :

Jayhae (Th Jarodvithithong ; plats 30-120 B ; 8h-16h). Dans ce restaurant extrêmement populaire, on sert des nouilles à la mode locale, des *pàt tai* et de bonnes boissons au café. À 1,3 km environ à l'ouest de la Mae Nam Yom, en retrait de Th Jarodvithithong.

Tapui (près de Th Jarodvithithong ; plats 30-50 B ; 7h-15h). Guère plus qu'un sol de brique abrité de tôle, le Tapui affirme être le premier endroit de Sukhothai à avoir vendu le plat emblématique de la ville. Il est à 1,3 km à l'ouest de la Mae Nam Yom, près de Th Jarodvithithong ; enseigne en thaï.

JARUN TEDJAEM / SHUTTERSTOCK ©

New Sukhothai
0
500 m
Sukhothai Bicycle Tour (380 m)
Parc historique de Si Satchanalai-Chaliang (50 km)
Gare routière
Th Jarodvithithong
Th Vichien Chamnong
Th Ban Meuang
Th Rat Uthit
Mae Nam Yom
Th Ratchathani
Th Kuhasuwan
Th Singhawat
Th Tri Chat
Musée Sangkhalok (1,5 km)
Th Nikhon Kasem
Th Prawet Nakhon
Th Ramkhamhaeng
Soi Watkuhasuwan
Soi Mae Ramphan
Th Loet Thai
Soi Panitsan
Soi Khlong Mae Ramphan
Tourism Authority of Thailand
Hôpital de Sukhothai
Parc historique de Sukhothai (8 km)
Parc historique de Sukhothai
0
1 km
Zone nord
Zone centrale
Zone ouest
Stands de restauration
Wat Saphan Hin (1,3 km)
New Sukhothai (8 km)
Wat Chedi Si Hong (1,5 km) et Wat Chetupon (1,5 km)
Parc historique de Sukhothai
A
B
C
D
E
F
1
2
3
4

New Sukhothai

À voir
1 Musée national Ramkhamhaeng.............B2
2 Parc historique de Sukhothai.................B2
3 Zone centrale du parc historique de Sukhothai.............B2
4 Zone nord du parc historique de Sukhothai.............B1
5 Wat Mahathat.............B2
6 Wat Phra Phai Luang.............B1
7 Wat Sa Si.............B2
8 Wat Si Chum.............A1
9 Wat Si Sawai.............B2
10 Wat Trapang Thong.............B2

Activités
11 Cycling Sukhothai.............B4

Où se restaurer
12 Coffee Cup.............B2
13 Dream Café.............F3
14 Fueang Fah.............E3
15 Jayhae.............A3
16 Marché nocturne.............E3
17 Tapui.............A3

depuis près de 20 ans, Ronny Hanquart, un Belge passionné de vélo, propose des circuits thématiques comme celui du parc historique, qui passe notamment par des *wat* et des villages peu visités. Le bureau d'accueil est à environ 1,2 km à l'ouest de la Mae Nam Yom, en retrait de Th Jarodvithithong, dans New Sukhothai (on peut vous y emmener gratuitement).

Sukhothai Bicycle Tour Vélo
(08 6931 6242 ; www.sukhothaibicycletour.com ; 34/1 Th Jarodvithithong ; demi-journée 750 B, journée 1050-1150 B). Ce prestataire propose des circuits à vélo qui récoltent des avis enthousiastes.

OÙ SE RESTAURER

Marché nocturne Marché $
(Th Ramkhamhaeng ; plats 30-60 B ; 18h-23h). Ne manquez pas le petit marché de nuit de New Sukhothai, où la plupart des vendeurs proposent des cartes bilingues.

Dream Café Thaïlandais $$
(86/1 Th Singhawat ; plats 120-350 B ; 17h-23h ;). De beaux meubles éclectiques donnent l'impression de manger dans un musée ou un magasin d'antiquités. Le personnel est compétent et sympathique, et la cuisine est bonne. Goûtez les *yam* ("salades" thaïlandaises) bien préparés.

Fueang Fah Thaïlandais $$
(107/2 Th Khuhasuwan ; plats 50-350 B ; 10h-22h). Faites comme les connaisseurs locaux en vous rendant dans ce restaurant établi de longue date au bord de la rivière. Il a pour spécialité les poissons d'eau douce comme ce savoureux *fried fish*, qui figure en premier sur la carte en anglais à peine compréhensible. Dans Th Khuhasuwan, juste après le pont ; enseigne en thaï.

RENSEIGNEMENTS

Hôpital de Sukhothai (055 610280 ; Th Jarodvithithong). Juste à l'ouest de New Sukhothai.

Tourism Authority of Thailand (TAT ; 055 616228, centre d'appels national 1672 ; www.tourismthailand.org ; Th Jarodvithithong ; 8h30-16h30). À environ 750 m à l'ouest du pont dans New Sukhothai, ce bureau offre un bon choix de cartes et de brochures.

DEPUIS/VERS SUKHOTHAI

AVION

L'aéroport de Sukhothai est à 27 km au nord de la ville près de la Rte 1195. Un **service de minibus** (055 647220 ; aéroport de Sukhothai ; 7h-19h) relie l'aéroport à New Sukhothai et au parc historique de Sukhothai. Sinon, Air Asia et Nok Air assurent le transfert en minibus depuis/vers Old Sukhothai et New Sukhothai via l'aéroport de Phitsanulok, à moins de 1 heure de là.

BUS

La **gare routière** (bus et minibus ; 055 614529 ; Rte 101) de Sukhothai est à près de 1 km au nord-ouest du centre de New Sukhothai

– comptez environ 50 B pour une course à moto-taxi entre cette gare et le centre de New Sukhothai ; vous pouvez aussi utiliser les *songthaew* pour le parc historique de Sukhothai, qui s'arrêtent à la gare routière en chemin entre 6h et 17h30.

COMMENT CIRCULER

Des *songthaew* circulent fréquemment entre New Sukhothai et le parc historique (6h-18h) ; ils partent dans Th Jarodvithithong et font halte à la gare routière. Le vélo constitue le meilleur moyen d'explorer le parc historique : des échoppes louent des cycles pour 30 B par jour à l'entrée du parc (6h-18h). On peut louer des motos à partir de 250 B par jour.

Kamphaeng Phet

À mi-chemin entre Bangkok et Chiang Mai, Kamphaeng Phet, qui signifie littéralement "mur de Diamant", joua un rôle important dans la défense du royaume de Sukhothai, et plus tard de celui d'Ayutthaya, contre les intrusions birmanes ou Lanna. Cette ancienne cité fortifiée conserve une partie de ses remparts, ainsi que d'imposantes ruines de plusieurs édifices religieux. La ville moderne, qui s'étire le long d'une section peu profonde de la Mae Nam Ping, est l'une des plus plaisantes capitales provinciales.

À VOIR ET À FAIRE

Parc historique de Kamphaeng Phet Parc historique

(อุทย"นประวัติ'ศ"สตรก"แพงเพชร ; 100 B, avec la cité fortifiée 150 B ; 8h-18h30). Inscrit au patrimoine mondial par l'Unesco, ce parc abrite les vestiges d'édifices du XIVe siècle, soit à peu près l'époque du royaume de Sukhothai. Des monuments bouddhiques furent édifiés à Kamphaeng Phet jusqu'à la période d'Ayutthaya, presque 200 ans plus tard, et possèdent des éléments des styles de Sukhothai et d'Ayutthaya, aboutissant à une forme d'art sacré unique en Thaïlande.

Le parc comporte deux parties distinctes : une vieille ville entourée d'un mur juste au nord de la Kamphaeng Phet moderne et des ruines plus imposantes regroupées à 1,5 km plus au nord.

Moins bien restaurée que Sukhothai, la vieille ville est plus petite, plus intime et moins visitée.

Cité fortifiée

Juste au nord de la ville moderne, cette **zone fortifiée** (100 B ; 8h-18h30) qui a donné son nom à la ville fut autrefois habitée par des moines de la secte *gamavasi* ("qui vit dans la communauté"). Une bonne marche ou une course à moto-taxi (environ 40 B) la sépare du centre-ville.

Wat Phra Kaew Site historique

(วัดพระแกว). Dominant les fortifications, cet ancien temple jouxtait le palais royal aujourd'hui en ruine. On y trouve un immense bouddha couché et plusieurs bouddhas plus petits, érodés par les intempéries, d'aspect élancé et poreux qui évoquent les sculptures d'Alberto Giacometti.

Wat Phra That Site historique

(วัดพระธ"ตุ). Les ruines de ce temple se distinguent par leur *chedi* dans le style Kamphaeng Phet entouré de colonnes et posé sur une large base ronde en brique et latérite.

En dehors de la ville

La majorité des ruines de Kamphaeng Phet se trouvent dans cette vaste **zone** (100 B ; 8h-18h30), à environ 1,5 km au nord des remparts. Ce secteur accueillait autrefois des moines de la secte *aranyavasi* ("qui vit dans les forêts") et comprend, outre le Wat Phra Si Iriyabot et le Wat Chang Rob, plus de 40 ensembles, dont la plupart se résument à des fondations en brique et à quelques bouddhas érodés. Lors de notre passage, six de ces ensembles étaient en cours de fouille.

Un **centre d'information des visiteurs** (8h-18h30), à l'entrée, propose la location de vélos (30 B/jour).

Bouddha couché, Wat Phra Kaew, Kamphaeng Phet

Comptez 80 B pour rejoindre cette zone à moto-taxi depuis le centre de Kamphaeng Phet.

Wat Phra Si Iriyabot Site historique
(วัดพระสี่อิริยาบถ). Sa curiosité principale est l'imposant *mon·dòp* (petit édifice carré doté d'une flèche) contenant les restes de bouddhas debout, assis, couché ou marchant, tous exécutés dans le style classique de Sukhothai.

Wat Chang Rob Site historique
(วัดช้างรอบ). Son nom, qui signifie "temple ceint d'éléphants", décrit parfaitement cet édifice auquel 68 éléphants recouverts de stuc servent de contreforts.

Autres sites

Musée national de Kamphaeng Phet Musée
(พิพิธภัณฑสถานแห่งชาติกำแพงเพชร ; Th Pindamri ; 100 B ; 🕘9h-16h mer-dim). Ce musée, qui a été profondément rénové, vaut le détour pour sa vaste collection d'objets de l'époque de Kamphaeng Phet, notamment une immense statue de Shiva qui est le plus grand bronze hindou de Thaïlande. Cette statue occupait autrefois le **sanctuaire de Shiva** GRATUIT, situé non loin, jusqu'à ce qu'un missionnaire allemand en vole les mains et la tête en 1886 (ces éléments ont été restitués depuis). Une réplique l'a remplacée dans le sanctuaire.

Wat Phra Borommathat Temple bouddhique
(วัดพระบรมธาตุ ; près de la Rte 1078 ; 🕘lever-coucher du soleil). Sur l'autre rive de la Mae Nam Ping, ces ruines occupent un site qui était déjà peuplé bien avant l'âge d'or de Kamphaeng Phet, quoique les vestiges visibles datent de l'époque postclassique de Sukhothai. Le temple compte plusieurs petits *chedi*, et un *chedi* plus grand, de la fin de la période de Sukhothai, aujourd'hui couronné d'une ombrelle de style birman ajoutée au début du XXe siècle.

Wat Khu Yang Temple bouddhique
(วัดคูยาง ; Soi 1, Soi Ratchavithi ; 🕘lever-coucher du soleil). Situé juste au nord du centre de Kamphaeng Phet, ce temple renferme un beau *hŏr đrai* (dépôt des manuscrits) en bois du XIXe siècle.

OÙ SE RESTAURER ET PRENDRE UN VERRE

Bamee Chakangrao Thaïlandais $

(Enseigne en thaï ; angle Soi 9 et Th Ratchadumnoen 1 ; plats 30-35 B ; 8h30-15h). Ce restaurant réputé est l'un des meilleurs endroits pour déguster des *bà·mèe* (fines nouilles de blé aux œufs), une spécialité locale ; elles sont confectionnées tous les jours derrière le restaurant. Vous pouvez aussi commander un *satay* de porc. Repérez les banderoles vertes à l'angle.

Marché nocturne Thaïlandais $

(Th Thesa 1 ; plats 30-60 B ; 16h-22h). Pour un repas thaïlandais pas cher, direction le marché de nuit animé qui s'installe tous les soirs près de la rivière, au nord du Navarat Hotel.

Kitti Sino-thaïlandais $$

(Enseigne en thaï ; angle Th Vijit 2 et Th Bamrungrat ; plats 50-1200 B ; 10h-14h et 16h-22h ;). Ce restaurant établi de longue date cuisine à merveille les produits de la mer à la chinoise. Goûtez son délicieux et original poulet frit aux noix de cajou, qui contient aussi de l'ail haché et des tranches de porc sucré.

Rong Tiam Bar

(Soi 9, Th Thesa 1 ; 18h-1h). Installé dans une *shophouse* (maison de négoce traditionnelle en bois), ce pub accueillant propose musique live (à partir de 20h30), en-cas et bières.

DEPUIS/VERS KAMPHAENG PHET

La **gare routière** (055 799 103 ; Rte 101) est à environ 1 km à l'ouest de la Mae Nam Ping. Des motos (50 B) et des songthaew (20 B, départs fréquents 7h30-15h) relient la gare à la ville. Si vous arrivez de Sukhothai ou de Phitsanulok, descendez dans la vieille ville ou au rond-point de Th Thesa 1 afin d'éviter d'avoir à prendre ensuite un *songthaew* pour retourner en ville.

Si vous allez à Bangkok (295 B, 5 heures, départs fréquents 9h-23h), vous pouvez éviter de vous rendre à la gare routière en prenant le bus chez **Win Tour** (0 5571 3971 ; Th Kamphaeng Phet), près du rond-point.

Phra Phuttha Chinnarat

MARTINHOSMATO83/ADOBE STOCK ©

COMMENT CIRCULER

Les motos-taxis et les *tuk-tuk* ne sont pas nombreux à Kamphaeng Phet. Il est donc plus sage de louer un vélo ou une moto – on trouve les deux à la **Three J Guest House** (vélo/moto 50/200 B par jour).

Phitsanulok

Relativement peu visitée par les voyageurs indépendants, mais fréquentée par les touristes en circuit organisé, Phitsanulok constitue une base pratique pour explorer les sites historiques de Sukhothai, Si Satchanalai et Kamphaeng Phet. Cette cité dynamique et accueillante compte des musées et des sites intéressants, dont le Wat Phra Si Ratana Mahathat (voir ci-contre), qui renferme l'une des effigies du Bouddha les plus vénérées du pays.

À VOIR

Wat Ratburana Temple bouddhique (วัดราชบูรณะ ; Th Phutta Bucha ; lever-coucher du soleil). GRATUIT En face du Wat Phra Si Ratana Mahathat, le Wat Ratburana attire moins de visiteurs, mais se révèle plus intéressant que son illustre voisin. Outre un *wihăan* renfermant un bouddha en or vieux de 700 ans, le temple comprend un *ubosot* (salle d'ordination), orné de belles fresques, qui daterait du milieu du XIXe siècle et deux *hŏr đrai* (bibliothèques de manuscrits) en bois. Ce temple compte aussi deux curiosités offrant un aperçu captivant des pratiques du bouddhisme thaïlandais. La plus évidente est un grand bateau en bois orné de guirlandes qui servit aux déplacements du roi Rama V lors d'une visite officielle à Phitsanulok. Aujourd'hui, le bateau est censé exaucer les vœux de ceux qui font un don, puis rampent trois ou neuf fois sous toute la longueur de la coque. Près du *wihăan*, un arbre sacré comporte des échelles de chaque côté que grimpent les visiteurs pour déposer une offrande et faire tinter

Wat Phra Si Ratana Mahathat

Le *wihăan* (sanctuaire) principal de ce **temple** (วัดพระศรีรัตนมหาธาตุ ; Th Phutta Bucha, Phitsanulok ; temple 6h-21h, musée 9h-17h30, mer-dim), appelé Wat Yai par les habitants, semble petit de l'extérieur, mais il renferme le **Phra Phuttha Chinnarat**, l'une des représentations du Bouddha les plus révérées et copiées de Thaïlande. Ce bouddha en bronze serait le plus important après le Bouddha d'Émeraude du Wat Phra Kaew à Bangkok.

La construction du *wat* fut ordonnée sous le règne de Li Thai en 1357. À son achèvement, Li Thai voulut l'orner de trois statues en bronze de qualité supérieure et fit venir des sculpteurs renommés de Si Satchanalai, Chiang Saen et Hariphunchai (Lamphun), ainsi que cinq prêtres brahmanes. Les deux premières statues furent jugées satisfaisantes à la première fonte, mais la troisième nécessita trois essais avant d'être considérée comme la plus aboutie. Selon la légende, un sage en robe blanche apparut miraculeusement pour aider à la dernière fonte, puis disparut. Cette dernière statue fut appelée le bouddha Chinnarat (roi victorieux) et devint la pièce centrale du *wihăan*. Les deux autres bronzes, le Phra Chinnasi et le Phra Si Satsada, furent plus tard transférés au temple royal du Wat Bowonniwet à Bangkok.

De style Sukhothai tardif, le bouddha Chinnarat est unique par le halo semblable à une flamme qui entoure la tête et le torse, puis se transforme en têtes de dragon-serpent de part et d'autre de l'effigie. La tête du bouddha est un peu plus large que le standard Sukhothai, lui donnant une allure plus imposante.

Essayez de venir avant 7h pour le découvrir dans le calme et veillez à votre tenue – ni short ni débardeur.

Musée folklorique, fonderie de bouddhas et jardin d'oiseaux

Spécialiste reconnu du folklore thaïlandais, ancien cartographe militaire et fondeur de statues du Bouddha, le sergent-major Thawi Buranakhet, passionné d'oiseaux, a mis à profit ses intérêts et ses expériences pour créer trois sites qui méritent la visite.

Le **musée folklorique du Sergent-Major Thawi** (พิพิธภัณฑ์พื้นบ้านจ่าทวี ; 26/38 Th Wisut Kasat ; adulte/enfant 50/25 B ; 8h30-16h30) présente une remarquable collection d'outils, de textiles et de photos de la province de Phitsanulok.

De l'autre côté de la rue et appartenant aussi au Dr Thawi, la petite **fonderie de bouddhas Buranathai** (โรงหล่อพระบูรณะไทย ; 26/43 Th Wisut Kasat ; 8h-17h) GRATUIT confectionne des bouddhas en bronze de toutes les tailles.

Outre la fonderie de bouddhas, vous pourrez voir des coqs de combat élevés dans le Centre of Conservative Folk Cock, puis vendus dans tout le pays.

Jouxtant la fonderie, le **Garden Birds of Thailand** (สวนนกไทย ; 26/43 Th Wisut Kasat ; adulte enfant 50/25 B ; 8h30-16h30) abrite une collection d'oiseaux indigènes en cage.

Musée, fonderie et jardin se situent au sud de Phitsanulok dans Th Wisut Kasat, à environ 1 km de la gare ferroviaire ; comptez 80 B en *tuk-tuk*.

une cloche avant de redescendre, répétant l'opération à trois ou neuf reprises. À côté de l'arbre, un énorme gong résonne d'un son unique quand on le frotte de la bonne manière.

Près de chacune de ces curiosités, un assistant vend des pièces, de l'encens et des fleurs pour les offrandes, et explique aux visiteurs comment effectuer les rituels.

OÙ SE RESTAURER

Les marchés nocturnes sont une obsession locale et il n'y en a pas moins de trois répartis en différents points de la ville. Le **bazar de nuit** (Th Phutta Bucha ; 19h-minuit) le plus connu est surtout consacré à l'habillement, mais le restaurant le plus au sud de la rue est spécialisé dans les *pàk bûng loy fáh* ("liserons d'eau flottant dans le ciel") – des *pàk bûng* frais jetés dans un wok puis lancés en l'air, où le serveur les rattrape dans une assiette. Un autre **marché nocturne** (Th Phra Ong Dam ; plats 30-60 B ; 17h-minuit) borde les deux côtés de Th Phra Ong Dam, au nord de Th Authong, et un **marché du soir** (près de Th Akatossaroth ; plats 30-60 B ; 16h-20h) très animé, installé au sud de la gare ferroviaire, comprend surtout des stands de nourriture à emporter, dont des *skôw nĕe·o hòr*, petits paquets de riz gluant aux assaisonnements divers emballés dans des feuilles de bananier. Deux stands se font face près de l'entrée du marché, dans Th Akatossaroth.

Autre spécialité de Phitsanulok, les *gŏoay·đĕe·o hôy kàh* (littéralement, nouilles "jambes pendantes") doivent leur nom à la façon dont les clients s'assoient par terre face à la rivière, les jambes pendantes. Le **Rim Nan** (enseigne en thaï ; 5/4 Th Phutta Bucha ; plats 20-35 B ; 9h-16h), au nord du Wat Phra Si Ratana Mahathat, fait partie de la poignée de restaurants qui offrent des nouilles à déguster le long de Th Phutta Bucha.

Paknang Sino-thaïlandais $

(Th Sairuthai ; plats 40-280 B ; 10h-22h). Une ambiance chinoise règne dans ce coin du vieux Phitsanulok – elle se marie à merveille aux savoureux plats chinois de ce restaurant établi de longue date.

Ban Mai Thaïlandais $$

(Enseigne en thaï ; 93/30 Th Authong ; plats 100-290 B ; 11h-22h). Prisé des habitants, ce restaurant ressemble à une salle à manger familiale : brouhaha des conversations, nombreux meubles

Wat Ratburana (p. 119)

désuets et un gros chat siamois qui semble régenter la maison. On y sert d'excellents plats comme le *gaang pèt ɓèt yâhng* (curry de canard grillé) et le *yam đà·krái* ("salade" de verdure à la citronnelle). Repérez le bâtiment jaune en face de l'Ayara Grand Palace Hotel.

DEPUIS/VERS PHITSANULOK

Air Asia (Phitsanulok 09 4719 3645, centre d'appels national 0 2515 9999 ; www.airasia.com ; aéroport de Phitsanulok ; 7h-18h30), **Nok Air** (0 5530 1051, centre d'appels national 1318 ; www.nokair.co.th ; aéroport de Phitsanulok ; 6h-19h) et **Thai Lion Air** (centre d'appel 02 529 9999 ; www.lionairthai.com ; aéroport de Phitsanulok ; 7h-19h) effectuent des liaisons avec l'aéroport international Don Mueang de Bangkok (à partir de 640 B, 55 minutes, 7/jour). L'**aéroport** (0 5530 1002) est à environ 5 km au sud de la ville – un comptoir de taxis peut organiser le transfert depuis/vers la ville pour 150 B.

La **gare routière** (0 5521 2090 ; Rte 12) est à 2 km à l'est de Phitsanulok sur la Rte 12 ; une course en *tuk-tuk* ou à moto-taxi depuis/vers la ville coûte 60 B. L'offre de transports au départ de Phitsanulok est bonne ; plusieurs lignes de bus et de minibus y convergent.

La **gare ferroviaire** (0 5525 8005, centre d'appels national 1690 ; www.railway.co.th ; Th Akatossaroth) comporte une consigne et permet de rejoindre les hébergements à pied. C'est une gare importante où s'arrêtent presque tous les trains allant vers le nord ou le sud.

COMMENT CIRCULER

Les *săhm·lór* (cyclopousse à trois roues) coûtent à partir de 60 B pour une course en ville.

Phitsanulok compte désormais une petite flotte de **taxis** (0 5533 8888).

Louer une voiture à l'aéroport de Phitsanulok coûte à partir de 900 B/jour.

TAKE PHOTO / SHUTTERSTOCK ©

CHIANG MAI ET LE NORD-OUEST

Dans ce chapitre

Chiang Mai et le Nord-Ouest

Capitale culturelle du Nord, Chiang Mai ravit les amateurs de temples, de culture et les passionnés de sports d'aventure. Ses ruelles imprégnées d'histoire respirent davantage la cité rurale que la ville moderne. Au-delà de la vieille ville, dans le Chiang Mai moderne, d'excellentes tables déclinent les apports birmans et japonais, ainsi que les spécialités locales. À seulement 1 heure de la ville, faites des balades dans la jungle et visitez des villages des tribus montagnardes.

Chiang Mai en 2 jours

Visitez les **temples** (p. 126) et les **musées** (p. 130) de la vieille ville, déjeunez ou dînez au **Kao Soi Fueng Fah** (p. 150). Le deuxième jour, prenez un **cours de cuisine thaïlandaise** (p. 143) et rendez-vous à la **Saturday Walking Street** (p. 132) ou à la **Sunday Walking Street** (p. 133).

Chiang Mai et le Nord-Ouest en 4 jours

Consacrez le troisième jour à **Chiang Dao** (p. 154) ou au **parc national de Doi Inthanon** (p. 154) qui constituent des escapades très prisées et rafraîchissantes depuis Chiang Mai. Découvrez également **Lampang** (p. 156), agréable ville du Nord. Enfin, la **vallée de Mae Sa** (p. 152) ou la **province de Mae Hong Son** (p. 158) peuvent faire l'objet d'un beau **circuit à moto** (p. 159).

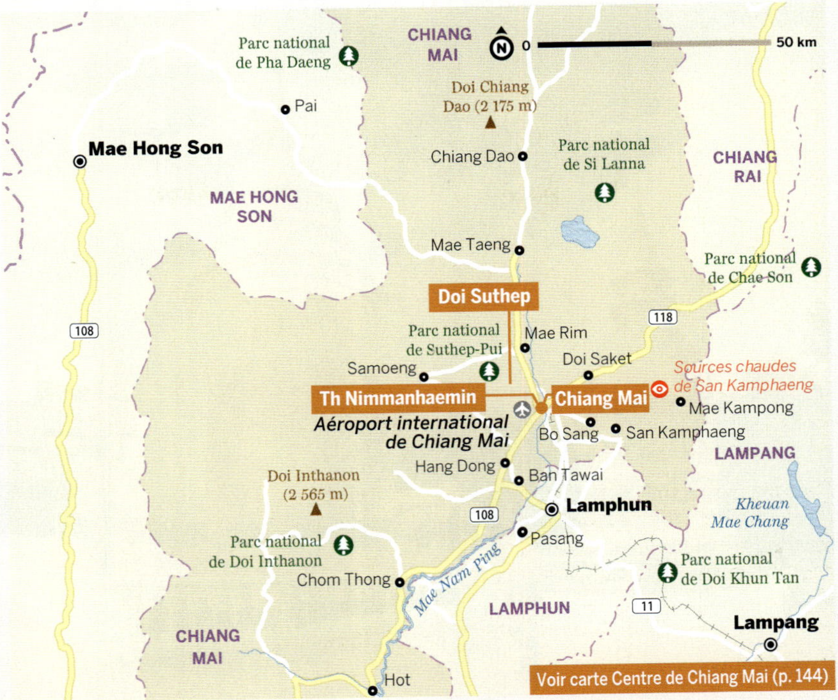

Comment s'y rendre

Aéroport international de Chiang Mai Un taxi depuis l'aéroport coûte un prix fixe. Certains hôtels proposent le transfert.

Arcade Bus Terminal Prenez un *rót daang* ("voiture rouge") ou un *tuk-tuk* pour le centre.

Gare ferroviaire de Chiang Mai Prenez un rót daang ou un *tuk-tuk*.

Où se loger

Le prix des hébergements augmente progressivement, mais on peut encore trouver une chambre climatisée correcte pour 650 B. Effectuez vos réservations longtemps à l'avance si vous prévoyez un séjour à Chiang Mai durant le Nouvel An chinois, Songkran ou autres périodes de fêtes.

Voir p. 153 pour de plus amples renseignements sur les quartiers où loger.

Wat Phra Singh

Temples de la vieille ville

Les temples de Chiang Mai offrent des exemples d'art et d'architecture traditionnels Lanna ; ils sont construits en teck, provenant des frontières autrefois boisées, et sont un exemple des traditions venues du Myanmar (Birmanie) et de Chine.

Pour ceux qui aiment...

☑ Ne ratez pas

Découvrez le bouddhisme et la vie au temple lors de discussions avec les moines au Wat Chedi Luang.

Les temples ci-après sont tous dans la vieille ville, mais d'autres, magnifiques, se dressent en dehors des remparts.

Wat Phra Singh

Ce **temple** (วัดพระสิงห์ ;Th Singharat ; 20 B ; 5h-20h30), le plus révéré de Chiang Mai, se dresse majestueusement au bout de Th Ratchadamnoen. Ses murs blancs cachent de somptueux édifices monastiques et des jardins impeccables jalonnés de stands de café et de pavillons de massage. Les pèlerins viennent vénérer le célèbre bouddha appelé Phra Singh (Bouddha Lion) installé dans le Wihan Lai Kham, une petite chapelle juste au sud du *chedi* (stupa) situé au fond de l'enceinte.

Cette élégante statue serait originaire du Sri Lanka et aurait été installée dans

Wat Chedi Luang

GABOR KOVACS PHOTOGRAPHY / SHUTTERSTOCK ©

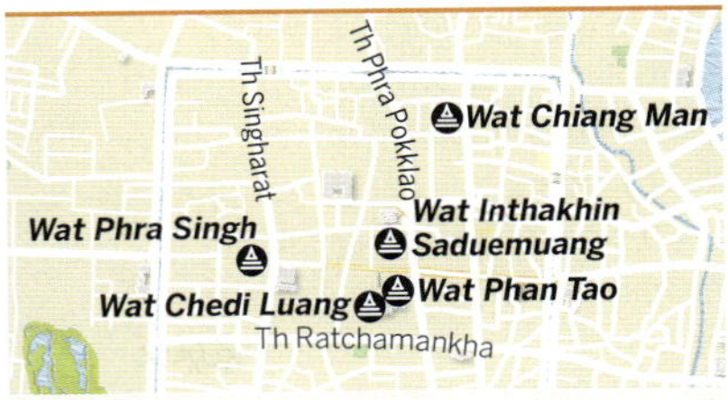

Infos pratiques

Les temples sont ouverts tant qu'il fait jour et les dons sont appréciés.

Une petite soif ?

L'Akha Ama Café (p. 150), près du Wat Phra Singh, est un café ravissant, doublé d'une mission de développement économique des tribus akha.

★ Bon à savoir

Il convient de se déchausser avant d'entrer dans un temple.

le temple en 1367. La chapelle, tout aussi belle, est décorée de nagas (créatures mythiques, mi-humaines, mi-serpents) dorés et de somptueux *lai-krahm* (motifs dorés au pochoir).

Malgré sa notoriété, on sait très peu de choses du Phra Singh. Il en existe deux répliques en Thaïlande, une au Musée national de Bangkok et une à Nakhon Si Thammarat. Quelle que soit sa provenance, ce bouddha est au centre de célébrations pendant les fêtes de Songkran : il est promené en grande pompe afin que les croyants l'arrosent.

En vous promenant dans les jardins du monastère, remarquez la bibliothèque du temple, aménagée dans un délicat pavillon en teck et stuc appelé Ho Trai, décoré d'anges en bas-relief. Le principal *chedi* du temple, dressé sur une base octogonale de style Lanna et bâti par le roi Pa Yo en 1345, est souvent recouvert de tissus orange par les fidèles.

Wat Chedi Luang

Ce **temple** (วัดเจดีย์หลวง ; Th Phra Pokklao ; adulte/enfant 40/20 B ; 7h-22h) est moins grandiose que le Wat Phra Singh, mais son *chedi* en ruine de style Lanna (1441) est beaucoup plus haut et une ambiance prenante se dégage de ce vaste ensemble. Le célèbre Phra Kaew (Bouddha d'Émeraude), aujourd'hui au Wat Phra Kaew, à Bangkok, siégea dans la niche orientale du *chedi* jusqu'en 1475 ; il a été remplacé par une copie en jade offerte par le roi de Thaïlande en 1995 pour le 600e anniversaire du *chedi.*

Dans le *wihăan* (sanctuaire) principal se tient un bouddha debout révéré, appelé Phra Chao Attarot, flanqué de deux disciples. D'autres chapelles et statues occupent les pavillons en teck situés au fond de l'enceinte, dont un immense bouddha couché et un beau bouddha assis d'influence chinoise débordant presque de ses tuniques.

La causerie quotidienne avec les moines sous un arbre du jardin attire immanquablement une foule de voyageurs.

Près de l'entrée principale sur Th Phra Pokklao, vous croiserez un autre trésor du Wat Chedi Luang, le Làk Meuang (pilier de la ville), qu'aurait érigé le roi Mengrai en personne lors de la fondation de Chiang Mai en 1296. La règle bouddhique n'autorise que les hommes à entrer dans le pavillon pour le voir. L'entrée au sanctuaire située dans Th Phra Pakklao est encadrée de *yaksha* (démons sentinelles), et le portail est orné de guerriers Lanna en bas-relief.

Wat Phan Tao

Sans doute le **wat** (วัดพันเถา ; Th Phra Pokklao ; don apprécié ; ⏱lever-coucher du soleil) le plus pittoresque de la vieille ville, cette merveille en teck se tient dans l'ombre du Wat Chedi Luang. Véritable hommage au commerce du teck, ce monastère installé dans une enceinte remplie de drapeaux orange comprend une gigantesque salle de prière soutenue par 28 colonnes géantes en teck et lambrissée de panneaux en teck sombre abritant un bouddha doré particulièrement gracieux. Lors des prières du soir, le contraste entre les tuniques orange des moines et le bois sombre est particulièrement saisissant.

Au-dessus de la façade, l'image d'un paon perché sur un chien représente

Wat Chiang Man

l'année astrologique de naissance d'un ancien roi. Ce monastère est un lieu de pèlerinage privilégié pendant les fêtes de Visakha Bucha et en mai-juin ; les moines allument alors des centaines de lampes à huile autour du bassin et dans le parc.

Wat Chiang Man

Plus ancien temple de Chiang Mai, le **Wat Chiang Man** (วัดเชียงมั่น ; Th Ratchaphakhinai ; don apprécié ; ⏲lever-coucher du soleil)

★ Le saviez-vous ?

Le Phra Singh est réputé originaire du Sri Lanka bien qu'il ressemble davantage aux bouddhas du nord de la Thaïlande qu'à ceux du Sri Lanka.

SAIKO3P / SHUTTERSTOCK ©

fut édifié par Phaya Mengrai, fondateur de la ville, vers 1296. Devant l'*ubosot* (salle d'ordination), une stèle gravée en 1581 porte la plus ancienne référence connue à la fondation de la ville. Le *wihãan* principal renferme aussi le plus ancien bouddha connu de l'époque Lanna, fondu en 1465.

Un autre *wihãan* plus petit abrite les gardiens de la ville : le bas-relief de marbre représentant le bouddha, Phra Sila, qui aurait été sculpté au Sri Lanka il y a plus de 1 000 ans, et le petit bouddha de cristal, Phra Sae Tang Khamani, qui aurait été fabriqué pour le roi de Lopburi vers l'an 200.

Ces images sacrées se trouvent à l'intérieur d'un autel aux allures de *mon·dòp* appelé *khong phra chao*, caractéristique des temples Lanna. Le monastère compte un magnifique *chedi* doté d'une base encadrée par des éléphants et d'une partie supérieure dorée.

Wat Inthakhin Saduemuang

Serré contre le centre culturel et artistique de Chiang Mai, ce **temple** (วัดอินทขิลสะดือเมือง ; don apprécié ; ⏲6h-18h) abritait à l'origine le Làk Meuang (pilier de la ville) ; son nom fait référence au "nombril" ou centre géographique de la ville, choisi il y a quelque 700 ans. Le pilier fut transféré dans le Wat Chedi Luang en 1800 à cause du délabrement de ce temple. Abondamment rénové, c'est aujourd'hui l'un des plus étincelants de la ville. Planté au milieu de Th Inthwarorot, son *wihãan* en teck doré est l'un des édifices les mieux proportionnés de Chiang Mai.

SAIKO3P / SHUTTERSTOCK ©

Musées de la vieille ville

Modernes et offrant une bonne introduction à la culture et à l'histoire de l'ancien royaume Lanna, ces musées historiques occupent d'anciens bâtiments officiels rénovés.

Pour ceux qui aiment...

☑ Ne ratez pas

Dans Th Inthawarorot, près des musées, une série de boutiques vend des douceurs et autres spécialités locales. Elles sont prises d'assaut par les employés à midi.

Alors même que vous croyez avoir compris la Thaïlande, vous arrivez dans un endroit comme Chiang Mai et découvrez une identité régionale entièrement différente. Heureusement, les musées de cette ville expliquent les particularités du royaume de Lanna, plus proche du Sud de la Chine et du Myanmar (Birmanie) que de Bangkok.

Centre culturel et artistique de Chiang Mai

Ce **centre** (หอศิลปวัฒนธรรมเชียงใหม่ ; www.cmocity.com ; Th Phra Pokklao ; adulte/enfant 90/40 B ; ⏲8h30-17h mar-dim) offre un excellent aperçu de l'histoire de Chiang Mai. Dioramas, photos, artefacts et dispositifs audiovisuels guident les visiteurs parmi les grandes batailles et les victoires émaillant l'histoire locale, des premiers villages aux guerres

Centre culturel et artistique de Chiang Mai

Infos pratiques

Les musées sont fermés le lundi. Situés en centre-ville, on les rejoint facilement à pied si on loge dans la vieille ville.

Une petite pause ?

Faites-vous masser tout en aidant des détenues à se perfectionner au centre de massage de la prison pour femmes de Chiang Mai (p. 143).

★ Bon plan

Un ticket combiné (180 B) donne accès aux trois musées.

contre le Myanmar (Birmanie) et à l'arrivée du chemin de fer. À l'étage se tient la reconstitution d'un village Lanna en bois.

La boutique de souvenirs du musée est exceptionnellement bien garnie – laques, bijoux, faux ongles décorés pour la danse traditionnelle. Ce bâtiment de style colonial magnifiquement restauré, qui abritait l'ancienne préfecture, date de 1927. Sa restauration a été saluée par la Société royale des architectes siamois en 1999.

Musée des Arts populaires Lanna

Le **musée des Arts populaires Lanna** (พิพิธภัณฑ์พื้นถิ่นล้านนา ; Th Phra Pokklao ; adulte/enfant 90/40 B ; ⏲8h30-17h mar-dim), un bijou aménagé dans l'ancien tribunal de province (1935), reconstitue la vie dans un village Lanna avec des dioramas grandeur nature expliquant aussi bien l'art du pochoir *lai·krahm* que le *fon lep* (danse traditionnelle Lanna) ou la symbolique des temples Lanna. Chaque salle, conçue comme une installation artistique, offre des explications attrayantes sur des sujets culturels. Vous en ressortirez plus savant sur les Lanna.

Centre historique de Chiang Mai

Logé dans un vaste bâtiment, ce **musée** (หอประวัติศาสตร์เมืองเชียงใหม่ ; Th Ratwithi ; adulte/enfant 90/40 B ; ⏲8h30-17h mar-dim) consacré à l'histoire de la province de Chiang Mai retrace la fondation de la capitale, l'occupation birmane, le commerce et l'unification à Bangkok à l'époque moderne. Les fouilles d'un mur de temple antique sont visibles au rez-de-chaussée. Ce musée fait un peu doublon avec le Centre culturel et artistique de Chiang Mai, mais permet de se rafraîchir dans un lieu climatisé.

Fleurs de savon

Shopping nocturne

Les marchés nocturnes sont prisés dans toute la Thaïlande, mais Chiang Mai a inventé les walking streets, des rues transformées en rues piétonnes où s'installent des marchands itinérants, une tradition qui remonte à l'époque de la route de la soie.

Pour ceux qui aiment...

☑ Ne ratez pas

Les marchands qui vendent de la crème glacée – dite "à l'ancienne" – dans les rues piétonnes.

Saturday Walking Street

Ce **marché du samedi** (ถนนเดินวันเสาร์ ; Th Wualai ; ⏲16h-minuit sam) occupe Th Wualai, une artère qui s'étire vers le sud-ouest depuis le Pratu Chiang Mai situé à l'entrée sud de la vieille ville. On se meut à grand-peine parmi les touristes et les Thaïlandais marchandant des savons sculptés, des colliers fantaisie pour chiens, des sculptures en bois, des tableaux de bouddhas, ainsi que des articles fabriquées par les tribus montagnardes.

Ce marché est installé dans le quartier historique des orfèvres. En arrivant de bonne heure, vous pourrez voir les artisans frapper en rythme sur des bols, des coffrets à bijoux et des plaques en argent ou en aluminium pour leur imprimer des motifs décoratifs.

Sunday Walking Street

501ROOM / GETTY IMAGES ©

Infos pratiques

Les *walking streets* et le marché nocturne de Chiang Mai débutent en fin d'après-midi et durent jusqu'à minuit.

Une petite faim ?

Achetez de quoi dîner au **Talat Pratu Chiang Mai** (Th Bamrungburi ; plats à partir de 40 B ; 4h-midi et 18h-minuit) avant de rejoindre la Saturday Walking Street.

Bon à savoir

N'oubliez pas de vous lever respectueusement quand retentit l'hymne national à 18h.

Sunday Walking Street

Ce bruyant **marché** (ถนนเดินวันอาทิตย์ ; Th Ratchadamnoen ; 16h-minuit dim) occupant Th Ratchadamnoen le dimanche paraît encore plus animé que la Saturday Walking Street en raison du marché alimentaire qui s'installe à proximité des temples le long de la rue. Serrés comme des sardines, on défile lentement devant les stands de sculptures sur bois, de tableaux de bouddhas, d'objets fabriqués par les tribus montagnardes, d'instruments de musique thaïlandais, de T-shirts, de lanternes et d'ombrelles en papier, de bijoux en argent et de plantes médicinales.

Ce marché est une importante source de revenus pour les familles locales ; de nombreux marchands passent la semaine à fabriquer de leurs mains les marchandises vendues le week-end.

Marché nocturne de Chiang Mai

Inutile d'attendre le week-end pour faire des achats. Le **marché nocturne de Chiang Mai** (Th Chang Khlan ; 19h-minuit), l'une des principales attractions nocturnes de la ville, est l'avatar moderne des caravanes yunnanaises qui s'arrêtaient ici le long des anciennes routes commerciales entre la Chine et le golfe du Martaban (Myanmar).

On y vend les habituels souvenirs pour touristes. Les marchands se répartissent sur le trottoir de Th Chang Khlan (entre Th Tha Phae et Th Loi Kroh) entre plusieurs bâtiments dédiés au shopping. Le marché de nuit couvert est surtout rempli d'antiquaires et de boutiques d'artisanat. De l'autre côté de la rue, le Kalare Night Bazaar vend des vêtements haut de gamme et des articles de décoration.

Activités de plein air

Montagnes, rivières tumultueuses, villages des tribus montagnardes, réserves et parcs d'éléphants... permettent de s'évader facilement dans la nature. Des opérateurs proposent des circuits à pied, à vélo, en rafting ou en tyrolienne.

Pour ceux qui aiment...

☑ Ne ratez pas

Les contrastes climatiques de la province de Chiang Mai, depuis les plaines tropicales jusqu'aux forêts de montagne envahies de fougères.

Randonnée et sports d'aventure

Des milliers de randonneurs avides d'aventure arpentent les montagnes du nord de la Thaïlande. Parmi les agences recommandées, citons **Green Trails** (✆053 141356 ; www.green-trails.com ; treks pour 2 pers à partir de 2 900 B), très écologique, et **Peak Adventure Tour** (✆053 800567 ; www.thepeakadventure.com ; 302/4 Th Chiang Mai-Lamphun ; excursions 1 600-2 800 B), pour les aventures modérées. Tout le monde raffole de Flight of the Gibbon (p. 146), une tyrolienne de près de 2 km dans la forêt.

Parcs d'éléphants

Certains parcs ressemblent à des prisons, mais il en existe de plus humains à Chiang Mai.

Elephant Nature Park

L'**Elephant Nature Park** (053 818754, 053 272850 ; www.elephantnaturepark.org ; 1 Th Ratchamankha ; circuits 1/2 jours 2 500/5 800 B) propose d'observer des éléphants à l'état semi-sauvage, tandis que **Thai Elephant Care Center** (053 206247 ; www.thaielephantcarecenter.com ; Mae Sa ; demi-journée/journée 2 000/3 000 B) a été créé pour accueillir les éléphants âgés venant de camps forestiers et de spectacles touristiques. Ici, pas de balades : les visiteurs nourrissent les éléphants et les aident à prendre leur bain.

Vélo

Le Doi Suthep, l'espace vert le plus proche de Chiang Mai, comprend des sentiers de VTT empruntés par **Chiang Mai Mountain Biking & Kayaking** (053 814207 ; www.mountainbikingchiangmai.com ; 1 Th Samlan ; circuits 1 250-2 700 B ; 8h-20h). Les circuits de **Click and Travel** (053 281553 ; www.chiangmaicycling.com ; circuits demi-journée/journée/multi-journées à partir de 950/1 500/5 350 B ;) vous emmènent pédaler parmi les sites culturels en dehors du centre-ville.

Infos pratiques

Nombre d'agences de voyages organisent des circuits à la journée ou à la demi-journée à environ 1 heure de la ville. Les transferts depuis/vers l'hôtel et le déjeuner sont généralement inclus.

Une petite pause ?

Après avoir bien transpiré dans la nature, offrez-vous un massage chez **Lila Thai Massage** (053 327243 ; www.chiangmaimassage.com ; Th Ratchadamnoen ; massage standard/aux herbes à partir de 200/350 B ; 10h-22h).

★ Bon plan

Réservez vos billets directement auprès du tour-opérateur pour économiser la commission due à l'agent.

Sports aquatiques

On pratique le rafting sur la partie tumultueuse de la Mae Taeng (surtout de juillet à mars). **Siam River Adventures** (089 515 1917 ; www.siamrivers.com ; 17 Th Ratwithi ; rafting à partir de 1 800 B/jour ; 8h-20h) est réputé pour son attention à la sécurité sur le parcours de 10 km. Chiang Mai Mountain Biking & Kayaking propose du kayak sur une partie reculée de la Mae Ping.

BLUR LIFE 1975 / SHUTTERSTOCK ©

Thanon Nimmanhaemin

C'est l'épicentre du "nouveau" Chiang Mai. On y vient prendre un verre, dîner et faire la fête. L'artère principale et ses soi adjacents sont fréquentés par la jeunesse estudiantine branchée et les expatriés des ONG.

Pour ceux qui aiment...

☑ Ne ratez pas

Les stands de restauration proches de Soi 10 vendent du poulet frit, des fruits découpés et des plats de nouilles. Ici, simplicité rime avec délice.

Où se restaurer

On trouve une incroyable diversité de cuisines sur Nimmanhaemin.

Tong Tem Toh (Soi 13, Th Nimmanhaemin ; plats 50-170 B ; 11h-21h), installé dans un ancien grill, sert des plats du nord de la Thaïlande comme le *nám prík ong* (légumes à tremper dans une préparation pimentée) et le *gaang hang lay* (curry de porc birman aux arachides et au tamarin).

Envie de changer de la nourriture thaïlandaise ? **Tengoku** (053 215801 ; Soi 5, Th Nimmanhaemin ; plats 200-1 650 B ; 11h-14h et 17h30-22h ;) sert des sushis de très grande qualité, des yakitoris, des sukiyakis extraordinaires et d'excellents steaks de *wagyu*, sans compter des bentos, plus économiques.

Infos pratiques

On rejoint Th Nimmanhaemin en *rót daang* ("voiture rouge") via Th Huay Kaew.

Une petite soif ?

Ristr8to (p. 150) traite le café comme un vin : il y a même des notes de dégustation.

Bon à savoir

Soyez prudent : les *soi* qui partent de Th Nimmanhaemin n'ont pas de trottoir.

Les plats "de la ferme à la table" proposés chez **Rustic & Blue** (053 216420 ; www.rusticandblue.com ; Soi 7, Th Nimman-haemin ; plats 180-360 B ; 8h30-21h30 ;) s'accordent parfaitement avec le cadre.

Italics (05 321 6219 ; www.theakyra.com ; 22/2 Nimmana Haeminda Soi 9 ; pizzas 260-550 B ; 7h-23h) prépare des pizzas qui comptent parmi les meilleures de la ville.

I-Berry (près de Soi 17, Th Nimmanhaemin ; boule 69 B ; 10h-22h ;), roi de la crème glacée, est un établissement qui appartient au comédien thaïlandais Udom Taepanich (surnommé "nez" en raison de sa physionomie). Cette boutique kitsch située dans un jardin ombragé est bondée de jour comme de nuit.

Où prendre un verre et faire la fête

Nimman attire un éclectique mélange d'oiseaux de nuit allant des étudiants chahuteurs aux yuppies thaïlandais, en passant par les étrangers bien informés.

Découvrez la faune urbaine de la **Sangdee Gallery** (www.sangdeeart.com ; 5 Soi 5, Th Sirimungklajarn ; 15h-minuit mar-sam), à la fois galerie, club de musique, bar et café.

Les lieux branchés changent, la même formule perdure : bar en plein air, bières, cuisine, copains. Plus il y a de monde, plus l'ambiance est joyeuse. L'établissement le plus impressionnant (et le plus ancien), **Beer Republic** (www.beerrepublicchiangmai.com ; Soi 11, Th Nimmanhaemin ; 16h-minuit), propose 15 bières pression.

Le **Warmup Café** (www.facebook.com/warmupcafe1999 ; 40 Th Nimmanhaemin ; 18h-2h) est un vétéran ouvert en 1999. Chaque salle est dédiée à un genre musical différent : hip-hop, électro et rock.

Wat Phra That Doi Suthep

Doi Suthep

Des routes sinueuses quittent les basses plaines pour pénétrer dans une ceinture de nuages parmi les mousses et les fougères. La montagne abrite un parc national, un temple sacré, une résidence royale et des villages des tribus montagnardes.

Pour ceux qui aiment...

☑ Ne ratez pas

La vue sur Chiang Mai depuis le Wat Phra That Doi Suthep.

Wat Phra That Doi Suthep

Surplombant la ville du haut de sa montagne, le **Wat Phra That Doi Suthep** (วัดพระธาตุดอยสุเทพ ; Th Huay Kaew ; 30 B ; ⏲6h-18h) est l'un des temples les plus sacrés du pays, dont tout écolier de Chiang Mai doit apprendre la fondation légendaire. Le *wat* lui-même, bel exemple de l'architecture du nord de la Thaïlande, est desservi par un escalier épuisant de 306 marches encadré de nagas en mosaïque ; cette ascension est censée aider les fidèles à accroître leur mérite, mais les pèlerins les moins sportifs peuvent emprunter le funiculaire (20 B).

Le monastère fut fondé en 1383 par le roi Keu Naone pour abriter un morceau d'os qui proviendrait de l'épaule du Bouddha. Ce fragment d'os rapporté au Lanna par un moine

Pavillon, palais Bhubing

CHRISTOPHER PB / SHUTTERSTOCK ©

Infos pratiques

Des *rót daang* ("voiture rouge") publics partant du zoo rejoignent le Wat Phra That Doi Suthep (40 B/pers). On peut en louer un pour 300/500 B aller/aller-retour.

Une petite soif ?

Il y a un café à Ban Khun Chang Kian donnant sur les caféiers.

★ Bon à savoir

Apportez un vêtement à manches longues : il peut faire frais en altitude.

errant venu de Sukhothai se brisa en deux au pied de la montagne ; un fragment se trouve au Wat Suan Dok (p. 142), le second fut placé sur un éléphant qui erra dans la jungle jusqu'à sa mort, indiquant du même coup le site où devait être fondé le monastère.

La terrasse au sommet de l'escalier regroupe de petits sanctuaires, des rocailles et une statue de l'éléphant blanc qui transporta la relique du Bouddha. Avant de pénétrer dans la cour intérieure, les enfants présentent leurs respects à une sentinelle aux allures de lézard appelée "Mom".

Des marches conduisent à la terrasse intérieure, où une allée fait le tour du *chedi* doré abritant la relique. L'ombrelle à cinq étages qui le couronne célèbre la fin du joug birman et le rattachement de Chiang Mai à la Thaïlande. Les pèlerins font la queue pour déposer des fleurs de lotus et autres offrandes sur les autels entourant le *chedi.*

Palais Bhubing

Au-dessus du Wat Phra That Doi Suthep, les jardins du **palais d'hiver** (พระตำหนักภูพิงค, Phra Tamnak Bhu Bing ; www.bhubingpalace.org ; Th Huay Kaew ; 50 B ; 8h30-11h30 et 13h-15h30) de la famille royale sont ouverts au public. Grâce au climat frais de la montagne, les jardiniers royaux peuvent cultiver des plantes comme les roses. Plus intéressant, un réservoir est animé par des fontaines jaillissant au rythme des compositions musicales du roi.

Ban Kun Chang Kian

Ban Kun Chang Kian est un village hmong producteur de café, situé à environ 500 m, au bout d'une piste, juste après le camping Doi Pui. Un transport privé est indispensable pour s'y rendre.

Promenade à Chiang Mai

Les célèbres temples de Chiang Mai se trouvent dans la vieille ville. Commencez de bonne heure, couvrez vos épaules et vos genoux, déchaussez-vous avant d'entrer et asseyez-vous les jambes repliées “en sirène” dans les salles.

Départ Wat Phra Singh
Distance 1 km
Durée 4 heures

7 Faites-vous masser au **centre de massage de la prison pour femmes de Chiang Mai** (p. 143).

1 Commencez par le **Wat Phra Singh** (p. 177), typique de l'architecture Lanna.

2 Avant les immeubles d'habitation, le **Wat Chedi Luang** (p. 127), aujourd'hui en ruine, était l'édifice le plus haut de Chiang Mai.

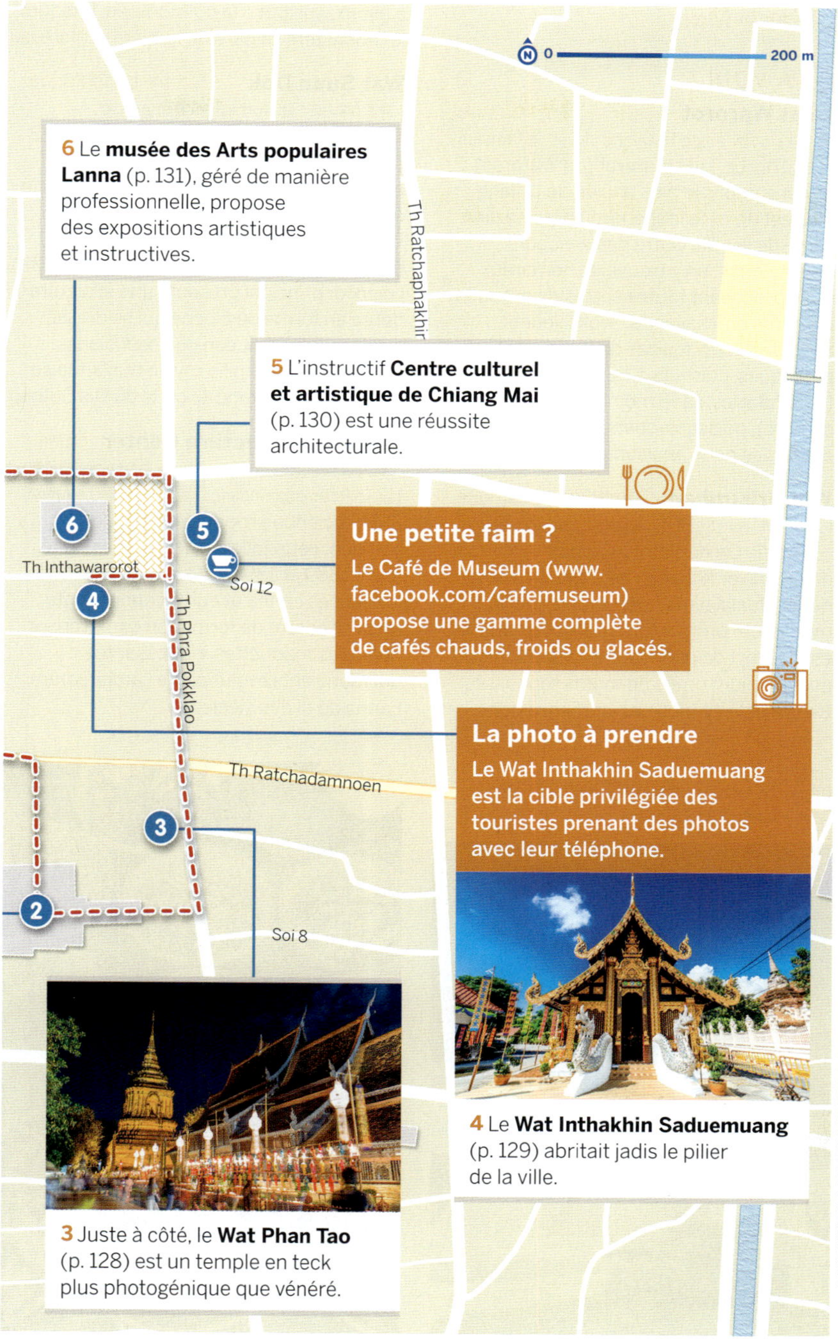

6 Le **musée des Arts populaires Lanna** (p. 131), géré de manière professionnelle, propose des expositions artistiques et instructives.

5 L'instructif **Centre culturel et artistique de Chiang Mai** (p. 130) est une réussite architecturale.

Une petite faim ?

Le Café de Museum (www.facebook.com/cafemuseum) propose une gamme complète de cafés chauds, froids ou glacés.

La photo à prendre

Le Wat Inthakhin Saduemuang est la cible privilégiée des touristes prenant des photos avec leur téléphone.

4 Le **Wat Inthakhin Saduemuang** (p. 129) abritait jadis le pilier de la ville.

3 Juste à côté, le **Wat Phan Tao** (p. 128) est un temple en teck plus photogénique que vénéré.

Chiang Mai

À VOIR

Talat Warorot Marché

(ตลาดวโรรส ; angle Th Chang Moi et Th Praisani ; 6h-17h). Le Talat Warorot (ou Waroros), marché public le plus ancien de Chiang Mai, est un excellent endroit pour saisir l'âme de la ville. Outre des vendeurs de souvenirs, on y trouve de nombreux étals proposant toutes sortes de produits courants en Thaïlande : woks, jouets, filets de pêche, feuilles de thé marinées, perruques, cuiseurs à riz, saucisses thaïlandaises, *kâab mŏo* (couennes de porc), poissons-chats vivants et statues pour "maisons aux esprits".

Wat Srisuphan Temple bouddhique

(วัดศรีสุพรรณ ; Soi 2, Th Wualai ; don apprécié ; 6h-18h). On ne s'étonnera pas de retrouver le savoir-faire des orfèvres de Th Wualai dans la décoration de leur monastère protecteur. L'*ubosot* d'"argent" est couvert de panneaux en argent, nickel et aluminium ornés de motifs repoussés. L'ensemble évoque une immense boîte à bijoux, surtout à la nuit tombée, lorsque le monastère se pare de lumières colorées.

Wat Suan Dok Temple bouddhique

(วัดสวนดอก ; Th Suthep ; don apprécié ; lever-coucher du soleil). Construit en 1373 sur le site d'un ancien jardin fleuri, ce monastère important abrite une moitié de la relique sacrée du Bouddha dont l'autre fut transportée par un éléphant blanc au Wat Phra That Doi Suthep (p. 138). Le *chedi* principal présente une structure dorée en forme de cloche qui se dresse au-dessus d'un océan de *chedi* blancs, consacrés à la famille royale thaïlandaise avec, en toile de fond, la crête du Doi Suthep.

Lanna Architecture Center Musée

(ศูนย์สถาปัตยกรรมล้านนา ; www.lanna-arch.net ; 117 Th Ratchadamnoen ; 8h30-16h30 lun-ven). GRATUIT Ancienne propriété du prince Jao Maha In, cette jolie demeure, construite entre 1889 et 1893 dans un style mêlant influences Lanna et européenne, abrite un petit centre de formation comprenant quelques maquettes intéressantes qui montrent l'évolution de l'architecture Lanna au fil des siècles.

De gauche à droite : Wat Suan Dok ; étal de nourriture, Talat Warorot ; Wat Srisuphan

Art in Paradise — Musée

(พิพิธภัณฑ์ อาร์ต อิน พาราไดซ์ เชียงใหม่ ; www.chiangmai-artinparadise.com ; 199/9 Th Chang Khlan ; 400 B ; ⌚9h-19h). Un musée très amusant où les œuvres d'art créent des illusions d'optique en 3D : falaises, tombeaux de momies, chaises minuscules, rouleaux de papier toilette géants… Le spectateur peut s'inviter dans l'œuvre, prendre des photos et faire le clown. Les enfants adorent, mais les adultes sont rarement en reste.

ACTIVITÉS

Centre de massage de la prison pour femmes de Chiang Mai — Massage

(☎053 122340 ; 100 Th Ratwithi ; massage 200 B ; ⌚8h-16h30 lun-ven, 9h-16h30 sam-dim). Les détenues de cette prison prodiguent d'excellents massages dans le cadre de leur programme de réinsertion. Le café d'à côté est un endroit agréable où siroter une bière après votre massage.

Cours de cuisine à Chiang Mai

Small House Chiang Mai Thai Cooking School (☎095 674 4550 ; www.chiangmaithaicooking.com ; 19/14 Th Thipanet ; cours journée entière/soirée seulement 1 500/1 300 B)

Thai Farm Cooking School (☎081 288 5989 ; www.thaifarmcooking.com ; 38 Soi 9, Th Moon Muang ; cours 1 500 B)

Zira Spa — Spa

(☎053 222288 ; www.ziraspa.com ; 8/1 Th Rajvithi ; soins 700-6 000 B ; ⌚10h-22h). Situé dans l'une des rues principales du centre de Chiang Mai, Zira Spa est l'un des meilleurs spas de la région avec des soins et massages à prix raisonnables. Il faudra réserver pour les forfaits spa plus complets, mais les soins de 30 minutes, 1 heure ou 1 heure 30 pour 1 ou 2 personnes sont prodigués le jour même.

Centre de Chiang Mai

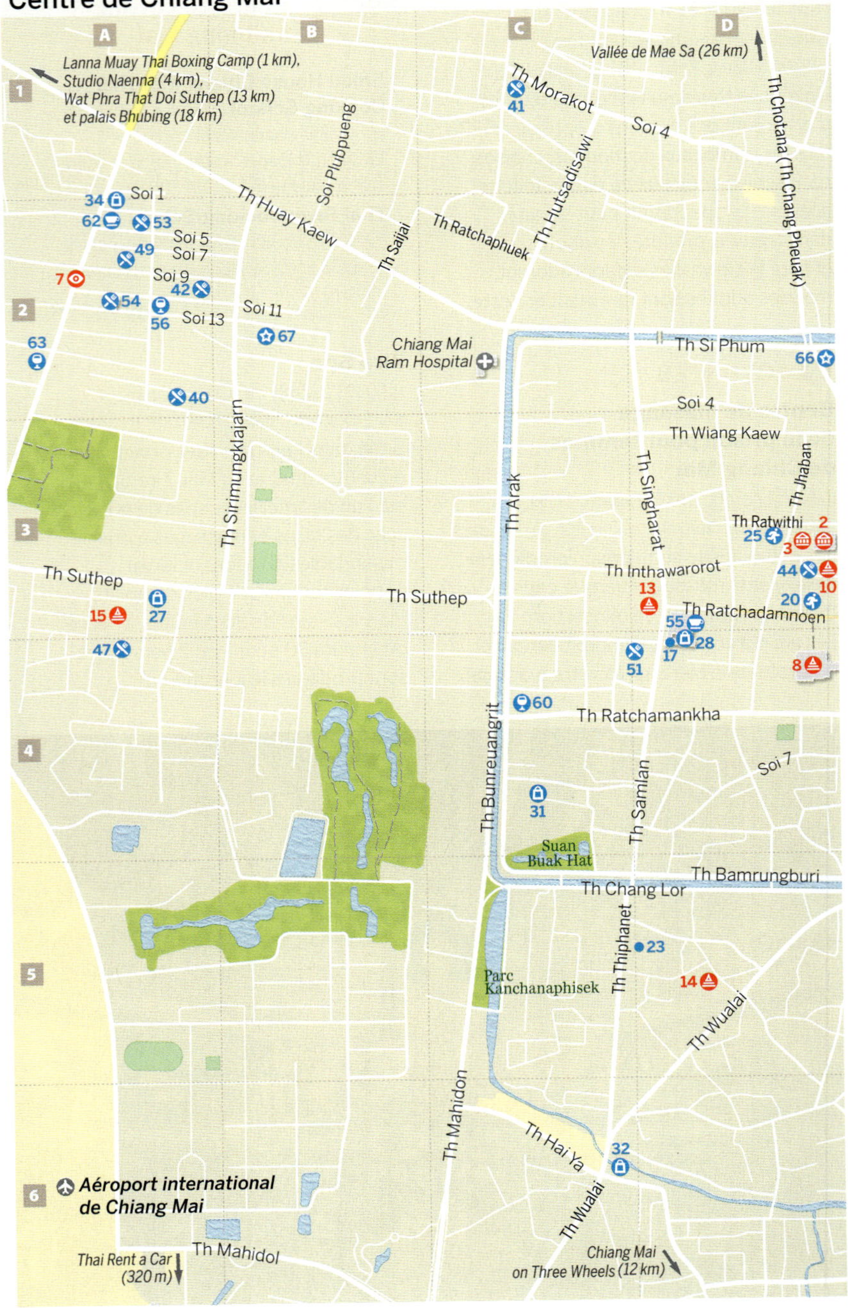

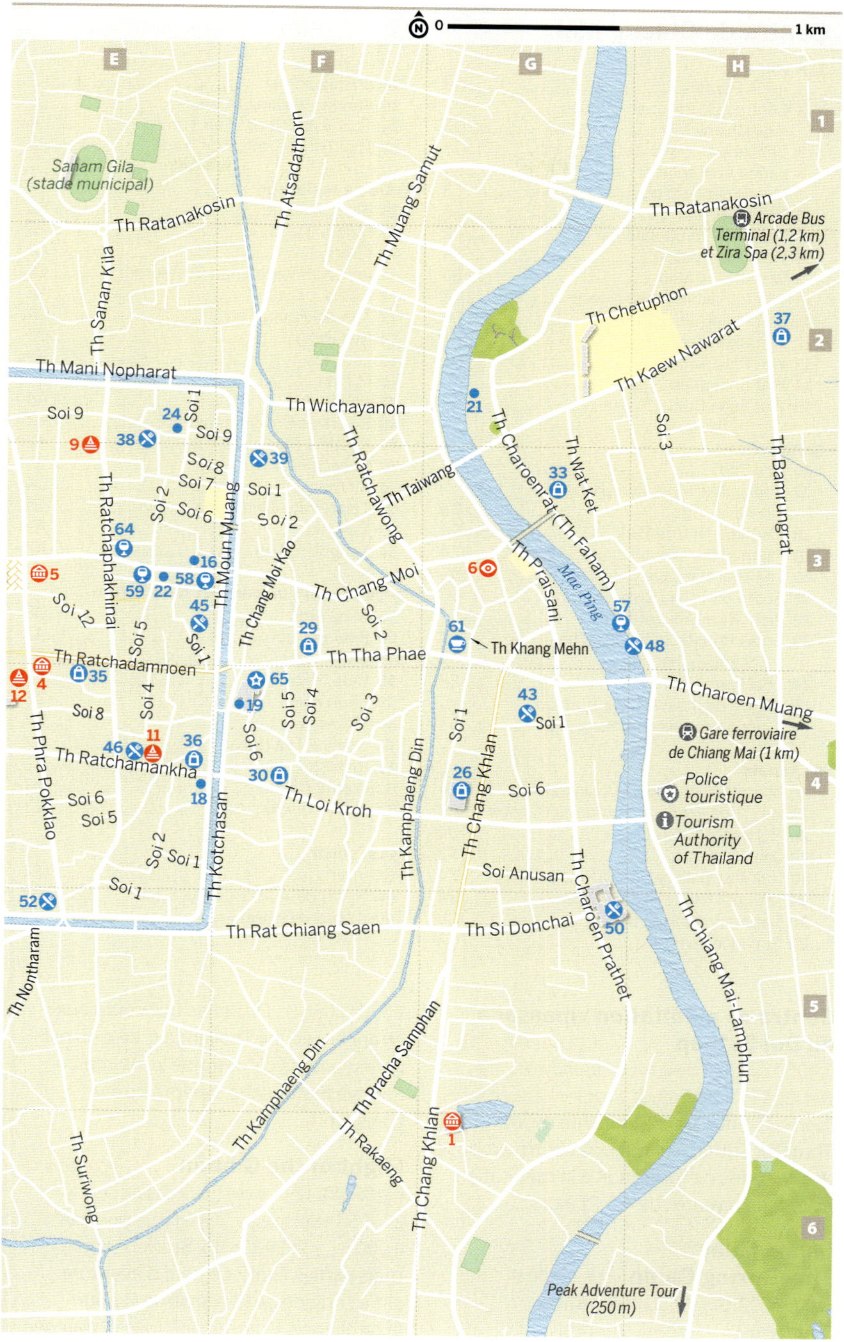
0
1 km
E
F
G
H
1
2
3
4
5
6
Sanam Gila (stade municipal)
Th Ratanakosin
Th Atsadathorn
Th Muang Samut
Th Sanan Kila
Arcade Bus Terminal (1,2 km) et Zira Spa (2,3 km)
Th Chetuphon
Th Kaew Nawarat
Th Mani Nopharat
Th Wichayanon
Soi 9
Soi 1
Soi 8
Soi 7
Soi 2
Soi 6
Th Ratchaphakhinai
Th Moun Muang
Th Ratchawong
Th Taiwang
Th Charoenrat (Th Faham)
Th Wat Ket
Soi 3
Th Bamrungrat
Th Chang Moi
Th Chang Moi Kao
Soi 12
Th Praisani
Mae Ping
Th Tha Phae
Th Khang Mehn
Th Ratchadamnoen
Th Charoen Muang
Gare ferroviaire de Chiang Mai (1 km)
Th Phra Pokklao
Soi 4
Soi 5
Soi 3
Th Ratchamankha
Th Kamphaeng Din
Th Chang Khlan
Police touristique
Tourism Authority of Thailand
Th Loi Kroh
Th Kotchasan
Soi Anusan
Th Charoen Prathet
Th Rat Chiang Saen
Th Si Donchai
Th Chiang Mai-Lamphun
Th Nontharam
Th Pracha Samphan
Th Rakaeng
Th Suriwong
Peak Adventure Tour (250 m)

Centre de Chiang Mai

À voir

1 Art in Paradise G6
2 Centre culturel et artistique de Chiang Mai D3
3 Centre historique de Chiang Mai D3
4 Lanna Architecture Center E4
5 Musée des Arts populaires Lanna E3
6 Talat Warorot G3
7 Thanon Nimmanhaemin A2
8 Wat Chedi Luang D4
9 Wat Chiang Man E3
10 Wat Inthakhin Saduemuang D3
11 Wat Pha Khao E4
12 Wat Phan Tao E4
13 Wat Phra Singh D3
14 Wat Srisuphan D5
15 Wat Suan Dok A3

Activités

16 Zira Spa E3
17 Chiang Mai Mountain Biking & Kayaking D4
18 Elephant Nature Park E4
19 Flight of the Gibbon F4
20 Lila Thai Massage D3
21 Scorpion Tailed River Cruise G2
22 Siam River Adventures E3
23 Small House Chiang Mai Thai Cooking School D5
24 Thai Farm Cooking School E2
25 Centre de massage de la prison pour femmes de Chiang Mai D3

Achats

26 Marché nocturne de Chiang Mai G4
27 Hill-Tribe Products Promotion Centre A3
28 HQ Paper Maker D4
29 John Gallery F3
30 KukWan Gallery F4
31 Mengrai Kilns C4
32 Saturday Walking Street C6
33 Sop Moei Arts G3
34 Srisanpanmai A2
35 Sunday Walking Street E4
36 Thai Tribal Crafts Fair Trade E4
37 Thai Tribal Crafts Fair Trade H2

Où se restaurer

38 Blue Diamond E2
39 Hideout F3
40 I-Berry A2
41 Imm Aim Vegetarian Restaurant C1
42 Italics A2
43 Kao Soi Fueng Fah G4
44 Kiat Ocha D3
45 Lert Ros E3
46 Mit Mai E4
47 Pun Pun A4
48 Riverside Bar & Restaurant H3
49 Rustic & Blue A2
50 Service 1921 .... G5
51 SP Chicken D4
52 Talat Pratu Chiang Mai E5
53 Tengoku A2
54 Tong Tem Toh A2

Où prendre un verre et faire la fête

55 Akha Ama Café D3
56 Beer Republic A2
57 Good View G3
58 Kafe 1985 .... E3
59 Khun Kae's Juice Bar E3
60 Mixology C4
61 Raming Tea House G3
62 Ristr8to A2
63 Warmup Café A2
64 Zoe in Yellow E3

Où sortir

65 Inter F4
66 North Gate Jazz Co-Op D2
67 Sangdee Gallery B2

Centre de méditation vipassana du Doi Suthep Santé et bien-être

(☎053 295012 ; www.fivethousandyears.org ; Wat Phra That Doi Suthep, Th Huay Kaew ; don apprécié). Situé dans l'enceinte du Wat Phra That Doi Suthep (p. 138), ce centre propose des retraites de formation à la méditation pour tous niveaux, de 4 à 21 jours.

Lanna Muay Thai Boxing Camp Boxe thaïlandaise

(☎053 892102 ; 161 Soi Chang Khian, Th Huay Kaew ; jour/sem/mois 400/2 200/8 000 B). Dispense des cours aux étrangers et aux Thaïlandais. Le club est connu pour avoir entraîné le champion Parinya Kiatbusaba, célèbre boxeur transgenre.

Flight of the Gibbon Tyrolienne

(☎053 010660 ; www.treetopasia.com ; 29/4-5 Th Kotchasan ; circuit d'une journée 4 000 B ; ⏲9h30-18h30). Souvent copié mais jamais égalé, ce parc d'aventure est à l'origine de l'engouement pour la tyrolienne. Comme une toile d'araignée, près de 5 km de câbles traversent en tous sens la canopée peuplée de gibbons (vous en apercevrez peut-être), non loin de Ban Mae Kampong, à 1 heure de route à l'est de Chiang Mai. Nous vous recommandons chaudement d'inclure dans votre circuit d'une journée la visite optionnelle d'un village, avec randonnée jusqu'à des chutes d'eau et délicieux repas cuisiné par la communauté.

Outre des circuits à la journée, il existe des formules de 2 jours incluant plusieurs activités et une nuitée chez l'habitant dans un village.

CIRCUITS ORGANISÉS

Chiang Mai on Three Wheels Circuits

(www.chiangmaionthreewheels.com ; Don Kaeo, Saraphi ; circuit de 4 heures pour 2 pers 1 700 B). Quoi de mieux pour visiter Chiang Mai qu'un *săhm·lór* (ou *săamláw*) ? Ces cyclopousses à trois roues permettent de se déplacer à petite vitesse et sans bruit, et de s'immerger dans la culture thaïlandaise. L'entreprise aide à promouvoir cette industrie moribonde en mettant en contact les touristes avec des conducteurs souvent non anglophones et un guide qui parle anglais. Les bénéfices sont entièrement reversés aux conducteurs et utilisés pour soutenir ce secteur.

Scorpion Tailed River Cruise Bateau

(081 960 9398 ; www.scorpiontailedrivercruise.com ; Th Charoenrat ; croisières 500 B). Ces croisières fluviales instructives (5/jour ; 1 heure-1 heure 30) consacrées à l'histoire de la Mae Ping se déroulent à bord d'embarcations traditionnelles appelées "bateaux à queue de scorpion". Elles partent de l'embarcadère du Wat Srikhong près de l'immeuble Rim Ping Condo et font une halte restauration au Scorpion Tailed Boat Village.

ACHATS

Vieille ville

Mengrai Kilns Poterie

(www.mengraikilns.com ; 79/2 Th Arak ; 8h-17h). Dans l'angle sud-ouest de la vieille ville, Mengrai Kilns perpétue la tradition du céladon thaïlandais. Ustensiles de cuisine, tables à manger et chaises, décorations et crèches de style occidental.

HQ Paper Maker Artisanat

(www.hqpapermaker.com ; 3/31 Th Samlan ; 9h-18h). Boutique sympathique où l'on vend des rames de papier de mûrier artisanal *(săh)* dans une gamme impressionnante de coloris et motifs, notamment un sublime papier marbré qui évoque les pages de garde des ouvrages reliés du XIXe siècle. Renseignez-vous sur le cours de fabrication de papier (800 B/pers, 3 heures).

Est de la vieille ville

John Gallery Art

(Th Tha Phae ; tlj mais variable). Ouverte en 1980, cette galerie est un dédale de peintures sur coton, cartes et rochers, portant souvent des inscriptions zen ou créatives. On trouve aussi des broderies tribales poussiéreuses, d'anciens outils pour la culture de l'opium et même un ou deux livres de recettes d'un "sorcier". Admirez depuis l'étage le *chedi* en ruine à l'arrière.

KukWan Gallery Vêtements

(37 Th Loi Kroh ; 10h-19h). Légèrement en retrait de la route, cette charmante petite boutique vend foulards, jetés, couvre-lits, ainsi que soie et coton naturel au mètre.

Sop Moei Arts Vêtements, artisanat

(www.sopmoeiarts.com ; 150/10 Th Charoenrat/Th Faham ; 9h-18h). Artisanat de grande qualité réalisé par des ethnies

WIRATHO / SHUTTERSTOCK ©

2P2PLAY / SHUTTERSTOCK ©

De gauche à droite : éléphants en céramique ; étal de tissus ; Kiat Ocha

montagnardes (tissu, paniers, etc.). Cette boutique de commerce équitable soutient les villageois karen, dans la province de Mae Hong Son.

Thai Tribal Crafts Fair Trade — Art et artisanat

(www.ttcrafts.co.th ; 25/9 Th Moon Muang ; 9h30-18h lun-sam). Une enseigne de la **boutique de commerce équitable** (208 Th Bamrungrat ; 9h-17h lun-sam) soutenue par des missionnaires, où l'on vend de beaux ouvrages d'aiguille et de vannerie réalisés par des tribus montagnardes.

Ouest de la vieille ville

Studio Naenna — Vêtements, vaisselle

(www.studio-naenna.com ; 138/8 Soi Chang Khian ; 9h-17h lun-ven, plus 9h-17h sam oct-mars). On vend ici de la soie et du coton dont les teintes naturelles sont inspirées des montagnes. La boutique s'inscrit dans un projet visant à préserver les techniques traditionnelles thaïlandaises de tissage et de broderie. Vous pourrez découvrir tout le processus de fabrication dans cet atelier.

Srisanpanmai — Mode, accessoires

(6 Soi 1, Th Nimmanhaemin ; 10h-18h30). Présentés comme dans une bibliothèque, un vaste choix de textiles Lanna – châles, costumes des ethnies montagnardes en soie et coton, foulards – est proposé dans cette boutique. Vous y trouverez à coup sûr de quoi surprendre vos proches.

Hill-Tribe Products Promotion Centre — Vêtements, artisanat

(21/17 Th Suthep ; 9h-17h). Cette vaste boutique proche du Wat Suan Dok vend divers objets artisanaux des ethnies montagnardes (textiles, sacs, boîtes, laques, etc.). Les bénéfices vont à des programmes sociaux qui leur sont destinés.

EAKWIPHAN SMITABHINDHU / SHUTTERSTOCK ©

OÙ SE RESTAURER

Vieille ville

SP Chicken Thaïlandais $

(9/1 Soi 1, Th Samlan ; plats 50-170 B ; 11h-21h). C'est dans ce tout petit café proche du Wat Phra Singh qu'est préparé chaque jour le meilleur poulet rôti de Chiang Mai. La carte affiche aussi salades et soupes, mais la plupart des habitués se contentent d'un demi-poulet (90 B) ou d'un poulet entier (170 B), accompagné de sauces épicées.

Kiat Ocha Chinois, thaïlandais $

(Th Inthawarorot ; plats 50-90 B ; 6h-15h). Cette modeste cantine de style chinois est prise d'assaut chaque jour par les habitués, jamais lassés du *kôw man gài* (poulet bouilli à la hainanaise). Chaque plat est accompagné d'une soupe, de sauce chili et de boudin. Également à la carte, poulet et porc au wok, et *sà·dé* (brochettes de porc ou de poulet grillées). Pas d'enseigne en anglais, mais vous trouverez facilement.

Lert Ros Thaïlandais $

(Soi 1, Th Ratchadamnoen ; plats 30-160 B ; midi-21h). En entrant dans ce petit restaurant typique, vous passerez devant le plat principal : des tilapias entiers grillés sur un brasero, servis avec une sauce très épicée de style isan. Accompagné de riz gluant, cette spécialité est l'une des meilleures de Chiang Mai. La carte comprend aussi du porc au curry fermenté dans des feuilles de bananier, des curries et du *sôm·đam* (salade de papaye verte épicée).

Blue Diamond Végétarien $

(35/1 Soi 9, Th Moon Muang ; plats 65-220 B ; 7h-21h lun-sam ;). La carte audacieuse affiche sandwichs, salades, curries, plats sautés et de curieuses recettes hybrides comme le *đôm yam* (soupe thaïe aigre) aux macaronis. Avec ses étalages débordant de viennoiseries, de produits frais, d'herbes et épices en sachet, ce café a aussi des allures de magasin bio.

Mit Mai Chinois $$

(Th Ratchamankha ; plats 60-900 B ; 10h-22h). Si vous n'êtes pas allé jusqu'aux

Cafés de Chiang Mai

À Chiang Mai, on adore le café. Une grande partie est cultivée localement, à la place du pavot. Voici quelques bonnes adresses où le déguster :

Akha Ama Café (www.akhaama.com ; 175/1 Th Ratchadamnoen ; 8h-18h ;). Café durable, acheté directement à des producteurs locaux des forêts au nord de Chiang Mai.

Ristr8to (www.ristr8to.com ; Th Nimmanhaemin ; boissons 88 B ; 8h30-19h mer-lun). Du *flat white* au *doppio ristretto* hyper-caféiné utilisant 18 g de café moulu.

Raming Tea House (Th Tha Phae ; boissons 50-120 B ; 8h30-17h30). Ce café victorien sert du thé des montagnes.

Ristr8to
SUPHANAT / SHUTTERSTOCK ©

montagnes du Nord, ce restaurant ouvert depuis plusieurs décennies est idéal pour déguster des spécialités du Yunnan. Tous les plats sautés sont délicieux, et le jambon séché du Yunnan est une valeur sûre. Attenant au **Wat Pha Khao** (วัดผาขาว ; Th Ratchmankha ; don apprécié ; lever-coucher du soleil), enseigne en thaï.

Est de la vieille ville

Kao Soi Fueng Fah Thaïlandais $

(Soi 1, Th Charoen Phrathet ; plats 40-60 B ; 7h-21h). La plus parfumée des *kôw soy* (soupe au curry garnie de nouilles de blé aux œufs) sur Halal St, au bœuf ou poulet au choix.

Hideout Petit-déjeuner $$

(Th Sithiwongse ; petit-déj 55-160 B ; 8h-17h mar-dim ; P). Ce repaire (*hideout*), fréquenté par des expatriés en manque de bons petits-déjeuners et café à l'occidentale, veille à servir des œufs cuits à la perfection, du bacon frit à la demande, du muesli au yaourt fait maison, des sandwichs originaux préparés avec du pain frais, et un cake à la banane fameux. Le café est aussi excellent.

Très peu de places assises : arrivez tôt pour avoir une table.

Service 1921 Sud-Est asiatique $$$

(053 253333 ; www.chiang-mai.anantara.com ; Anantara Resort, 123 Th Charoen Prathet ; plats 290-2 000 B ; 6h-23h). Le restaurant panasiatique de l'Anantara Resort & Spa représente le raffinement à l'état pur. Les serveurs portent la tenue complète des années 1920 et la décoration intérieure évoque les bureaux secrets du MI6, et pour cause, cette sublime villa abritait autrefois le consulat britannique. Les ingrédients utilisés sont de premier choix et certains plats sont moins épicés pour ménager le palais occidental.

L'hôtel possède également un restaurant international dans un cadre tout aussi romantique surplombant la rivière.

Ouest de la vieille ville

Pun Pun Végétarien $

(www.punpunthailand.org ; Wat Suan Dok, Th Suthep ; plats 40-85 B ; 8h-16h jeu-mar ;). Niché derrière le Wat Suan Dok, ce café estudiantin est une excellente adresse pour goûter une cuisine végétarienne aux herbes et aux légumes peu courants, auxquels s'ajoutent de nombreuses céréales complètes cultivées dans une ferme expérimentale, qui sert aussi de centre éducatif sur le développement durable. Il existe une autre enseigne appelée **Imm Aim Vegetarian Restaurant** (10 Th Santhitham ; plats 45-90 B ; 10h-21h ;) , près de l'International Hotel Chiangmai.

OÙ PRENDRE UN VERRE ET FAIRE LA FÊTE

Good View — Bar

(www.goodview.co.th ; 13 Th Charoenrat/ Th Faham ; ⌚10h-2h). Le Good View attire nombre d'habitués, et sa généreuse carte propose des classiques thaïlandais et des plateaux de sushis (plats 100-250 B). Des groupes aux musiciens polyvalents (le batteur peut attraper la guitare et le bassiste prendre place derrière le piano) se succèdent chaque soir.

Kafe 1985 — Bar

(127/3 Th Moon Muang ; ⌚8h30-minuit, fermé jeu). Ouvert depuis 1985, le Kafe reste un incontournable pour boire une Singha et manger des en-cas typiquement thaïlandais (plats 60-150 B), tels que des travers de porc fermentés frits.

Zoe in Yellow — Bar

(40/12 Th Ratwithi ; ⌚11h-2h). C'est dans ce bar, qui fait partie d'un complexe en plein air à l'angle de Th Ratchaphakhinai et Th Ratwithi, que les baroudeurs se rassemblent pour avaler Chang fraîche et cocktails, se déhancher sur la piste de danse et échanger leurs expériences de voyage jusqu'au petit matin. Il y a quelques restaurants indiens près des bars du quartier.

Mixology — Bar

(61/6 Th Arak ; ⌚15h-minuit mar-ven, 11h-minuit sam-dim). Dans ce bar minuscule et éclectique, vous trouverez un large choix de bières de microbrasseries et une carte généreuse proposant boissons fruitées maison, burgers et plats du nord de la Thaïlande. Le "Prick me ups" (cocktail infusé au piment) est parfaitement bien dosé.

Khun Kae's Juice Bar — Bar à jus

(Soi 7, Th Moon Muang ; ⌚10h30-19h30). Notre stand à jus de fruits préféré à Chiang Mai. Des montagnes de fruits frais, un tas de mélanges délicieux, des portions généreuses : le tout pour un prix ridiculement bas (boissons à partir de 40 B).

Vie nocturne à Chiang Mai

Vallée de Mae Sa

Au nord de la ville, la vallée de Mae Sa offre une boucle de 100 km dans un paysage de haute altitude exceptionnel, une belle excursion motorisée, souvent envisagée à bord de motos de location.

La **Nam Tok Mae Sa** (น้ำตกแมสา ; adulte/enfant 100/50 B, voiture 30 B ; 🕗8h-16h30), première halte, est un chapelet de cascades aux confins du parc national de Doi Suthep-Pui sur la route 1096.

Plus loin, les **Queen Sirikit Botanic Gardens** (สวนพฤกษศาสตรสมเด็จพระนางเจาสิริกิติ์ ; jardins botaniques de la reine Sirikit ; www.qsbg.org ; Rte 1096 ; adulte/enfant 100/50 B, voiture/moto 100 B/30 B ; 🕗8h30-16h30) se composent de jardins et de serres souvent pleines de plantes exotiques. La route rejoint un bassin de haute altitude où fut cultivé le pavot à opium. Soutenues par la famille royale, les tribus montagnardes cultivent aujourd'hui légumes, fruits et fleurs portant le label Doi Kham. Le **restaurant Mon Cham** (Nong Hoi Mai ; plats 60-180 B ; 🕗7h-19h ; 🖉), en équilibre sur une crête, prépare de savoureux plats. À Ban Pong Yaeng, sur la route principale, prenez l'embranchement pour le village hmong de Nong Hoi. Le restaurant est au-dessus du village.

La route contourne la crête, longe des points de vue spectaculaires, commence à redescendre vers Chiang Mai via la Route 1269 et rejoint la Route 121.

Queen Sirikit Botanic Gardens
PIXHOUND / SHUTTERSTOCK ©

OÙ SORTIR

North Gate Jazz Co-Op — Musique live

(www.facebook.com/northgate.jazzcoop ; 95/1-2 Th Si Phum ; 🕗19h-23h). Ce petit club de jazz compte souvent plus de musiciens que de clients, mais la musique peut être très tendance.

Inter — Musique live

(271 Th Tha Phae ; 🕗16h-1h). Les talents locaux se succèdent dans cette petite maison en bois animée. Il y règne une ambiance de "cabanon de plage" très appréciée des voyageurs. La table de billard a aussi beaucoup de succès et vous pourrez défier la championne aux multiples trophées qui tient le lieu !

RENSEIGNEMENTS

Le trafic est assommant ; aux heures de pointe, l'attente aux feux est interminable. Soyez prudents lorsque vous traversez des rues encombrées : les conducteurs ne cèdent pas le passage. En mars-avril, la fumée des brûlis agricoles empoisonne l'air. À part cela, Chiang Mai est un paradis comparé à Bangkok.

Chiang Mai Ram Hospital (☎053 920300 ; www.chiangmairam.com ; 8 Th Bunreuangrit). L'hôpital le plus moderne de la ville.

Police touristique (☎053 247318, urgences 24h/24 1155 ; 608 Rimping Plaza, Th Charoenraj ; 🕗6h-minuit). Personnel bénévole polyglotte.

Tourism Authority of Thailand (TAT ; ☎053 248604 ; www.tourismthailand.org ; Th Chiang Mai-Lamphun ; 🕗8h30-16h30). Le personnel anglophone fournit cartes et conseils touristiques sur tout le pays.

DEPUIS/VERS CHIANG MAI

AVION

Des vols intérieurs et internationaux utilisent l'**aéroport international de Chiang Mai** (☎053 270222 ; www.chiangmaiairportthai.com), à 3 km au sud-ouest de la vieille ville.

Où se loger ?

Effectuez vos réservations longtemps à l'avance si vous prévoyez un séjour à Chiang Mai durant le Nouvel An chinois, Songkran ou autres périodes de fêtes.

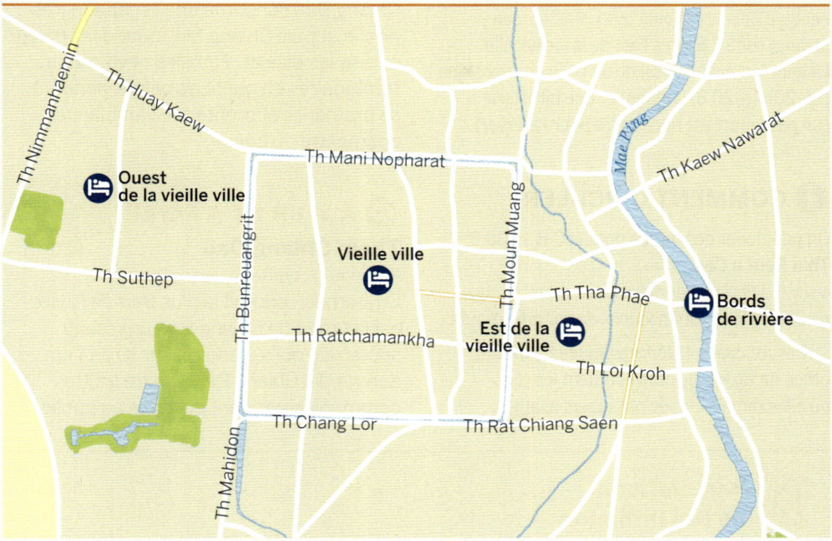

Quartier	Ambiance
Vieille ville	Proche des sites, ambiance à l'ancienne, restaurants et bars internationaux ; nombreux racoleurs et touristes.
Est de la vieille ville	Nombreuses adresses petits budgets et catégorie moyenne, accès facile aux marchés ; bruyant et animé, lieux de prédilection des "sexpats".
Ouest de la vieille ville	Moins touristique, accès facile aux restaurants et à la vie nocturne ; loin des sites.
Bords de rivière	Nombreuses adresses de catégories moyenne et supérieure ; peu de restaurants et de lieux de sortie, loin des sites.

BUS

L'**Arcade Bus Terminal** (Th Kaew Nawarat), la gare des bus longue distance de Chiang Mai, est à environ 3 km de la vieille ville.

TRAIN

Gérée par le State Railway of Thailand, la **gare ferroviaire de Chiang Mai** (☎053 245363, centre d'appels national 1690 ; Th Charoen Muang) est à 2,5 km à l'est de la vieille ville. La gare ferroviaire possède un DAB, une consigne (5h-20h45, 20 B/bagage) et une billetterie (un passeport est nécessaire pour réserver).

COMMENT CIRCULER

On peut louer des motos pour 150 B à 500 B. **Thai Rent a Car** (☎053 904188 ; www.thairentacar.com ; aéroport international de Chiang Mai) est un loueur de voitures réputé.

Des *rót daang* ("voitures rouges") faisant office de taxis collectifs écument les rues où elles ramassent les passagers allant dans la même direction. Un court trajet coûte 20 B minimum, un trajet plus long 40 B. *Tuk-tuk* et *rót daang* peuvent être loués ; négociez le prix.

Chiang Dao

Dans une jungle luxuriante à l'ombre d'une majestueuse montagne calcaire, Chiang Dao constitue une escapade très prisée depuis Chiang Mai, quand la chaleur écrase les plaines. Familles et voyageurs trentenaires en quête de calme viennent se promener et profiter de l'ambiance champêtre du coin.

À VOIR ET À FAIRE

Tham Chiang Dao Grotte

(ถ้ำเชียงดาว ; grotte de Chiang Dao ; 40 B). En journée, l'endroit le plus frais de la ville est la grotte de Chiang Dao, un réseau souterrain qui s'étendrait sur 10 à 14 km dans le Doi Chiang Dao. Quatre grottes communicantes sont ouvertes au public.

Parc national de Doi Inthanon

Le Doi Inthanon (ou Doi In), haut de 2 565 m, est le point culminant du pays. Il constitue une excursion prisée des touristes et des habitants de Chiang Mai, en particulier pendant les vacances du Nouvel An, quand le gel, phénomène rare, fait son apparition. Autour du massif de granit, enveloppé d'un manteau de forêt impénétrable, le **parc national** (☎053 286730 ; adulte/enfant 400/200 B, voiture/moto 30/20 B ; 🕓4h-18h), de 1 000 km², compte divers sentiers de randonnée et des cascades.

Huit cascades jaillissent de la montagne. La Nam Tok Mae Klang (au Km 8) est la plus imposante et la plus facile d'accès.

À 3 km avant le sommet du Doi Inthanon, les *chedi* **Phra Mahathat Naphamethanidon** et **Nophamethanidon** (Km 41-42 ; 40 B pour les deux) ont été érigés par la Royal Thai Air Force pour célébrer le 60e anniversaire du roi et de la reine, respectivement en 1989 et 1992. Leurs terrasses offrent une excellente vue.

L'intérêt du parc est de révéler la faune et la flore d'un climat plus frais, qui change agréablement de la chaleur des plaines. Près du sommet, un *chedi* est dédié à Inthawichayanon, l'un des derniers rois Lanna. De là, une jolie promenade en planches traverse l'épaisse forêt jusqu'à un café, l'inévitable boutique de souvenirs et le début du chemin Ang Ka, une passerelle de 360 m au-dessus d'un marais frangé de mousse.

Le parc fait partie des sites favoris des naturalistes et ornithologues en Asie du Sud-Est. Les pentes supérieures, noyées dans la brume, sont couvertes d'orchidées, de lichens, de mousses et d'épiphytes, et abritent près de 400 espèces d'oiseaux, plus que tout autre habitat en Thaïlande.

Tham Phra Non (360 m), la première, est éclairée et peut se visiter sans guide.

Réserve de Doi Chiang Dao — Réserve naturelle

(เขตรักษ"พันธุ์สัตว์ป่าเช'ยงด"ว, Doi Luang ; Chiang Dao ; 200 B, véhicule 30 B). Dressé au-dessus des plaines environnantes, le Doi Chiang Dao est couvert d'un épais manteau de forêt tropicale. Avec plus de 300 espèces ornithologiques, cette jungle féerique est l'un des meilleurs endroits de Thaïlande où admirer des oiseaux. Le sommet, accessible en 2 jours de marche sur des sentiers escarpés, offre une vue spectaculaire. Le site se prête particulièrement à l'observation de la sittelle géante et du faisan de Hume. Certaines *guesthouses* de Ban Tham organisent des treks ; comptez environ 2 400/4 600 B pour 1/2 jours.

Parc national de Pha Daeng — Parc national

(อุทย"นแหงช"ต'ผ"แดง ; ✆053 046370 ; www.dnp.go.th ; Ban Muang Na ; entrée adulte/enfant 100/50 B ; camping 30 B/pers, bung 600-2 500 B). Ce parc au nord du Doi Chiang Dao, accessible par la Rte 1178, présente des paysages tropicaux luxuriants et une impressionnante diversité ornithologique. Bordant la frontière birmane et criblé de réseaux de grottes profondes, le parc offre son lot de points de vue pittoresques, sentiers de montagne et cascades jaillissantes. Bungalows disponibles au centre administratif du parc.

OÙ SE RESTAURER

Si le restaurant du Chiang Dao Nest offre sans conteste la meilleure expérience culinaire de la région, tous les lodges servent des repas et on trouve quelques restaurants thaïlandais sans prétention autour du parking de la grotte de Chiang Dao.

Chiang Dao Nest — Guesthouse $$

(✆053 456242 ; www.chiangdaonest.com ; 120-695 B). Dans cette accueillante retraite champêtre, le restaurant primé vaut à lui seul le voyage depuis Chiang Mai : excellents vins et plats européens modernes raffinés tels que le filet de thon saisi et le risotto au safran.

Doi Inthanon

KRIANGKRAIWUT BOONLOM/500PX ©

L'annexe Nest 2, plus proche de la grotte de Chiang Dao, comporte un bon restaurant thaïlandais.

COMMENT S'Y RENDRE ET CIRCULER

Chiang Dao se situe à 72 km au nord de Chiang Mai par la Rte 107. Le trajet en *songthaew* (*sŏrng·tăa·ou* ; pick-up collectif) entre l'arrêt de bus du village et les *guesthouses* proches de la grotte de Chiang Dao coûte 150 B. Les bus desservent Chiang Mai (40 B, 1 heure 30, toutes les 30 minutes), Fang (50 B, 2 heures, 7/jour) et Tha Ton (65 B, 2 heures 30, 7/jour). Des minibus climatisés rallient Chiang Mai ou Tha Ton (150 B).

Lampang

Éléphants travaillant dans la forêt, élégantes demeures d'anciens barons du bois et temples imposants (souvent en teck) de la période Lanna, la ville relativement peu visitée de Lampang semble réunir, de manière plaisante, tous les clichés du nord de la Thaïlande.

À VOIR ET À FAIRE

Wat Phra Kaew Don Tao Temple bouddhique
(วัดพระแก้วดอนเต้า ; près de Th Phra Kaew ; 20 B ; lever-coucher du soleil). De 1436 à 1468, le Wat Phra Kaew Don Tao fut l'un des quatre *wat* du nord de la Thaïlande à abriter le bouddha d'Émeraude (aujourd'hui au Wat Phra Kaew de Bangkok).

Thanon Talad Gao Quartier
(ถนนตลาดเก่า). Le passé multiculturel de Lampang transparaît dans cette rue parallèle à la rivière bordée de maisons, de temples et de *shophouses* (maisons de négoce traditionnelles en bois), à travers des styles architecturaux thaïlandais, anglais, chinois et birman. Un **marché** (Th Talad Gao ; 16h-22h sam-dim) hebdomadaire se tient dans cette rue fermée pour l'occasion à la circulation.

Wat Pongsanuk Tai Temple bouddhique
(วัดปงสนุกใต้ ; Th Pongsnook ; lever-coucher du soleil). GRATUIT Bien qu'ayant perdu beaucoup de son charme lors d'une rénovation, le *mon·dòp* du Wat Pongsanuk Tai demeure l'un des derniers exemples locaux de l'architecture religieuse Lanna, qui privilégiait les édifices en bois ouverts sur les côtés. Pour avoir une idée de ce qu'il fut jadis, admirez la porte de bois sculptée à l'entrée de l'escalier nord.

Baan Sao Nak Musée
(บ้านเสานัก ; 85 Th Radwattana ; 50 B ; 10h-17h). Baan Sao Nak fut construit en 1895 dans le style Lanna traditionnel. Immense maison en teck soutenue par 116 piliers carrés, elle appartenait jadis à une *kun·yĭng* (noble) locale. C'est aujourd'hui un musée.

Musée de la Céramique de Dhanabadee Musée
(พ'พ'ธภัณฑเซร"ม'คธนบด' ; www.dhanabadeeceramicmuseum.com ; près du Soi 1, Th Phrabat ; 100 B ; 9h-17h). Cette fabrique prétend avoir été la première à produire les bols emblématiques utilisés dans tout le pays. L'entreprise a ouvert ses portes aux visiteurs en 2013 et organise des visites guidées retraçant l'histoire de ce bol à soupe en Thaïlande, ainsi que les différentes étapes de fabrication. Le musée est à 500 m au sud de Th Phahonyothin/AH2.

Wat Chedi Sao Temple bouddhique
(วัดเจดีย์ซาว ; Th Pratuma ; lever-coucher du soleil). GRATUIT Le nom de ce temple vient de ses vingt (*sow* en thaï du Nord) *chedi* blancs de style Lanna. Mais son véritable trésor est le bouddha assis du XVe siècle en or massif exposé dans un pavillon vitré au milieu d'un bassin carré.

La statue renfermerait dans sa tête un fragment du crâne du Bouddha et dans sa poitrine une palme dorée portant des inscriptions pali anciennes. Des pierres précieuses ornent la robe et la naissance des cheveux. Un agriculteur aurait découvert la statue près des ruines du proche Wat Khu Kao en 1983.

PHOTO12/ALAMY ©

Wat Phra Kaew Don Tao

Le *wat* est à environ 6 km au nord de Lampang, via Th Phra Kaew – l'aller-retour à moto-taxi coûte environ 60 B.

Calèches Visites guidées
(Th Suandawg ; circuits 30 minutes/1 heure 200/300 B ; 5h-21h). Lampang est la seule ville du pays où l'on trouve encore des calèches tirées par des chevaux. Le circuit de 30 minutes conduit le long de la Mae Wang. Celui de 1 heure fait halte au Wat Phra Kaew Don Tao et au Wat Si Rong Meuang.

Les calèches stationnent près des grands hôtels et à l'est du marché dans Th Boonyawat.

OÙ SE RESTAURER ET PRENDRE UN VERRE

Aroy One Baht Thaïlandais $
(Angle Th Suandawg et Th Thipchang ; plats 30-100 B ; 16h-23h). Certains soirs, on dirait que tout Lampang s'est donné rendez-vous ici, ce qui n'est pas étonnant : la cuisine est savoureuse et bon marché, et le cadre, une maison en bois, est vraiment agréable.

Mae Hae Thaïlandais du Nord $
(1 017 Th Upparaj, enseigne en thaï ; plats 20-50 B ; 11h-19h). Montrez que vous êtes dans le coup en allant dans cet établissement modeste établi de longue date. Il n'y a pas de carte : désignez simplement la soupe, le curry, la sauce ou la salade qui vous tente. Repérez le bâtiment bleu clair.

Phat Thai Yay Fong Thaïlandais $
(Th Boonyawat, enseigne en thaï ; plats 35-60 B ; 17h-22h). Comment les Thaïs du Nord aiment-ils le *pàt tai* ? Avec du porc émincé et des couennes de porc, bien sûr. Ce stand très couru est juste à l'est du Wat Suan Dok.

Marché du soir Marché $
(Th Ratsada ; 16h-20h). Pour faire vos courses et goûter aux mets locaux, vous trouverez sur ce marché, tous les jours en fin d'après-midi, des paniers de riz gluant fumant et des dizaines d'accompagnements.

Riverside International, thaïlandais $$
(328 Th Thipchang ; plats 80-210 B ; 10h-22h). Très prisée des étrangers, résidents ou de passage, cette cabane en bois

semble sur le point de s'écrouler dans la Mae Wang. Musique live, bar bien fourni et longue carte de plats locaux et occidentaux attirent les foules.

DEPUIS/VERS LAMPANG

AVION

Le tout nouvel **aéroport de Lampang** (☎054 821 505 ; près de Th Phahonyothin/AH2) est à 1,5 km au sud du centre, à l'extrémité est de Th Phahonyothin/AH2. Lors de notre passage, **Bangkok Airways** (☎054 821522, centre d'appels national 1771 ; www.bangkokair.com ; aéroport de Lampang ; ⏲6h30-18h30), avec 3 vols quotidiens depuis/vers l'aéroport international Suvarnabhumi à Bangkok (1 540 B, 1 heure 30), et **Nok Air** (☎094 494 3440, centre d'appels national 1318 ; www.nokair.com ; aéroport de Lampang ; ⏲8h-18h30), avec 3 vols quotidiens depuis/vers l'aéroport international Don Mueang à Bangkok (1 500 B, 1 heure 30), étaient les seules compagnies desservant Lampang. Un taxi de l'aéroport jusqu'en ville coûte 50 B/pers ou 100 B pour tout le véhicule.

BUS

La **gare routière** (☎054 218 219 ; angle Th Phahonyothin/AH2 et Th Chantarasurin) se situe à 2 km du centre de Lampang – de fréquents *songthaew* (20 B, 15 minutes, 3h-21h) relient la gare routière et la ville. Des minibus desservent Chiang Mai (73 B, 1 heure 30, fréquents, 6h-16h) et Phrae (70 B, 2 heures, toutes les 30 minutes, 6h40-17h).

TRAIN

La **gare ferroviaire** (☎054 217024, centre d'appels national 1690 ; www.railway.co.th ; Th Phahonyothin), dont le bâtiment historique date de 1916, se situe à 2,5 km du centre de Lampang, donc assez loin à pied de la plupart des hébergements. Un *tuk-tuk* entre la gare et le centre coûte autour de 80 B.

COMMENT CIRCULER

Il est possible de circuler à pied dans le centre-ville. Le bureau de la TAT loue gratuitement des vélos de 10h à 16h (apportez votre passeport).

Pour vous rendre hors de la ville, vous trouverez une **station de taxis** (☎054 217233 ; Th Suandawg ; ⏲6h30-17h) près du Pin Hotel.

On peut louer vélos et motos chez **Ozone** (395 Th Thipchang ; vélo 60 B/jour, moto 200-250 B/jour ; ⏲8h-20h).

Province de Mae Hong Son

Uniquement accessible par de sinueuses routes de montagne ou par un vol incertain jusqu'à sa capitale, la province de Mae Hong Son est la plus isolée du pays. Montagneuse et densément boisée, éloignée de l'influence des vents marins, cette province a une température qui dépasse rarement 40°C, mais peut descendre jusqu'à 2°C en janvier. En raison de sa situation le long de la frontière avec le Myanmar, Mae Hong Son est un carrefour où se mêlent minorités ethniques (principalement les Karen, quelques Hmong, Lisu et Lahu), Shan et immigrants birmans.

Pai

Si vous passez suffisamment de temps dans le Nord, vous entendrez sûrement parler de Pai comme une seconde Khao San Rd (rue de Bangkok).

Contrairement aux îles, Pai (prononcez "baille") est aujourd'hui aussi prisée des Thaïlandais que des étrangers. Au plus fort de la saison fraîche (décembre-janvier), des milliers de Thaïlandais venus de Bangkok arrivent à Pai, dont certains quartiers évoquent davantage le marché du week-end de Chatuchak qu'un village isolé de Mae Hong Son.

Cette popularité n'a pas encore entamé la beauté de cette splendide vallée de montagne. Nombre d'hébergements paisibles sont installés en dehors de l'artère principale et de multiples activités distraient les visiteurs, qui profitent aussi d'une scène artistique et musicale dynamique. Les racines shan de la ville se remarquent dans ses temples, ses ruelles et un pittoresque marché l'après-midi.

À VOIR

Wat Phra That Mae Yen — Temple bouddhique

(วัดพระธ“ตุแม่เย็น ; lever-coucher du soleil). GRATUIT Perché sur une colline, ce temple offre une belle vue sur la vallée. Du principal carrefour de la ville, parcourez 1 km vers l'est, traversez un cours d'eau et un village, puis gravissez les 353 marches qui conduisent au sommet. Si vous êtes véhiculé, vous pouvez aussi emprunter la route asphaltée (400 m) qui suit un autre itinéraire.

Cascades — Sites naturels

Autour de Pai, quelques cascades méritent le détour, surtout après la saison des pluies (d'octobre à début décembre). La **Nam Tok Mo Paeng** possède quelques bassins propices à la baignade. Elle est à 8 km de Pai sur la route du Wat Nam Hoo – une longue marche mais un trajet plaisant à vélo ou à moto. À peu près à la même distance dans la direction opposée, la **Nam Tok Pembok** se trouve près de la route de Chiang Mai. Plus éloignée, la **Nam Tok Mae Yen** demande 2 ou 3 heures de marche le long de la mauvaise route à l'est de Pai, juste avant l'embranchement vers le complexe sportif Fluid.

Sources chaudes de Tha Pai — Sources thermales

(บอน้ำรอนทาป“ย ; adulte/enfant 300/150 B ; 7h-18h). De l'autre côté de la Mae Nam Pai, à 7 km au sud-est de la ville par une route asphaltée, un parc bien tenu renferme des sources thermales. Une jolie rivière le traverse et se mêle aux sources par endroits, créant d'agréables piscines naturelles. L'eau est également canalisée vers quelques spas voisins.

Gorge de Pai — Réserve naturelle

(กองแลนป“ย ; Rte 1095 ; lever-coucher du soleil). GRATUIT À 8 km de Pai sur la route de Chiang Mai, un escalier pavé grimpe jusqu'à un point de vue qui surplombe de hautes falaises rocheuses et la vallée de Pai. Un chemin longe la vallée, mais il vaut mieux l'emprunter le matin ou l'après-midi car il n'est pas ombragé.

Boucle de Mae Hong Son

L'un des circuits à moto les plus populaires dans le nord de la Thaïlande part de Chiang Mai, traverse en longueur la province de Mae Hong Son, puis revient vers Chiang Mai : près de 600 km de virages !

Ce circuit commence véritablement à 34 km au nord de Chiang Mai par la Rte 1095 où l'on effectue le premier des 1 864 virages. Son attrait tient aux multiples possibilités d'arrêts en chemin : dans un rayon de moins de 70 km alentour se trouvent des villes offrant hébergements et cuisine de qualité, telles que Pai, à 130 km de Chiang Mai, Soppong, 40 km plus haut sur la route, et Mae Hong Son, à 65 km de Soppong.

Arrivé à Khun Yuam, 70 km au sud de Mae Hong Son, on peut soit prendre la Rte 1263 pour rejoindre Mae Chaem, avant de revenir sur Chiang Mai via le Doi Inthanon, le plus haut sommet du pays, soit continuer vers le sud jusqu'à Mae Sariang, puis revenir sur Chiang Mai via Hot en suivant la Rte 108 – dans cette dernière option, les distances entre les villes sont plus grandes et mieux vaut avoir une moto assez puissante et confortable.

Excellent compagnon de route, le *Mae Hong Son Loop Guide Map* de Golden Triangle Rider se trouve dans la plupart des librairies de Chiang Mai. La carte indique avec précision les distances entre les localités jalonnant le circuit, ainsi que les détours possibles.

Environs de Pai

VIKTORIYA KRAYN/SHUTTERSTOCK ©

Pai

Memorial Bridge — Monument

(สพ“นประวัต‘ศ“สตรทาป“ย ; Rte 1095). Malgré son air vétuste, des milliers de touristes thaïlandais s'arrêtent (durant la haute saison touristique) à ce pont pour faire une photo. Il fait partie des arrêts photo incontournables le long des "762 virages" jusqu'à Pai. À 9 km de Pai, il fut construit par des soldats japonais pendant la Seconde Guerre mondiale.

ACTIVITÉS

MASSAGE ET SPA

Pai Traditional Thai Massage — Massage

(PTTM ; ☎08 3577 0498 ; www.pttm_2001@hotmail.com ; 68/3 Soi 1, Th Wiang Tai ; massage 1 heure/1 heure 30/2 heures 180/270/350 B, sauna 100 B, cours massage 3 jours 2 500 B ; ⏲9h-21h). Établi de longue date par un couple de Pai, cet établissement propose des massages traditionnels du Nord, ainsi qu'un sauna (saison fraîche uniquement) aux plantes médicinales.

Spa Exotic — Spa

(☎053 065 722 ; www.spaexotic.com ; 86 Mu 2, Ban Mae Hi ; bain d'eau thermale 120 B ; ⏲8h-23h). L'eau thermale de Tha Pai Hot est canalisée jusque dans les bains au sein des bungalows, ainsi que dans une piscine découverte ouverte au public.

RAFTING ET KAYAK

Le rafting le long de la Mae Nam Pai durant la saison humide (généralement de juin à octobre environ) est une activité très prisée. Les circuits relient Pai à Mae Hong Son, et, selon la quantité d'eau, traversent des rapides allant de la classe 1 à 5. Les tarifs tout compris (équipement de rafting, matériel de camping, sacs étanches, assurance et nourriture) varient de 1 200 à 1 800 B par personne pour une excursion d'une journée et de 1 800 à 2 500 B par personne pour 2 jours.

Pai Adventure Rafting — Rafting

(☎053 699385 ; www.thailandpai.net ; 28 Th Chaisongkhram ; ⏲8h-22h). Ce tour-opérateur recommandé programme des sorties de rafting de 1 à 2 jours qui peuvent se combiner avec des randonnées et d'autres activités. Des cours de survie dans la jungle sont organisés sur demande.

Thai Adventure Rafting Rafting
(☎053 699111 ; www.thairafting.com ; Th Chaisongkhram ; ⏲10h-21h). Ce tour-opérateur français organise des sorties de 1 à 2 jours, avec découverte d'une cascade, d'un récif fossile et de sources thermales, ainsi qu'une nuit dans le camp permanent de l'agence au bord de la rivière.

Back-Trax Rafting
(☎053 699739 ; backtraxtour@gmail.com ; 85 Th Chaisongkhram ; ⏲8h-22h). Forte de plus de 10 ans d'expérience, cette compagnie propose des sorties de rafting de plusieurs jours, des descentes en tubing, des randonnées et des cours de reiki.

TREKKING

Les treks guidés tout compris coûtent de 800 à 1 000 B par personne et par jour en groupe de deux ou plus. Presque tous passent par des villages lisu, lahu et karen aux alentours de Soppong (Pangmapha). Pour réserver, adressez-vous aux agences installées dans des *guesthouses* ou auprès des tour-opérateurs spécialisés, dont ceux cités ci-dessus.

Duang Trekking Trekking
(☎053 699101 ; Duang Guesthouse, Th Chaisongkhram ; ⏲8h-21h). L'une des agences locales de trekking bien établies.

AUTRES ACTIVITÉS

Thom's Pai Elephant Camp Rencontre avec des éléphants
(☎053 699286 ; www.thomelephant.com ; Th Rangsiyanon ; promenade 800-1 200 B/pers ; ⏲8h-21h). Le spécialiste de l'éléphant le mieux établi à Pai a un bureau en ville. On peut monter à cru ou sur un palanquin, et certaines formules incluent une baignade avec l'animal. Toutefois, sachez que les experts dénoncent les promenades à dos d'éléphant. Leurs arguments vous inciteront plutôt à admirer ces pachydermes qu'à grimper sur leur dos.

COURS

Pai est l'endroit rêvé pour apprendre quelque chose. L'éventail des cours est large, des percussions aux arts du cirque. Consultez le *Pai Events Planner* (PEP) ou le *Pai Explorer* (www.paiexplorer.com) pour connaître le programme lors de votre séjour.

Pai Cookery School Cours de cuisine
(☎08 1706 3799 ; Th Wanchalerm ; cours 600-750 B ; ⏲11h-13h30 et 14h-18h30). Établie depuis une dizaine d'années, cette école enseigne la préparation de 3 à 5 plats différents, avec, lors des cours de l'après-midi, un tour au marché pour acheter les ingrédients. Réservez la veille.

Xhale Yoga Pai Yoga
(www.xhaleyogapai.com ; 5 jours 14 000 B). Cette retraite de yoga (5 nuits lun-sam), dans les contreforts montagneux autour de Pai, convient autant aux débutants qu'aux initiés. Le tarif inclut l'hébergement, des repas délicieux, des cours de yoga et de méditation, ainsi qu'une excursion à une source thermale voisine. On vient vous chercher à l'arrêt de bus Aya à Pai.

OÙ SE RESTAURER

Larp Khom Huay Poo Thaïlandais du Nord $
(Ban Huay Pu ; plats 50-80 B ; ⏲9h-20h). La spécialité maison est le *larp moo kua*, le *lâhp* (viande émincée de porc frite avec des herbes et des épices) du Nord. Accompagné de riz gluant, d'une assiette d'herbes amères et d'une Singha bien fraîche, c'est le meilleur repas de Pai. À 1 km au nord de la ville, sur la route de Mae Hong Son.

Restaurants yunnanais Chinois $
(Enseignes en chinois ; plats 30-250 B ; ⏲7h-20h). Plusieurs restaurants en plein air de Ban Santichon, à 4 km à l'ouest de Pai, servent les plats traditionnels des résidents yunnanais. Notamment des *màntŏ* (petits pains à la vapeur) servis ici avec un ragoût de jambonneau aux herbes chinoises, des nouilles faites à la main et plusieurs plats de poulet noir.

Good Life International $

(Th Wiang Tai ; plats 35-190 B ; 8h-23h ;). Kéfir, *kombucha*, jus de betterave et herbes de blé sont révélateurs de l'esprit de ce café éclectique très couru. Il sert aussi des boissons gazeuses et offre une vaste carte de plats thaïlandais et internationaux (dont beaucoup sans viande).

Baan Benjarong Thaïlandais du Centre $$

(179 Th Rangsiyanon ; plats 90-170 B ; 11h-21h). Faites comme les familles thaïlandaises du coin en allant dans ce restaurant chic établi dans une maison particulière au bord d'une rizière. Certains mets comme le crabe salé cuit à l'étuvée dans du lait de coco ou la salade de fleurs de bananes, crevettes et poulet comptent parmi les meilleurs plats de la ville.

OÙ PRENDRE UN VERRE ET FAIRE LA FÊTE

Pai compte des dizaines de bars, à l'espérance de vie assez réduite. La plupart des bars à cocktails en plein air installés dans des combis Volkswagen jalonnent Th Chaisongkhram. Th Wiang Tai concentre le plus de bars, la plupart passant du reggae. Les restaurants-bars de style guesthouse sont essentiellement sur Th Rangsiyanon ; ils proposent de la musique variée et un menu le soir. Enfin, à l'extrémité est de Th Raddamrong, de l'autre côté du pont, on trouve quelques bars en plein air de style reggae.

Edible Jazz Musique live

(www.ediblejazz.com ; Soi Wat Pa Kham ; 16h-23h). On peut caresser le chat et siroter une bière tout en écoutant des concerts de guitare acoustique (tous les soirs vers 20h30). Les scènes ouvertes du dimanche soir peuvent être d'une qualité surprenante.

Bebop Musique live

(Th Rangsiyanon ; 20h-1h). Adresse bien connue des voyageurs et des Thaïlandais, le Bebop propose tous les soirs des concerts à partir de 22h – blues, R&B et rock.

DEPUIS/VERS PAI

AVION

L'aéroport de Pai se situe à 1,5 km au nord de la ville le long de la Rte 1095. Lors de nos recherches, **Kan Air** (053 699955, centre d'appels national 025 516111 ; www.kanairlines.com ; aéroport de Pai ; 8h30-17h30) était la seule compagnie aérienne à desservir Pai avec des vols depuis/vers Chiang Mai. Air Asia propose des transferts quotidiens en bus entre l'aéroport international de Chiang Mai et Pai de décembre à mars et les vendredis, samedis et dimanches d'avril à novembre.

BUS

De la **gare routière** (Th Chaisongkhram) de Pai partent des bus lents avec ventilateur et des minibus plus rapides pour Chiang Mai et d'autres destinations dans la province de Mae Hong Son.

Aya Service et Duan-Den proposent des minibus climatisés pour Chiang Mai (150-200 B, 3 heures, ttes les heures 7h-17h30).

COMMENT CIRCULER

La majeure partie de Pai peut s'explorer à pied. Des motos-taxis attendent à la station de taxis en face de la gare routière et coûtent 50 B jusqu'à Ban Santichon et 100 B jusqu'à Nam Tok Mo Paeng. Pour les excursions aux alentours, vous pouvez louer vélos ou motos en ville.

Aya Service (053 699888 ; www.ayaservice.com ; 22/1 Th Chaisongkhram ; motos 100-1 800 B les 24 heures ; 7h-22h). Une affaire qui roule, avec plus de 100 machines.

Duan-Den (053 699966 ; 20/1 Th Chaisongkhram ; 100-250 B les 24 heures ; 7h-21h). Loue quantité de petites motos.

North Wheels (094 7196119 ; www.northwheels.com ; Th Khetkelang ; moto/voiture 140/1 200 B les 24 heures ; 8h-20h). Loue motos et voitures.

Mae Hong Son

Dans la lointaine Mae Hong Son entourée de montagnes, l'influence birmane est palpable et il règne une ambiance de ville-frontière que ne viennent troubler quasiment aucun *tuk-tuk* ou rabatteur. Pour autant, Mae Hong Son n'est pas un territoire inconnu : des circuits organisés y viennent depuis des années, et son choix d'activités est varié, des excursions en bateau au trekking.

La meilleure période va de novembre à février : il fait plus frais et la ville est plus belle. Durant la saison des pluies (de juin à octobre), le petit nombre de routes goudronnées rend les trajets difficiles dans les zones les plus isolées. Pendant la saison chaude (de février à mai), la vallée de la Mae Nam Pai se remplit des fumées de la culture sur brûlis. Pendant la saison froide, apportez au moins un pull et des chaussettes pour vous couvrir en début et en fin de journée.

À VOIR

Devant les couleurs vives, les stupas blancs et les zincs étincelants des temples birmans-shan de Mae Hong Son, on s'étonne de se trouver en Thaïlande.

Wat Jong Kham et Wat Jong Klang Temples bouddhiques

(วัดจองคำ/วัดจองกลาง ; Th Chamnansatit ; lever-coucher du soleil). GRATUIT Le Wat Jong Kham fut construit il y a près de 200 ans par des Thaï Yaï (Shan), qui peuplent environ la moitié de la province.

Voisin, le Wat Jong Klang possède des peintures de *jataka* sur verre vieilles d'un siècle ; son **musée** (don apprécié ; 8h-18h) contient des poupées en bois de Mandalay, âgées de 150 ans.

Éclairés la nuit, les temples se reflètent dans la Nong Jong Kham, pour le plus grand bonheur des photographes.

Wat Hua Wiang Temple bouddhique

(วัดหัวเว'ยง ; Th Phanich Wattana ; lever-coucher du soleil). GRATUIT Ce *wat*, à l'est de Th Khunlumprapas, est réputé pour son *bòht* au toit en bois ouvragé à plusieurs niveaux et un bouddha en bronze de Mandalay.

ACTIVITÉS

TREKKING

La situation de Mae Hong Son à la lisière de la forêt montagneuse en fait une excellente base pour des excursions. Les randonnées de plusieurs jours coûtent de 1 000 à 3 000 B par personne et par jour (2 pers). Le tarif journalier baisse selon l'importance du groupe et la durée du trek.

Wat Hua Wiang

Nature Walks Trekking
(☎08 9552 6899 ; www.naturewalksthai-myanmar.com). Si ses treks sont plus chers qu'ailleurs, John, natif de Mae Hong Son, est le meilleur guide de la ville. Vous choisirez entre une marche d'une journée dans la nature et des randonnées de plusieurs jours à travers la province.

Friend Tour Trekking
(☎053 611647, 08 6180 7031 ; PA Motor, 21 Th Pradit Jong Kham ; ⏲8h-18h30). Forte de 20 ans d'expérience, cette agence recommandée propose des treks, du rafting et des excursions d'une journée.

Namrin Tour Trekking
(☎053 614454 ; près de Th Pradit Jong Kham, ⏲9h-19h). Les treks de M. Dam ont bonne réputation.

EXCURSIONS EN BATEAU

Les excursions en *long-tail boat* sur la Mae Nam Pai connaissent un succès croissant et sont proposées par les tour-opérateurs et les *guesthouses*.

BAINS DE BOUE

Country club Phu Klon Spa
(☎053 282579 ; www.phuklon.co.th ; soin à base de boue à partir de 80-700 B, massage 250-450 B/heure ; ⏲8h-18h30). Ce "country club" se targue d'être le seul spa thaïlandais à prodiguer des soins à base de boue. Il se situe à 16 km au nord de Mae Hong Son, dans le district de Mok Champae. Vous pouvez prendre le *songthaew* (25 B) quotidien à destination de Ban Ruam Thai – ou Mae Aw –, mais vous devrez trouver un transport pour revenir. La boue est pasteurisée et mélangée à des plantes pour être utilisée dans divers soins. Bains d'eau thermale et massages possibles.

CIRCUITS ORGANISÉS

Rosegarden Tours Circuits
(☎053 611681 ; www.rosegarden-tours.com ; 86/4 Th Khunlumprapas ; circuits à partir de 600 B ; ⏲8h30-21h). Les guides, francophones, accompagnent visites et circuits culturels.

ACHATS

D'octobre à février, les rues bordant le lac Jong Kham sont animées par un marché (Th Pradit Jong Kham ; ⏲17h-22h oct-fév), où l'on vend de l'artisanat et de la nourriture.

Quelques boutiques de souvenirs bien approvisionnées se regroupent près de l'extrémité sud de Th Khunlumprapas. **Manerplaw** et **Ethnic Echoes** (Th Khunlumprapas ; ⏲10h-22h), attenantes, sont spécialisées dans les vêtements des ethnies montagnardes.

OÙ SE RESTAURER ET PRENDRE UN VERRE

Le **marché du matin** (près de Th Phanich Wattana ; plats 10-30 B ; ⏲6h-9h) de Mae Hong Son est un lieu sympathique pour petit-déjeuner.

Il y a plusieurs restaurants et stands destinés aux touristes, mais, pour découvrir la délicieuse cuisine shan de Mae Hong Son, essayez les établissements plus informels du **marché nocturne** (Th Phanich Wattana ; plats 20-60 B ; ⏲16h-20h).

Chom Mai Restaurant Thaïlandais $
(Près de la Rte 108, enseigne en thaï ; plats 40-290 B ; ⏲8h30-15h30 ; 📶🖉). La carte en anglais est restreinte, mais ne manquez pas le *kôw soy* (soupe de nouille au curry typique du Nord) délicieusement riche ni le *kôw mòk gài* (version thaïe du biryani). À environ 4 km au sud de Mae Hong Son sur la route de Tha Pong Daeng – l'enseigne a le logo du café Doi Chaang.

little good things Thaïlandais, international $
(www.facebook.com/littlegoodthings ; près de Th Khunlumprapas ; plats 30-70 B ; ⏲9h-15h mer-lun ; 🖉). Dans une ville où la cuisine locale est si savoureuse et si particulière, nous avons hésité à nous risquer dans ce nouveau café-restaurant vegan. Pourtant, celui-ci se classe facilement parmi les meilleurs restaurants de la ville. La carte courte présente d'appétissants petits-déjeuners et des repas légers d'inspiration

thaïlandaise ; le tout très sain, très bon marché et, par-dessus tout, délicieux.

Maesribua Thaïlandais du Nord $

(Angle Th Pradit Jong Kham et Th Singha-nat Barm Rung ; plats 20-40 B ; 8h-13h). Comme une vraie grand-mère shan, tata Bua prépare chaque jour un vaste assortiment de curries, de soupes et de sauces.

Fern Restaurant Thaïlandais, international $

(Th Khunlumprapas ; plats 65-180 B ; 10h30-22h ;). Restaurant le plus huppé de la ville, il offre un service professionnel et une cuisine très correcte. La carte affiche de nombreux classiques thaïlandais et spécialités locales, ainsi que des plats végétariens. Musique live certains soirs.

Crossroads Bar

(61 Th Khunlumprapas ; 8h-1h ;). Comme son nom anglais l'indique, ce bar-restaurant sympathique est un carrefour, et ce à plus d'un titre : situé à l'une des principales intersections de la ville, sa clientèle compte à la fois de jeunes baroudeurs et des habitants plus âgés. On peut y manger des steaks (180-250 B).

DEPUIS/VERS MAE HONG SON

AVION

Beaucoup de voyageurs préfèrent se rendre de Chiang Mai à Mae Hong Son en avion. Il y a 2 vols quotidiens depuis/vers Chiang Mai (à partir de 990 B, 35 minutes) proposés par **Bangkok Airways** (053 611426 ; www.bangkokair.com ; aéroport de Mae Hong Son ; 8h-17h30). Un *tuk-tuk* jusqu'au centre-ville revient à 80 B.

BUS

La gare des bus et des minibus est à 1 km au sud de Mae Hong Son ; on peut s'y rendre en *tuk-tuk* ou à moto pour 60 B. Parmi les destinations, citons Chiang Mai (185-450 B ; 8-9 heures ; 8h, 20h et 21h) et Bangkok (675-1 050 B ; 15 heures ; 15h, 16h et 16h30).

Wat Phra That Doi Kong Mu

Il faut escalader la colline ouest, ou Doi Kong Mu (1 500 m), pour visiter le **Wat Phra That Doi Kong Mu** (วัดพระธ"ตุ ดอยกองมู ; lever-coucher du soleil) GRATUIT, appelé également Wat Plai Doi. Deux *chedi* shan, édifiés en 1860 et 1874, conservent les cendres de moines de l'État shan, au Myanmar. Derrière le *wat*, vous découvrirez un grand bouddha debout élancé et une vue sur l'ouest de la crête. Un café et un petit marché touristique occupent également les lieux. La vue sur l'océan de brume qui recouvre la vallée chaque matin est spectaculaire. À d'autres heures de la journée, on peut admirer la ville et les vallées environnantes.

Dans Th Pha Doong Muay Do, un long escalier, dont l'ascension est plus facile qu'il n'y paraît, conduit au sommet du Wat Phra That Doi Kong Mu. On peut aussi s'y rendre à moto-taxi (120 B l'aller-retour).

Wat Phra That Doi Kong Mu

COMMENT CIRCULER

Le centre de Mae Hong Son s'explore facilement à pied. Si des motos-taxis n'attendent pas à chaque coin de rue, on en trouve près de l'entrée du marché du matin – comptez de 20 à 40 B pour une course en ville. Quelques *tuk-tuk* sillonnent la ville : ils stationnent souvent aux arrêts de bus et demandent au moins 40 B.

Comme la plupart des sites se trouvent à l'extérieur de la ville, louer un vélo ou une moto se révèle pratique.

CHIANG RAI ET L'EXTRÊME NORD

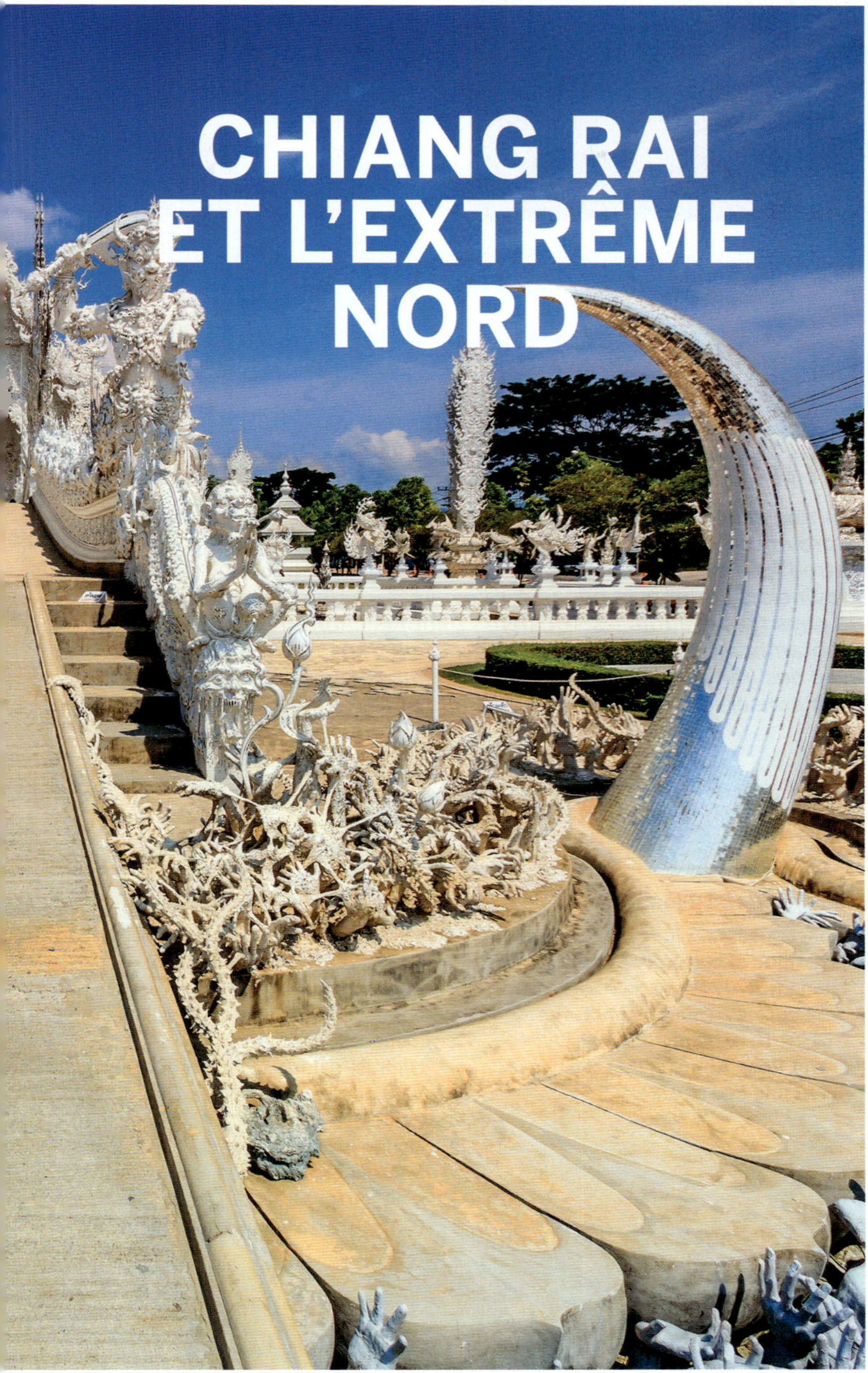

Dans ce chapitre

Chiang Rai et l'extrême Nord

Sur une zone allant de plaines fertiles à un massif montagneux, la province la plus septentrionale de Thaïlande marque la frontière entre l'Asie du Sud-Est et la Chine. Depuis sa charmante capitale provinciale, on pourra découvrir ce carrefour de cultures et de paysages grandioses. Plusieurs peuples habitent la région – notamment les Chan et autres groupes thaïs –, qu'ils partagent avec des immigrants chinois, arrivés plus récemment. Tous luttent pour conserver leur identité culturelle et leur mode de vie traditionnel.

Chiang Rai en 2 jours

Plongez dans la culture locale au **parc artistique et culturel de Mae Fah Luang** (p. 176). Passez la soirée à faire du shopping au **marché nocturne** (p. 178). Le lendemain, allez visiter le **Wat Rong Khun** (p. 172) et dîner chez **Lung Eed** (p. 178).

Chiang Rai et l'extrême Nord en 4 jours

Quittez la ville pour un **trek de plusieurs jours** (p. 171) avec pour objectif de venir en aide aux ethnies montagnardes (construction d'infrastructures et projets éducatifs). Vous pouvez aussi passer deux jours à **Doi Mae Salong** (p. 174), village chinois qui s'étend sur une crête parmi les plantations de thé. Les villes de **Mae Sai** (p. 181) et de **Chiang Saen** (p. 182) méritent également une visite.

Comment s'y rendre

Aéroport international de Chiang Rai À environ 8 km au nord de la ville. On rejoint la ville en taxi.

Gare routière A 5 km du centre de Chiang Rai. Fréquents, les *songthaew* (*sŏrng·tăa·ou* ; pick-up collectifs) relient le centre-ville de 6h à 17h30.

Gare routière interprovinciale Située au centre de la ville.

Où se loger

Chiang Rai ne manque pas d'adresses intéressantes, dont la valeur ajoutée n'a cessé de progresser ces dernières années. La plupart des hébergements économiques se situent dans le centre-ville, essentiellement vers Th Jetyod ; les établissements de catégorie moyenne sont en principe accessibles à pied depuis le centre-ville. Quant aux hébergements haut de gamme, ils sont généralement à l'écart du centre-ville, dans des complexes de style champêtre.

Musée des Ethnies montagnardes

SAIKO3P / SHUTTERSTOCK ©

Minorités ethniques

Les minorités ethniques qui vivent dans la province montagneuse de Chiang Rai sont souvent appelées "ethnies montagnardes" ou chow kŏw ("peuple des montagnes"). Leurs villages accueillent des treks depuis la capitale provinciale, ce qui leur permet de faire connaître leur culture unique.

Pour ceux qui aiment...

☑ **Ne ratez pas**

Un repas chez l'habitant, une occasion exceptionnelle de partage authentique.

Histoire des ethnies montagnardes

La plupart sont semi-nomades, originaires du Tibet, du Myanmar (Birmanie), de Chine et du Laos, et installées en Thaïlande depuis 200 ans environ. L'Institut de recherches tribales de Chiang Mai reconnaît dix ethnies montagnardes, mais il pourrait y en avoir le double. La tendance étant à l'intégration à la culture thaïlandaise, beaucoup de traditions anciennes se perdent.

Musée des Ethnies montagnardes

Avant d'entreprendre un trek dans les villages des ethnies montagnardes, une visite de ce **musée et centre de formation** (พิพิธภัณฑ์และศูนย์การศึกษาชาวเขา ; www.pdacr.org ; 3e ét, 620/25 Th Thanalai ; 50 B ; ⏲8h30-18h lun-ven, 10h-18h sam et dim), dirigé par l'association à but non lucratif Population

Femme akha

BANANA REPUBLIC IMAGES / SHUTTERSTOCK ©

and Community Development Association (PDA), s'impose. Les expositions, si elles sont un peu datées, rassemblent une mine d'informations.

La visite débute par un diaporama de 20 minutes sur les ethnies montagnardes de Thaïlande, avant une découverte des vêtements traditionnels, des outils et du matériel, parmi d'autres objets anthropologiques. Le musée ne propose pas de visites guidées, mais, s'il est sur place, le conservateur vous fera volontiers partager sa passion pour ces différents peuples et vous exposera les projets financés par l'association. Celle-ci organise également des treks vivement recommandés.

Treks

Les hébergements de Chiang Rai proposent presque tous des excursions vers les villages des ethnies montagnardes. Ceux listés ici ont une approche non lucrative, citoyenne et durable :

- **Rai Pian Karuna** (☎062 246 1897 ; www.facebook.com/raipiankaruna). Cette nouvelle compagnie locale propose des excursions sur un ou plusieurs jours avec hébergement dans les villages des ethnies akha, lahu et lua dans le district de Mae Chan, au nord de Chiang Rai.

- **PDA Tours & Travel** (☎053 740 088 ; musée des Ethnies montagnades, 3e ét, 620/25 Th Thanalai ; 8h30-18h lun-ven, 10h-18h sam-dim). Cette ONG réputée propose des treks sur 1 à 3 jours. Les bénéfices servent au financement de projets (prévention du sida, centre de soins mobile, bourses d'éducation, création de banques autogérées).

- **Mirror Foundation** (☎053 737 616 ; www.thailandecotour.org). Les prix sont plus élevés que la moyenne, mais cette ONG finance la formation de ses guides locaux. Les treks durent de 1 à 3 jours et traversent les villages akha, karen et lahu dans le district de Mae Yao, au nord de Chiang Rai.

Infos pratiques

Coût d'un trek de 2 jours : 2300-6000 B, prix comprenant les repas, la randonnée dans la jungle, l'hébergement dans un village (une nuit) et les transferts depuis/vers votre hôtel.

Une petite faim ?

De retour à Chiang Rai, vous pourrez vous reposer dans l'un des cafés de la ville, par exemple à la BaanChivitMai Bakery (p. 179).

Bon plan

Demandez à votre guide quelles sont les coutumes à respecter dans le village.

Wat Rong Khun

RADHARANI / SHUTTERSTOCK ©

Excursions à la journée

Le dépaysement est garanti. Le fantastique Wat Rong Khun oscille entre art moderne et art religieux, tandis que Doi Mae Salong est le village tranquille d'une minorité chinoise, perché sur une montagne.

Pour ceux qui aiment...

☑ **Ne ratez pas**

Des fraises et d'autres fruits familiers parviennent à pousser dans les régions plus fraîches du Nord. Vous en trouverez en vente sur le bord des routes.

Wat Rong Khun

Projet hors normes, le **Wat Rong Khun** (วัดรองขุน, Temple blanc ; sortie de la Rte 1/AH2 ; 8h-17h lun-ven, 8h-17h30 sam-dim) GRATUIT est le temple le plus éclectique et avant-gardiste de Thaïlande, mêlant références à la culture pop, influences de l'art moderne et iconographie religieuse traditionnelle. Édifié en 1997, il est l'œuvre de Chalermchai-Kositpipat, éminent peintre thaïlandais devenu architecte pour l'occasion.

La façade extérieure, blanchie à la chaux, est recouverte d'éclats de miroirs. L'entrée vers le lieu saint du *wat* se fait par un pont entouré de sculptures de bras tendus, symboles du désir. L'artiste y a peint des scènes contemporaines représentant le *samsara* (royaume de renaissances et d'illusions), un avion

Temple des Quatre Bouddhas, Baandam

VALOGA / SHUTTERSTOCK ©

s'écrasant sur les tours jumelles ou le personnage de Neo (Keanu Reeves) dans *Matrix*... Si vous appréciez ces œuvres à l'esprit franchement New Age, vous pourrez acheter les reproductions dans la galerie adjacente.

Situé à 13 km au sud de Chiang Rai, le temple est accessible en bus, par la ligne régulière vers Chiang Mai ou Phayao ; demandez à descendre au Wat Rong Khun.

Baandam

Œuvre étrange due à Thawan Duchanee, artiste national, mais aussi contrepoint plutôt sinistre au Wat Rong Khun, la **Baandam** (บ้านดำ ; Maison noire ; près de la Rte 1/AH2 ; adulte/enfant 80 B/gratuit ; 🕒9h-17h) réunit plusieurs bâtiments quasi traditionnels pour la plupart peints en noir et ornés de peaux de bêtes et d'ossements.

Infos pratiques

Ces curiosités sont accessibles en transports publics au départ de la gare routière de Chiang Rai.

Une petite faim ?

À Doi Mae Salong, régalez-vous du thé produit localement et de mets chinois chez Sue Hai (p. 175).

★ Bon plan

Visiter le pays en bus permet de découvrir les modes de vie. Le chemin vaut autant que la destination.

La pièce centrale de cette œuvre, sorte de vaste temple noir renfermant une longue table et des chaises en bois de cerf, évoque une salle à manger satanique. On trouve dans d'autres édifices des chambres à coucher blanches en forme de seins, des salles de bains ornées de phallus noirs et une chapelle décorée d'ossements et de fourrures. Cet ensemble dénote nettement des influences nord-thaïlandaises, mais ses couleurs sombres, ses ornements et ses restes d'animaux s'unissent pour donner davantage une impression de fantasme que de réalité.

Il se trouve à Nang Lae à 13 km au nord de Chiang Rai – tous les bus pour Mae Sai peuvent vous y déposer (20 B environ).

Ban Ruam Mit et ses environs

Ruam Mit signifie "mélangé", ce qui décrit bien ce village situé en bordure de rivière, au cœur d'une région montagneuse habitée par différentes ethnies – thaïe, karen, lisu et akha.

La plupart des visiteurs viennent à Ban Ruam Mit pour se balader à dos d'éléphant (ce que nous déconseillons, car il est prouvé que cela affecte le bien-être animal). Plus intéressantes (et plus responsables) : les randonnées dans les nombreux villages des environs, et la visite des **sources chaudes de Pha Soet** (บ่อน้ำพุร้อนผาเสริฐ ; Ban Pha Soet ; adulte/enfant 30/10 B ; 🕒8h-18h) ou du **parc national de Lamnamkok** (อุทยานแห่งชาติลำน้ำกก ; ⏲8h-16h30).

Ban Ruam Mit compte quelques complexes hôteliers de style thaïlandais en bordure de rivière. On trouve aussi des hôtels rudimentaires et des hébergements chez l'habitant dans les villages alentour. **Bamboo Nest de Chiang Rai** (✆095 686 4755, 089 953 2330 ; www.bamboonest-chiangrai.com ; bungalows avec petit-déj 800-1600 B), l'une des meilleures adresses, propose des huttes en bambou simples mais spacieuses perchées sur une colline avec vue sur les rizières. Il y a quelques endroits où grignoter à Ban Ruam Mit et chaque hôtel possède un restaurant.

Le bateau reste le mode de transport le plus pratique entre Chiang Rai et Ban Ruam Mit. Un bateau de passagers part tous les jours à 10h30 du **CR Pier** (✆053 750009 ; ⏲7h-16h), à 2 km au nord-ouest de Chiang Rai (100 B, environ 1 heure). En sens inverse, il part de Ban Ruam Mit vers 14h. Louer un bateau coûte environ 800 B.

Doi Mae Salong

Pour un avant-goût de Chine sans traverser de frontière, rendez-vous dans cette bourgade pittoresque perchée dans les collines derrière Chiang Rai.

L'histoire de Doi Mae Salong débute en 1949, à l'arrivée au Myanmar du 93e régiment du Guomindang (GMD), qui fuyait la Chine devenue république populaire. Forcés de quitter le Myanmar

Plantation de thé, Doi Mae Salong

en 1961, les militaires du GMD gagnèrent le nord de la Thaïlande dans leurs roulottes, s'installèrent dans les villages de montagne et recréèrent la société qu'ils avaient laissée dans le Yunnan.

Plusieurs générations ont passé, mais la communauté existe toujours et profite de son attrait touristique.

Un **marché matinal** (ตลาดเช้าดอยแม่สลอง ; 6h-8h), petit mais animé et haut en couleur, se tient au carrefour en T proche de la Shin Sane Guest House. Il attire des citadins et des montagnards des districts environnants, et mérite qu'on se lève tôt.

Shin Sane Guest House (053 765026 ; www.maesalong-shinsane.blogspot.com ; ch 200-400 B, bung 400-500 B ; @) et **Little Home Guesthouse** (053 765389 ; www.maesalonglittlehome.com ; bung 800 B ; @) tiennent à la disposition des visiteurs des cartes indiquant les itinéraires vers les différents villages. Les plus belles randonnées sont à faire au nord de Mae Salong, entre Ban Thoet Thai et la frontière du Myanmar. Informez-vous sur l'actualité politique avant de partir dans cette direction : les armées shan et wa se disputent cette partie de la frontière Thaïlande-Myanmar et il y a parfois des escarmouches.

Les touristes thaïlandais sont nombreux à venir à Doi Mae Salong pour déguster des plats yunnanais tels les *màn·tŏh* (petits pains cuits à la vapeur), servis avec de la poitrine de porc braisée et des légumes marinés, ou du poulet noir mijoté avec des herbes chinoises. Les nouilles de blé aux œufs maison sont une autre spécialité de Doi Mae Salong – elles s'accompagnent d'un bouillon de porc servi avec une pâte de piments. Plusieurs établissements en servent en ville. Pour vous immerger dans la cuisine locale, direction le marché matinal, **Sue Hai** (Rte 1130 ; plats 80-300 B ; 7h-21h ;) et **Salima Restaurant** (Rte 1130 ; plats 60-220 B ; 7h-20h).

Vous pouvez rejoindre Doi Mae Salong depuis Chiang Rai en prenant le bus jusqu'à Mae Chan, d'où vous emprunterez un des fréquents *songthaew* verts jusqu'à Mae Salong (60 B, 1 heure, 4/jour). En sens inverse, vous pouvez héler un *songthaew*, ou en prendre un près du 7-Eleven de Doi Mae Salong.

★ Le saviez-vous ?

Le *găm méuang*, dialecte thaï du Nord, diffère de la langue standard par les intonations et le lexique.

PEERAPONG W.AUSSAWA / SHUTTERSTOCK ©

★ Bon plan

D'innombrables maisons de thé vendent des thés locaux (essentiellement Oolong et jasmin) et offrent des dégustations gratuites.

Chiang Rai

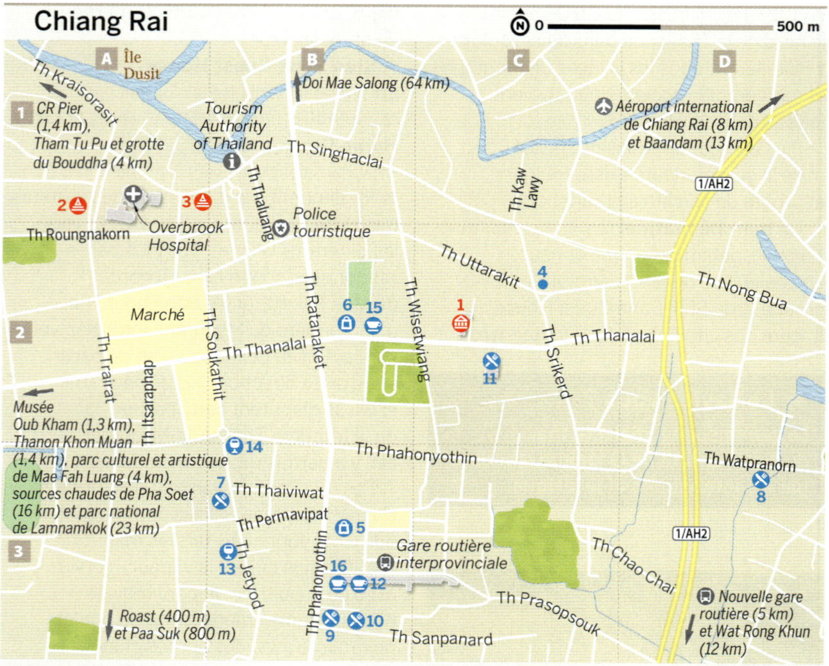

Chiang Rai

À voir

1 Musée des Ethnies montagnardes ... C2
2 Wat Phra Kaew ... A1
3 Wat Phra Singh ... A1

Activités

4 Chaow Nang Studio ... C2
PDA Tours & Travel ... (voir 1)

Achats

5 Marché nocturne ... B3
6 Saturday Walking Street ... B2

Où se restaurer

7 Khao Soi Phor Jai ... B3
8 Lung Eed ... D3
9 Muang Thong ... B3
10 Namnigew Pa Nuan ... B3
11 Phu Lae ... C2

Où prendre un verre et faire la fête

12 BaanChivitMai Bakery ... B3
13 Cat Bar ... B3
14 Chiang Rai Ramluek ... B3
15 Doi Chaang ... B2
16 Prompt Café ... B3

Chiang Rai

À VOIR

Parc culturel et artistique de Mae Fah Luang — Musée

(ไร่แม่ฟ้าหลวง ; www.maefahluang.org/rmfl ; 313 Mu 7, Ban Pa Ngiw ; adulte/enfant 200 B/gratuit ; 8h30-16h30 mar-dim). Outre un musée renfermant l'une des plus importantes collections d'objets Lanna du pays, ce vaste ensemble aménagé avec soin comprend des temples bouddhiques anciens et modernes, des sculptures et d'autres bâtiments. Il se situe à 4 km à l'ouest du centre de Chiang Rai ; en taxi ou en *tuk-tuk*, comptez environ 100 B.

Musée Oub Kham — Musée

(พิพิธภัณฑ์อูบคำ ; www.oubkhammuseum.com ; Th Nakhai ; adulte/enfant avec visite guidée

300/200 B ; 8h-17h). Ce musée privé possède une impressionnante collection d'objets provenant de tous les coins de l'ancien royaume Lanna. Les pièces, dont il n'existe parfois qu'un seul exemplaire, vont d'une spatule en os de singe utilisée par la famille royale pour goûter les aliments à un imposant trône sculpté de Chiang Tung (Kyaingtong), au Myanmar. Le musée Oub Kham, à 2 km à l'ouest du centre-ville, peut être difficile à trouver – en *tuk-tuk*, comptez environ 60 B.

Wat Phra Kaew Temple bouddhique
(วัดพระแก้ว ; Th Trairat ; don apprécié ; temple 7h-19h, musée 9h-17h). Appelé à l'origine Wat Pa Yia (monastère de la Forêt de bambous) en dialecte local, ce temple est le plus vénéré de la ville. Derrière la principale salle de prière, un bâtiment en bois de taille moyenne, on trouve un *chedi* (stupa) octogonal de style Lanna datant de la fin du XIVe siècle. À côté, dans un bâtiment en bois à double niveau, un musée présente divers anciens objets Lanna.

Wat Phra Singh Temple bouddhique
(วัดพระสิงห์ ; Th Singhaclai ; don apprécié ; lever-coucher du soleil). Ce temple date de la fin du XIVe siècle. Les bâtiments les plus anciens, typiques des constructions en bois peu élevées du Nord, présentent des toits bas et évasés. Le *wihăan* (sanctuaire) principal renferme d'imposantes portes en bois qui auraient été sculptées par des artistes locaux, ainsi qu'une copie du bouddha sacré du Wat Phra Singh de Chiang Mai.

Tham Tu Pu et grotte du Bouddha Temple bouddhique
(ถ้ำตุ๊ปู่/ถ้ำพระ ; Th Ka Salong ; lever-coucher du soleil). GRATUIT Franchissez le Mae Fah Luang Bridge (un pont juste au nord-ouest du centre-ville) pour rejoindre la rive nord de la Mae Nam Kok et suivez l'embranchement vers Tham Tu Pu et la grotte du Bouddha. Si ces grottes n'ont rien d'extraordinaire, la campagne alentour est splendide, idéale pour une paisible balade à vélo ou à moto. Parcourez 1 km, puis empruntez une piste conduisant au pied d'une falaise calcaire à 200 m. Des marches escarpées grimpent à la grotte principale, Tham Tu Pu, qui contient une poussiéreuse statue du Bouddha.

Poursuivez sur le même chemin sur 3 km (un panneau indique "Buddha Images Cave") pour atteindre la grotte du Bouddha, près de la Mae Nam Kok, qui abrite un temple bouddhique modeste mais toujours actif, où vivent un moine solitaire et de nombreux chats. Le temple fut l'une des destinations que visita le roi Rama V dans la région au début du XXe siècle.

ACTIVITÉS

Activité prisée à Chiang Rai, les treks à la rencontre des ethnies montagnardes peuvent être organisés par les *guesthouses* et hôtels sur place. En règle générale, les prix dépendent du nombre de jours, de participants et du type d'activités. Ils comprennent généralement le logement, le transport et la nourriture. Voir p. 171 pour plus de renseignements.

Suwannee Cours de cuisine
(084 740 7119 ; www.suwanneethaicookingclasschiangrai.blogspot.com ; cours 1250 B ; cours 9h30-14h). Suwannee donne des cours de cuisine, avec visite au marché et préparation de quatre plats. Sa maison se situe à 3 km du centre, mais elle peut venir vous chercher dans la plupart des hôtels de la ville.

Chiang Rai Bicycle Tours Vélo
(053 774506, 085 662 4347 ; www.chiangraibicycletour.com ; circuits à partir de 1450 B). Propose diverses excursions sur deux roues aux environs de Chiang Rai.

Chaow Nang Studio Culture
(645/7 Th Uttarakit ; 10h-19h). Les Thaïlandais en visite à Chiang Mai et Chiang Rai ne manquent pas de poser pour la postérité habillés comme

des membres de la famille royale Lanna (à partir de 1000 B le portrait). Immense choix de costumes et de décors.

ACHATS

Thanon Khon Muan Marché
(Th Sankhongnoi ; 18h-21h dim). Le dimanche soir, la rue Th Sankhongnoi est fermée à la circulation à partir du Soi 2 en direction de l'ouest, et des marchands de vêtements, d'artisanat et de plats locaux s'y installent. Th Sankhongnoi prend le nom de Th Sathanpayabarn à l'intersection avec la partie sud de Th Phahonyothin.

Saturday Walking Street Marché
(Rue piétonne ; Th Thanalai ; 16h-22h sam). Si vous êtes sur place un samedi soir, ne manquez pas ce vaste marché de rue qui propose tout ce qui se vend à Chiang Rai, de l'artisanat aux plats locaux. Il s'étend le long de Th Thanalai, du musée des Ethnies montagnardes au marché matinal.

Marché nocturne Marché
(Près de Th Phahonyothin ; 18h-23h). Le marché de nuit s'installe à côté de la gare routière, près de Th Phahonyothin. Beaucoup moins vaste que celui de Chiang Mai, vous y trouverez néanmoins des objets artisanaux et des souvenirs variés.

OÙ SE RESTAURER

Pour vous restaurer, on vous indiquera à coup sûr le marché nocturne de Chiang Rai, même si la cuisine y est redoutable – on vous aura prévenu ! Le week-end, préférez les étals des marchés en plein air de Thanon Khon Muan et de la Saturday Walking Street, où vous trouverez un choix de spécialités locales.

Lung Eed Thaïlandais $
(Th Watpranorn ; plats 40-100 B ; 11h30-21h lun-sam, 15h-19h dim). Cette modeste *shophouse* (maison de négoce traditionnelle en bois) sert l'une des plus goûteuses spécialités de Chiang Rai. Une carte en anglais est affichée, mais ne manquez pas le sublime *lap kai,* émincé

Marché nocturne

CHIRADECH CHOTCHUANG / SHUTTERSTOCK ©

de poulet aux épices locales recouvert de peau de poulet croustillante, d'échalotes et d'ail frits. Ce restaurant se trouve à environ 150 m à l'est de la Rte 1/AH2.

Paa Suk Thaïlandais $

(Enseigne en thaï, Th Sankhongnoi ; plats 10-25 B ; 8h30-15h). On y sert de copieux bols de *kà·nŏm jin nám ngée·o*, soupe au porc ou au bœuf, à la tomate et aux nouilles de riz fraîches. Entre les Soi 4 et 5 dans Th Sankhongnoi (nommée Th Sathanpayabarn à l'intersection avec l'extrémité sud de Th Phahonyothin) ; repérez l'enseigne jaune, en thaï.

Khao Soi Phor Jai Thaïlandais $

(Th Jetyod ; plats 40-50 B ; 7h-16h). Ce restaurant concocte une version adoucie, mais non moins savoureuse, du curry de nouilles éponyme, ainsi que d'autres excellentes spécialités nord-thaïlandaises. L'enseigne est en thaï, cherchez une *shophouse* ouverte sur l'extérieur avec l'intérieur bleu et blanc.

Phu Lae Thaïlandais $

(673/1 Th Thanalai ; plats 80-320 B ; 11h30-15h et 17h30-23h ;). De nombreux touristes thaïlandais fréquentent ce restaurant climatisé qui sert une savoureuse cuisine du Nord, assez sophistiquée. Parmi les plats locaux figurent le *gaang hang·lair*, de la poitrine de porc en curry à la birmane, servi ici avec des gousses d'ail saumuré, et les *sâi òo·a*, des saucisses aux herbes.

Namnigew Pa Nuan Vietnamien, thaïlandais $

(Th Sanpanard ; plats 10-120 B ; 9h-17h). Cette adresse presque invisible (enseigne en thaï) propose un original mélange de plats vietnamiens et nord-thaïlandais. Cuisine savoureuse, service sympathique et déco originale (fermé le soir).

Muang Thong Sino-thaïlandais $

(Angle Th Sanpanard et Th Phahonyothin ; plats 30-100 B ; 24h/24). Ouvert de longue date, ce restaurant en plein air sert l'habituel assortiment de savoureux plats sino-thaïlandais, salés et épicés.

Cafés de Chiang Rai

Malgré sa taille assez modeste, Chiang Rai dispose de nombreux cafés de qualité de type occidental. Cela est dû en partie au fait que la plupart des meilleurs grains de café du pays ont été cultivés dans la province.

BaanChivitMai Bakery (www.bcmthai.com ; Th Prasopsook ; 8h-19h lun-ven, 8h-18h sam-dim ;). En plus d'un bon café de production locale, cette boulangerie très appréciée vend d'authentiques pâtisseries suédoises, ainsi que des plats et des sandwichs occidentaux. Les bénéfices sont reversés intégralement à BaanChivitMai, une organisation qui gère des logements et des projets d'éducation pour les enfants vulnérables, orphelins ou atteints du sida.

Doi Chaang (Th Thanalai ; 8h-20h ;). Doi Chaang est la marque phare des cafés de Chiang Rai, et se vend aujourd'hui jusqu'en Europe et au Canada. Cet agréable établissement principal propose, outre le café, une petite carte d'en-cas et de plats légers.

Prompt Café (www.facebook.com/promptcafedripcoffee ; 417/4 Th Phahonyothin ; 7h30-17h30). Ce minuscule café, probablement le plus sophistiqué de la ville, propose cafés-filtres et espressos d'origine unique (de production locale).

Roast (Th Sankhongluang ; 7h30-17h). Ce bar à café-filtre traite les grains de cafés locaux avec le plus grand respect.

Café de style occidental

Nord de la Thaïlande à moto

Bonne introduction au tourisme à moto dans le Nord, la **boucle de Samoeng** (100 km) peut se parcourir en une demi-journée. L'itinéraire court vers le nord de Chiang Mai et suit les routes 107, 1096 et 1269, en passant par de beaux paysages et de nombreux virages.

La **boucle de Chiang Rai** (470 km), qui passe par Fang et Tha Ton le long des routes 107, 1089 et 118 est un autre circuit prisé qui peut comprendre une étape à Chiang Rai.

Itinéraire classique du Nord, la **boucle de Mae Hong Son** (p. 159), un circuit de 600 km, commence à Chiang Mai et suit les 1864 virages de la Rte 1095, avec haltes possibles à Pai, Mae Hong Son ou Mae Sariang, avant de revenir à Chiang Mai par la Rte 108.

Un itinéraire moins connu mais tout aussi intéressant consiste à emprunter les routes 1155 et 1093 de Chiang Khong, dans la province de Chiang Rai, jusqu'à la cité peu visitée de Phayao, un trajet d'une journée parmi de spectaculaires paysages de montagne.

Meilleure source d'information sur le tourisme à moto dans le Nord, **Golden Triangle Rider** (GT Rider ; www.gt-rider.com) publie également une série d'excellentes cartes pour les motards. Son site Internet fournit de nombreux renseignements sur la location de motos (avec des adresses recommandées à Chiang Mai et Chiang Rai) et l'assurance, suggère différents circuits et comprend un forum interactif.

Chiang Rai à moto
YOUYUENYONG BUDSAWONGKOD / SHUTTERSTOCK ©

OÙ PRENDRE UN VERRE ET FAIRE LA FÊTE

Chiang Rai Ramluek Bar
(Th Phahonyothin ; 16h-minuit). Si vous voulez faire la fête à la thaïlandaise, cet endroit populaire vous conviendra. L'enseigne est en thaï, suivez la musique des concerts et cherchez le groupe de tables au-dehors. On peut aussi y manger.

Cat Bar Bar
(1013/1 Th Jetyod ; 17h-1h). Le Cat Bar existe depuis longtemps. On peut y jouer au billard et, certains soirs, écouter des concerts (à partir de 22h30).

RENSEIGNEMENTS

Plusieurs banques dotées d'un bureau de change et de DAB se trouvent dans Th Phahonyothin et dans Th Thanalai.

Overbrook Hospital (053 711 366 ; www.overbrook-hospital.com ; Th Singhaclai). Un hôpital moderne où l'on parle anglais.

Police touristique (053 740 249, centre d'appels national 1155 ; Th Uttarakit ; 24h/24). Accessibles 24h/24, les policiers parlent anglais.

Tourism Authority of Thailand (TAT ; 053 744 674, centre d'appels national 1672 ; tatchrai@tat.or.th ; Th Singhaclai ; 8h30-16h30). Dans cet office du tourisme, le personnel parle peu anglais, mais s'efforce de vous renseigner et distribue quelques cartes et brochures.

DEPUIS/VERS CHIANG RAI

AVION

L'**aéroport international de Chiang Rai** (aéroport international Mae Fah Luang ; 053 798 000 ; www.chiangraiairportthai.com) est à environ 8 km au nord de la ville. Comptez 200 B pour rejoindre la ville en taxi.

BUS

Des bus desservant des villes de la province de Chiang Rai, ainsi que des minibus et des bus (lents pour la plupart), équipés de ventilateur, se dirigeant vers le nord du pays partent

ANIRUT THAILAND / SHUTTERSTOCK ©

Étal de marché

de la **gare routière interprovinciale** (☎053 715952 ; Th Prasopsook), au centre-ville. Pour aller au-delà de Chiang Rai (ou si vous êtes pressé), rendez-vous à la **nouvelle gare routière** (☎053 773989 ; Rte 1/AH2), à 5 km au sud de la ville via la Rte 1/AH2 – des *songthaew* fréquents la reliant à la gare routière interprovinciale circulent de 6h à 17h30.

COMMENT CIRCULER

La compagnie de taxis Chiang Rai Taxi (☎053 773477) dispose de taxis avec compteurs, qui sillonnent la ville et les alentours à bon prix. Un trajet en *tuk-tuk* dans la ville de Chiang Rai coûte normalement environ 60 B. Comme la plupart des *guesthouses*, plusieurs établissements sur Th Jetyod louent des motos, pour un tarif débutant à 200 B les 24 heures.

Mae Sai

À première vue, la ville la plus septentrionale du pays semble se limiter à un grand marché en plein air. Mae Sai constitue toutefois une base pratique pour explorer le Triangle d'or, le Doi Tung et Doi Mae Salong. Son emplacement face au Myanmar permet aussi d'accéder à des endroits reculés de l'État shan. En raison de combats occasionnels au Myanmar ou de discordes entre les gouvernements thaïlandais et birman, la frontière est parfois fermée temporairement. Renseignez-vous sur la situation avant de partir vers Mae Sai.

À VOIR

Wat Phra That Doi Wao Temple bouddhique

(วัดพระธาตุดอยเวา ; Soi 1, Th Phahonyothin ; ⏲lever-coucher du soleil). GRATUIT Montez les marches à flanc de colline près de la frontière jusqu'à ce temple pour une vue superbe sur Mae Sai et le Myanmar. Ce *wat* aurait été érigé à la mémoire des soldats birmans, morts en combattant le GMD en 1965 (vous entendrez d'autres versions en ville, dont une à la gloire du GMD).

ACHATS

Si le commerce est omniprésent à Mae Sai, la plupart des marchandises n'ont guère d'intérêt pour les voyageurs occidentaux. Les pierres précieuses sont particulièrement prisées. Dans Soi 4, plusieurs négociants du **marché aux pierres précieuses** (Soi 4, Th Phahonyothin), installés en plein air, comptent méticuleusement des centaines de petites gemmes dans la rue.

OÙ SE RESTAURER

Chaque soir, un immense **marché nocturne** (Th Phahonyothin ; plats 30-60 B ; 17h-23h) s'installe dans Th Phahonyothin. En journée, plusieurs **stands d'en-cas et de boissons** sont présents devant le poste de police de Th Phahonyothin.

Bismillah Halal Food Thaïlandais-musulman $
(Soi 4, Th Phahonyothin ; plats 30-100 B ; 5h-17h). Ce restaurant minuscule propose un très bon *biryani* et pratiquement toutes les autres spécialités halal, des *roti* aux *samosas*.

Sukhothai Cuisine Thaïlandais $
(399/9 Th Sailomjoy, enseigne en thaï ; plats 35-40 B ; 7h-17h). Ce restaurant animé en plein air, juste au coin, sert des nouilles de Sukhothai, des satays et d'autres plats classiques.

DEPUIS/VERS MAE SAI

La **gare routière** (053 646403 ; Rte 110) de Mae Sai est à 4 km de la frontière. Des *songthaew* parcourent la route entre cette gare et l'arrêt de Soi 2, à l'angle de Th Phahonyothin (15 B, 5 minutes, 6h-18h). Des motos-taxis (40 B) circulent depuis/vers l'arrêt situé à l'angle de Th Phahonyothin et Soi 4.

Pour vous rendre à Bangkok, vous pouvez éviter d'aller acheter votre ticket à la gare routière en vous adressant à **Siam First** (053 731504 ; près de l'angle de Soi 9 et Th Phahonyothin, enseigne en thaï ; 8h-17h30), à l'angle de Soi 9 et Th Phahonyothin, à côté du marchand de motos.

Dans Th Phahonyothin, près de Soi 8, un panneau "bus stop" indique l'**arrêt** (Th Phahonyothin) des *songthaew* pour Sop Ruak et Chiang Saen.

COMMENT CIRCULER

En ville, les *songthaew* coûtent 15 B, et les motos-taxis, de 20 à 40 B.

Chiang Saen

Parfait exemple de la ville fluviale endormie, Chiang Saen fut autrefois un royaume thaï qui remonterait au VIIe siècle. Les ruines de cet empire – dont plusieurs *chedi*, bouddhas, colonnes de *wihãan* et remparts en terre – émaillent la ville moderne.

Empruntant l'ancienne route marchande sino-siamoise, d'énormes barges venues de Chine accostent aujourd'hui à Chiang Saen, apportant toutes sortes de produits, des fruits aux pièces détachées de moteurs. Malgré ce commerce, la ville

De gauche à droite : Wat Phra That Pha Ngao ; Wat Pa Sak (p. 183)

n'a guère changé depuis une décennie et constitue par là même une base plus agréable que la ville voisine touristique de Sop Ruak.

À VOIR ET À FAIRE

Wat Phra That Pha Ngao — Temple bouddhique

(วัดพระธ"ตุผ"เง" ; près de la Rte 1129 ; lever-coucher du soleil). GRATUIT À 3 km au sud de la ville dans le village de Sop Kham, ce *wat* possède un superbe *hŏr đrai* (dépôt de manuscrits) en teck doré, ainsi qu'une grande salle de prière construite pour protéger un bouddha partiellement exhumé de l'époque de Chiang Saen. Un chemin escarpé conduit au sommet de la colline jusqu'à une pagode et un temple avec vue sur les environs et le Mékong.

Wat Phra That Chom Kitti et Wat Chom Chaeng — Site historique

(วัดพระธาตุจอมกิตติ/วัดจอมแจง ; près de la Rte 1290 ; lever-coucher du soleil). GRATUIT Les vestiges de ces temples se dressent sur une colline, à 2,5 km au nord-ouest de la ville. Le *chedi* circulaire du Wat Phra That Chom Kitti serait antérieur à la fondation du royaume.

Wat Pa Sak — Site historique

(วัดป่าสัก ; près de la Rte 1290 ; parc historique 50 B ; 8h30-16h30 mer-dim). GRATUIT À 200 m de la Pratu Chiang Saen (la principale porte historique menant vers l'ouest de la ville), un parc historique contient les vestiges du Wat Pa Sak, dont sept monuments identifiables. Le principal *chedi* du milieu du XIVe siècle combine des éléments de styles Hariphunchai et Sukhothai avec une possible influence de Bagan – il conserve de superbes reliefs en stuc.

Musée national de Chiang Saen — Musée

(พ'พ'ธภัณฑสถ"นแหงช"ต'เช'ยงแสน ; 702 Th Phahonyothin ; 100 B ; 8h30-16h30 mer-dim). Malgré sa taille assez modeste, ce musée est une bonne source d'information locale.

KANNIKA YAWICHAI/SHUTTERSTOCK ©

Vue sur le Triangle d'or depuis le village de Ban Doi Sa-Ngo, Chiang Saen

Croisières sur le Mékong Croisières fluviales
(☎08 5392 4701 ; Th Rimkhong ; ⊙8h-17h). Depuis la jetée, des vedettes pour 5 passagers rejoignent Sop Ruak (aller simple/aller-retour 600/700 B, 1 heure) ou poussent jusqu'à Chiang Khong (2 500/3 000 B, 1 heure 30).

OÙ SE RESTAURER ET PRENDRE UN VERRE

Près de l'abri couvert des bus dans Th Phahonyothin, des **stands de restauration** (plats 30-60 B) vendent des nouilles et des plats de riz bon marché. Quand vient la nuit, des **stands du soir** (Th Phahonyothin ; plats 30-60 B ; ⊙16h-22h) s'installent plus à l'ouest. Le samedi soir, une partie de Th Rimkhong est fermée à la circulation pour devenir la **Saturday Walking Street** (rue piétonne ; plats 20-60 B ; ⊙16h-21h sam), très animée et offrant de nombreuses possibilités de restauration.

Pour prendre un verre à Chiang Saen, on se retrouve surtout près des **stands au bord de la rivière** (Th Rimkhong ; plats 30-60 B ; ⊙16h-23h), qui sont dressés chaque soir.

Kiaw Siang Hai Chinois $
(44 Th Rimkhong, enseigne en thaï ; plats 50-200 B ; ⊙8h-20h). Fréquenté par les marins des bateaux chinois qui font escale à Chiang Saen, ce restaurant offre une longue carte de plats chinois authentiques, ainsi que des raviolis. Goûtez le tofu frit relevé à la mode du Sichuan, ou l'une des soupes aux herbes. Le restaurant se reconnaît aux immenses jarres en céramique devant l'entrée.

2 be 1 Bar

(Th Rimkhong ; 17h30-minuit). Petit bar au bord de la rivière, avec salle, terrasse et billard.

DEPUIS/VERS CHIANG SAEN

Des **songthaew bleus** (Th Phahonyothin ; 7h20-15h) pour Sop Ruak (20 B) et Mae Sai (50 B) attendent à un stand situé à l'extrémité est de Th Phahonyothin. Pour rejoindre Chiang Khong, il faut prendre un **songthaew vert** (Th Rimkhong) pour Hat Bai (50 B, 1 heure, 9h-14h), à un abri situé dans Th Rimkhong, au sud du bureau de l'immigration situé au bord du fleuve, puis changer pour un autre *songthaew* à Hat Bai.

Chiang Saen ne possède pas vraiment de gare routière mais un **abri couvert** (Th Phahonyothin) à l'extrémité est de Th Phahonyothin, où les bus prennent et déposent les passagers. De cet arrêt, des bus fréquents rallient Chiang Rai (37 B, 1 heure 30, 5h30-17h30) et un bus quotidien dessert Chiang Mai (222 B, 5 heures, 9h).

Sombat Tour (053 650788 ; Th Phahonyothin ; 8h20-17h20) propose 2 bus VIP quotidiens pour Bangkok (1 058 B, 12 heures, 17h et 17h30) partant d'un petit bureau dans Th Phahonyothin.

COMMENT CIRCULER

Les motos-taxis facturent environ 20 B un court trajet en ville. Ils stationnent à côté et en face de l'arrêt de bus.

Un deux-roues est pratique pour explorer les alentours. On peut louer des VTT et des motos chez le **loueur de motos** (08 9429 5798 ; 247/1 Th Phahonyothin, enseigne en thaï ; vélo/moto 80/200 B les 24 heures ; 8h-19h) opérant dans une boutique de barbier

Culture frontalière

Les frontières de la Thaïlande, du Laos et du Myanmar (Birmanie) se rejoignent dans le nord de la province de Chiang Rai. Cette anomalie géopolitique était jadis surnommée le Triangle d'or, du temps où la région était le premier producteur mondial de pavot. Après reconquête de la zone frontalière, ce commerce illicite appartient désormais au passé.

Sur le Doi Tung ("pic du Drapeau") se dressait autrefois le **palais d'été royal du Doi Tung** (0 5376 7011 ; www.doitung.org ; 90 B ; 8h-17h), résidence transformée aujourd'hui en musée. L'**arboretum de Mae Fah Luang** (90 B ; 7h-17h30), résultat d'une initiative royale, visait à initier les ethnies montagnardes à de nouvelles techniques agricoles. L'objectif était de stopper la culture sur brûlis et de remplacer la production d'opium par des cultures de rente (café, noix de macadamia, fruits, etc.). Toutefois, la première qualité du Doi Tung reste le joli périple qu'il offre au visiteur par la Rte 1149.

Sop Ruak était jadis connu pour son rôle dans la production du pavot. L'ancien "centre" du Triangle d'or abrite aujourd'hui plusieurs musées historiques intéressants, dont la **House of Opium** (บ้านฝิ่น ; Rte 1290 ; 50 B ; 7h-19h) et le **Hall of Opium** (หอฝิ่น ; Rte 1290 ; adulte/enfant 200 B/gratuit ; 8h30-16h mar-dim). Des *songthaew* desservent régulièrement Chiang Saen (20 B, 7h-midi) et Mae Sai (45 B, toutes les 40 minutes, 8h-13h).

Arboretum de Mae Fah Luang
KORRADOL

ขนมไทย เฉาก๊วยนมสด
กาแฟโบราณ
โอเลี้ยง
กาแฟโบราณ
โกโก้
อิตาเลียนโซดา

NONG KHAI ET LE NORD-EST

Dans ce chapitre

Nong Khai et le Nord-Est

À Nong Khai, on se repose et on se détend. Dans cette agréable petite ville du Nord-Est, perchée sur les berges des eaux troubles du Mékong face à la ville de Vientiane au Laos, les habitants sont aussi tranquilles et accueillants que leurs voisins laotiens. Nombreux sont les visiteurs qui finissent par y rester plus longtemps que prévu, séduits par ses couchers de soleil roses et son rythme paisible.

Nong Khai en 2 jours

Louez un vélo et partez à la découverte de cette ville décontractée. Visitez **Sala Kaew Ku** (p. 190) et dînez sur la promenade le long du fleuve. Le lendemain, visitez le **marché de Tha Sadet** (p. 192) très fréquenté. Goûtez aux spécialités locales chez **Daeng Namnuang** (p. 194).

Nong Khai et le Nord-Est en 4 jours

Après la visite de Nong Khai, partez découvrir les **temples** (p. 196) des environs, la petite ville de **Sangkhom** (p. 196) et ses impressionnantes cascades, ainsi que le mystique **parc historique de Phu Phrabat** (p. 197).

Comment s'y rendre

Aéroport d'Udon Thani À 55 km au sud de la ville. Liaisons en minibus depuis/vers l'aéroport.

Gare routière de Nong Khai En ville.

Gare ferroviaire de Nong Khai À 2 km à l'ouest du centre-ville, accessible en *tuk-tuk*.

Où se loger

Avec les meilleurs hébergements bon marché du Nord-Est, Nong Khai accueille de nombreux voyageurs. La plupart des *guesthouses* se situent sur les rives du fleuve.

Sala Kaew Ku

Visitez le jardin onirique de Sala Kaew Ku, qui abrite d'impressionnantes figures mythologiques hindoues et bouddhiques, alliance irréelle entre art et religion.

Il a fallu vingt ans pour construire ce parc, qui abrite une surprenante série de gigantesques sculptures d'inspiration hindoue et bouddhique. Le temple est connu localement sous le nom de Wat Kaek.

Visionnaire mystique

Le créateur du parc, mort en 1996, était un mystique du nom de Luang Poo Boun Leua Sourirat. Il racontait être tombé enfant dans un trou où vivait l'ascète Kaewkoo, qui lui fit découvrir le monde mystérieux des Enfers et l'incita à devenir prêtre brahmane et chaman-yogi. Bien qu'il n'ait suivi aucune formation religieuse officielle, Luang Poo parvint à rassembler des fidèles.

Mélange unique de philosophies, mythologies et iconographies hindoues et bouddhiques, les enseignements du mystique séduisirent un grand nombre

Pour ceux qui aiment...

☑ Ne ratez pas

Le corps embaumé du fondateur du parc, au 3e niveau du pavillon.

Infos pratiques

ศาลาแก้วกู่ ; 20 B ; 8h-18h.

Une petite faim ?

Arrêtez-vous au marché de Tha Sadet (p. 192) avant ou après la visite.

★ Bon plan

Mut Mee Garden Guesthouse (042 460717 ; www.mutmee.com ; Soi Mutmee**) tient à votre disposition une carte du site avec un texte explicatif.**

d'adeptes de part et d'autre du Mékong. Le mouvement fut lancé depuis la rive laotienne, pays où vécut Luang Poo jusqu'à la prise de pouvoir des communistes en 1975.

Le principal sanctuaire est envahi de représentations picturales qui auraient de quoi désorienter les plus grands spécialistes en histoire de l'art. On y trouve également des photos de Luang Poo à plusieurs périodes de sa vie, ainsi que sa dépouille, sous un dôme en verre éclairé par des spots.

Paraboles grandeur nature

Inspiré par les visions de Luang Poo et construit par les ouvriers qu'il dirigeait, le parc propose un large éventail de statues en ciment représentant des dieux célestes, notamment Bouddha, Shiva et Vishnou. En dépeignant histoires et paraboles, d'autres œuvres sont censées montrer la voie de l'éveil aux âmes en quête de spiritualité. Une visite du parc donne l'impression de voir les symboles et les récits du bouddhisme prendre forme sous nos yeux.

Certaines sculptures sont assez amusantes, comme celle de l'éléphant avançant, serein, au milieu d'une meute de chiens anthropomorphes, symbole de l'indifférence face à la médisance.

La sculpture la plus imposante, un bouddha assis sur un impressionnant naga (serpent) à sept têtes, mesure 25 m de haut. Il s'agit d'une représentation bouddhique typique de la Thaïlande, rendue unique par l'œil de Luang Poo.

La roue de la vie (cycle de la vie et de la renaissance), dans laquelle on entre à travers une gigantesque bouche, est tout aussi fascinante. La scène finale représente un jeune homme enjambant le cercle pour suivre les enseignements du Bouddha.

★ Bon à savoir

La location d'un *tuk-tuk* coûte environ 250 B aller-retour avec 1 heure sur place ; on peut aussi y aller à vélo (environ 30 minutes).

Nong Khai

Nong Khai

À voir
1 Marché de Tha Sadet D1

Activités
2 Healthy Garden C1
3 Pantrix Yoga B2

Achats
4 Saturday Walking Street C1
5 Village Weaver Handicrafts C3

Où se restaurer
6 Daeng Namnuang C1
7 Dee Dee Pohchanah C3
8 Nakawari B2
9 Saap Lah A3

Renseignements
10 Hôpital de Nong Khai B2

Nong Khai

À VOIR

Marché de Tha Sadet Marché

(ตลาดท่าเสด็จ ; Th Rimkhong ; 8h30-18h). La destination la plus appréciée de la ville, tout piège à touristes qu'elle soit. Presque tous les voyageurs aiment y flâner entre les étals de vêtements, d'équipements électroniques, de nourriture et de babioles importées du Laos et de Chine. Quelques boutiques vendent des produits plutôt originaux et de qualité.

Aquarium de Nong Khai Aquarium

(พิพิธภัณฑ์สัตว์น้ำจังหวัดหนองคาย ; 083 459 4477 ; www.nongkhaiaquarium.com ; en retrait de la Rte 2 ; 100 B ; 9h-17h mar-dim). Cet aquarium a connu des jours meilleurs, mais il présente toujours un bel assortiment de poissons d'eau douce et d'eau de mer, de Thaïlande et d'ailleurs.

Le "grand aquarium", traversé par un tunnel de verre, est le clou de la visite : on y découvre différentes espèces du Mékong, dont des poissons-chats géants. Les poissons sont nourris tous les jours à 14h sous les yeux du public (également à 11h les samedis, dimanches et jours fériés). Une visite divertissante, bien que l'aquarium soit loin de la ville, sur le campus de l'université de Khon Kaen, et que les transports publics ne le desservent pas.

Wat Pho Chai Temple bouddhique

(วัดโพธิ์ชัย ; Th Phochai ; lever-coucher du soleil, ubosot 6h-18h30). GRATUIT Luang Po Phra Sai, un grand bouddha assis scintillant de l'époque Lan Xang, trône au centre du temple le plus sacré de Nong Khai. Sa tête est en or massif, son corps en bronze, et l'*ùt·sà·nít* (ornement en forme de flamme placé sur la tête du bouddha) est serti de rubis. En raison du grand nombre de miracles que lui attribuent les fidèles, ce temple royal est une étape obligée pour la plupart des visiteurs thaïlandais.

Luang Po Phra Sai était l'une des trois statues identiques fabriquées pour chacune des filles du roi Setthathirat du Lan Xang, emportées comme butin de guerre après le sac de Vientiane par le roi Rama Ier en 1778.

Dans la salle abritant la représentation du Bouddha, une incroyable fresque dépeint le voyage des statues depuis l'intérieur du Laos jusqu'aux berges du Mékong, où elles furent transportées en radeau. Une tempête envoya l'une des statues par le fond, où elle est toujours. Elle n'a jamais été remontée car, d'après l'un des moines du temple, le naga (qui vit dans le fleuve) voulait la garder.

La troisième statue, Phra Soem, est au Wat Pathum Wanaram, près du Siam Paragon à Bangkok. Phra Sai devait l'accompagner, mais, comme le montre la fresque, le chariot qui la transportait se brisa ici, ce qui fut interprété comme le signe qu'elle désirait rester à Nong Khai.

Mystérieuses boules de feu

Émanations de méthane, soldats laotiens en goguette ? Peut-être ne s'agit-il que du souffle brûlant du naga sacré, un être légendaire à forme de serpent qui peuple les cours d'eau d'Asie du Sud-Est ! Depuis 1983 (ou bien avant, selon la personne à laquelle vous vous adressez), les *bâng fai pá yah nâhk* – que l'on peut traduire par "boules de feu du naga" – apparaissent chaque année le long du Mékong. Des boules de feu rouges ou rosées surgissent du fleuve à la tombée de la nuit, s'élèvent dans les airs à plus de 100 m, puis disparaissent sans laisser de traces.

Les boules de feu du naga sont devenues l'objet d'un commerce important dans la province de Nong Khai. Chaque année, des milliers de Thaïlandais affluent de tout le pays dans l'espoir de les voir. Phon Phisai, principal point d'observation du phénomène, réunit près de 40 000 personnes.

ACTIVITÉS

Pantrix Yoga Bien-être

(www.pantrix.net ; Soi Mutmee). Pantrix propose des stages de yoga d'une semaine ou d'un mois (sans hébergement) pour étudiants motivés, dispensés par des professeurs expérimentés. Session gratuite tous les jours de 14h à 15h.

Healthy Garden Massages

(042 423323 ; Th Banthoengjit ; massage thaïlandais/des pieds 170/200 B l'heure ; 8h-20h). Les massages (des pieds et thaïlandais traditionnels) les plus efficaces de Nong Khai, dispensés dans des salles climatisées.

KWANCHAI / SHUTTERSTOCK ©

EAKKALUKTEMWANICH / SHUTTERSTOCK ©

De gauche à droite : Saturday Walking Street de Nong Khai ; fresque, Wat Po Chai (p. 193) ; marché de Tha Sadet (p. 192)

ACHATS

Saturday Walking Street Marché

(16h-22h sam). Un marché de rue avec musique, objets faits main et nourriture, s'installe sur la promenade tous les samedis soir. L'événement est de moindre ampleur que les "Walking Street" de Chiang Mai, et donc bien plus sympathique.

Village Weaver Handicrafts Artisanat

(042 422651 ; 1020 Th Prajak ; 8h30-18h). Les profits de cette boutique, qui vend des étoffes et des vêtements tissés à la main d'excellente qualité (en rayon ou sur commande), servent à financer des projets de développement autour de Nong Khai. Les cotons *mát·mèe* sont particulièrement beaux.

OÙ SE RESTAURER

Daeng Namnuang Vietnamien $

(Th Rimkhong ; plats 50-250 B ; 8h-20h ; P). Cet imposant établissement vietnamien, en bord de fleuve, est devenu une véritable institution de l'Isan : les clients viennent en voiture de partout pour faire le plein de *năam neu·ang* (rouleaux de printemps au porc à composer soi-même). On trouve une annexe à l'aéroport d'Udon Thani.

Mae Ut Vietnamien $

(Th Meechai ; plats 30-50 B ; 10h-18h). Ce petit restaurant sert un menu digne d'une cuisine de grand-mère avec seulement 4 plats, dont des nems et du *khâo gee·ab ɓahk mŏr* (nouilles fraîches au porc). Cherchez l'immeuble vert avec des tables posées entre des plantes en pots sous un auvent métallique. Anglais limité.

Saap Lah Thaïlandais $

(Th Meechai ; plats 25-150 B ; 8h30-19h30). D'agréables effluves signalent ce restaurant sans prétention, réputé pour ses savoureux *gài yâhng* (poulet grillé), *sôm·đam* (salade de papaye épicée) et autres spécialités de l'Isan.

Dee Dee Pohchanah Thaïlandais $$

(1155/9 Th Prajak ; plats 60-425 B ; 11h-2h ;). Il suffit de voir la file d'attente à l'heure du dîner pour savoir que le Dee Dee sert

de la bonne cuisine. Ne vous découragez pas : ce restaurant en plein air a beau faire le plein de clients chaque soir, la machine est bien huilée et le service rapide.

Nakawari Thaïlandais $$
(☎081 975 0516 ; Th Rimkhong ; plats 50-480 B ; ⏲10h-21h). Amarré devant la **Mut Mee Garden Guesthouse** (☎042 460717 ; www.mutmee.com ; Soi Mutmee), ce restaurant flottant propose des spécialités de Thaïlande et de l'Isan un peu chères, mais de qualité. Croisière d'une heure au couchant presque chaque soir vers 17h ou 17h30 (80 B ; 10 passagers minimum pour que le bateau appareille) ; passez commande au moins 30 minutes avant le départ.

ℹ RENSEIGNEMENTS

Hôpital de Nong Khai (☎042 413456 ; Th Meechai ; ⏲24h/24). Service d'urgence 24h/24.

Tourism Authority of Thailand (TAT ; ☎042 421326 ; tat_nongkhai@yahoo.com ; Hwy 2 ; ⏲8h30-16h30). Cet office du tourisme, situé en face des bâtiments de l'administration provinciale, au bout de la Hwy 2, devait déménager en 2018.

ℹ DEPUIS/VERS NONG KHAI

AVION

L'aéroport le plus proche se trouve à 55 km au sud, à Udon Thani. Correspondances pour Bangkok, Chiang Mai et Phuket.

Udon Kaew Tour (☎042 411530 ; Th Pranang Cholpratan ; ⏲8h30-17h30) assure des liaisons en minivans depuis/vers l'aéroport. Réservation nécessaire.

BUS

La **gare routière** (☎042 421246) se situe près de Th Prajak, à environ 1,5 km des *guesthouses* en bord de fleuve. Plusieurs destinations sont desservies, notamment Bangkok (330-660 B, 10-11 heures, départs fréquents l'après-midi et le soir), Chiang Mai (750-820 B, 12 heures, départ à 19h) et la gare routière de l'aéroport Suvarnabhumi (430 B, 9-10 heures, départ à 20h).

TRAIN

La **gare ferroviaire de Nong Khai** (042 411637, national 1690 ; www.railway.co.th) est située à 2 km à l'ouest du centre-ville. Des trains relient Bangkok 4 fois par jour (220-1360 B, 11 heures 30).

COMMENT CIRCULER

Nong Khai se prête particulièrement aux déplacements à vélo. Location pour 50 B/jour.

Environs de Nong Khai

Wat Phra That Bang Phuan

Wat Phra That Bang Phuan Temple bouddhique

(วัดพระธาตุบังพวน ; lever-coucher du soleil). Fier de son splendide *chedi* (stupa) qui abriterait 29 reliques du Bouddha, le Wat Phra That Bang Phuan est l'un des temples les plus sacrés de la région. Personne ne peut dire quand le premier stupa fut érigé, mais on sait que le roi Setthathirat du Lan Xang, après le transfert de la capitale de Luang Prabang à Vientiane en 1560, ordonna de construire de grands temples dans tout le royaume, dont un nouveau stupa sur la base d'un ancien.

La pluie fit dangereusement pencher ce *chedi* qui finit par s'effondrer en 1970. Reconstruit en 1977, l'actuel édifice mesure 34 m de hauteur, sur un socle de 17 m^2. D'autres *chedi* non rénovés et un bassin naga l'entourent. L'atmosphère surannée de l'endroit vaut bien plus le détour que le grand stupa en lui-même.

Le temple est à 22 km de Nong Khai sur la Rte 211. Pour vous y rendre, prenez un bus pour Pak Chom (20 B, 45 minutes).

Wat Hin Mak Peng

Wat Hin Mak Peng Temple bouddhique

(วัดหินหมากเป้ง ; 6h-19h). GRATUIT Au cœur d'une forêt, ce vaste temple surplombe un ravissant tronçon du Mékong depuis l'avancée d'une falaise. Inspirant la sérénité, il est cher aux Thaïlandais, qui révèrent au plus haut point son abbé fondateur, Ajahn Thet, un disciple d'Ajahn Mun Bhuridatto (1870-1949), auquel on attribue généralement le renouveau des *aranyavasi* (moines des forêts) en Thaïlande. Ici, plusieurs monuments ont été érigés en son honneur, dont une statue grandeur nature en cire et un *chedi*. Une tenue correcte (ni short ni débardeur) est exigée pour la visite.

Le temple se trouve à mi-chemin entre Si Chiangmai et Sangkhom. Les bus circulant de Nong Khai à Sangkhom (50 B, 2 heures 15) passent près de l'entrée ; de là, il faut parcourir un bout de chemin à pied.

Sangkhom

La petite ville de Sangkhom (สังคม), dont le nom officiel est Ban Chueang, en face de l'île de Don Klang Khong, est une étape agréable pour qui va de Nong Khai à Loei par la route qui longe le Mékong. On y passerait volontiers son temps à contempler le magnifique panorama, bien que d'autres belles curiosités y attendent le visiteur.

À VOIR

La **Nam Tok Than Thip**, cascade qui coule sur trois niveaux, à 13 km à l'ouest de Sangkhom (à 2 km de la Rte 211), est la plus importante chute d'eau de la région. La partie inférieure des chutes monte à 30 m tandis que la partie médiane, facilement accessible par un escalier, atteint 100 m. La partie supérieure, d'une hauteur de 70 m, est à peine visible à travers l'épaisse végétation de la forêt. La **Nam Tok Than Thong**, à 12 km à l'est de Sangkhom, est une cascade plus large, mais moins haute. Plus facile d'accès que Than Thip, Than Thong est très fréquentée les week-ends et jours fériés. Gardez à l'esprit que, comme la plupart des cascades de l'Isan, celles-ci sont saisonnières. Les deux chutes atteignent leur débit maximal entre juillet et septembre puis s'assèchent en février.

Vue sur le Mékong depuis le Wat Pha Tak Sua

Wat Pha Tak Sua Temple bouddhique (วัดผาตากเสื้อ ; lever-coucher du soleil). GRATUIT *Wat* forestier perché au-dessus de la ville, le Wat Pha Tak Sua n'est qu'à 2 km à vol d'oiseau du centre, mais à 19 km de route. Il offre une vue spectaculaire sur le Mékong. Le matin, à la saison froide, la vallée est parfois envahie par le brouillard. Le sentier que prennent les moines chaque matin part à l'est de la ville, juste avant le Km 81. Suivez le Soi 5 jusqu'à la dernière maison, puis tournez à droite au bosquet de manguiers et de papayers.

DEPUIS/VERS SANGKHOM

Trois bus brinquebalants avec ventilateur partent chaque jour de Nong Khai (60 B, 3 heures) ; le premier va jusqu'à Loei (70 B, 3 heures 30). Comme il n'y a pas d'arrêt de bus en ville, il faut faire signe au chauffeur de s'arrêter.

Parc historique de Phu Phrabat

Nul ne connaît vraiment l'histoire de ce lieu mystérieux et mystique, ponctué d'étranges formations rocheuses. **Phu Phrabat** (อุทยานประวัติศาสตร์ภูพระบาท ; 042 918619 ; 100 B ; 8h-16h30) est l'un des sites les plus envoûtants de l'Isan. Le parc est composé d'une collection de formations rocheuses insolites qui furent modifiées à des fins religieuses à l'époque préhistorique. Les stèles *sima* bouddhiques, datant probablement de la période Dvaravati, il y a environ 1000 ans, sont légion. Les sols des grottes ont été minutieusement sculptés, jusqu'à devenir des plateformes polies. Des sanctuaires hindous semblent aussi avoir été construits au milieu de flèches, d'énormes blocs et de roches périlleusement empilées. Si vous visitez les lieux hors période d'affluence, prenez le temps de vous asseoir quelques minutes dans l'une des grottes pour vous imprégner de leur atmosphère, singulière à souhait.

Le Bo Nang Usa (บ่อนางอุษา) est un puits d'au moins 5 m, creusé par des humains dans la roche. Il est impossible de le dater et son usage demeure inconnu, mais on ne peut qu'être admiratif devant le travail qu'il a exigé.

Des peintures préhistoriques sur plusieurs avancements rocheux, notamment à Tham Woau et Tham Khon, deux sites côte à côte, témoignent du fait que l'endroit était sans doute déjà tenu pour sacré il y a quelques milliers d'années. En grimpant à Pha Sa Dej, au bout de l'escarpement, derrière les formations rocheuses, vous aurez une vue panoramique sur la vallée en contrebas et ses fermes se détachant sur la forêt. Les sentiers qui serpentent dans le parc permettent de voir tous les sites en 2 heures environ, mais il vaut la peine de leur consacrer plus de temps. Une boucle plus isolée, au nord, suit de beaux paysages ; elle n'est toutefois pas bien balisée et l'on peut donc facilement se perdre en l'empruntant.

Pièce maîtresse du parc, Hor Nang U-sa a la forme d'une botte à l'envers et abrite un sanctuaire. Nombre des formations rocheuses sont signalées par un panneau indiquant leur nom en thaï et faisant allusion à la légende de Nang Usa et Tao Baros (en anglais), dont on peut lire un résumé au musée. Si vous logez à la Mut Mee Garden Guest House (p. 195) à Nong Khai, vous pourrez lire cette histoire dans son intégralité.

Au sud de l'entrée du parc se dresse le plus grand temple du site, le Wat Phra Phutthabaht Bua Bok, qui comprend un *chedi* de style lao (du même nom), bâti sur une empreinte supposée du Bouddha, et quelques formations rocheuses comme celles que l'on trouve dans le parc.

DEPUIS/VERS LE PARC HISTORIQUE DE PHU PHRABAT

Le parc, à 65 km de Nong Khai, peut se visiter dans la journée depuis cette ville. Du terminal des bus de Nong Khai, les *songthaew* (*sŏrng·tăa·ou* ; pick-up collectifs) pour Ban Pheu (55 B, 1 heure 30) passent par Tha Bo. Un *tuk-tuk* depuis Ban Pheu coûte environ 250 B (aller-retour) et un moto-taxi (ils sont illégaux, mais il y en a toujours qui attendent à l'endroit où les bus s'arrêtent) est moitié moins cher. Le dernier véhicule retournant à Nong Khai part à 16h.

Hor Nang U-sa, parc historique de Phu Phrabat

MORIES602/FOTOLIA ©

Wat Pho Chai Sri

Wat Pho Chai Sri Temple bouddhique (วัดโพธิ์ชัยศรี ; ⌚lever-coucher du soleil). Avec ses statues dont les couleurs flamboyantes créent un effet encore plus bizarre qu'au Sala Kaew Ku de Nong Khai (p. 190), ce *wat* complète à merveille la visite du parc national de Phu Phrabat – et peut même faire, à lui seul, l'objet d'une excursion. Les figures grandeur nature qui parsèment le site mettent en scène des fables de l'Isan, et illustrent les punitions qui attendent les pécheurs dans les enfers bouddhiques.

Le temple héberge également le Luang Po Naak, un bouddha vénéré de 1200 ans, à côté d'un naga à sept têtes.

Aussi connu sous le nom de Wat Ban Waeng, le temple est à environ 5 km à la sortie de Ban Pheu. Un *tuk-tuk* coûte près de 100 B (aller-retour, attente comprise).

HUA HIN

Dans ce chapitre

Hua Hin

Hua Hin et le nord du golfe de Thaïlande sont depuis longtemps le terrain de jeu favori de l'élite du pays. À l'instar de la famille royale, de nombreux touristes thaïlandais se pressent les week-ends sur cette partie de la côte, appréciée pour sa proximité avec Bangkok, son ambiance et ses fruits de mer. Activités en extérieur, sites culturels, longues plages de sable fin propices à la baignade, tranquillité de la province... la liste de ses atouts est longue. Si l'endroit n'est pas très adapté à la plongée, les kitesurfers en revanche y trouveront un vrai paradis, inégalé dans le reste du pays.

Hua Hin en 2 jours

Passez un moment à la plage pour profiter des vagues. En fin de journée, découvrez la ville de Hua Hin, puis le **marché nocturne** (p. 207). Le lendemain, lézardez sur la plage de **Khao Takiab** (p. 210) et déjeunez sur place (vendeurs de rue à proximité).

Hua Hin en 4 jours

Passez une journée à **Phetchaburi** (p. 208), pour son palais royal situé sur une colline et ses impressionnantes grottes. Visitez ensuite les anciens palais royaux de **Hua Hin Nord** (p. 204). Enfin, suivez un circuit à vélo dans la campagne environnante.

Voir carte Hua Hin (p. 211)

Comment s'y rendre

Marché nocturne Les minibus en provenance du terminal Sud de Bangkok vous laissent à proximité du marché de nuit.

Gare ferroviaire Les liaisons en train sont fréquentes depuis/vers la gare Hualamphong à Bangkok et d'autres gares sur la ligne ferroviaire sud. Louez un *tuk-tuk* (environ 100 B) ou une moto (40-50 B) pour rejoindre la ville.

Où se loger

La plupart des hébergements économiques ou de catégorie moyenne se trouvent dans le vieux quartier des *shophouses* (maisons de négoce traditionnelles en bois), agrémenté d'un choix de restauration abordable et de qualité. Pour rejoindre la plage, il vous faudra marcher jusqu'au nord de Hat Hua Hin (plus agréable à marée basse) ou emprunter un *songthaew* (*sŏrng·tăa·ou* ; pick-up collectif) pour rallier la pointe sud. Les hébergements haut de gamme sont regroupés en front de mer et s'étendent vers le sud à partir du Sofitel.

SERGII FIGURNYI/ADOBE STOCK ©

Côte de Hua Hin

La plus ancienne station balnéaire de Thaïlande, loin de la carte postale d'île déserte bordée de palmiers, offre une ambiance cosmopolite, de grandes plages et des infrastructures fonctionnelles.

Pour ceux qui aiment...

☑ Ne ratez pas

Une photo devant les promontoires en pierre qui ont inspiré le nom Hua Hin ("Tête de pierre").

Hua Hin Nord

La côte nord de Hua Hin abrite des propriétés raffinées et verdoyantes aux noms poétiques. Le palais royal actuel, Klai Kangwon, se trouve à 3 km au nord de la ville ; seuls les jardins sont accessibles aux visiteurs (apportez votre passeport).

Ancienne résidence royale d'été, Phra Ratchaniwet Mrigadayavan (p. 210) se situe en bord de mer, à 12 km au nord de Hua Hin, au cœur de la base militaire Camp Rama VI. Votre passeport peut vous être demandé. Ayez une tenue correcte.

Récent, le monument des Sept Rois, dans le parc Ratchaphakdi, rassemble sept statues en bronze, de 14 mètres de haut et pesant chacune 30 tonnes, qui représentent les plus célèbres rois thaïlandais – statues financées

Plage de Hua Hin

par la junte militaire en vue de servir d'outil de propagande. Il vous faudra un véhicule pour vous y rendre.

Plage de Hua Hin

En arrivant par l'accès principal, on découvre une agréable étendue de sable, ponctuée de blocs de roche arrondis. Les Thaïlandais aiment s'y photographier les pieds dans l'eau, et les enfants en âge de marcher peuvent faire une balade à poney.

Baladez-vous vers le sud le long de ce ruban de sable fin et blanc, bordé d'eaux calmes aux nuances gris-vert. Longue de 5 km, la plage se prolonge au-delà des hauts complexes hôteliers, jusqu'à Khao Takiab (p. 210) et son promontoire surmonté d'un bouddha. Au sommet de la montagne se trouve un temple sino-thaïlandais, le Wat Khao Takiab, d'où l'on admire la vue, tout en gardant un œil sur les singes espiègles.

Infos pratiques

Des *songthaew* verts (10 B) partent de l'angle de Th Sasong et de Th Dechanuchit, près du marché nocturne. Ils circulent de 6h à 21h sur Th Phetkasem au sud de Khao Takiab (prenant la direction est sur Th Damnoen Kasem) et vers le nord jusqu'à l'aéroport.

Une petite faim ?

Le village de Khao Takiab offre une série d'étals de poisson et fruits de mer, dont les vacanciers thaïlandais sont friands.

★ Bon à savoir

Faites attention aux méduses durant la saison des pluies, de juillet à octobre.

Hua Hin Sud

Khao Tao ("montagne de la Tortue") surplombe une plage quasi déserte au sud de Khao Takiab et à environ 13 km au sud de Hua Hin. Aucun immeuble, pas de transats sur la plage, de vendeurs de sarongs ou de cavaliers. Sur la montagne se dresse un très grand temple dédié à de nombreuses divinités : depuis Bouddha, Guan Yin (déesse chinoise de la Compassion) et Vishnou jusqu'aux rois thaïlandais.

Quand partir

La meilleure période est la saison chaude et sèche (de février à juin). De juillet à octobre (mousson du sud-ouest), et de novembre à janvier (mousson du nord-est), la région peut subir des averses et être balayée par des vents puissants, mais elle demeure toutefois plus sèche que le reste du pays, en raison d'une anomalie géographique.

Les tempêtes poussent souvent des méduses près du rivage, ce qui rend la baignade dangereuse. Pour s'en protéger, les habitants entrent dans l'eau tout habillés.

Restaurants de bord de mer à Hua Hin

Restaurants de Hua Hin

C'est souvent pour la cuisine que les Thaïlandais font le déplacement à Hua Hin. Le dîner y prend des airs de fête dans les petits restaurants sans prétention et sur les marchés nocturnes bondés, où sont servis des plats de fruits de mer chinois et thaïlandais.

Pour ceux qui aiment...

☑ Ne ratez pas

Le *pàt pŏng gà·rèe bou* (curry de crabe), célèbre plat de fruits de mer sino-thaïlandais.

Ville de Hua Hin

Ce vieux village de pêcheurs est un paradis pour les gourmands.

Koti (032 511252 ; 16/1 Th Dechanuchit ; plats 40-400 B ; 11h-22h). Ouvert depuis 1932, ce restaurant sino-thaïlandais est connu dans tout le pays. Les Thaïlandais apprécient les huîtres frites à la farine et aux œufs, tandis que les étrangers choisissent souvent les *đôm yam gûng*. Tous plébiscitent la *yam tá-lair* (salade de fruits de mer épicée) et le curry vert traditionnel. Attente prévisible.

Jek Pia (51/6 Th Dechanuchit ; plats 35-150 B ; 6h30-12h30 et 17h30-20h). Ce qui était autrefois un simple café est devenu au fil des décennies l'une des meilleures surprises culinaires de Hua Hin. La mère du propriétaire actuel eut un jour l'idée

Fruits du dragon sur un marché

HELISSA/ADOBE STOCK ©

de fonder un *food court* gastronomique, proposant un vaste choix, détaillé dans les cartes que l'on vous présente à votre arrivée.

Thanon Naebkehardt

On assiste les week-ends à une marée d'un autre genre : les résidents aisés de Bangkok envahissent les hôtels et les restaurants de Thanon Naebkehardt, investissent le marché nocturne et les discothèques. Le dimanche, les routes du retour sont submergées.

Difficile de résister à ce déferlement ! Alors n'hésitez plus, enfilez vos plus belles lunettes de soleil et faufilez-vous jusqu'à une table de l'une de ces adresses en vue de Hua Hin Nord :

Baan Tuayen Icy Beans (Th Naebkehardt ; plats 55-145 B ; 7h-22h ; wifi). Un lieu de rencontre branché qui séduit grâce

Infos pratiques

Les restaurants ouvrent dès 17h pour le dîner et, pour certains, à l'heure du déjeuner.

Une petite faim ?

Dégustez des crevettes frites, une omelette aux moules ou un curry de crabe au marché nocturne de Hua Hin.

★ Bon plan

Le week-end, les restaurants ne désemplissent pas. Venez tôt ou plus tard pour éviter l'affluence maximale.

à ses trois menus au petit-déjeuner, déjeuner et dîner. Bons plats comme le curry vert de porc braisé, mais, comme le nom l'indique, les desserts sont en vedette ; essayez une crème glacée au coulis de haricots rouges ou un smoothie aux haricots rouges.

Baan Khrai Wang (Th Naebkehardt ; plats 65-285 B ; 9h-18h). Les palmiers, le jardin fleuri, l'ambiance des anciennes maisons de plage en bois et le bruit des vagues font de cette "maison près du palais" un cadre idyllique. Beaucoup viennent s'y prélasser devant un café et un gâteau à la noix de coco, mais un modeste menu est également proposé : cari *massaman*, riz frit au crabe, *kôw châe* et *wrap* garni de salade César.

Ratama (12/10 Th Naebkehardt ; plats 50-200 B ; 8h30-15h30). Au menu de ce restaurant, des omelettes thaïlandaises, des curries de fruits de mer épicés et un délicieux curry panang. Mais c'est le canard, servi sous différentes formes, incluant le bol de *gŏo-ay đĕe-o* (soupe de nouilles) et l'assiette de becs frits, qui fait la réputation de l'établissement. Nous vous recommandons également le *súþêr đin gài* (*đôm yam* de pattes de poulet), qui remplaceront, si vous le demandez, les pattes de canard. L'enseigne en anglais est très difficile à repérer, cherchez plutôt la statue de canard géant.

Plus de choix de restaurants p. 212.

Tham Khao Luang

Phetchaburi

Accessible en excursion à la journée depuis Hua Hin, Phetchaburi est un arrêt culturel apprécié des visiteurs pour ses anciens palais royaux et ses sanctuaires troglodytiques. Petit bourg provincial, la ville est davantage fréquentée par les groupes scolaires que par les touristes étrangers.

Pour ceux qui aiment...

☑ Ne ratez pas

Un simple "hello" aux écoliers en visite dans les célèbres sites de Phetchaburi vous vaudra rires et allégresse en retour.

Parc historique de Phra Nakhon Khiri

Ce **palais** (อุทยานประวัติศาสตร์พระนครคีรี ; ☎032 401006 ; 150 B ; funiculaire adulte/enfant 50/15 B aller-retour ; ⏲parc et funiculaire 8h30-16h30) repose sur la colline de Khao Wang et domine la ville de sa discrète opulence. C'est en 1859 que Rama IV (roi Mongkut) fit construire à l'écart de Bangkok cette villégiature mêlant influences chinoises et européennes. La situation en hauteur avait été choisie pour la pratique de l'astronomie, activité prisée du roi.

Des chemins pavés mènent du palais jusqu'à trois sommets, tous surmontés d'un *chedi* (stupa). La flèche blanche de Phra That Chom Phet, que l'on voit depuis la ville, se dresse fièrement dans le ciel.

Le site comprend deux entrées distinctes. L'entrée principale se trouve

Phra That Chom Phet, parc historique de Phra Nakhon Khiri

en face de Th Ratwithi et nécessite d'emprunter un chemin escarpé. L'entrée secondaire, à l'arrière, est accessible par un funiculaire.

Phra Ram Ratchaniwet

Impressionnant édifice de style Art nouveau, cet élégant **palais d'été** (พระรามราชนิเวศน์, palais Ban Peun ; Th Damnoen Kasem ; 50 B ; 8h30-16h lun-ven, 8h30-16h30 sam-dim), dont la construction a débuté en 1910 à la demande de Rama V (disparu peu après) est l'œuvre d'architectes allemands, qui virent là l'occasion de présenter les dernières innovations architecturales : pièces baignées de lumière et décorées de faïence, vitraux, parquets massifs et ornements en fer forgé. Le palais est dans l'enceinte d'une base militaire, à 1 km au sud de la ville ; le passeport est parfois demandé à l'entrée.

Infos pratiques

Les minibus pour Hua Hin sont situés à 500 m au sud de la station de minibus, le long de la route, à côté de l'hôpital Phetcharat, et ils s'arrêtent également plus au sud, devant le centre commercial Big C. Une course à moto-taxi dans le centre-ville coûte de 20 à 40 B. Les *tuk-tuk* à quatre roues de Phetchaburi (appelés ici *rót léng*) sont légèrement plus chers. On peut aussi les louer à la journée (environ 700-800 B).

Une petite faim ?

Rabieng Rim Nam (032 425707 ; 1 Th Chisa-In ; plats 50-120 B ; 8h-minuit ;) dispose d'un emplacement agréable en bord de fleuve et d'informations touristiques.

Bon à savoir

Gardez votre sac près de vous et n'entrez pas en contact avec les singes.

Tham Khao Luang

À environ 4 km au nord de la ville se trouve l'impressionnante **Tham Khao Luang** (ถ้ำเขาหลวง ; 8h-16h lun-ven, 8h-17h sam-dim) GRATUIT, l'un des principaux sanctuaires troglodytiques de Thaïlande, très apprécié de Rama IV. Au centre, la statue du Bouddha est souvent divinement éclairée par le puits de lumière en forme de cœur. Au fond de la grotte, une succession de bouddhas assis projette son ombre sur les parois ondoyantes de la caverne. L'accès se fait par un escalier pentu.

Tham Khao Bandai-It

Ce **monastère** (ถ้ำเขาบันไดอิฐ ; Rte 3171 ; 8h-17h) GRATUIT à flanc de colline, à 2 km à l'ouest de la ville, s'étend dans plusieurs grandes grottes transformées en sanctuaires bouddhiques et en salles de méditation. On y découvre des formations naturelles et des puits de lumière, et l'une des salles abrite quelques chauves-souris. Les jeunes qui proposent de vous guider attendront un pourboire s'ils vous accompagnent.

À VOIR

Ancien village de pêcheurs, Hua Hin conserve un quartier de *shophouses* en teck quadrillé de *soi* étroits, des maisons sur pilotis transformées en restaurants ou *guesthouses*, et un port de pêche en activité.

Gare ferroviaire de Hua Hin Site historique

(สถานีรถไฟหัวหิน ; Th Liap Thang Rot Fai). Emblématique de l'architecture locale, le pavillon rouge et blanc qui jouxte la gare servait de salle d'attente royale sous le règne de Rama VI. Réduisant le temps de trajet depuis Bangkok à 4 heures, le chemin de fer fit de Hua Hin une destination touristique pour la monarchie et l'élite de la capitale.

Cicada Market Marché

(ตลาดจักจั่น ; 080 650 4334 ; www.cicadamarket.com ; Soi Hua Thanon 23, Th Phetkasem, Hua Hin Sud ; 16h-23h ven-dim). GRATUIT Plus agréable que le marché nocturne du centre-ville, le Cicada s'étend à 3,5 km au sud et regroupe alimentation, artisanat et spectacle vivant. On vient plus ici pour l'ambiance décontractée que pour acheter. De nombreux artistes et artisans y vendent toutefois leurs articles de décoration et vêtements faits à la main, et de la nourriture thaïlandaise et d'ailleurs. Spectacle dès 20h30 et musiciens des rues tout autour. Le dernier *songthaew* vert revient en ville vers 21h.

Phra Ratchaniwet Mrigadayavan Édifice historique

(พระราชนิเวศน์มฤคทายวัน ; 032 508443 ; www.mrigadayavan.or.th ; 30 B ; 8h30-16h30 jeu-mar, dernière entrée 16h). En bord de mer, à 12 km au nord de Hua Hin, ce palais d'été fut construit en 1924 sous le règne de Rama VI, qui souffrait de polyarthrite rhumatoïde. Le jardin aux arbres imposants jouit d'une vue fabuleuse. Le palais est composé de 18 édifices en teck sur pilotis, tous reliés et dotés de hautes fenêtres à persiennes.

Khao Takiab Colline

(เขาตะเกียบ). À environ 7 km au sud de Hua Hin, le mont de la "Baguette monumentale" garde l'extrémité sud de la plage. Une route escarpée serpente jusqu'au sommet de la colline (77 m), en passant par le marché au poisson, et mène au Wat Khao Takiab, temple sino-thaïlandais qui offre une belle vue. Au bord de la plage se trouve un immense bouddha debout.

Les *songthaew* verts de Hua Hin s'arrêtent dans le village de Khao Takiab, à 1 km, mais on peut négocier auprès des chauffeurs pour aller jusqu'au temple, moyennant un supplément de 50 à 100 B par personne.

ACTIVITÉS

North Kiteboarding Club Kitesurf

(083 591 4593 ; www.northkiteboardingclub.com ; 113/5 Th Phetkasem au niveau de Soi 67, Hua Hin Sud ; stage d'initiation 3 jours 11 000 B , 9h-21h). Basé à Hua Hin, mais avec des points de vente à Chumpon et Phuket, ce prestataire réputé propose des cours et vend des équipements sur place.

Thai Cooking Course Hua Hin Cours de cuisine

(081 572 3805 ; www.thai-cookingcourse.com ; Soi 19 Th Phetkasem ; cours 1500 B). Le cours d'une journée inclut la visite au marché, un menu de cinq plats et un livre de recettes. Trois personnes minimum et transport depuis votre hôtel inclus.

Thai Massage by the Blind Massages

(081 944 2174 ; Th Naebkenhardt ; massage thaïlandais 200 B ; 7h-21h). Massages traditionnels de la tête, des pieds et du corps par des masseuses aveugles ; autres soins possibles, notamment des enveloppements à base de plantes. Deux autres adresses à l'écart du centre-ville.

Hua Hin Golf Centre Golf

(032 530476 ; www.huahingolf.com ; Th Selakam ; midi-20h30). Le personnel de ce centre géré par **Hua Hin Golf Tours** (032 530119 ; Soi 41 ; 6h30-22h) vous indiquera les terrains les plus abordables et les mieux entretenus, où les singes ne volent pas les balles. Le centre organise des tournois et loue des clubs de golf (500-700 B/jour).

Hua Hin

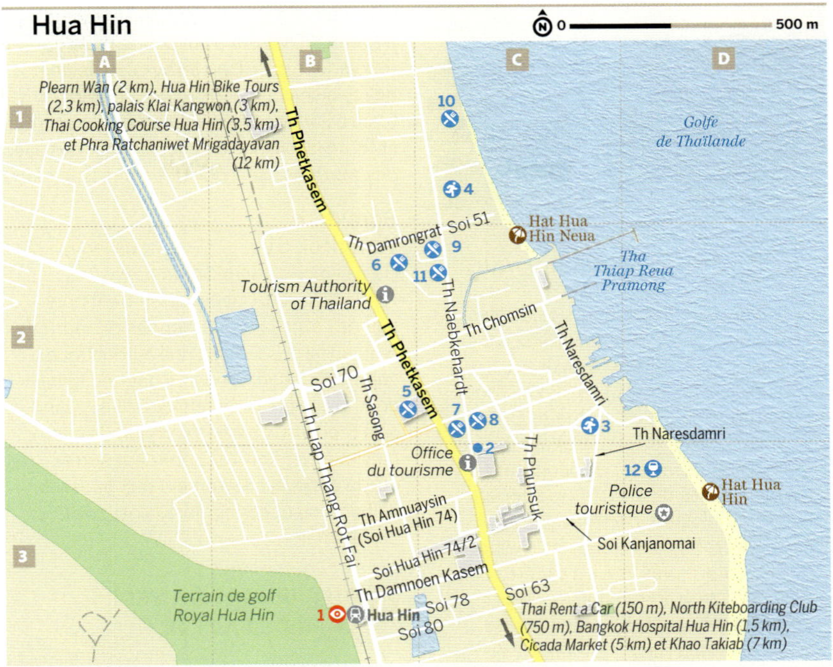

Hua Hin

À voir

1 Gare ferroviaire de Hua Hin B3

Activités

2 Hua Hin Adventure Tour C3
3 Hua Hin Golf Centre C2
4 Thai Massage by the Blind C1

Où se restaurer

5 Marché Chatchai B2
6 Sôm·đam Tanontok 51 .... B2
7 Koti C2
8 Jek Pia C2
9 Baan Tuayen Icy Beans C2
10 Baan Khrai Wang C1
11 Ratama C2

Où prendre un verre et faire la fête

12 White Lotus Sky bar D3

CIRCUITS ORGANISÉS

Hua Hin Bike Tours — Cyclotourisme

(081 173 4469 ; www.huahinbiketours.com ; 15/120 Th Phetkasem entre Soi 27 et Soi 29 ; circuits d'une journée à partir de 2 950 B ; 10h-20h). Un couple tient cette agence qui organise des circuits à vélo d'une journée à plusieurs jours à la découverte de sites de Hua Hin et des environs, y compris un circuit de 4 jours de Bangkok à Hua Hin. Location de vélos (500 B/jour, dégressif selon la durée) pour cyclistes individuels. Des conseils peuvent être fournis sur les itinéraires.

Hua Hin Adventure Tour — Circuits aventure

(032 530314 ; www.huahinadventuretour.com ; Th Naebkehardt ; 9h-18h lun-sam). Ce tour-opérateur propose diverses excursions, dont des circuits en kayak dans le parc national de Khao Sam Roi Yot (p. 212), et d'observation de la faune dans le parc national de Kaeng Krachan.

Parc national de Khao Sam Roi Yot

D'immenses affleurements calcaires forment un patchwork rocailleux dans ce **parc** (☎032 821568 ; www.dnp.go.th ; adulte/enfant 200/100 B) de 98 km², dont le nom signifie "300 sommets". On peut y explorer des grottes, des plages et des marais côtiers, autant de pépites pour les passionnés d'activités en extérieur et d'ornithologie. On y trouve des espaces protégés comme des élevages de crevettes privés, mais n'espérez pas découvrir de grands espaces vierges. Proche de Hua Hin, on peut y passer la journée. Hua Hin Bike Tours (p. 211) propose des circuits à vélo et des randonnées pédestres.

Parc national de Khao Sam Roi Yot
NANUT BOVORN/GETTY IMAGES ©

ACHATS

Plearn Wan — Marché

(เพลินวาน ; ☎032 520311 ; Th Phetkasem entre Soi 38 et Soi 40 ; ⏲9h-21h dim-jeu, 9h-22h ven-sam). Parmi les sites préférés des voyageurs thaïlandais, le marché de Plearn Wan ("plongée dans le passé") est consacré au design rétro. Les échoppes sont conçues pour ressembler aux *shophouses* des quartiers sino-thaïlandais de Bangkok et de Hua Hin. On y trouve quantité de vieilles photos et de meubles vintage.

OÙ SE RESTAURER

Pour d'autres adresses, voir p. 206.

Marché Chatchai — Marché $

(Th Phetkasem ; plats à partir de 35 B). Le marché se tient dans un bâtiment de 1926, avec un toit à sept avant-toits en hommage à Rama VII. Vous y trouverez le matin des vendeurs de *ƀah·tôrng·gŏh* (beignets de style chinois) et de *gah·faa boh·rahn* (café à l'ancienne au lait concentré sucré), et toute la journée des nouilles servies avec des *wontons*, ainsi que des fruits tropicaux.

Sôm·đam Tanontok 51 — Thaïlandais $

(Th Damrongrat/Soi 51 ; plats 40-190 B ; ⏲10h-20h ; 📶). Cet établissement hors pair de l'excellent quartier des restaurants (voir aussi p. 206) sert une authentique cuisine de l'Isan, préparée par une famille de Khorat : poissons-chats grillés, *gaang orm* (curry aux herbes sans lait de coco), plusieurs versions de *sôm-đam* autres que la papaye, notamment aux pousses de bambou et concombre, ainsi que *lâhp* de calamars.

OÙ PRENDRE UN VERRE ET FAIRE LA FÊTE

Bars des sports ou bars à hôtesses restent prédominants dans les quartiers touristiques de Hua Hin.

White Lotus Sky Bar — Bar

(Th Naresdamri ; bière à partir de 200 B ; ⏲18h-minuit ; 📶). Perché au sommet du Hilton (17e étage), cet élégant bar-lounge offre une belle vue et une brise rafraîchissante. Bien que l'hôtel soit orienté vers l'est, venez tôt et vous pourrez voir le soleil se coucher (en partie). Sur place également, un luxueux restaurant chinois.

RENSEIGNEMENTS

Bureaux de change et DAB dans toute la ville.

Bangkok Hospital Hua Hin (☎032 616800 ; www.bangkokhospital.com/huahin ; Th Phetkasem au niveau de Soi 94). Un établissement de la chaîne hospitalière réputée. À Hua Hin Sud.

Office du tourisme municipal (☎032 611491 ; Th Naebkehardt ; ⏲9h-16h30 lun-ven, 9h-17h sam-dim). Bon plan de la ville et des environs (gratuit).

Police touristique (032 515995 ; Th Damnoen Kasem). À l'extrémité est de la rue, avant la plage.

Tourism Authority of Thailand (TAT ; 032 513885 ; www.tourismthailand.org/hua-hin ; 39/4 Th Phetkasem au niveau de Soi 55 ; 8h30-16h30). Le personnel est serviable et parle anglais ; le bureau ouvre rarement à l'heure.

DEPUIS/VERS HUA HIN

AVION

L'aéroport se situe à 6 km au nord de la ville, mais n'accueille que des vols charters.

BUS

Les bus pour Bangkok partent depuis les **bureaux** (Th Sasong) d'une compagnie situés près du marché nocturne. Ceux pour l'aéroport international Suvarnabhumi de Bangkok partent de la gare routière des bus longue distance. Les minibus à destination du terminal Sud de Bangkok partent du bureau de la compagnie, à l'angle de Th Phetkasem et Th Chomsin.

Les bus pour Phetchaburi partent du nord du marché sur Th Phetkasem.

Lomprayah propose des liaisons bus-bateau de Hua Hin à Ko Samui (1400 B, 10 heures, 8h30).

TRAIN

Des trains fréquents circulent depuis/vers la gare Hualamphong à Bangkok et d'autres gares sur la ligne ferroviaire sud.

COMMENT CIRCULER

Des *songthaew* verts partent de l'angle de Th Sasong et Th Dechanuchit, près du marché nocturne, et suivent Th Phetkasem vers le sud jusqu'à Khao Takiab (20 B). Les bus pour Pranburi partent du même arrêt (20 B).

Les tarifs des *tuk-tuk* sont exagérés, à partir de 100 B, et difficilement négociables. Préférez un moto-taxi pour un court trajet (40-50 B).

Dans Th Damnoen Kasem et Th Chomsin, des boutiques louent motos (200-300 B/jour) et vélos (50-100 B/jour). **Thai Rent A Car** (083 887 5454 ; www.thairentacar.com ; Th Phetkasem au niveau de Soi 84, Hua Hin Sud ; 8h30-18h30) offre des prix compétitifs et une flotte bien entretenue, et dépose le véhicule à votre hôtel.

Gare ferroviaire de Hua Hin (p. 210)

IKUNL / SHUTTERSTOCK ©

KO SAMUI

Dans ce chapitre

Ko Samui

Cité balnéaire, parée de sable blanc mais aussi des commodités modernes, Ko Samui confirme son statut de petite Phuket : plages de charme, liaisons aériennes rapides avec Bangkok, hôtels et spas haut de gamme et nuits de fête. Ville de paillettes, impertinente voire désorganisée, elle est idéale en somme pour les vacanciers privilégiant le divertissement. On trouve pourtant des villages tranquilles et des plages isolées : Samui peut être l'île paradisiaque de tous, à condition de savoir où chercher.

Ko Samui en 2 jours

Paresse sur la plage, repas, sieste, cocktail, et on recommence. Saupoudrez le tout avec un soin au spa de **Tamarind Springs** (p. 224). Dînez dans un restaurant de spécialités de la mer, comme **Bang Po Seafood** (p. 226). Enchaînez sur une soirée dans les bars et discothèques de la plage de Chaweng.

Ko Samui en 4 jours

Partez en excursion au **parc national maritime d'Ang Thong** (p. 220). Louez une moto et allez découvrir le sud de l'île, en particulier **Ban Hua Thanon** (p. 224), **Hin-Ta** et **Hin-Yai** (p. 224). Cassez votre tirelire pour un repas au **Dining on the Rocks** (p. 227).

Comment s'y rendre

Aéroport de Ko Samui Au nord-est de l'île, près de Big Buddha Beach. Le trajet depuis l'aéroport se fait en taxi. Les liaisons maritimes vers les îles voisines partent de divers embarcadères sur l'île et le transfert est généralement compris dans le prix du billet.

Où se loger

Chaweng et Lamai proposent le plus large choix d'hébergements, souvent pris d'assaut. Plus calme, la côte nord abrite surtout des établissements haut de gamme, en particulier à Choeng Mon ; Bo Phut est plus branchée, et Mae Nam discrète et appréciée des voyageurs à petit budget.

Plus de renseignements p. 227.

Plages de Ko Samui

Les plages de la côte est sont célèbres pour leur beauté et leur ambiance festive. La côte nord est plus calme et familiale. Quant aux plages du Sud-Ouest, elles sont idéales pour admirer les couchers de soleil.

Pour ceux qui aiment...

☑ Ne ratez pas

Un tour de l'île à moto pour dénicher votre plage préférée.

À Ko Samui, chaque plage est différente, de la plus survoltée à la plus isolée.

Côte est

C'est sur la façade est que se trouvent la plupart des plages. Celle de Chaweng, dont la blancheur du sable fin s'étend tout en courbes de Ko Matlang au nord à Chaweng Noi au sud, est bondée dans sa partie centrale. La musique des bars voisins sert de fond (très) sonore aux vendeurs ambulants, qui parcourent inlassablement la plage.

La plage de Lamai est tout aussi belle mais moins courue que la flamboyante Chaweng, et souffre d'un complexe d'infériorité. Le culte de la cure détox de Samui est pourtant apparu ici, grâce aux deux succursales locales de Spa Samui, mais les visiteurs en quête d'hédonisme

Plage de Lamai, Ko Samui

Infos pratiques

La mousson à Ko Samui s'étend d'octobre à décembre. La haute saison touristique court de juin à août.

Une petite faim ?

Arrêtez-vous dans l'un des établissements qui longent la route et savourez un curry typique du sud du pays.

★ Bon à savoir

Avec une superficie de 229 km², Ko Samui est assez grande – la route principale qui fait le tour de l'île mesure plus de 50 km.

se dirigent plutôt vers les bars de la rue commerçante de Lamai. La pointe sud de la plage offre une ambiance d'île déserte.

Côte nord

La côte nord de Samui est plus feutrée. La pointe nord, Choeng Mon, est une magnifique baie, aux eaux peu profondes et aux bars tranquilles, qui plaît beaucoup aux familles. Ce croissant de sable est la plage préférée des habitants, suivie de près par Big Buddha Beach (Bang Rak), qui tire son nom de son immense statue dorée du Bouddha. La moitié ouest de la plage, où l'on profite quasi seul de l'étendue de sable blanc, est sans conteste la plus agréable, malgré sa proximité de la route. Bo Phut et son Fisherman's Village ("village du pêcheur") sont typiques des plages thaïlandaises désormais en vogue : étroite, recouverte de galets et longeant un ensemble de *shophouses* (maisons de négoce traditionnelles en bois) transformées en hôtels et en restaurants tendance pris d'assaut le soir pour le dîner et une promenade. Mae Nam a une atmosphère à la fois vivante et tranquille. La côte nord-ouest et ses superbes baies sont envahies de *resorts* de luxe, mais vous pourrez profiter de la vue à Ao Thong Sai.

Côtes sud et ouest

La côte sud est parfaite pour partir à la découverte de villages, repérer différentes formations géologiques, observer un buffle d'eau égaré. La côte est parsemée de promontoires rocheux et de criques qui servent plus aux pêcheurs pour amarrer leurs bateaux qu'aux plaisanciers pour installer leurs transats. La côte ouest profite d'une vue envoûtante sur les Five Sister Islands ("Cinq Îles") et le continent.

Vue depuis Ko Mae

DON MAMMOSER / SHUTTERSTOCK ©

Parc national maritime d'Ang Thong

Recouvertes par la jungle, les quelque 40 îles du parc forment un collier d'émeraudes éparpillées sur la mer céruléenne. C'est dans le cadre d'un circuit guidé depuis Ko Samui que ce territoire sauvage est le plus facilement accessible.

Pour ceux qui aiment...

☑ Ne ratez pas

Singes, oiseaux, chauves-souris et crustacés peuplent ces îles.

Après 1 heure de traversée en bateau, on aperçoit la terre à l'horizon, puis deux îles distinctes, comme amarrées l'une à l'autre. Des affleurements calcaires se dressent tels des mâts dans le ciel, créant l'illusion de silhouettes ancrées dans les eaux bleu saphir. En s'approchant encore, on distingue des figures géométriques créées par un labyrinthe aquatique, arches et grottes sculptées par la puissance de l'océan.

Naissance d'un parc

Devenu parc national en 1980, Ang Thong ("Coupe Dorée") se trouve à 35 km à l'ouest de Ko Samui. Sur une superficie totale de 102 km^2, seuls 18 km^2 ne sont pas immergés. À l'origine terrain d'entraînement militaire, ces îles restent inhabitées et visitées essentiellement

À l'assaut du point de vue de Ko Wua Talap

JARUNG H / SHUTTERSTOCK ©

à la journée. C'est dans ce paysage sublime que se situe l'histoire devenue culte d'Alex Garland, *La Plage.*

Ko Mae

L'île la plus emblématique du site, Ko Mae ("île mère"), est recouverte d'une végétation aux couleurs grisées, de formations calcaires et abrite un lagon intérieur. En accédant au point culminant de l'île, on découvre un aven comblé par un lac scintillant alimenté par des eaux souterraines. Un ravissement pour les yeux uniquement, puisque l'accès au lac est interdit aux visiteurs.

Ko Wua Talap

Ko Wua Talap ("île de la vache endormie") est l'île la plus vaste du site et comprend le bureau du parc national, ainsi que des bungalows. L'île offre une vue exceptionnelle depuis son sommet, récompense méritée après une ascension de 450 m de dénivelé, par un sentier parsemé de rochers. Un deuxième itinéraire mène à la Tham Bua Bok, une caverne avec des stalactites et stalagmites en forme de lotus. Sur la côte orientale se trouve une petite plage de sable d'un calme extraordinaire.

Infos pratiques

Blue Stars (☎077 300615 ; www.bluestars.info ; excursions adulte/enfant 2500/1600 B). Circuits dans le parc très appréciés, en kayak et snorkeling.

Une petite faim ?

Sachez que le repas est fourni par la plupart des tour-opérateurs.

★ Bon à savoir

Les mois les plus agréables sont février, mars et avril. Le parc est régulièrement fermé en novembre et décembre, en raison de la mousson.

Autres îles

Les arches en pierre creusées par l'érosion de Ko Samsao et Ko Tai Plao sont visibles lors des grandes marées saisonnières et par météo favorable. En raison d'eaux peu profondes sur la zone, au maximum 10 m, les récifs de coraux se sont peu développés à l'exception de quelques espaces protégés sur les côtes sud-ouest et nord-est. On peut aussi pratiquer la plongée, qui s'avère moins spectaculaire toutefois que sur d'autres sites voisins. Des plages de sable fin s'étendent jusqu'à Ko Tai Plao, Ko Wuakantang et Ko Hintap.

Trek du point de vue de Mae Nam

Prenez de la hauteur pour profiter d'un point de vue époustouflant sur l'île, en passant par une cascade perdue dans la forêt.

Départ Mae Nam
Distance 5,5 km
Durée 30 minutes à scooter ou 2 heures à pied

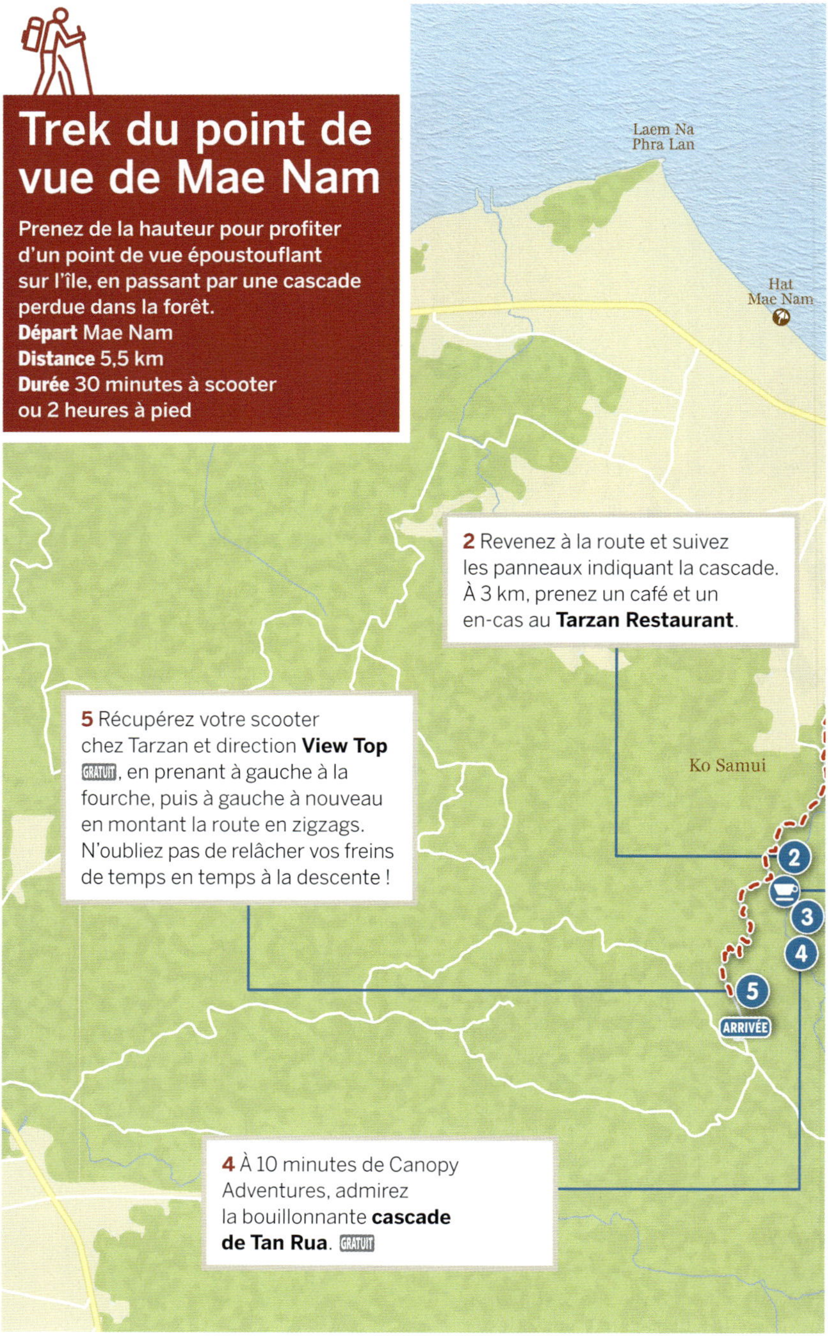

2 Revenez à la route et suivez les panneaux indiquant la cascade. À 3 km, prenez un café et un en-cas au **Tarzan Restaurant**.

5 Récupérez votre scooter chez Tarzan et direction **View Top** GRATUIT, en prenant à gauche à la fourche, puis à gauche à nouveau en montant la route en zigzags. N'oubliez pas de relâcher vos freins de temps en temps à la descente !

4 À 10 minutes de Canopy Adventures, admirez la bouillonnante **cascade de Tan Rua**. GRATUIT

1 À scooter, longez Soi 4 vers le sud à partir de l'arche de Chinatown jusqu'au paisible **Wat Phukao Thong** GRATUIT ; entrez pour visiter et gravissez les marches jalonnées de dragons verts.

La photo à prendre

Point de vue de Mae Nam – pour un panorama sur Samui.

Une petite faim ?

Le café de Canopy Adventures propose Wi-Fi, en-cas et vue superbe.

3 Laissez votre scooter et marchez 1 km jusqu'à **Canopy Adventures** (www.canopyadventuresthailand.com ; ☎077 300340), pour essayer la tyrolienne (2 950 B) ou gagner à pied (50 B) un point de vue.

À VOIR

Ban Hua Thanon Quartier

Au sud de Hat Lamai, Hua Thanon, quartier plein de charme, accueille une dynamique communauté musulmane. Il s'achève sur une plage quasi déserte abritant des bateaux de pêche dont les proues forment des motifs chamarrés à travers les palmiers – dommage que le sable soit jonché de détritus. Ne manquez pas la **mosquée** vert, blanc et or sur l'artère principale du quartier.

Hin-Ta et Hin-Yai Curiosités

Deux célèbres formations rocheuses baptisées Hin-Ta et Hin-Yai, "Grand-père" et "Grand-mère", se dressent au sud de Hat Lamai. Leurs formes rappelant des parties génitales suscitent de nombreux gloussements chez les touristes thaïlandais.

Fisherman's Village Quartier

Ce "village du pêcheur" est constitué d'étroites *shophouses* chinoises, transformées en boutiques-hôtels et en restaurants, bars et cafés (de catégorie moyenne pour la plupart) très tendance. La plage, assez exiguë, présente un sable grossier côté est, qui s'éclaircit et s'affine vers l'ouest. L'ensemble – ancien village réhabilité et jolies plages – attire les foules en période touristique. Hors saison, en revanche, c'est un lieu tranquille.

Cascades de Na Muang Cascades

GRATUIT Ces deux cascades jumelles, dont les eaux dégringolent depuis les points les plus élevés de l'île, sont spectaculaires lorsque le débit est maximal et que l'eau glacée coule dans des bassins naturels pour se jeter dans la mer azur. La plus haute (30 m) des deux cascades, située au centre de l'île, à environ 12 km de Na Thon, est aussi la plus connue de Ko Samui. Durant la saison des pluies, l'eau dévale des roches violettes, et le bassin se prête merveilleusement à la baignade.

Wat Plai Laem Temple bouddhique

(lever-coucher du soleil). GRATUIT Cette statue de Guanyin, bodhisattva à mille bras de la compassion, représentée ici avec 18 bras déployés en éventail, est la plus remarquable de l'île. Installé dans un superbe temple construit récemment, l'ouvrage coloré se dresse sur une île au milieu d'un lac, à côté d'un bâtiment surplombant également l'eau. Au nord du temple, on peut voir une statue du jovial Maitreya, le Bouddha du Futur. Le cadre est on ne peut plus photogénique.

ACTIVITÉS

Tamarind Springs Massages

(080 569 6654 ; www.tamarindsprings.com ; en retrait de la Rte 4169 ; forfait spa à partir de 1500 B). À l'abri de la plage, nichées au cœur d'une plantation de cocotiers très calme, ces quelques villas en bois de style thaïlandais et ces salons de massage chics se fondent dans le paysage. On peut y résider ou juste venir une journée profiter du hammam creusé dans la roche et des massages dans une ambiance très détendue. Restaurant diététique et séjours de trois nuits ou plus dans les élégantes suites et villas.

Absolute Sanctuary Yoga, Spa

(077 601190 ; www.absolutesanctuary.com ; Choeng Mon). Programmes détox, spa, yoga, Pilates, jeûne et nutrition entre autres activités dans un cadre d'inspiration marocaine.

Samui Institute of Thai Culinary Arts Cours de cuisine

(SITCA ; 077 413172 ; sitca.com ; Chaweng Beach Rd ; cours 1850 B). L'endroit idéal pour s'initier aux saveurs thaïlandaises. Chaque jour, on y dispense des cours de cuisine, ainsi que des cours de sculpture sur fruits et légumes très élaborés. Les cours du déjeuner débutent à 11h, ceux du dîner à 16h (3 heures/cours, avec au moins trois plats).

Lamai Muay Thai Camp Boxe thaïlandaise

(087 082 6970 ; www.lamaimuaythaicamp.com ; 82/2 Moo3, Lamai ; stage d'une journée/sem 300/1500 B ; 7h-20h). Le meilleur centre d'entraînement de *muay thai* (boxe thaïlandaise) de l'île s'adresse aux

personnes motivées, qu'elles débutent ou veuillent parfaire leur technique. Une salle de gym bien équipée est à la disposition des boxeurs et des non-boxeurs désirant travailler leur condition physique. Séjours comprenant logement et pension complète.

Ko Samui

Ko Samui

À voir

1 Ban Hua Thanon C3
2 Fisherman's Village C1
3 Hin-Ta et Hin-Yai C3
4 Mosquée centrale de Ko Samui C3
5 Point de vue de Lad Koh D2
6 Plage de Mae Nam C1
7 Point de vue de Mae Nam C2
8 Cascades de Na Muang B3
9 Cascade de Tan Rua B2
10 View Top B2
11 Wat Khao Hua Jook D2
12 Wat Phukao Thong C1
13 Wat Plai Laem D1

Activités

14 Absolute Sanctuary D1
15 Blue Stars C2
16 Canopy Adventures C2
17 Lamai Muay Thai Camp C3
18 Samui Institute of Thai Culinary Arts C2
19 Tamarind Springs D2

Où se restaurer

20 Bang Po Seafood B1
21 Baobab C3
Barracuda .... (voir 2)
22 Dining on the Rocks D1
Dr Frogs .... (voir 5)
23 Five Islands B3
24 Hemingway's on the Beach B3
Marché de Hua Thanon .... (voir 1)
25 John's Garden Restaurant B1
26 Larder D2

Où prendre un verre et faire la fête

27 Air Bar B3
28 Ark Bar D2
Coco Tam's .... (voir 2)
29 Drink Gallery D2
30 Jungle Club C2
31 Nikki Beach B2
32 Woobar C1

Meilleurs points de vue de Ko Samui

View Top (p. 222). Panorama renversant sur la forêt, la mer et Ko Phangan.

Point de vue de Mae Nam (p. 222). Une randonnée sous les arbres monte à ce point de vue.

Point de vue de Lad Koh (près de la Rte 4169). Vue époustouflante sur le golfe de Thaïlande.

Wat Khao Hua Jook (Chaweng ; 8h-17h). GRATUIT Belle vue depuis une pagode dorée.

Wat Khao Hua Jook
KRITHNARONG / GETTY IMAGES ©

OÙ SE RESTAURER

Hat Chaweng

Dr Frogs Gril $$$

(077 448505 ; www.drfrogssamui.com ; Rte 4169 ; plats à partir de 480 B ; 7h-23h). Sur un surplomb rocheux, Dr Frogs combine une vue magnifique et une carte où la cuisine italienne (grillades, poissons, pâtes, pizzas) côtoie les spécialités thaïlandaises. Son succès tient à son cadre romantique, à la gentillesse des propriétaires, et à ses délicieux steaks ou croquettes de crabe. Aire de jeux pour enfants dans le jardin devant.

Larder Européen $$$

(077 601259 ; www.thelardersamui.com ; Chaweng Beach Rd ; plats 300-820 B ; midi-23h lun-sam ;). Ce restaurant/bar/pub gastronomique réussit à offrir à la fois une revigorante carte de mets classiques, un cadre relaxant et de bon goût, une belle sélection de vins et d'intéressants cocktails. Au menu : côtes d'agneau cuites à petit feu, poisson et frites, entre autres.

Hat Lamai

Marché de Hua Thanon Marché $

(Ban Hua Thanon ; plats à partir de 30 B ; 6h-18h). Faites un tour dans ce marché de village un peu au sud de Lamai : vous y découvrirez la cuisine du sud de la Thaïlande. Les vendeurs chassent les mouches de la viande fraîche et les bottes de légumes côtoient les motos des ménagères. Suivez la route du marché jusqu'à la rangée de boutiques d'alimentation proposant un échantillon de la culture alimentaire musulmane : poulet biryani, currys épicés ou riz sauté agrémenté de noix de coco, germes de soja, citronnelle et crevettes séchées.

Baobab Français $$

(084 838 3040 ; Hat Lamai ; plats 150-380 B ; 8h-18h). Prenez une serviette de plage (gratuite) pour vous allonger sur un transat après le repas ou faites-vous masser juste à côté, mais surtout guettez l'une des tables sur la plage. Sur le généreux menu figurent des petits-déjeuners servis à toute heure, des plats franco-thaïlandais, des grillades, des pâtes et des spécialités qui ont beaucoup de succès, comme le steak de thon rouge (350 B).

Côte nord

Bang Po Seafood Poisson, fruits de mer $$

(Bang Po ; plats à partir de 100 B ; dîner). Un repas au Bang Po Seafood est un test pour les papilles. C'est l'un des seuls restaurants qui sert des mets traditionnels de Ko Samui : les recettes comprennent des ingrédients comme des oursins, des petits poulpes, de l'eau de mer, des noix de coco et du curcuma local.

Barracuda Méditerranéen $$$

(077 430003 ; www.barracuda-restaurant.com ; The Wharf, Fisherman's Village ; plats à partir de 575 B ; 18h-23h). Avec sa cuisine exquise aux notes méditerranéennes, ce restaurant ouvert uniquement le soir est l'un des meilleurs de l'île. La nuit tombée, le cadre est aussi séduisant que le menu. Vous sortirez

charmé par les plats : Saint-Jacques poêlées, thon albacore, carré d'agneau, saumon de Norvège et délicieuses pâtes.

Dining On The Rocks Fusion $$$
(☎077 245678 ; www.sixsenses.com/resorts/samui/dining ; Choeng Mon ; menus fixes à partir de 2 800 B ; ⏲17h-22h). Le complexe isolé Six Senses Samui offre le nec plus ultra des expériences culinaires de l'île dans ces neuf vérandas donnant sur le golfe de Thaïlande. Après le coucher du soleil (et un peu de vin), les clients ont l'impression d'être embarqués sur un bateau dérivant sur la mer étoilée. Chacun des plats du menu complet sort tout droit de l'imagination de cuisiniers essayant de nouvelles saveurs, textures et cuissons.

John's Garden Restaurant Thaïlandais $$
(☎077 247694 ; www.facebook.com/johnsgardenth ; Mae Nam ; plats à partir de 160 B ; ⏲13h-22h). Installées au milieu d'un jardin, les tables de ce restaurant sont disposées sous les bambous et les palmiers, et entre des haies taillées avec soin. Le poulet *massaman* est la grande spécialité du lieu qui allie cuisine thaïlandaise et européenne. Le cadre est particulièrement romantique le soir à la lueur des lanternes. Réservez, et emportez de l'antimoustique, même si on vous en fournit généralement.

Côte sud

Hemingway's on the Beach Thaïlandais $$
(☎088 452 4433 ; en retrait de la Rte 4170, Ao Thong Krut ; plats à partir de 175 B ; ⏲10h-20h sam, lun, mar et jeu, 10h-18h dim). Prétexte à une virée dans le sud-ouest de Ko Samui, ce restaurant se trouve là où la Rte 4170 fait une boucle vers Thong Krut. Il propose d'appétissants plats thaïlandais (et des cours de cuisine prisés des voyageurs). Régalez-vous des produits de la mer et de la vue, spectaculaire au soleil couchant. L'Hemingway's organise également des croisières autour de l'île en long-tail boat et en bateau rapide. Massages relaxants proposés après les repas.

Où se loger à Ko Samui

Les plages les plus connues, Chaweng et Lamai, sont bondées au centre, mais plus calmes ailleurs. Les plages de Choeng Mon, Bo Phut et Mae Nam ont la faveur des familles.

Chaweng Belle plage, bondée et bruyante ; hébergements variés.

Lamai Belle plage, hébergements variés ; bars peu fréquentables.

Choeng Mon Magnifique baie, adaptée aux enfants ; hébergements haut de gamme.

Bo Phut et Fisherman's Village Petite plage de galets, village de pêcheurs typique ; hébergements tendance et originaux, catégorie moyenne.

Mae Nam Jolie plage, tranquille ; hébergements petits budgets et de catégorie moyenne.

Five Islands Poisson, fruits de mer $$$
(☎077 423577 ; www.thefiveislandssamui.com ; Taling Ngam ; plats 250-620 B ; ⏲11h30-tard). Une expérience culinaire unique (mais onéreuse) : un *long-tail boat* (circuits pour 2 personnes, repas compris 7 500-9 250 B) vous emmène sur les eaux turquoise visiter les Five Sister Islands ("Cinq Îles"), où vous saurez tout sur l'art ancestral de récolter les nids d'oiseaux pour en faire des soupes aux nids d'hirondelles, un mets chinois raffiné. À votre retour, un repas somptueux vous attend sur la plage.

OÙ PRENDRE UN VERRE ET FAIRE LA FÊTE

Les bars étant depuis peu obligés de fermer à 1h, la vie nocturne de l'île est moins agitée qu'autrefois. Hat Chaweng est le haut lieu festif de Samui. Lamai, puis Bo Phut viennent ensuite, tandis que le reste de l'île est généralement calme, les vacanciers préférant se détendre en buvant un verre dans les bars d'hôtel. Pour des cocktails au soleil couchant, cap sur la côte Ouest et certaines portions du littoral nord.

Coco Tam's — Bar

(Fisherman's Village ; 13h-1h). Les balançoires du bar et les poufs sur le sable invitent à paresser avec un cocktail géant servi dans un bocal, en tirant tranquillement sur une chicha (500 B). Les prix ne sont pas donnés, mais ce bar bohème-chic est vraiment très relaxant, notamment lorsque le soleil se couche. Les milk-shakes à la noix de coco sont à tomber. Spectacles de feu presque tous les soirs.

Air Bar — Bar

(www.samui.intercontinental.com ; Intercontinental Samui Baan Taling Ngam Resort, Taling Ngam ; 17h-minuit). Vous admirerez le soleil plongeant dans les reflets dorés du golfe depuis le splendide bar en plein air du luxueux complexe Samui Baan Taling Ngam Resort perché au sommet d'une falaise. Les tapas sont excellentes, et il y a également des en-cas. Difficile de trouver plus romantique sur l'île.

Woobar — Bar

(077 915999 ; Bo Phut ; 11h-minuit ;). Avec son superbe décor et son panorama à 270 degrés, le bar de l'hôtel W donne un nouveau sens au mot "élégance" avec ses banquettes installées au milieu de la somptueuse piscine à débordement qui s'étend jusqu'à l'horizon. C'est le lieu tout indiqué pour déguster un cocktail au coucher du soleil, accompagné d'une bonne playlist musicale.

Jungle Club — Bar

(081 894 2327 ; www.jungleclubsamui.com ; 9h-21h30). Le Jungle Club profite d'une vue renversante depuis son perchoir vertigineux. L'abord est ardu à scooter, mais la maison peut venir vous chercher à Chaweng pour 400 B. Comptez autant pour la course en taxi.

Ark Bar — Bar

(www.ark-bar.com ; Hat Chaweng ; 7h-1h). Ici, la fête bat son plein de jour comme de nuit dans une ambiance très jeune. Le bar, tout bariolé, est souvent pris d'assaut, tandis que la clientèle se détend sur des chaises

Bar à Hat Chaweng

longues en bord de mer. Des spectacles de feu illuminent la plage à la nuit tombée, au son des DJ qui mixent dès l'après-midi.

Nikki Beach Bar
(☎077 914500 ; www.nikkibeach.com/kohsamui ; Lipa Noi ; ⏰11h-23h ; 📶). Cette célèbre chaîne sophistiquée a apporté son savoir-faire à la côte ouest de Ko Samui. Une table raffinée, un décor chic, une foule de jet-setteurs et des couchers de soleil à tomber. Les brunchs et dîners thématiques attirent la clientèle en semaine. Également des hébergements cossus en villa.

Drink Gallery Cocktails
(☎077 422767 ; www.thelibrary.co.th ; Chaweng Beach Rd ; ⏰16h-1h). Ce bar élégant, qui fait partie de l'hôtel Library, se distingue par un design chic et d'excellents cocktails. Pour les mondanités, c'est ici ! On peut se contenter d'admirer les œuvres d'art en grignotant des tapas à la thaïlandaise.

RENSEIGNEMENTS

Ne partez jamais à moto sans casque et soyez prudent sur la route : les accidents mortels sont fréquents.

Bangkok Hospital Samui (☎077 429500, urgences 077 429555 ; www.bangkokhospitalsamui.com). Les meilleurs conseils médicaux quel que soit votre problème.

Police touristique (☎077 421281, urgences 1155). Au sud de Na Thon.

DEPUIS/VERS KO SAMUI

AVION

L'**aéroport international de Ko Samui** (www.samuiairportonline.com) est au nord-est de l'île.

BATEAU

Il existe une dizaine de liaisons quotidiennes entre Ko Samui et Ko Phangan, dont beaucoup continuent jusqu'à Ko Tao.

Des bateaux relient régulièrement Samui et Don Sak sur le continent. Les bateaux rapides de **Lomprayah** (☎077 4277 656 ; www.lomprayah.com) partent de Na Thon. Plus lents mais fréquents, les ferries de **Raja** (☎022 768211-2, 092 274 3423-5 ; www.rajaferryport.com ; adulte 130 B) sont au départ de Thong Yang.

Marchés nocturnes de Ko Samui

Voilà une expérience à ne pas manquer. Dans ces marchés nocturnes (appelés aussi "Walking Street"), qui se tiennent au moins une fois par semaine, on déguste des spécialités locales, on achète des souvenirs et on rencontre d'autres voyageurs ainsi que la population locale. Les marchés commencent généralement vers 16h et s'achèvent vers minuit.

Au moment de notre passage, les jours de marché étaient les suivants, mais certaines localités envisageaient d'augmenter leur fréquence :

Ban Chaweng Du lundi au jeudi, et samedi
Ban Lamai Dimanche
Ban Meanam Jeudi
Bo Phut (Fisherman's Village) Vendredi
Ban Choeng Mon Vendredi

Ban Chaweng
POSZTOS / SHUTTERSTOCK ©

COMMENT CIRCULER

Motos et vélos sont disponibles à la location sur l'île (150-200 B/jour). Des *songthaew* (*sŏrng·tăa·ou* ; pick-up collectifs) sillonnent les routes de l'île, en journée seulement. Comptez environ 50 B pour passer d'une plage à l'autre. Ces véhicules sont également disponibles à la location privée. Les tarifs pratiqués par les taxis, assez élevés, sont standardisés.

KO PHANGAN ET KO TAO

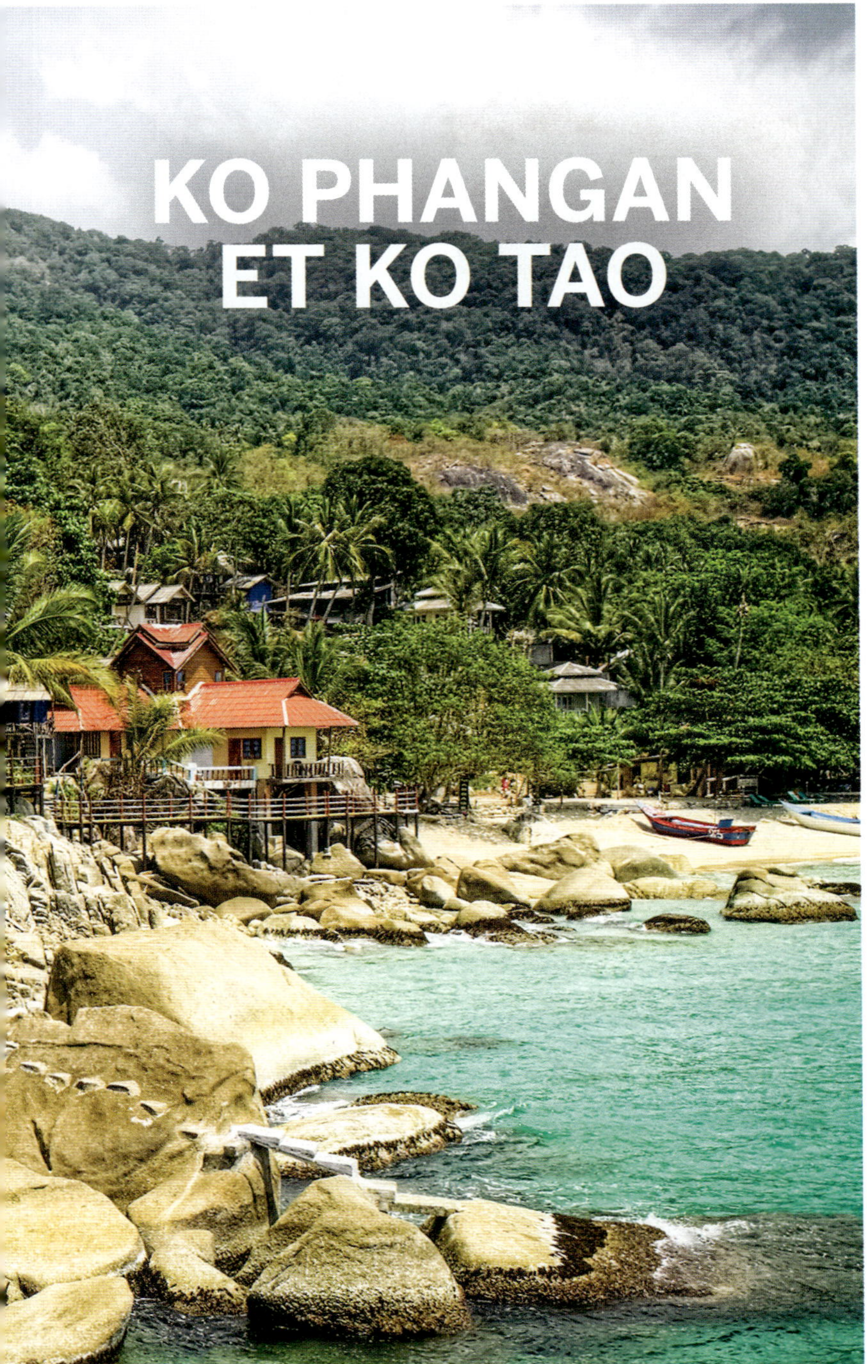

Dans ce chapitre

Ko Phangan et Ko Tao

Hippie dans l'âme, Ko Phangan est tellement associée aux fêtes de la Pleine Lune que ses autres facettes passent inaperçues. Pourtant, une fois les oiseaux de nuit partis se coucher, l'île retourne à ses hamacs. Creusée de criques sablonneuses, elle est entourée de récifs côtiers et tapissée d'une épaisse forêt. Avec ses jolies baies à l'abri des barrières de corail, elle attire aussi les familles. En matière d'hébergement, le choix est large, des bungalows premiers prix aux hôtels luxueux.

À quelques encablures, Ko Tao possède un atout que n'ont pas ses voisines : l'accès à différents sites de plongée à proximité de ses côtes.

Ko Phangan et Ko Tao en 2 jours

Admirez la grande variété de bleus et de verts de l'océan depuis l'une des nombreuses plages de Ko Phangan. Pratiquez-y le snorkeling ou la plongée puis allez siroter un verre, ou plusieurs, à **Hat Rin** (p. 234), en compagnie des fêtards.

Ko Phangan et Ko Tao en 4 jours

Passez la troisième journée sur la côte orientale de l'île où vous pourrez vous prendre pour Robinson Crusoé. Inscrivez-vous à un **circuit de plongée** (p. 236) d'une journée dans les environs de Ko Phangan ou de Ko Tao. Transat et farniente occuperont votre dernière journée sur place.

Comment s'y rendre

Ko Phangan Les bateaux à destination de Ko Samui, Chumphon et Surat Thani accostent à Thong Sala. Transfert en *songthaew* (*sŏrng·tăa·ou* ; pick-up collectif) depuis l'hôtel.

Ko Tao Plusieurs bateaux arrivent chaque jour de Ko Phangan (350-600 B), Ko Samui (450-600 B) ou Chumphon sur le continent.

Où se loger

À Ko Phangan, Hat Rin, la plage festive, dispose de nombreux hébergements. La côte occidentale constitue un bon compromis avec des infrastructures de qualité et une offre de logements variée. Sur la côte nord, les solutions sont limitées et les transports onéreux, mais les paysages sont superbes et les plages désertes. Les plages de la côte orientale sont peu fréquentées car mal desservies.

À Ko Tao, les moniteurs de plongée vous proposeront probablement un hébergement gratuit ou à prix réduit. Les logements sont concentrés à Sairee Beach, ainsi qu'à Mae Hat et à Chalok Ban Kao. La côte est de l'île est plus tranquille.

TRAVEL IMAGES / ALAMY STOCK PHOTO ©

Où faire la fête à Ko Phangan

Une foule de buveurs de whisky et de danseurs du feu convergent sur Hat Rin Nok (Sunrise Beach) lors des fêtes de la Pleine Lune. La nuit de débauche dure jusqu'au lever du soleil.

Pour ceux qui aiment...

☑ Ne ratez pas

Adopter un total look fluo – indispensable !

Nul ne sait précisément quand ou comment ces fêtes folles ont commencé – beaucoup pensent que la première a eu lieu en 1988, mais les versions divergent à partir de là, évoquant une fête de départ en l'honneur d'un voyageur ou un rassemblement de hippies. Aujourd'hui, des milliers de visiteurs se rejoignent tous les mois sur les plages pour un marathon de transe épique. En pleine saison, on peut compter jusqu'à 40 000 fêtards, et hors saison, on atteint le chiffre déjà respectable de 5 000 individus.

Conseils pratiques

Si votre visite de l'île ne coïncide pas avec la pleine lune, n'ayez crainte : les habitants redoublent d'efforts pour attirer toujours plus de fêtards et vous pourrez certainement participer

Fête de la Pleine Lune, Hat Rin

à une lune noire, une demi-lune, un coucher de lune... Certains déplorent cependant un changement d'ambiance et une violence en augmentation (agressions, vols, bagarres). Voici donc quelques précautions afin de revenir avec de bons souvenirs :

- Mettez tout objet de valeur en sécurité, en particulier si vous logez dans un hébergement bon marché.
- Portez des chaussures fermées sur la plage pour ne pas vous blesser, ou vous pourriez finir avec une piqûre antitétanique.
- Ne touchez pas aux drogues proposées et n'allez pas vous baigner après avoir consommé de l'alcool.
- Ne restez pas seul, en particulier si vous êtes une femme ou si vous rentrez à votre hôtel le soir.

Infos pratiques

Les horaires des fêtes sont variables, alors renseignez-vous. Une participation de 100 B est demandée pour le nettoyage du lendemain.

Une petite faim ?

On trouvera au *Chicken corner* des étals de cuisine de rue pour faire le plein d'énergie pour la nuit.

★ Bon plan

Réservez bien à l'avance, les hébergements sont vite complets.

Lieux de fêtes

Les fêtes de la Pleine Lune se déroulent sur le sable fin de Hat Rin (Sunrise Beach). Les bars voisins organisent leurs propres fêtes :

- **Rock** (093 725 7989 ; Hat Rin Nok ; 8h-tard). Vue imprenable sur la fête depuis la terrasse surélevée et meilleurs cocktails de la ville ; à la pointe sud de la plage.
- **Sunrise** (077 375144 ; Hat Rin Nok). Sur ce morceau de plage, les rythmes de la trance et du drum'n'bass secouent les murs recouverts de graffitis.
- **Tommy** (Hat Rin Nok). La plus grande salle de Hat Rin, musique trance à fond. Les boissons sont servies depuis un bar en forme de bateau.

Plongée

Avec ses eaux claires et peu profondes, ses récifs chatoyants et son climat agréable, Ko Tao est le lieu rêvé pour un baptême de plongée en Thaïlande, mais l'île est victime de son succès et vous n'y serez pas seul. Ko Phangan offre un cadre plus calme et décontracté pour une plongée de loisir.

Pour ceux qui aiment...

☑ Ne ratez pas

Commencez la journée par une plongée en snorkeling (avec tuba) – plus dynamisant qu'un bol de café !

Sites de plongée

Ko Phangan

Tout le monde vous dira d'aller à Ko Tao pour apprendre à plonger, mais vous trouverez plus de calme à Ko Phangan où la pratique de l'activité est plus concentrée sur le plaisir que sur l'obtention d'un brevet. Avec la baisse récente des tarifs, le brevet PADI Open Water y est devenu toutefois assez compétitif. La taille des groupes est également plus réduite en raison du nombre inférieur de plongeurs sur l'île.

Plonger à Ko Phangan offre l'avantage d'être proche de Sail Rock (Hin Bai) et Chumphon Pinnacle, les deux principaux sites de plongée du golfe de Thaïlande.

Chumphon Pinnacle (profondeur maximale 36 m) est ponctué d'une variété d'anémones colorées le long de ses

quatre pics. Des bancs de carangues à grosse tête, de thons et de gros requins gris de récif fréquentent les environs. On aperçoit parfois un requin-baleine.

Sail Rock (profondeur maximale 40 m) se caractérise par une imposante cheminée de pierre traversée par un passage vertical. On y croise barracudas et thazards. C'est l'un des meilleurs endroits d'Asie du Sud-Est pour apercevoir des requins-baleines – ces dernières années, on a pu en voir à toutes saisons. Coraux et grands poissons tropicaux sont visibles en nombre entre 10 et 30 m.

Comme les autres îles de l'archipel de Ko Samui, Ko Phangan est composée de petits récifs éparpillés autour de l'île. Le plus beau se trouve sur **Ko Ma**, une petite île au nord-ouest, reliée à Ko Phangan par un banc de sable.

ℹ Infos pratiques

À Ko Phangan, trois plongées (repas compris) coûtent entre 3650 et 4000 B. Comptez 2500-2800 B pour deux plongées. À Ko Tao, les plongées de loisir reviennent à 1000 B la descente, ou 7000 B les 10 (matériel, bateau, moniteurs et en-cas compris).

Une petite soif ?

Après votre journée de plongée, allez boire un verre à l'Amsterdam (p. 244), à Ko Phangan, ou dans le bar de l'un des trois plus grands centres de plongée de Ko Tao : Fishbowl Beach Bar, Crystal Bar et Buddha on the Beach, à Chalok Bak Kao.

★ Bon plan

Ko Phangan s'est désormais alignée sur les tarifs de Ko Tao pour la certification PADI Open Water.

On trouve aussi sur le flanc oriental de l'île des récifs rocheux intéressants à explorer.

Les excursions à la journée (randonnée ou snorkeling) vers le **parc national maritime d'Ang Thong** (p. 220) partent généralement de Ko Samui, mais certains tour-opérateurs affrètent désormais des cars de touristes depuis Ko Phangan. Renseignez-vous auprès de votre hôtel, les compagnies maritimes pouvant fermer et ouvrir au gré des prix du pétrole.

Ko Tao

Si vous n'avez jamais plongé, Ko Tao est probablement le meilleur endroit où commencer en Thaïlande. Avec ses nombreux sites bien abrités, on peut y plonger toute l'année, sauf un jour ou deux en période de mousson quand les eaux sont trop agitées.

Les meilleurs sites de la région se trouvent autour des pics du large, dans un rayon de 20 km autour de l'île, mais les plongeurs aguerris leur préfèrent presque toujours les magnifiques spots de la côte d'Andaman.

Green Rock (profondeur maximale 25 m) est une véritable jungle sous-marine pourvue de cavernes, grottes et petits passages, sillonnée par des raies, des mérous et des balistes. Fabuleux pour la plongée nocturne.

Japanese Gardens (profondeur maximale 12 m), entre Ko Tao et Ko Nang Yuan, est un spot tranquille, idéal pour les débutants. Les coraux colorés abondent, tandis que tortues, pastenagues et poissons-globes passent souvent par là.

Mango Bay (profondeur maximale 16 m) pourrait bien être le tout premier site que vous découvrirez si vous êtes novice. Des poissons de récifs nagent paresseusement pendant que les débutants s'entraînent sur le sol sablonneux.

Southwest Pinnacle (profondeur maximale 33 m) offre aux plongeurs une petite collection de pics servant d'habitat à des mérous géants et à des barracudas. Requins-baleines et requins-léopards apparaissent parfois.

Spot apprécié pour la plongée de nuit, **White Rock** (profondeur maximale 29 m) abrite des coraux bariolés, des scalaires, des poissons-clowns et des balistes.

Le **navire HTMS Sattakut**, coulé en 2011 au sud-est de Hin Pee Wee à une profondeur de 30 m, est devenu un site de plongée sur épave très populaire.

Centres de plongée

Ko Phangan

Les groupes sont de taille plus réduite à Ko Phangan qu'à Ko Tao puisque l'île accueille

Ko Tao

un plus petit nombre de plongeurs. Attention toutefois, l'affluence de touristes avant et après les fêtes de la Pleine Lune change la donne.

Les sorties les plus prisées au départ de Ko Phangan sont des circuits parcourant trois sites en une journée : Chumphon Pinnacle, Sail Rock et l'un des autres sites phares de la zone.

Lotus Diving (☎077 374142 ; www.lotusdiving.com ; Ban Chalok Lam ; ⏲7h-18h) et **Haad Yao Divers** (☎086 279 3085 ; www.haadyaodivers.com ; à partir de 1400 B), très appréciés des plongeurs pour leur sérieux et la qualité de leurs services, sont les principaux centres de l'île.

★ Bon plan

À Ko Tao, presque tous les centres de plongée vous fourniront gratuitement une chambre avec ventilateur si vous vous inscrivez à un cours pour débutants.

HUCI/ADOBE STOCK ©

Ko Tao

À Ko Tao, plus de 40 centres de plongée se proposent de vous équiper et de vous enseigner les bases de ce sport. Vous pourrez obtenir un brevet PADI Open Water en 3 jours et demi. La compétition farouche entre écoles signifie que les prix de la certification PADI sont imbattables, tout comme la qualité des cours.

Le succès de votre expérience (surtout si c'est la première fois) dépendra en grande partie de la confiance que vous accorderez à votre instructeur. Intéressez-vous également à la taille du groupe, l'état de l'équipement ou encore les conditions de plongée sur les sites où vous irez.

Crystal Dive (☎077 456106 ; www.crystaldive.com ; Mae Hat) et **Big Blue Diving** (☎077 456050 ; www.bigbluediving.com ; Sairee Beach) sont des centres de plongée qui, année après année, attirent toutes les louanges. Le petit centre **New Heaven** (☎077 457045 ; www.newheavendiveschool.com ; Chalok Ban Kao) consacre beaucoup de temps à la protection des beautés naturelles des sites sous-marins de Ko Tao.

★ Bon à savoir

Dès que vous débarquez sur la jetée de Mae Hat, à Ko Tao, des rabatteurs se précipitent pour vous attirer dans le centre qui les commissionne. Mieux vaut donc arriver avec les adresses de quelques bonnes écoles en tête.

Ko Phangan

À VOIR

Outre ses superbes plages, notamment Than Sadet, Hat Yuan, Hat Thian et la minuscule Ao Thong Reng, isolées sur la côte est, l'île séduit par ses grands espaces recouverts de jungle. Sachez que la plupart des cascades (p. 244) sont réduites à un mince filet d'eau pendant la saison sèche : mieux vaut réserver les circuits permettant de les découvrir d'octobre à janvier.

Point de vue de Domsila Point de vue

Après avoir grimpé abruptement pendant 15 minutes depuis Nam Tok Phaeng (p. 244), vous découvrirez l'incroyable point de vue de Domsila qui offre un panorama superbe depuis son perchoir rocheux. De là, le sentier forme une boucle de 2 à 3 heures à travers la forêt, passe devant d'autres cascades et revient au point de départ. Mettez de bonnes chaussures et emportez de l'eau.

Plus haut Yang Na Yai de Ko Phangan Curiosité naturelle

S'élançant vers les cieux depuis Wat Pho, l'arbre le plus haut de Ko Phangan, un Yang Na Yai (*Dipterocarpus alatus* ; ยางนา), est particulièrement impressionnant quand on en fait le tour et qu'on découvre, caché dans la verdure, le tout petit temple Wat Nok. Cette espèce d'arbres gigantesques peut dépasser 50 m de haut et frappe par sa beauté. On la trouve souvent entourée de rubans de couleur.

Temple de Guanyin Temple bouddhique

(40 B ; 7h-18h). Marqué par des panneaux portant le nom de "Goddess of Mercy Shrine Joss House", ce temple chinois est dédié à Guanyin, la déesse bouddhique de la Miséricorde. Le nom chinois du temple (普岳山) sur la porte d'entrée fait référence à l'île chinoise de Putuo, demeure légendaire de la déesse. Le pavillon principal – pavillon du Grand Trésor –, haut en couleur, renferme plusieurs statues de bodhisattvas, dont Puxian (assis sur un éléphant) et Wenshu (assis sur un lion).

Wat Phu Khao Noi Temple bouddhique

(lever-coucher du soleil). GRATUIT Le plus ancien temple de l'île, près de l'hôpital de Thong Sala. Le site est ouvert aux visiteurs toute la journée, mais les moines n'y sont présents que le matin.

ACHATS

Saturday Walking Street Marché

(Taladkao Rd, Thong Sala ; 16h-22h sam). Le marché de rue de Thong Sala anime le quartier chaque samedi à partir de 16h. On y trouve d'innombrables stands de cuisine de rue ainsi que des souvenirs, des cadeaux, de l'artisanat et des vêtements.

Lilawadee Vêtements

(630 920327 ; Thong Sala ; 10h30-13h30 et 17h-21h ven-mer). Cette boutique de mode bien organisée et unique en son genre vend toute une gamme de casques de moto customisés et brillant de mille paillettes, exposés à l'arrière, ainsi que des vêtements et des œuvres d'art. Les jours de pluie, la boutique n'ouvre que de midi à 20h.

OÙ SE RESTAURER

La plupart des visiteurs choisissent la solution de facilité en prenant leurs repas là où ils logent. Pourtant, Ko Phangan dispose d'excellents restaurants disséminés partout dans l'île.

Hat Rin

Lazy House International $$

(Hat Rin Nai ; plats 90-270 B ; déj et dîner). La cuisine du propriétaire est si appréciée qu'il a décidé de transformer son appartement en restaurant où il fait bon s'attarder. Aujourd'hui, la Lazy House est l'une des meilleures adresses de Hat Rin pour se détendre devant un film en dégustant un hachis parmentier.

Ko Phangan

Ko Phangan

À voir
1 Cascade de Deang D2
2 Point de vue de Domsila C2
3 Temple de Guanyin C1
4 Hat Rin Nok B3
5 Plus haut Yang Na Yai de Ko Phangan C3
6 Nam Tok Phaeng C2
7 Nam Tok Than Sadet D2
8 Wat Phu Khao Noi B2

Activités
9 Lotus Diving C1

Achats
10 Lilawadee A2
11 Walking Saturday Street A2

Où se restaurer
12 Bubba's Coffee Bar C3
13 Crave B2
Dots .... (voir 16)
14 Fat Cat B2
15 Fisherman's Restaurant C3
16 Marché de rue A2
17 Lazy House A3
18 Monna Lisa A3
19 Nira's A2
20 Peppercorn B1

Où prendre un verre et faire la fête
21 Amsterdam B2
22 Belgian Beer Bar B2
23 Rock B3
24 Secret Beach Bar B1
25 Sunrise B3
26 Tommy B3

Renseignements
27 Hôpital de Ko Phangan B2

Monna Lisa Italien $$

(☎084 441 5871 ; Hat Rin Nai ; pizzas et pâtes à partir de 200 B ; ⏱15h-23h). La plupart des voyageurs ne jurent que par les savoureuses pizzas du Monna Lisa, mais les plats de pâtes valent également le détour. L'endroit, à l'atmosphère conviviale et décontractée, est tenu par une équipe de joyeux Italiens. On trouve une autre adresse à Thong Sala.

Plages du Sud

Bubba's Coffee Bar Café $

(Ban Tai ; plats 120-220 B ; 7h-17h ;). Un excellent établissement pour prendre un café, du côté nord de la route reliant Thong Sala à Hat Rin. Entrez, installez-vous et dégustez un bon breuvage dans une ambiance paisible, malgré les nuées de voyageurs venus des auberges de jeunesse voisines. La nourriture est appréciable, tout comme la décoration de la salle.

Fisherman's Restaurant Poisson, fruits de mer $$

(084 454 7240 ; Ban Tai ; plats 50-600 B ; 13h30-22h). Prenez place à une table installée dans un *long-tail boat* pour admirer le coucher du soleil et la digue en pierre. Illuminé la nuit, ce restaurant offre le plus beau cadre de l'île, avec une cuisine aussi savoureuse que l'ambiance (délicieux crabe au curry jaune, imposant plateau de fruits de mer, etc.). Réservation nécessaire, surtout quand la fête bat son plein sur l'île.

Autres plages

Dots Café $

(Thong Sala ; en-cas à partir de 60 B ; 8h30-21h lun-sam, 9h-18h dim ;). Ce nouveau café lumineux, aéré et spacieux apporte une touche de modernité aux cafés de Thong Sala. Installé juste à côté du marché, c'est l'endroit idéal pour savourer un croissant et un chocolat chaud au petit-déjeuner ou dévorer un gâteau à la carotte au goûter, accompagné d'un bon café, frappé ou fumant.

Crave Burgers $$

(098 838 7268 ; www.cravekohphangan.com ; Sri Thanu ; plats à partir de 200 B ; 18h-22h mer-lun ;). Très apprécié, cet excellent restaurant de Sri Thanu s'illumine la nuit de jolies lanternes pour une atmosphère pleine de charme. Les burgers sont délicieux, de même que les cocktails (à partir de 170 B). Il est bien dommage que l'établissement ne soit ouvert que le soir !

Temple de Guanyin (p. 240)

ALIONABIRUKOVA / SHUTTERSTOCK ©

ALIONABIRUKOVA / SHUTTERSTOCK ©

Nouilles à la thaïlandaise

Fat Cat Café $

(Thong Sala ; petit-déj à partir de 70 B, plats 90-195 B ; 9h-15h lun-sam ;). Petit, charmant, coloré et animé (le personnel ne chôme pas), ce café à la direction portugaise propose des petits-déjeuners copieux et de bons cafés durant toute la journée. C'est l'endroit idéal pour reprendre des forces.

Marché de rue Marché $

(Thong Sala ; plats 25-180 B ; 13h-23h). Avec sa vapeur grisante et ses habitants s'adonnant au grignotage, le marché alimentaire de Thong Sala est un lieu incontournable pour les amateurs de culture locale et d'en-cas bon marché. Les étals, multiples et variés, vendent aussi bien curry de légumes qu'épis de maïs, saucisses épicées, kebabs, rouleaux de printemps, riz au poulet de Hainan ou gâteaux à la noix de coco.

À l'arrière, plusieurs cuisines thaïlandaises, italiennes, et même une végétarienne, servent à manger à table.

Nira's Boulangerie $

(Thong Sala ; en-cas à partir de 80 B ; 7h-19h ;). Deux grandes salles lumineuses au mobilier tendance, service impeccable, gâteaux et autres mets savoureux, excellent café : il n'y a pas mieux à Thong Sala, voire dans toute l'île, en particulier pour le petit-déjeuner. Musique d'ambiance jazzy et relax. Autre établissement (plus petit) à Hat Rin.

Peppercorn Viande $$

(087 896 4363 ; www.peppercornphangan.com ; Hat Salad ; plats 160-400 B ; 16h-22h lun-sam ;). Savourer escargots, steaks et *schnitzels* dans un cottage branlant installé en pleine jungle... Pourquoi pas ? Certes, vous ne jouirez pas de la vue sur la mer, mais vous y goûterez l'une des meilleures cuisines internationales de Ko Phangan. Des plats végétariens au gâteau à la mangue, tous les produits de ce lieu atypique sont préparés avec des ingrédients naturels.

Cascades de Ko Phangan

Nam Tok Phaeng

Protégée par un parc national, cette cascade est la récompense des marcheurs qui ont entrepris la marche courte mais ardue qui y mène. Après la cascade (asséchée hors saison), une excitante grimpée de 15 minutes le long d'un sentier envahi de racines (le sentier nature de Phaeng-Domsila) mène au formidable point de vue de Domsila (p. 240). Le sentier continue pendant 2-3 heures à travers la jungle et passe devant d'autres cascades avant de revenir au point de départ. Mettez de bonnes chaussures et emportez de l'eau.

Nam Tok Than Sadet

Les insignes royaux de Rama V, Rama VII et Rama IX sont gravés dans plusieurs des rochers du lieu. Le roi Rama V aimait tant ce site caché qu'il le visita une dizaine de fois entre 1888 et 1909. Les eaux de la rivière Khlong Than Sadet sont maintenant considérées comme sacrées et utilisées lors des cérémonies royales.

Cascade de Deang

Than Sadet compte une série de cascades coulant vers la plage d'Ao Thong Reng. Deang est la plus belle, avec plusieurs chutes d'eau, un bassin où se baigner et de nombreux rochers où crapahuter. On peut même s'asseoir sous la cascade principale pour un délicieux massage naturel à l'eau fraîche. Suivez les panneaux.

Cascade de Deang
VASIT BUASAMUI / SHUTTERSTOCK ©

OÙ PRENDRE UN VERRE ET FAIRE LA FÊTE

Ceux qui recherchent le calme préféreront la côte ouest, qui compte plusieurs excellents bars. On y sirote des cocktails au sommet d'une colline ou au bord de la mer, à l'ombre de la mangrove, avec en toile de fond le ciel en fusion au coucher du soleil. Thong Sala dispose également de quelques bars corrects.

Belgian Beer Bar Bar

(www.seetanu.com ; Ban Sri Thanu ; 8h-22h). Tenu par l'affable Quentin, cet agréable bar a de quoi vous faire planer avec son enivrante gamme de bières belges. La plus forte, la Bush Ambrée, titre à 12% d'alcool.

Amsterdam Bar

(089 072 2233 ; Ao Plaay Laem ; midi-minuit). Perché à flanc de colline près d'Ao Wok Tum, sur la côte ouest, Amsterdam attire touristes et habitants venus des quatre coins de l'île pour profiter d'une atmosphère extrêmement détendue et du coucher du soleil.

Secret Beach Bar Bar

(Hat Son ; 9h-19h). Difficile de trouver meilleure manière d'achever une journée à Ko Phangan qu'en s'installant tranquillement dans ce bar de plage du nord-ouest de l'île. Commandez un mojito et regardez le soleil se coucher entre les feuilles des palmiers.

RENSEIGNEMENTS

Hôpital de Ko Phangan (077 377034 ; Thong Sala ; 24h/24). À environ 2,5 km au nord de Thong Sala ; service d'urgences 24h/24 dans cet hôpital gouvernemental.

Poste de police principal (191, 077 377114 ; Thong Sala). Situé à environ 2 km au nord deThong Sala ; facture parfois entre 110 et 200 B pour enregistrer les plaintes. Ce montant correspond à l'assurance et refuser de le payer peut compliquer votre situation. En cas d'arrestation, vous avez le droit à un appel téléphonique à l'ambassade ;

PETER UNGER / GETTY IMAGES ©

Hat Rin (p. 234)

vous pouvez refuser les services de l'"interprète" que la police vous propose.

DEPUIS/VERS KO PHANGAN

AVION

L'aéroport de Ko Phangan était en construction au moment de nos recherches ; sa date d'ouverture n'était pas connue.

BATEAU

Les traversées en ferry sont interrompues pendant la saison des pluies (entre octobre et décembre). Des bateaux rejoignent Ko Samui (20 minutes-1 heure, 200-300 B) et le continent. Une formule bateau/bus permet de voyager jusqu'à Bangkok (10-17 heures, 1000-1300 B).

COMMENT CIRCULER

Il est possible de louer des motos partout sur l'île pour 200 à 250 B. Les accidents étant nombreux à Ko Phangan, ne roulez surtout pas sans casque.

Les *songthaew* sillonnent les routes principales de l'île. Les tarifs sont deux fois plus élevés la nuit. Comptez 100 B pour aller de Thong Sala à Hat Rin, et de 150 à 200 B pour les distances plus longues.

Des *long-tail boats* assurent la liaison entre les embarcadères du Sud (Thong Sala et Hat Rin) et du Nord, ainsi qu'avec les plages de la côte est (Chalok Lam et Hat Khuat). Comptez 50 B pour un trajet court et jusqu'à 300 B pour une traversée plus longue.

Dans ce chapitre

Phuket et la côte d'Andaman

L'île de Phuket, la plus grande du pays (49 km de long), est si étendue que l'on a rarement l'impression d'être entouré d'eau. Surnommée la "perle d'Andaman", Phuket est une destination internationale prisée pour des vacances au soleil et un lieu de villégiature des retraités expatriés. Sur le littoral, la délirante Patong attire pour ses plages et ses bars à gogo danseuses. Les autres plages sont plus raffinées et les établissements haut de gamme, restaurants, hôtels et spas, sont majoritaires sur l'île.

Phuket en 2 jours

Pour changer de la plage, faites une **promenade à pied** (p. 262) dans Phuket-ville et admirez son architecture sino-portugaise. Dégustez une succulente cuisine fusion chez **Suay** (p. 254). Faites la fête à Patong, avec arrêt obligatoire chez **Nicky's Handlebar** (p. 271), ou savourez l'excentricité de l'**Art Space Café & Gallery** (p. 270) un cocktail à la main.

Phuket et la côte d'Andaman en 4 jours

Consacrez une journée au **parc national d'Ao Phang-Nga** (p. 258), une baie protégée abritant plus de 40 îles karstiques. Passez la nuit à **Ko Yao** (p. 259) et expérimentez la vie sur une île reculée. Partez en expédition de plongée jusqu'aux **îles Surin** (p. 276) ou **Similan** (p. 276) pour découvrir des fonds sous-marins de toute beauté.

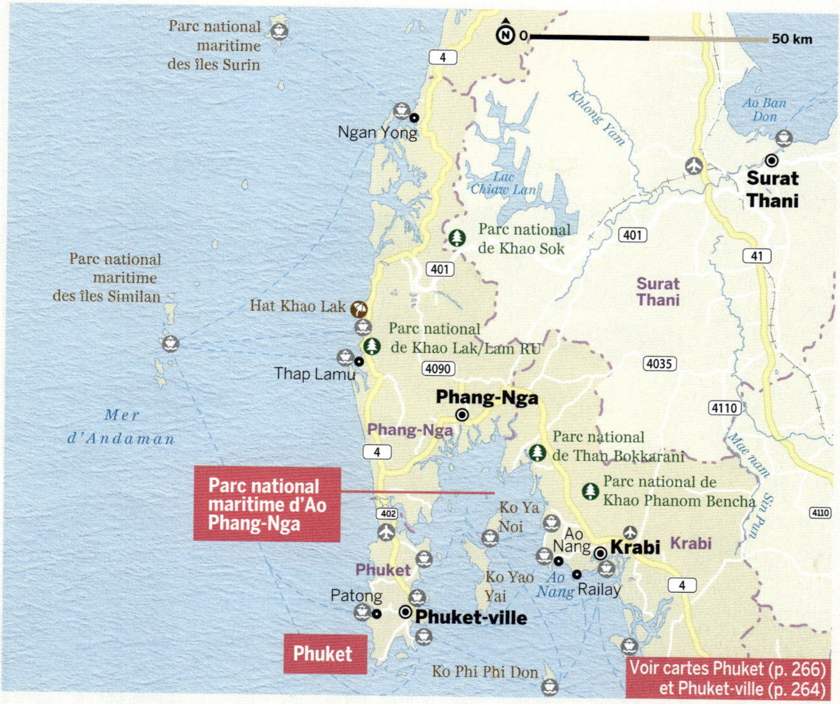

Comment s'y rendre

Aéroport international de Phuket
Depuis l'aéroport, situé à 30 km au nord-ouest de Phuket-ville, il faut entre 45 minutes et 1 heure pour rejoindre les plages du Sud.

Terminal 2 des bus de Phuket
À 4 km au nord de Phuket-ville.

Tha Rassada Principal embarcadère pour Ko Phi Phi et Krabi (Railay), à 3 km au sud-est de Phuket-ville.

Où se loger

À Phuket, on met le prix pour se loger. L'île déborde de *resorts* branchés et de boutiques-hôtels : vous ferez des économies ailleurs ! Pendant la haute saison, de novembre à avril, réservez bien à l'avance et fouillez les sites de réservation en ligne pour obtenir des réductions.

Pour plus de renseignements sur les hébergements, voir p. 273.

Patong

Plages de Phuket

Les plages de sable de Phuket sont merveilleuses, bordées d'eaux émeraude et dotées de personnalités bien distinctes. Grâce aux routes modernes, vous pourrez explorer facilement l'île pour trouver celle qui vous convient.

Pour ceux qui aiment...

☑ Ne ratez pas

À Phuket, la tradition veut que l'on essaie toutes les plages jusqu'à trouver celle que l'on préfère !

Patong

Le mot "sophistiqué" est antinomique de Patong. Ici, les touristes rougis par le soleil arborent fièrement des T-shirts de contrefaçon, le vrombissement des jet-skis sur la plage est incessant, l'urbanisme est sauvage, l'industrie du sexe fleurit auprès d'une clientèle de quadragénaires en crise, et les visiteurs consomment en masse des services de piètre qualité.

Pourtant, au-delà du village criard, la magnifique baie en demi-lune et sa jolie plage vous feront comprendre le succès de Patong.

Karon

Au sud de Patong, la plage de Hat Karon subit les retombées de la consommation effrénée de sa voisine. La ville est

Laem Singh, Kamala (p. 252)

JETHITA / SHUTTERSTOCK ©

un patchwork de restaurants locaux, de bars à hôtesses, de vendeurs de T-shirts et de panneaux en russe. Le joli parc Karon abrite un lac artificiel avec une montagne en toile de fond. Le sud de Karon est plus huppé.

Côté mer, la grande plage de sable blond s'étend jusqu'à la pointe nord (accessible par une route cabossée après le rond-point), bordant des eaux turquoise. Malgré de grands complexes hôteliers, la plage est moins bondée qu'à Patong ou Kata.

Kata

Plage la plus huppée de la côte ouest, Kata est appréciée des voyageurs en tous genres. Il est impossible d'y trouver un peu d'isolement, mais les activités ne manquent pas.

Infos pratiques

La haute saison s'étend de novembre à février, la période de mousson de mai à octobre. Attention aux forts courants et contre-courants, particulièrement sur Kata.

Une petite faim ?

Présentation appétissante et bonne cuisine thaïlandaise ou internationale au **Sabai Corner** (carte p. 266 ; 089 875 5525 ; www.facebook.com/Sabai-Corner-150517525037992 ; Hat Kata, à la sortie de la Rte 4233 ; plats 200-500 B ; 10h-22h ;).

★ Bon plan

Appréciez la vue sur Phuket depuis le Laem Promthep (p. 265), un cap situé au sud-ouest de l'île.

On peut y pratiquer le surf pendant la basse saison et la saison humide (un fait rare en Thaïlande) ou profiter de formidables spas, d'une restauration de qualité et d'une bonne école de yoga. La plage de sable doré est coupée en deux par un promontoire rocheux : au nord se trouve **Hat Kata Yai** (หาดกะตะใหญ่ ; carte p. 266) ; au sud, **Hat Kata Noi** (หาดกะตะน้อย ; carte p. 266), moins fréquentée. La route entre ces deux plages abrite les maisons des millionnaires de Phuket.

Rawai

Devenue le repaire des retraités, artistes, chefs d'entreprise thaïlandais et expatriés, la côte sud a aussi attiré tout le secteur des services.

La région est certes marquée par ses plages, mais aussi par ses collines luxuriantes qui surplombent la côte et s'enfoncent au sud dans la mer d'Andaman, formant la superbe Laem Promthep (p. 265). Pour profiter du coucher du soleil dans un endroit plus isolé, un **point de vue secret** (มุมมอง ; carte p. 266 ; Rte 4233) vous attend à 1,5 km au nord.

Ces collines sont occupées par des quartiers reliés par quelques routes – de nouvelles sont construites chaque année et l'on peut déjà prédire que les promoteurs immobiliers chasseront bientôt les petits établissements de fruits de mer et les bars tropicaux. Malgré tout, la nature reste bien présente, surtout en bord de mer.

Si vous demandez aux résidents de Phuket quelle est la meilleure plage, ils vous répondront Hat Nai Han, l'un des hauts lieux de Rawai pour la baignade (attention aux contre-courants hors saison).

Kamala

Plage tranquille, Kamala attire autant les visiteurs que les résidents permanents, les familles que les jeunes couples. La baie, d'une magnifique sérénité, est recouverte au nord de palmiers, de pins et de rochers et fait face à une eau vert émeraude (la plongée avec tuba autour du récif est possible sans être exceptionnelle). On voit surgir au sud de nouveaux *resorts* et les jet-skis commencent à arriver, mais l'endroit reste calme, du moins pour Phuket.

Laem Singh, sertie de falaises à 1 km au nord de Kamala, est l'une des plus belles plages de l'île. Pour y accéder, garez-vous sur le promontoire et suivez un sentier étroit et abrupt dans la jungle, ou bien louez un *long-tail boat* depuis Hat Kamala. La plage est parfois bondée.

Hat Nai Han, Rawai

Surin

Une large plage de sable blond, des eaux allant du turquoise clair au bleu profond, et des promontoires envahis par la végétation et les rochers suffiraient à attirer les visiteurs à Surin. Des pass à la journée sont disponibles dans l'un des *resorts* les plus chics de Surin, **Catch Beach Club** (carte p. 266 ; ☎065 348 2017 ; www.catchbeachclub.com ; Hat Bang Thao ; pass journée basse/haute saison 1000/2000 B ; ⏲9h-tard).

★ Bon à savoir

Jamie's Phuket (www.jamiesphuketblog.com) est un blog amusant et pertinent tenu par un expatrié de longue date à Phuket.

INGOLF POMPE / LOOK-FOTO / GETTY IMAGES ©

Ao Bang Thao

Véritablement extraordinaire, la plage de sable blanc de Bang Thao (8 km) permet de faire le lien entre les éléments disparates de la zone. En effet, la moitié sud est parsemée de bungalows trois étoiles. Dans les terres, un vieux village de pêcheurs côtoie des lotissements résidentiels et d'excellents restaurants. Et si vous croisez un troupeau de buffles d'eau paissant à côté d'un gigantesque chantier, vous mesurerez mieux la vitesse à laquelle Bang Thao se développe.

Au milieu, se tient l'étrange Laguna Phuket, réseau hôtelier d'établissements quatre et cinq étoiles reliés par un lac artificiel et un sentier goudronné. À la pointe nord, où la nature reprend ses droits, vous attendent une plage déserte et une mer azur comme vous en rêviez.

Parc national de Sirinat

Comprenant les superbes plages de Nai Thon, Nai Yang et Mai Khao, ainsi que l'ancien parc national de Nai Yang et la réserve naturelle de Mai Khao, le **parc national de Sirinat** (อุทยานแห่งชาติสิรินาถ ; carte p. 266 ; ☎076 328226, 076 327152 ; www.dnp.go.th ; 89/1 Mu 1, Hat Nai Yang ; adulte/enfant 200/100 B ; ⏲6h-18h) englobe 22 km² de littoral et 68 km² d'espace maritime, entre la pointe nord d'Ao Bang Thao et la pointe nord de Phuket. C'est l'un des endroits les plus agréables de l'île, à 15 minutes de l'aéroport de Phuket.

★ Le saviez-vous ?

La Yacht Haven Marina, installée à l'extrémité nord-est de Phuket, dispose de 320 mouillages ultra-modernes avec accès aux eaux profondes pour les bateaux mesurant jusqu'à 60 m.

Saveurs de Phuket

Toutes les cultures gastronomiques se retrouvent sur cette île cosmopolite : la cuisine du Sud s'étale dans les marchés tandis que les établissements haut de gamme proposent une restauration internationale de qualité.

Pour ceux qui aiment...

☑ Ne ratez pas

Pas besoin d'un cadre élaboré pour faire un excellent repas : ne passez pas à côté des stands de rue et des marchés !

Phuket-ville

Le centre culturel de l'île offre des saveurs authentiques, à travers la cuisine simple des marchés ou des repas plus élaborés.

- **Abdul's Roti Shop** (carte p. 264 ; Th Thalang ; plats à partir de 40 B ; h7h-16h lun-sam, 7h-midi dim). *Roti* à la banane ou nature servis avec un *massaman* (curry) piquant.
- **One Chun** (carte p. 264 ; ☎076 355909 ; 48/1 Th Thepkasattri ; plats 90-350 B ; ⏲10h-22h ; wifi). Plats locaux d'un bon rapport qualité/prix, dans une *shophouse* (maison de négoce traditionnelle en bois) pleine de charme.
- **Suay** (carte p. 264 ; ☎081 797 4135 ; www.suayrestaurant.com ; 50/2 Th Takua Pa ; plats 300-1000 B ; ⏲17h-minuit). Savoureuse cuisine fusion ; maison réhabilitée en restaurant, située au sud de la vieille ville.

Infos pratiques

Les réservations pour les restaurants sont recommandées sans être systématiquement nécessaires, du fait des larges horaires d'ouverture.

Bon plan

Après dîner, promenez-vous dans les rues de la ville pour découvrir son architecture coloniale (p. 262).

★ Bon à savoir

Empruntez les transports collectifs après une soirée en ville. L'alcool et la conduite sur les routes de Phuket ne font pas bon ménage.

- **Sunday Walking Street** (carte p. 264 ; Th Thalang ; 16h-22h dim). Cuisine du Sud, le long de Th Thalang.

- **Marché du week-end** (p. 264). Énorme marché vendant nourriture et souvenirs à bas prix.

- **Marché de jour de Thanon Ranong** (carte p. 264 ; Th Ranong ; plats à partir de 35 B ; 5h-midi). Un marché qui remonte à l'époque portuaire de la ville.

Environs de Phuket

Les restaurants de la côte occidentale offrent l'avantage d'une vue sur la mer.

- **Bampot** (carte p. 266 ; 093 586 9828 ; www.bampot.co ; 19/1 Mu 1, Th Laguna ; plats 500-1200 B ; 18h-minuit). Cadre contemporain et ambitieuse cuisine d'inspiration européenne.

- **Blue Manao** (carte p. 266 ; 076 385783 ; 93/13 Mu 3, Th Hat Kamala ; plats 130-530 B ; midi-23h ;). Adresse décontractée tenue par des Français, avec de l'ambiance.

- **Boathouse Wine & Grill** (carte p. 266 ; 076 330015 ; www.boathousephuket.com ; 182 Th Koktanod, Hat Kata ; plats 470-1750 B, menus découverte 1800-2200 B ; 11h-22h30). Ambiance traditionnelle et délicieuse cuisine thaïlandaise et méditerranéenne.

- **Home Kitchen** (carte p. 266 ; 093 764 6753 ; www.facebook.com/home.kitchen.bar.bed ; 314 Th Phra Barami, Hat Kalim ; plats 195-695 B ; 16h-23h lun-sam ;). Restaurant original et chic pour une cuisine créative d'inspiration thaïlandaise et méditerranéenne.

- **Rum Jungle** (carte p. 266 ; 076 388153 ; www.facebook.com/rumjungle.rawai.phuket ; 69/8 Mu 1, Th Sai Yuan ; plats 280-620 B ; 15h-23h lun-sam ;). Entreprise familiale menée par un formidable chef australien.

- **Breeze Restaurant** (carte p. 266 ; 081 271 2320 ; www.breezecapeyamu.com ; Laem Yamu ; plats à partir de 700 B, menu dégustation 2000-2150 B ; midi-22h mer-dim ;). Des plats inventifs d'inspiration européenne réalisés avec des produits locaux.

Pour d'autres adresses, voir p. 268.

Sports nautiques autour de Phuket

Phuket est un terrain de jeu idéal pour les amateurs de surf, de kitesurf ou de plongée. L'île possède quelques-uns des plus célèbres sites de plongée de la côte d'Andaman. La saison de la mousson transforme les sports nautiques en sports extrêmes.

Pour ceux qui aiment...

☑ Ne ratez pas

Si vous n'avez jamais appris à dompter les vagues, sautez sur l'occasion de découvrir un nouveau sport.

Plongée

Phuket bénéficie d'une situation idéale, au milieu des sites de plongée de la côte d'Andaman.

La plupart des centres de plongée de l'île emmènent leurs clients sur neuf sites proches de l'île, dont Ko Raya Noi et Ko Raya Yai (Ko Racha Noi et Ko Racha Yai), corrects mais pas exceptionnels. Le récif au large de la pointe sud de Raya Noi est le meilleur spot de la région : on y voit des coraux mous et diverses espèces de poissons pélagiques, mais aussi des raies mantas, des raies marbrées et parfois des requins-baleines. Le site est souvent réservé aux plongeurs expérimentés, et c'est aussi le meilleur de l'île pour le snorkeling.

Au départ de Phuket, il existe un vaste choix d'excursions proposant

Plongée dans la mer d'Andaman

l'hébergement à bord à destination des îles Similan ou de l'archipel Mergui (Myanmar). Voici quelques adresses d'écoles de plongée sérieuses :

- **Sea Fun Divers** (carte p. 266 ; ☎076 340480 ; www.seafundivers.com ; 29 Soi Karon Nui ; 2/3 plongées 3 900/4 400 B, certification PADI 18 400 B ; ⊙9h-18h).
- **Rumblefish Adventure** (carte p. 266 ; ☎095 441 8665 ; www.rumblefishadventure.com ; 98/79 Beach Centre, Th Kata, Hat Kata ; sortie d'une journée avec 2/3 plongées 3 500/3 900 B ; ⊙10h-19h).
- **Sunrise Divers** (carte p. 266 ; ☎084 626 4646, 076 398040 ; www.sunrise-divers.com ; 269/24 Th Patak East, Hat Karon ; 3 plongées 3 700/3 900 B, hébergement à bord à partir de 12 900 B ; ⊙9h-17h).

ℹ Infos pratiques

Les mois adaptés aux sports nautiques dépendent de la mousson. La plongée est praticable de novembre à avril, le surf de juin à septembre, et le kitesurf presque toute l'année.

Une petite faim ?

Si vous êtes plus contemplatif qu'actif, vous pourrez admirer la mer et les surfeurs attablé au **Nikita's** (carte p. 266 ; ☎076 288703 ; www.nikitas-phuket.com ; Hat Rawai ; plats 220-800 B ; ⊙10h-minuit ; 📶).

★ Bon à savoir

La mousson provoque des contre-courants et des courants de fond responsables de nombreuses noyades. Les conditions météo dangereuses sont en principe signalées par des drapeaux rouges.

Kitesurf

Les meilleurs spots de kitesurf sont Hat Nai Yang (d'avril à octobre) et Rawai (de mi-octobre à mars). Cours et matériel sont disponibles chez **Kite Zone** (carte p. 266 ; ☎083 395 2005 ; www.kitesurfthailand.com ; Hat Friendship ; cours 1 heure 1100 B, formule 3 jours 10 000 B).

Surf

En milieu d'année, la mousson transforme les eaux transparentes en véritables rouleaux. Informations sur les vagues et location de matériel chez **Phuket Surf** (carte p. 266 ; ☎063 870280 ; www.phuketsurfing.com ; Hat Kata Yai ; cours 1500 B, location de planche 150/500 B heure/journée ; ⊙8h-19h avr-oct).

Kata Yai et Hat Nai Han ont toutes deux des spots réservés aux surfeurs ; attention toutefois aux puissants contre-courants. Plus abritée, Hat Kalim offre une vague constante de 3 m, parmi les meilleures de l'île. D'autres spots sur Hat Kamala et Laem Singh. Hat Nai Yang peut se targuer d'une vague douce mais régulière, qui se brise à plus de 200 m du bord. Hat Nai Thon est mieux dotée.

Ko Khao Phing Kan

Ao Phang-Nga

Une eau turquoise parsemée d'imposantes falaises calcaires, de sublimes plages de sable blanc, d'anciens villages de pêcheurs… Ao Phang-Nga offre les paysages les plus grandioses de la côte d'Andaman. Elle peut se visiter en 1 jour au départ de Phuket, ou en 2 jours avec nuitée à Ko Yao.

Pour ceux qui aiment…

☑ Ne ratez pas

Guettez les varans, semblables à de petits dinosaures.

Parc national maritime d'Ao Phang-Nga

D'une superficie de 400 km², le parc national d'Ao Phang-Nga, inauguré en 1981, est célèbre pour ses paysages karstiques. De gigantesques falaises délimitent un site de 42 îles, dont certaines disposent de grottes, accessibles à marée basse, menant à des *hôrng* (grottes à demi submergées). La baie se compose de chenaux de tailles variées, qui sillonnent de vastes mangroves du nord au sud et servent de routes maritimes aux pêcheurs et aux habitants des îles. Le parc abrite la plus grande forêt de mangroves primaires du pays.

Pendant la haute saison (novembre à avril), la baie ressemble à une autoroute envahie de touristes. Arriver tôt le matin (idéalement depuis Ko Yao) ou rester tard

Parc national d'Ao Phang-Nga

UDOMPETER / SHUTTERSTOCK ©

le soir permet de profiter davantage de ce paysage hors du commun.

Ko Khao Phing Kan ("île penchée") est le site le plus touristique du parc d'Ao Phang-Nga. Il est surnommé l'"île de James Bond" depuis le tournage de *L'Homme au pistolet d'or*, où il servit de repaire à Scaramanga. L'île est envahie par des marchands écoulant des coraux et des coquillages qui n'auraient jamais dû quitter la mer. Mieux vaut donc s'aventurer plus loin, à l'écart du chaos de la foule.

Un village musulman sur pilotis semble s'accrocher à la petite île karstique de Ko Panyi, où la plupart des circuits s'arrêtent pour déjeuner. Il y a du monde, mais plusieurs circuits au départ de la ville de Phang-Nga permettent de loger sur place pour apprécier le paysage sans la foule.

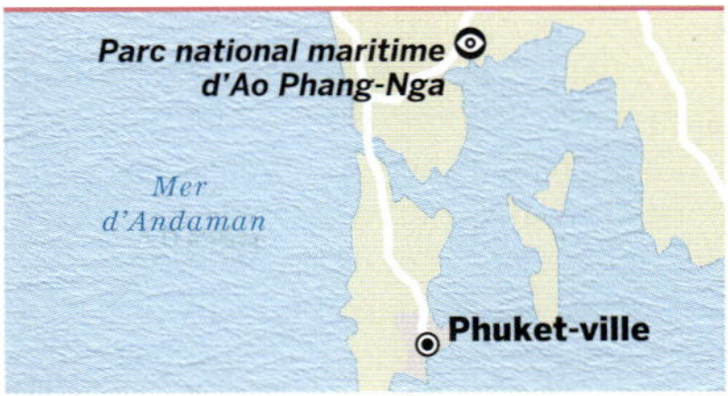

Infos pratiques

อุทยานแห่งชาติอ่าวพังงา ; ☎076 481188 ; www.dnp.go.th ; adulte/enfant 300/100 B ; 8h-16h.

Une petite faim ?

En route pour Ko Yao, vous trouverez des vendeurs d'en-cas sur l'embarcadère de Bang Rong. Faites simplement attention aux singes.

★ Bon plan

Le kayak est le meilleur moyen de découvrir la baie.

Ne passez pas à côté des animaux marins qui peuplent les mangroves d'Ao Phang-Nga : varans, varans à deux bandes (qui ressemblent à des crocodiles une fois dans l'eau), dragons volants, serpentines à bandes ou crotales de Malaisie. Les mammifères du parc incluent saros, macaques mangeurs de crabe, gibbons à mains blanches et langurs obscurs.

S'il est appréciable d'organiser son propre itinéraire sur Ao Phang-Nga en louant un bateau, il est plus simple (et moins onéreux) de venir en excursion depuis Phuket ou Ko Yao. À Phuket, John Gray's Seacanoe (p. 267) est le meilleur choix pour les kayakistes.

Ko Yao

Imprégnez-vous de la vie insulaire en vous éloignant de Phuket : rivages vierges, montagnes en toile de fond, nombreuses espèces d'oiseaux et une population accueillante de pêcheurs musulmans font le charme de Ko Yao (Ko Yao Yai et Ko Yao Noi), parfaitement situé pour admirer le paysage karstique d'Ao Phang-Nga.

Les îles font partie du parc national d'Ao Phang-Nga, mais sont plus facilement accessibles depuis Phuket (située à 30 km).

La population, peu nombreuse, se concentre sur la petite île de Ko Yao Noi, qui vit modestement de la pêche, des cocoteraies et du tourisme. La plupart des hôtels occupent les baies de la côte orientale, dont les plages sont couvertes de boue à marée basse. Toutefois, la vue sur les formations rocheuses est d'une exceptionnelle beauté.

Parmi les plus belles plages, citons Hat Pasai, au sud-est, et Hat Paradise, au nord-est. Hat Tha Khao, à l'est, ne manque pas de charme non plus, tandis qu'Hat Khlong Jark propose des hébergements agréables.

Ko Yao Yai est plus sauvage et plus isolée ; bien deux fois plus vaste que Yao Noi, elle est équipée de moins d'infrastructures. Les plages les plus accessibles et un peu aménagées sont Hat Lo Pared, au sud-ouest, et la plage de sable blanc de Hat Chonglard, au nord-est.

On peut se rendre à Ko Yao depuis Tha Bang Rong, sur Phuket (30 minutes, 9 départs/jour).

Activités

Le meilleur moyen de découvrir l'île est d'en parcourir ses sentiers sablonneux. Hôtels et *guesthouses* proposent des vélos de location. Si vous n'avez pas prévu de dormir sur place, Amazing Bike Tours (p. 267) propose des excursions à la journée en petits groupes sur Ko Yao Noi, au départ de Phuket. Vous pourrez aussi visiter les lieux en kayak, en location partout sur Ko Yao Noi.

Lever de soleil sur la côte de Phuket

La région compte plus de 150 voies d'escalade. **Mountain Shop Adventures** (☎083 969 2023 ; www.themountainshop.org ; Tha Khao, Ko Yao Noi ; 3 200 B la demi-journée ; ⏲9h-19h) propose des sorties pour les grimpeurs débutants ou expérimentés, incluant la traversée en bateau vers les falaises les plus éloignées.

Vous pouvez aussi goûter à la sérénité de Ko Yao en participant à un cours de yoga chez **Island Yoga** (☎087 387 9475 ; www.thailandyogaretreats.com ; 4/10 Mu 4, Hat Tha Khao, Ko Yao Noi ; 1 cours 600 B).

★ Bon à savoir

Respectez les coutumes locales et adoptez une tenue correcte en dehors des plages.

JAROMIR CHALABALA / SHUTTERSTOCK ©

Où se restaurer

Plusieurs établissements associent hébergement et restauration. Voici quelques-unes des meilleures adresses :

- **Rice Paddy** (☎076 454 255, 082 331 6581 ; Hat Pasai, Ko Ya Noi ; plats 180-890 B ; ⏲midi-22h nov-avr, 18h-22h mai-oct ; 📶✎). De délicieux *sôm·đam* poêlés à la minute, falafels, houmous et curries aux fruits sont servis dans ce restaurant tenu par des Allemands.
- **Sabai Corner Restaurant** (☎076 597497 ; Hat Khlong Jark, Ko Yao Noi ; plats 95-300 B ; ⏲8h-22h ; 📶). Ce restaurant décontracté au bord de l'eau est un lieu plaisant pour un cocktail et un bon plat thaïlandais ou italien.
- **Ko Yao Island Resort** (☎076 597474 ; www.koyao.com ; 24/2 Mu 5, Hat Khlong Jark, Ko Yao Noi ; 📶). Élégant espace bar-restaurant, service impeccable.
- **Chaba Café** (☎087 887 0625 ; Hat Khlong Jark, Ko Yao Noi ; plats 80-220 B ; ⏲9h-17h lun-sam ; ✎). Ambiance rustique chic et couleurs pastel, bois flotté aux murs, musique douce et petite galerie d'art. Orienté bio, le menu comprend jus de fruits, milk-shakes, thés, paninis maison, cookies, gâteaux, et plats thaïlandais.

Art rupestre à Ao Phang-Nga

De nombreuses îles calcaires d'Ao Phang-Nga portent la marque d'un art rupestre préhistorique, peint ou sculpté sur les parois et les plafonds des grottes, dans les abris sous roche, sur les falaises et les massifs rocheux, notamment à Khao Khian, Ko Panyi, Ko Raya, Tham Nak et Ko Phra At Thao. À Khao Khian, on peut voir des dessins de silhouettes humaines, poissons, crabes, crevettes, chauves-souris, oiseaux, éléphants, mais aussi bateaux, armes et matériel de pêche. La plupart des peintures sont monochromes, mais certaines sont colorées en orange, bleu, gris et noir.

★ Le saviez-vous ?

Des visites organisées du parc national sont possibles (durée de 2 à 3 heures).

Promenade dans Phuket-ville

Le centre de Phuket-ville recèle un patrimoine architectural du milieu du XIXe siècle, d'imposantes demeures et des *shophouses* des Baba-Nyonya (immigrants chinois aussi appelés Peranakan ou Chinois des Détroits).
Départ Hôtel The Memory at On On
Distance 2 km
Durée 2 heures

6 Le **manoir Phra Phitak Chyn Pracha** du début du XXe siècle a été magnifiquement rénové.

7 Construite en 1903 avec l'argent des mines d'étain, la **maison Chyn Pracha** (บ้านชินประชา, Baan Chyn Pracha ; ☎076 211167 ; 98 Th Krabi ; 100 B ; ⊙9h-16h30 lun-sam) est désormais une maison-musée privée.

5 Datant de 1934, le bâtiment du **musée Phuket Thaihua** (p. 265) accueillit la plus ancienne école chinoise de Thaïlande.

Une petite faim ?

Savourez des plats locaux chez Kopitiam by Wilai (☎083 606 9776 ; www.facebook.com/kopitiambywilai ; 18 Th Thalang ; plats 95-180 B ; ⊙11h-22h lun-sam).

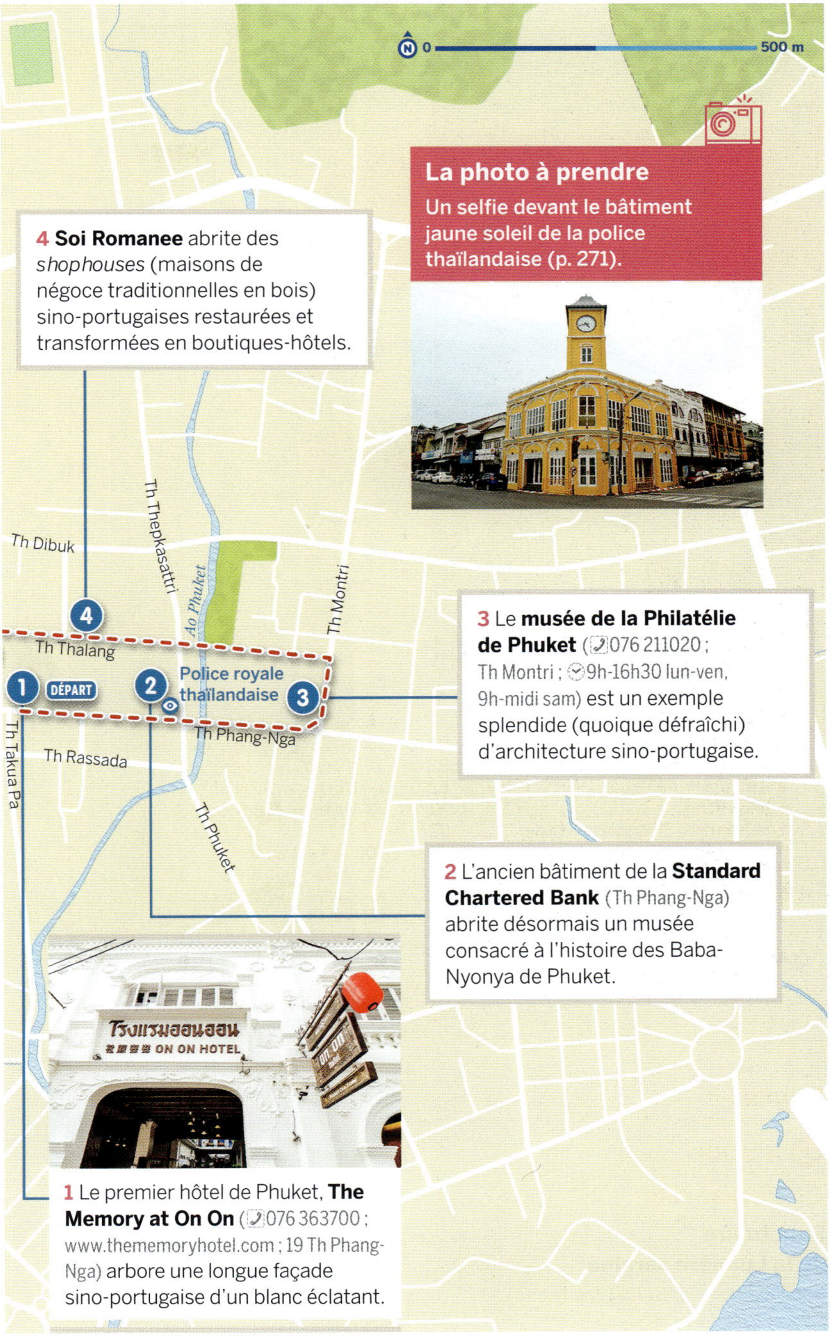

La photo à prendre

Un selfie devant le bâtiment jaune soleil de la police thaïlandaise (p. 271).

4 Soi Romanee abrite des *shophouses* (maisons de négoce traditionnelles en bois) sino-portugaises restaurées et transformées en boutiques-hôtels.

3 Le **musée de la Philatélie de Phuket** (☎076 211020 ; Th Montri ; 9h-16h30 lun-ven, 9h-midi sam) est un exemple splendide (quoique défraîchi) d'architecture sino-portugaise.

2 L'ancien bâtiment de la **Standard Chartered Bank** (Th Phang-Nga) abrite désormais un musée consacré à l'histoire des Baba-Nyonya de Phuket.

1 Le premier hôtel de Phuket, **The Memory at On On** (☎076 363700 ; www.thememoryhotel.com ; 19 Th Phang-Nga) arbore une longue façade sino-portugaise d'un blanc éclatant.

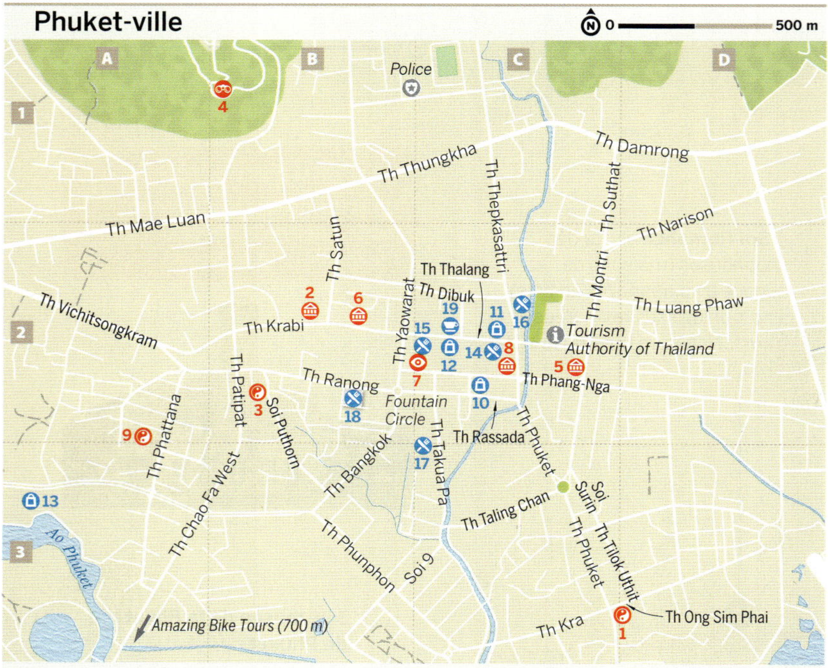

Phuket-ville

À voir

1 Sanctuaire Bang Niew D3
2 Maison Chyn Pracha B2
3 Sanctuaire Jui Tui B2
4 Khao Rang B1
5 Musée de la Philatélie de Phuket C2
6 Musée Phuket Thaihua B2
7 Sanctuaire de la Lumière sereine C2
8 Standard Chartered Bank C2
9 Sanctuaire Sui Boun Tong A2

Activités

Suay Cooking School .... (voir 17)

Achats

10 Drawing Room C2
11 Ranida C2
12 Sunday Walking Street C2
13 Marché du week-end A3

Où se restaurer

14 Abdul's Roti Shop C2
15 Kopitiam by Wilai C2
16 One Chun C2
17 Suay C3
18 Marché de jour de Thanon Ranong B2

Où prendre un verre

19 Bookhemian C2

Phuket

À VOIR

Phuket-ville

Sanctuaire de la Lumière sereine Sanctuaire

(ศาลเจ้าแสงธรรม, Saan Jao Sang Tham ; carte ci-dessus ; Th Phang-Nga ; 8h30-midi et 13h30-17h30). GRATUIT Niché au fond d'une ruelle, ce sanctuaire pittoresque dont les murs sont ornés de gravures taoïstes, et le plafond voûté est taché par les volutes d'encens, renferme un autel décoré de fleurs coupées et de bougies. Il aurait été construit par une famille locale dans les années 1890.

Musée Phuket Thaihua — Musée

(พิพิธภัณฑ์ภูเก็ตไทยหัว ; carte ci-contre ; ☎076 211 224 ; 28 Th Krabi ; 200 B ; ⊙9h-17h). Cette ancienne école de chinois, devenue un musée clinquant, est emplie de photos et d'expositions légendées en anglais sur l'histoire de Phuket : elles couvrent aussi bien la migration chinoise (plusieurs familles locales influentes sont d'origine chinoise), que l'exploitation des mines d'étain, la cuisine, la mode et la littérature locales. Le musée retrace aussi l'évolution du bâtiment qui l'héberge, étonnant mélange architectural sino-européen.

Khao Rang — Belvédère

(เขารัง, colline de Phuket ; carte ci-contre ; P). Pour voir la ville de haut, rendez-vous (à pied ou en voiture) au sommet du mont Khao Rang, à 3 km au nord-ouest du centre-ville. Une plate-forme d'observation permet d'admirer Phuket-ville, la baie de Chalong, Laem Phanwa et le Grand Bouddha. Allez-y en semaine, lorsqu'il y règne un calme relatif. Vous trouverez quelques restaurants sur place. Le sommet peut être atteint en 1 heure de marche (à ne pas tenter de nuit). En taxi, comptez 700 B la montée.

Environs de Phuket

Grand Bouddha — Site bouddhique

(พระใหญ่ ; carte p. 266 ; www.mingmongkolphuket.com ; près de la Rte 4021 ; ⊙6h-19h ; P). Installé au sommet des collines de Nakkerd, au nord-ouest de Chalong Circle, le site du Grand Bouddha, impressionnante statue d'albâtre haute de 45 m, offre un superbe point de vue sur Phuket. L'endroit est un peu touristique, mais le tintement des clochettes et le claquement des drapeaux lui confèrent une ambiance singulière. Une fois parvenu au sommet, admirez le sanctuaire doré et montez sur le plateau, d'où vous pourrez contempler la magnifique baie de Kata, la côte de Karon et, de l'autre côté, au sud-est, les petites îles de la baie de Chalong.

Laem Promthep — Point de vue

(แหลมพรหมเทพ ; carte p. 266 ; Rte 4233). Depuis le point le plus méridional de l'île, on peut voir la mer d'Andaman s'enrouler autour de Phuket. Le cap est couronné par un phare en béton en forme de crabe, et par un sanctuaire pour éléphants, qui sauront vous retenir quelque temps. Au crépuscule, des hordes de visiteurs arrivent en bus de luxe. Pour un peu d'intimité, descendez le petit sentier de pêcheur jusqu'à la péninsule rocheuse qui s'enfonce dans l'océan et regardez le coucher de soleil en paix.

ACTIVITÉS

Phuket Elephant Sanctuary — Faune sauvage, bénévolat

(Carte p. 266 ; ☎094 990 3649 ; www.phuketelephantsanctuary.org ; 100 Mu 2, Pa Klok, 4027 Hwy ; adulte/enfant 3 000/1 500 B ; ⊙9h30-13h et 14h-17h30 ; 👪). Le seul véritable refuge pour éléphants de Phuket accueille des bêtes qui ont été maltraitées, alors qu'elles travaillaient dans le secteur de l'hôtellerie et du tourisme. En venant le matin, vous pourrez nourrir les pachydermes âgés, puis les suivre à quelques mètres de distance pendant qu'ils se promènent en forêt, se baignent et flânent. Une opportunité rare qui enchante les visiteurs.

Suay Cooking School — Cours de cuisine

(Carte ci-contre ; ☎081 797 4135 ; www.suayrestaurant.com ; 50/2 Th Takua Pa ; cours 2 500 B/pers). Une école accueillante où l'on apprend l'art de la cuisine auprès de l'un des meilleurs chefs de Phuket. Noy Tammasak emmène ses visiteurs au marché local et leur enseigne la préparation de trois plats, avant d'ouvrir une bouteille de vin à déguster avec les créations culinaires. Minimum de trois participants.

Cool Spa — Spa

(Carte p. 266 ; ☎076 371 000 ; www.coolspaphuket.com ; Sri Panwa, 88 Mu 8, Th Sakdidej ; soins à partir de 4 500 B ; ⊙10h-21h). Enveloppements aromatisés aux fruits, massages faciaux et gommages, avec en sus des piscines installées en haut d'une colline donnant sur l'océan font de ce spa l'un des meilleurs de Phuket. Le cadre, sur Laem Phanwa, la pointe la plus méridionale de Phuket, est proprement paradisiaque.

Phuket

0
10 km
A
B
C
D
1
2
3
4
5
6
Ao Phang-Nga (30 km)
Hat Mai Khao
Th Ban Mai Khao
Aéroport international de Phuket
8
Ban Sakhu
Hat Nai Yang
Parc national de Sirinat
Hat Nai Thon
Hat Layan
Khao Phara
6
Ban Po
Bang Rong
Ko Yao Noi (24 km)
Réserve naturelle royale de Khao Phra Thaew
Thalang
15
33
Hat Bang Thao
21
29
Laem Son
10
Bang Thao
Hat Surin
Laem Singh
Laem Yamu
23
Ko Yao Yai (14 km)
Hat Kamala
Kamala
22
Mer d'Andaman
Sapam
PHUKET
Terminal 2 des bus de Phuket
Laem Nga
16
26
Hat Kalim
Kathu
27
14
12
36
Voir carte Phuket-ville (p. 264)
Khao Rang
Hat Teum Suk
Patong
Hat Patong
25
24
Laem Lam Jiak
Phuket-ville
Ko Sireh
20
9
Ko Yao Yai (14 km)
Tha Rassada
18
Karon
Ko Phi Phi (40 km)
Hat Karon
19
28
17
1
Kata
34
3
30
Chalong
2
5
Laem Phanwa
11
32
31
13
Rawai
Laem Kha
Hat Nai Han
7
35
Laem Phromthep
4
Ko Racha Yai (18 km)

Phuket

CIRCUITS ORGANISÉS

John Gray's Seacanoe — Kayak

(Carte ci-contre ; ☎076 254505 ; www.johngray-seacanoe.com ; 86 Soi 2/3, Th Yaowarat ; adulte/enfant à partir de 3 950/1 975 B). La plus ancienne et la plus réputée des agences de l'île, avec la plus grande sensibilité écologique. Le circuit "Hong by Starlight" permet de pagayer au couchant et de découvrir les eaux illuminées de plancton bioluminescent dans la baie d'Ao Phang-Nga, le tout à l'écart de la foule. Comme tout prestataire de qualité en Thaïlande, John Gray's Seacanoe a souvent été copié (son nom comme ses itinéraires). À 3 km au nord de Phuket-ville.

Amazing Bike Tours — Vélo

(Carte ci-contre ; ☎087 263 2031, 076 283436 ; www.amazingbiketoursthailand.asia ; 32/4 Th Chaofa ; excursion demi-journée/journée 1 900/3 200 B). Cette agence de sports d'aventure très prisée propose des circuits à vélo d'une demi-journée en petits groupes dans les villages au nord-est de Phuket ainsi que de belles excursions d'une journée sur l'île de Ko Yao Noi (parc national d'Ao Phang-Nga) ainsi que des balades à vélo d'un niveau plus difficile sur 3 jours dans le parc national de Khao Sok (14 900 B) et dans la province de Krabi (15 900 B). Les prix comprennent les vélos, les casques, les repas, l'eau et le droit d'entrée dans les parcs nationaux.

ACHATS

Les adresses suivantes sont à Phuket-ville.

Ranida — Antiquités, mode

(Carte p. 264 ; ☎076 214801 ; 119 Th Thalang ; 10h-20h lun-sam). Une élégante galerie d'antiquités vendant bouddhas anciens et sculptures, textiles bio et audacieuses pièces de mode inspirées d'anciens habits et tissus thaïlandais.

Drawing Room — Art

(Carte p. 264 ; ☎086 899 488 ; isara380@hotmail.com ; 56 Th Phang-Nga ; 9h-18h). Avec une ambiance street art évoquant

Brooklyn, cette immense coopérative st de loin la galerie la plus intéressante de la ville. Les toiles sont tantôt de vifs gribouillis abstraits, tantôt des *dessins* comiques à l'encre et au stylo. Des meubles en métal et des vélos sont posés sur le sol, et de la musique house cogne (doucement) en fond sonore.

Marché du week-end Marché
(Cartes p. 264 et 266 ; près de Th Chao Fa West ; 16h-22h sam-dim). Ambiance classique pour cet immense marché du week-end, à 3 km au sud-ouest de Phuket-ville. On y trouve de tout : sacs à main de contrefaçon, lunettes de soleil chics, shorts de *muay Thai* (boxe thaïlandaise) et mini-haut-parleurs. L'animation est à son comble en soirée, où l'on peut manger pour trois fois rien. Depuis Phuket-ville, les motos-taxis demandent 30 B.

OÙ SE RESTAURER

Pour les établissements incontournables de Phuket, voir p. 254. Voici d'autres restaurants dignes d'intérêt :

Ao Bang Thao

Pesto Thaïlandais, international $$
(Carte p. 266 ; 082 423 0184 ; Th Bandon-Cherngtalay ; plats 135-530 B ; midi-23h ;). Prenez un chef thaïlandais formé à Paris et un modeste restaurant semi-ouvert en bord de route, et vous obtiendrez d'excellents plats thaïlandais et internationaux à prix abordables. Les pâtes au pesto léger et les lasagnes à la langouste vous transporteront instantanément en Méditerranée. Si vous préférez rester en Thaïlande, pensez au thon grillé aux algues de l'Andaman, *dôm yam gûng* (soupe aux crevettes aigres et épicées), poisson du jour frit au curcuma, et curries.

Taste Bar & Grill Fusion $$$
(Carte p. 266 ; 087 886 6401 ; www.tastebargrill.com ; 3/2 Mu 5, Th Srisounthorn ; plats 390-990 B ; midi-23h mar-dim ;). Décoration moderne minimaliste, ambiance raffinée mais décontractée, service irréprochable et délicieuse cuisine fusion : les produits de la mer sont parfaits, et la carte aux influences thaïlandaises et méditerranéennes inclut d'excellents steaks et salades, ainsi qu'une grande variété d'entrées.

De gauche à droite : marché du week-end ; Phuket Elephant Sanctuary (p. 265) ; sanctuaire de la Lumière sereine (p. 264)

KYTAN / SHUTTERSTOCK ©

CHRISUKPHOTO / SHUTTERSTOCK ©

Karon

Pad Thai Shop Thaïlandais $

(Carte p. 266 ; Th Patak East ; plats 50-80 B ; 8h-19h sam-jeu). Cette cabane réputée, en bord de route, propose un délicieux ragoût de poulet, du *kôw pàt Ъoo* (riz frit au crabe), des *pàt si·éw* (nouilles frites) et de la soupe aux nouilles. Elle sert aussi l'un des meilleurs *pàt tai* que nous ayons mangés (épicé et sucré, avec tofu, œufs, cacahuètes, oignons blancs, pousses de haricots et citron vert).

Ne manquez pas les sauces au piment maison.

Kata

Red Duck Thaïlandais $$

(Carte p. 266 ; 084 850 2929 ; 88/3 Th Koktanod, Hat Kata ; plats 240-380 B ; midi-23h mar-dim ;). Les plats sont plus chers que dans les autres restaurants thaïlandais, mais ils sont délicieux et cuisinés sans glutamate, avec des produits de première fraîcheur. Les curries et soupes aux fruits de mer sont excellents. Il y a aussi un grand choix de spécialités thaïlandaises végétaliennes, comme le curry à l'ananas ou à la noix de coco et le *larb* aux légumes. Salle à l'intérieur et petite terrasse en extérieur. Excellent service.

Patong

Ella International $$

(Carte p. 266 ; 076 344 253 ; 100/19-20 Soi Post Office ; plats 150-400 B ; 9h-minuit ;). Ce café-bistrot à l'ambiance industrielle est une charmante surprise. Il sert toute la journée d'inventifs petits-déjeuners composés d'œufs brouillés épicés à la rajasthani, de tacos au poulet *massaman*, d'omelettes garnies de poulet et de légumes, et de pain perdu à la banane caramélisée. Le soir, c'est aussi un bar agréable où prendre un cocktail. **Chambres** de style similaire à louer à l'étage.

Georgia Restaurant Géorgien $$

(Carte p. 266 ; 076 390 595 ; 19 Th Sawatdirak ; plats 200-390 B ; midi-22h lun-sam). Avec l'afflux des touristes russes, Patong a vu se multiplier les restaurants destinés à cette clientèle. Le Georgia est le meilleur d'entre eux. On y sert salades et raviolis

Fête végétarienne

Des bruits assourdissants saturent l'espace rempli de fumée, les gens se percent les joues avec ce qu'ils trouvent, et le sang coule de leurs blessures. Non, ce n'est pas un champ de bataille, mais la **Fête végétarienne** (www.phuketvegetarian.com), l'une des célébrations les plus importantes de Phuket. Elle se déroule les neuf premiers jours du neuvième mois lunaire du calendrier chinois (de fin septembre à début octobre) et marque le début du carême taoïste.

En état de transe, ceux qui servent de médiums (principalement des hommes) convoquent sur Terre les neuf divinités en s'infligeant des sévices. Ils passent de boutique en boutique, où des offrandes leur sont faites.

À Phuket-ville, le festival se concentre sur quelques temples chinois, tels les **sanctuaires Jui Tui** (ศาลเจ้าจุ้ยตุ่ยเต้าโบ้เก้ง ; carte p. 264 ; Soi Puthorn ; 8h-20h) GRATUIT, **Bang Niew** (ศาลเจ้าบางเหนียว ; carte p. 264 ; Th Ong Sim Phai ; 6h-18h) GRATUIT et **Sui Boon Tong** (ศาลเจ้าซุ่ยบุ่นต๋อง ; carte p. 264 ; Soi Lorong ; horaires variables). GRATUIT

Selon la communauté chinoise locale, le premier festival fut organisé en 1825 à Kathu par une troupe de théâtre originaire de Chine. Durant neuf jours, ses membres firent pénitence après être tombés gravement malades pour avoir oublié de convoquer les neuf divinités du taoïsme.

Calendrier de la fête disponible auprès du bureau de la Tourisme Authority of Thailand (TAT).

Procession pendant la Fête végétarienne
BULE SKY STUDIO / SHUTTERSTOCK ©

russes, délicieux *khatchapuri* (pain fourré au fromage), *ajapsandali* (copieux ragoût végétarien) et spécialités d'Europe de l'Est, comme la *solyanka* (soupe de viande aigre et épicée servie dans un bol en terre cuite).

No.9 2nd Restaurant Asiatique $$
(Carte p. 266 ; 076 624 445 ; 143 Th Phra Barami ; plats 165-800 B ; 11h30-23h30, fermé les 5 et 20 de chaque mois). Derrière une décoration simpliste composée de tables en bois et de murs couverts de photos se cache l'un des meilleurs restaurants de Patong. C'est aussi l'un des plus fréquentés, grâce à ses plats thaïlandais, japonais et occidentaux aussi délicieux qu'inventifs. Peu d'établissements sont capables de préparer avec la même maîtrise authentiques sushis, curries thaïs végétariens et agneau.

OÙ PRENDRE UN VERRE ET FAIRE LA FÊTE

Kata

Art Space Café & Gallery Bar
(Carte p. 266 ; 090 156 0677 ; Th Kade Kwan ; 11h-1h). Cet espace polyvalent délirant est de loin le bar le plus extravagant de Phuket : dans une explosion de couleurs, tableaux et sculptures originales célèbrent le corps féminin. Derrière ce projet, un artiste fantasque et sa femme tatoueuse, qui servent de bons cocktails et des plats végétariens (160-400 B). Des musiciens s'y produisent généralement vers 20h.

Ska Bar Bar
(Carte p. 266 ; www.skabar-phuket.com ; 186/12 Th Koktanod ; 13h-2h). Blotti dans les rochers, au bord de la crique la plus au sud de Hat Kata Yai, ce bar semble faire partie du tronc d'un vénérable banian. C'est notre adresse préférée pour un apéritif au couchant, face à la mer. Les barmans contribuent à l'ambiance rasta particulièrement décontractée. Spectacle de jongleurs de feu le vendredi soir.

Vie nocturne à Patong

Patong

Nicky's Handlebar Bar

(Carte p. 266 ; ☎076 343211 ; www.nickyhandlebars.com ; 41 Th Rat Uthit ; ⏲7h-1h ; 📶). Cet amusant bar de motards est ouvert à tous. Autrefois un peu sordide, il n'a jamais eu meilleure mine qu'aujourd'hui. Il propose une belle sélection de bières et des plats occidentaux et thaïlandais, dont un burger vendu comme le plus épicé du pays. Possibilité de se renseigner sur les circuits en Harley-Davidson (circuit demi-journée/journée avec location moto à partir de 7 000/9 000 B) et sur la location (à partir de 4 800 B).

Phuket-ville

Bookhemian Café

(Carte p. 264 ; ☎098 090 0657 ; www.bookhemian.com ; 61 Th Thalang ; ⏲9h-19h lun-ven, 9h-20h30 sam-dim ; 📶). Toute ville devrait avoir un café aussi génial que celui-ci. Le design de l'architecture sur deux niveaux permet d'accueillir à la fois un café et un espace d'exposition. On y sert thés et cafés gourmands, gâteaux, petits-déjeuners (toute la journée), salades, sandwichs et pâtes. Vous pourrez acheter des livres d'occasion dans la salle principale où des vélos sont suspendus au mur.

RENSEIGNEMENTS

Bangkok Hospital Phuket (carte p. 266 ; ☎076 254425 ; www.phukethospital.com ; Th Hongyok Uthit). Cette chaîne d'hôpitaux thaïlandaise aux normes internationales est fiable. L'établissement de Phuket est à 3 km au nord de Phuket-ville.

Police (carte p. 264 ; ☎076 212046, 191 ; Th Chumphon). Principal poste de police de Phuket-ville.

Tourism Authority of Thailand (TAT ; carte p. 264 ; ☎076 211036 ; www.tourismthailand.org/Phuket ; 191 Th Thalang ; ⏲8h30-16h30). Cartes, brochures, conseils sur les transports et renseignements sur les excursions en bateau dans les îles voisines.

Phuket avec des enfants

Les activités en famille ne manquent pas sur l'île. L'**aquarium de Phuket** (สถานแสดงพันธุ์สัตว์น้ำภูเก็ต ; carte p. 266 ; 076 391126 ; www.phuketaquarium.org ; 51 Th Sakdidej ; adulte/enfant 180/100 B ; 8h30-16h30 ; P), et la visite du petit **Centre de réhabilitation des gibbons** (โครงการคืนชะนีสู่ป่า ; carte p. 266 ; 076 260492 ; www.gibbonproject.org ; près de la Rte 4027 ; don apprécié ; 9h-16h30, jusqu'à 15h le sam ; P), où l'on trouvera des activités en lien avec les animaux, ne manqueront pas de plaire aux enfants.

Phuket Wake Park (carte p. 266 ; 076 510151 ; www.phuketwakepark.com ; 86/3 Mu 6, Th Vichitsongkram, Kathu ; adulte/enfant visite 2 heures 750/350 B, pass à la journée 1250/650 B ; 9h-18h) est l'attraction la plus récente, où les enfants de tous âges, mais surtout les préados, apprennent le wakeboard sur un lac niché au milieu des montagnes de Kathu.

Gibbon à mains blanches
NICKOLAY STANEV/SHUTTERSTOCK ©

DEPUIS/VERS PHUKET

AVION

L'**aéroport international de Phuket** (076 632 7230 ; www.phuketairportthai.com) est situé à 30 km au nord-ouest de Phuket-ville et dessert plusieurs destinations intérieures, notamment Bangkok, Chiang Mai et Ko Samui. Il faut 45 minutes à 1 heure pour rejoindre les plages du Sud.

BUS ET MINIBUS

Les bus inter-provinces partent du **Terminal 2 des bus de Phuket** (carte p. 266 ; Th Thepkrasattri), à 4 km au nord de la ville. Des minibus climatisés assurent la liaison avec différentes destinations touristiques ; billets en vente auprès des agences de voyages.

BATEAU

Tha Rassada (carte p. 266), à 3 km au sud-est de Phuket-ville, est l'embarcadère principal pour Ko Phi Phi et Krabi (Railay).

COMMENT CIRCULER

De grands *songthaew* (*sŏrng·tăa·ou* ; pick-up collectifs) relient régulièrement Phuket-ville (Th Ranong, près du marché) aux plages (20-40 B, 30 minutes à 1 heure 30, 7h-17h). Des *tuk-tuk* desservent également les plages.

Parc national de Khao Sok

Si après quelques jours de plage vous ressentez l'envie de vous dégourdir les jambes à l'intérieur des terres, le **parc national de Khao Sok** (077 395154 ; www.khaosok.com ; adulte/enfant 300/150 B ; 8h-17h) est fait pour vous. Cette jungle de plaine, la plus humide de Thaïlande, daterait de plus de 160 millions d'années et serait l'une des forêts tropicales humides les plus anciennes du monde. Vous y verrez d'impressionnantes formations calcaires et des cascades ruisselant au travers d'épais fourrés détrempés. Un réseau de pistes sillonne le parc et permet aux visiteurs d'observer les espèces endémiques.

La meilleure période pour le visiter court de décembre à avril, durant la saison sèche. Pendant la saison des pluies (de juin à octobre), les sentiers peuvent être très glissants, les sangsues pullulent et des inondations soudaines et violentes sont à redouter. Cependant, vous aurez plus de chance de tomber nez à nez avec des animaux à cette période.

Où se loger ?

Les plages des pointes nord et sud de la côte ouest donnent l'impression d'échapper au monde réel tandis que Patong et Karon sont extrêmement animées.

Zone	Ambiance
Phuket-ville	Hébergements originaux, tarifs raisonnables ; loin des plages.
Patong	Vie nocturne dense ; bruyante, bondée, assez sordide.
Karon	Plage animée, choix d'hébergements économiques ; un peu sordide.
Kata	Plage animée, hébergements essentiellement haut de gamme.
Rawai	Plage calme, hôtels haut de gamme, cuisine locale.
Kamala	Plage tranquille, boutiques-hôtels.
Surin	Plage calme, hôtels de charme.
Ao Bang Thao	*Resorts* luxueux.
Parc national de Sirinat	Plage naturelle, hébergements variés ; à l'écart des restaurants et de la vie nocturne.

Découvrir Khao Sok

Les circuits dans Khao Sok et aux alentours coûtent jusqu'à 50% moins cher si vous les réservez auprès des *guesthouses* ou des agences de voyages à proximité du parc. Les circuits organisés au départ de destinations plus lointaines (Phuket ou Khao Lak) incluent le transport (à prix fort) et la commission de l'organisateur.

À VOIR ET À FAIRE

Grâce à sa superficie, Khao Sok abrite de nombreux grands mammifères, plus de 300 espèces d'oiseaux, 38 variétés de chauves-souris et la rarissime rafflésie (*Rafflesia kerrii*), une fleur géante dont le diamètre peut atteindre 80 cm (c'est le seul endroit en Thaïlande où on peut l'observer).

Le lac Chiaw Lan, formé en 1982 par un barrage de schiste argileux du nom de Ratchaprapha (Kheuan Ratchaprapha ou Chiaw Lan), se trouve à 1 heure de route (65 km) à l'est du centre d'information des visiteurs. Les affleurements calcaires qui émergent du lac peuvent atteindre 960 m de haut, soit plus du triple des formations géologiques de Phang-Nga (p. 258).

La grotte de Tham Nam Thalu contient d'étonnantes concrétions calcaires et un réseau de cours d'eau souterrains. Dans la grotte de Tham Si Ru convergent quatre galeries souterraines qui servaient d'abri secret aux insurgés communistes entre 1975 et 1982.

Promenades à dos d'éléphant, kayak et rafting sont des activités très prisées dans le parc. Les possibilités de randonnée ne manquent pas et les *guesthouses* organisent des visites du parc et de ses environs.

COMMENT S'Y RENDRE ET CIRCULER

Des minibus pour Surat Thani (250 B, 1 heure), Krabi (350 B, 2 heures) et quelques autres destinations partent du parc tous les jours.

Pour explorer le lac Chiaw Lan par vous-même, louez un *long-tail boat* (2 000 B/jour) au niveau du barrage.

Khao Lak et ses environs

Hat Khao Lak est la plage idéale si l'on veut éviter le côté tape-à-l'œil des grandes stations balnéaires de Phuket, sans pour autant renoncer au confort et aux facilités en matière de shopping et de services. Avec ses longs rubans de sable blanc soulignant des collines luxuriantes et ses vagues chaudes si agréables pour la baignade, Hat Khao Lak est aussi la base la plus pratique pour explorer le nord de la côte d'Andaman : les îles Similan et Surin, les parcs nationaux de Khao Sok et Khao Lak/Lam Ru, et même Phuket, se visitent aisément dans la journée.

ACTIVITÉS

Les excursions de plongée ou de snorkeling à la journée (5 000-6 000 B) aux îles Surin et Similan sont très prisées. Préférez-leur une croisière avec nuit à bord (19 000/35 000 B pour 3/6 jours) : les îles étant à 70 km du rivage (1 heure 30 en bateau rapide), vous prendrez davantage votre temps et éviterez la foule.

La plupart des centres proposent de pratiquer le snorkeling sur certaines excursions et croisières pour un prix réduit d'environ 30%. Des tour-opérateurs proposent aussi des sorties de snorkeling moins chères que les sorties plongées aux îles Similan (1 900 B).

Wicked Diving Plongée

(☎076 485868 ; www.wickeddiving.com ; Th Phetkasem, Khao Lak ; 2 plongées 5 700 B, snorkeling journée/avec nuit à bord 2 900/8 100 B ; ⏲oct-mai). Ce club bien géré et respectueux de l'environnement propose sorties de plongée et de snorkeling, séjours en mer et circuits écologiques, et cours de plongée.

Fantastic Snorkeling
(☎076 485998 ; www.fantasticsimilan.com ; adulte/enfant 2 300/1700 B ; ⏱mi-oct à mi-mai). Des excursions de snorkeling dans les îles Similan, avec pour guides des artistes du cabaret de travestis local. L'excursion est sans pareille, et les sites de snorkeling sont de premier ordre. Transport depuis votre hôtel de Phuket ou Khao Lak inclus.

Sea Dragon Dive Centre Plongée
(☎076 485420 ; www.seadragondivecenter.com ; Th Phetkasem ; 2 plongées 5 100 B, journée de snorkeling 2 700 B ; ⏱oct-mai). Ce club ultra-efficace, l'un des plus anciens de Khao Lak, fait preuve d'exigence dans le respect des normes.

OÙ SE RESTAURER

Go Pong Thaïlandais $
(Th Phetkasem, Khao Lak ; plats 40-120 B ; ⏱10h-23h). Ce petit snack-bar de rue concocte des plats de nouilles et de riz épicés sautés ainsi qu'une soupe de nouilles parfumée prisée des habitués.

Takieng Thaïlandais $$
(26/43 Mu 5, Bang Niang ; plats 120-350 B ; ⏱midi-22h ; wifi). Sur le côté est de la grande route, juste avant la bifurcation vers Bang Niang, se trouvent deux restaurants thaïlandais de plein air, coiffés de toits d'étain sur piliers. Celui-ci est le plus attirant des deux et les plats sont joliment présentés : poisson frais à la vapeur dans du curry vert, *lâhp* de poulet ou de porc et calmars à la pâte de piment.

DEPUIS/VERS KHAO LAK

Les bus qui circulent sur la Hwy 4 entre Takua Pa (55 B, 45 minutes) et Phuket (100 B, 2 heures) s'arrêteront à Hat Khao Lak si vous le demandez.

Les minibus de Khao Lak Land Discovery vont à l'aéroport international de Phuket (600 B, 1 heure 15). Il est également possible de prendre le **Cheaper Than Hotel** (☎085 786 1378 ; 086 276 6479 ; cheaperkhaolak1@gmail.com) qui dessert l'aéroport de Phuket (1 000 B) et quelques localités au sud.

Coconut Beach, Khao Lak

Plongée au large des îles Surin et Similan

Les parcs nationaux maritimes des îles Surin et des îles Similan abritent certains des meilleurs sites de plongée au monde. En voici quelques-uns :

North Point Les formations rocheuses de ce site sont majestueuses. L'eau y est souvent d'un bleu limpide. La plongée débute en eaux profondes et s'achève autour d'un récif parmi les tortues.

West of Eden Un site rocheux divertissant, qui permet de se laisser porter par le courant. Les coraux mous et les gorgones arborent d'incroyables nuances de roses et de pourpres. Moins fréquenté que d'autres spots du parc.

Tachai Pinnacle La partie nord de ce spot hérissé de pics est prisée pour ses bancs de poissons et ses coraux mous. Toutefois, le véritable défi du lieu reste l'importance du courant.

Richelieu Rock Ce site de plongée, certainement le plus connu de la mer d'Andaman, possède tout ce dont on peut rêver, des coraux mous jusqu'aux bancs de poissons.

Ko Bon Ridge Surtout connu pour les raies mantas qu'on y croise quelquefois.

Parc national maritime des îles Similan

Le **parc national maritime des îles Similan** (☎076 453272 ; www.dnp.go.th ; adulte/enfant 500/300 B ; ⏲mi-oct à mi-mai) s'étend à 70 km au large des côtes de Phukhet. Couvertes de forêts tropicales, bordées de plages de sable blanc et entourées de récifs de corail, ces îles de granit sont aussi impressionnantes en surface que sous l'eau. Malheureusement, le blanchissement du corail a eu raison de nombre de coraux durs. La présence de coraux mous intacts et la faune abondante en font toujours un lieu de plongée de choix.

Récemment, le parc a été agrandi pour inclure Ko Bon et Ko Tachai, hauts lieux de plongée et de snorkeling qui ont échappé au blanchissement du corail.

Hat Khao Lak est le point d'entrée du parc. L'embarcadère se trouve à Thap Lamu, à environ 10 km au sud de la ville.

Les îles Similan offrent des plongées pour tous les niveaux, à des profondeurs de 2 à 30 m : préparez-vous à découvrir des récifs à Ko Payu (île 7) et des tunnels à Hin Pousar ("tête d'éléphant"), ainsi qu'une vie sous-marine variée composée de minuscules serpules, de coraux mous, de requins-baleines et de bancs de poissons. Aucune infrastructure de plongée n'étant disponible dans le parc, il faut se joindre à un circuit spécialisé.

DEPUIS/VERS LE PARC NATIONAL MARITIME DES ÎLES SIMILAN

Aucun transport public ne dessert les îles Similan.

Les centres de plongée et les agences de Hat Khao Lak et de Phuket organisent des circuits de 1/2 jours (à partir de 2 900/5 000 B), des croisières de plongée (3 jours à bord 16 000-19 000 B) et des circuits de plusieurs jours incluant le transport au parc, la nourriture et l'hébergement. Ils ne coûtent pas plus que si vous gagniez les îles par vous-même (déconseillé).

Parc national maritime des îles Surin

À 60 km de la côte thaïlandaise et à 5 km de la frontière maritime du Myanmar, le **parc national maritime des îles Surin** (☎076 472145 ; www.dnp.go.th ; adulte/enfant 500/300 B ; ⏲mi-oct à mi-mai) est formé de cinq superbes îles. Ces terres granitiques aux promontoires rocheux surgissant de la mer sont couvertes d'épaisses forêts tropicales et festonnées de plages de sable scintillant au fil d'interminables baies paisibles. Les eaux cristallines, où la visibilité porte souvent à 35 m, abritent une faune marine unique. Les îles attirent également des *chow lair*, nomades de la mer qui s'installent sur le rivage durant la mousson, entre mai et novembre.

Sail Rock, îles Similan

Ko Surin Tai (au sud) et Ko Surin Neua (au nord) sont les plus grandes îles. Le bureau du parc, un **bureau d'information** (7h30-20h30 mi-oct à mi-mai) et les infrastructures destinées aux visiteurs sont à Ao Chong Khad, au sud-ouest de Ko Surin Neua.

Khuraburi est le point d'accès au parc. L'embarcadère et le **bureau du parc national** (076 472145 ; www.dnp.go.th ; Tha Khuraburi ; 8h30-16h30 mi-oct à mi-mai) se trouvent à 9 km au nord-ouest de la ville.

Parmi les sites de plongée du parc figurent **Ko Surin Tai**, **Ko Torinla** (au sud) et **HQ Channel**, entre les deux îles principales. **Richelieu Rock**, un mont sous-marin à 14 km au sud-est, est l'un des plus beaux sites de plongée de la côte d'Andaman. On y croise des raies mantas, et parfois des requins-baleines en mars-avril.

Le parc ne possédant aucune infrastructure de plongée, il faut réserver un circuit (4 jours de croisière à partir de 20 000 B) auprès des agences de Khao Lak, Phuket ou Ranong. Le transport est généralement inclus. Comptez 200 B/jour pour les frais de plongée dans le parc, plus le droit d'entrée du parc national (adulte/enfant 500/300 B), valable 5 jours.

En raison du blanchissement des coraux durs, le snorkeling y a perdu de son attrait, mais l'on voit encore nombre de coraux mous et de poissons colorés, notamment à Ao Mai Yai, au large de Ko Surin Neua côté sud-ouest. Le snorkeling est aussi plaisant à Ao Sabparod et Ao Pak Kaad, au large de Ko Surin Tai côté est et sud, car on aperçoit parfois des tortues. Il y a également des poissons au large de Ko Pajumba, mais les coraux n'y ont guère d'intérêt. Ao Suthep est peuplé de poissons colorés.

DEPUIS/VERS LE PARC NATIONAL MARITIME DES ÎLES SURIN

Les vedettes des tour-opérateurs (aller-retour 1700 B, 1 heure 15 dans chaque sens) partent chaque matin aux alentours de 9h et reviennent entre 13h et 16h. Elles acceptent les voyageurs indépendants. Le retour se fait à la date de votre choix (demandez au bureau du parc de Ko Surin Neua de confirmer votre billet la veille au soir).

NUTEXZLES / GETTY IMAGES ©

RAILAY

Dans ce chapitre

Railay

Railay (ou Rai Leh) est une destination incontournable pour les passionnés d'escalade. C'est ici que les féeriques reliefs karstiques de Krabi atteignent leur paroxysme. Accessible en bateau, ce coin de paradis s'agrémente de criques sablonneuses s'étalant entre les formations calcaires et, malgré la proximité de l'agitation touristique d'Ao Nang, l'ambiance reste parfaitement détendue. Les kayakistes et les adeptes du snorkeling se régaleront, eux, sur et sous l'eau.

Railay en 2 jours

Inscrivez-vous pour un **cours d'escalade** (p. 282) sur 2 jours : domptez les falaises et profitez d'une vue infinie sur la mer. Préparez la journée chez **Mama's Chicken** (p. 285), pour des repas sains très appréciés.

Railay en 4 jours

Trouvez une agréable plage de sable pour paresser, ou louez un *long-tail boat* pour faire du snorkeling autour des îles voisines. Partez en balade vers **Sa Phra Nang** (p. 284) et **Tham Phra Nang** (p. 284), en emportant votre répulsif antimoustiques. Après une bonne suée, vous aurez bien mérité un cocktail au **Last Bar** (p. 286), suivi d'un dîner au **Sunset Restaurant** (p. 285).

Comment s'y rendre

Des *long-tail boats* desservent Railay depuis Tha Khong Kha (45 minutes). Depuis Phuket, un ferry assure la liaison toute l'année (2 heures 15). La plage de Hat Railay Ouest est le point de départ et d'arrivée de tous les bateaux.

Où se loger

Les hébergements sont évidemment peu nombreux à Railay, mais le choix couvre toute la gamme de prix. Railay Highlands et Hat Ton Sai ont la faveur des bourlingueurs, tandis que Railay Est et Railay Ouest offrent des hébergements de milieu et haut de gamme. Réservez pour un séjour en décembre et janvier, le nombre de places étant alors très limité.

Les propriétaires de bateaux du coin peuvent vous organiser une excursion d'un jour et une nuit sur une île déserte ; vous devrez prévoir la nourriture et le matériel de camping.

Pour plus de renseignements sur les hébergements, voir p. 287.

HENN PHOTOGRAPHY / GETTY IMAGES ©

Escalade

Railay est l'un des lieux les plus prisés pour l'escalade en Asie du Sud-Est, et sa popularité ne cesse de progresser. De difficultés variées, les voies offrent toujours une vue exceptionnelle.

Pour ceux qui aiment...

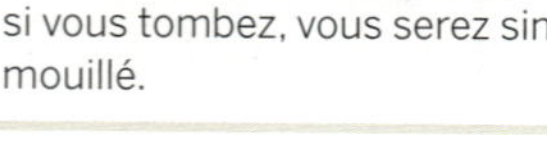

☑ Ne ratez pas

Essayez le *deep-water soloing* (escalade sans sécurité au-dessus de la mer) : si vous tombez, vous serez simplement mouillé.

Quelque 1000 voies équipées pour les grimpeurs débutants et expérimentés, panoramas inégalés... on pourrait pratiquer l'escalade ici pendant des mois. L'ascension de corniches en solo intégral au-dessus d'eaux profondes rencontre un réel succès.

Voies d'escalade

La plupart des grimpeurs commencent par **Muay Thai Wall**, puis **One, Two, Three Wall**, à la pointe sud de Hat Railay Est (Hat Sunrise), où l'on trouve au moins 40 itinéraires de 4b à 8b (cotation française). L'imposant **Thaiwand Wall**, situé à l'extrême sud de Hat Railay Ouest, est une falaise calcaire présentant des voies particulièrement ardues, cotées de 6a à 7c+.

Citons également **Hidden World** et ses voies de difficulté moyenne ; **Wee's**

SOMPORN SUEBHAIT / SHUTTERSTOCK ©

Infos pratiques

À Railay, les leçons d'escalade coûtent 1000 B la demi-journée et 1800 B la journée.

Une petite faim ?

Parlez technique au café Highland Rock Climbing (p. 286), lieu de rencontre apprécié des grimpeurs.

★ Bon plan

La magnésie s'avère indispensable pour éviter la transpiration des mains sous ces latitudes tropicales.

Present Wall, voie méconnue et pourtant exceptionnelle (7c+) ; **Diamond Cave**, très fréquentée par les grimpeurs débutants et intermédiaires ; enfin, **Ao Nang Tower**, un mur de trois longueurs accessible uniquement par bateau.

Renseignements très utiles pour l'escalade sur le site www.railay.com et *Rock Climbing in Thailand and Laos* (2014 ; Elke Schmitz), guide d'escalade dans la région.

Cours et matériel

Les débutants pourront commencer par un cours à la journée ou à la demi-journée. Des cours privés sont également proposés. Les cours sur 3 jours sont plus techniques car il faut pouvoir grimper en tête et s'assurer aux chevilles d'ancrage. Les grimpeurs expérimentés pourront louer du matériel dans les écoles d'escalade (environ 1200 B la journée, pour deux personnes ; qualité variable) ; l'équipement standard comprend une corde de 60 m, deux baudriers et des chaussons d'escalade. Si vous souhaitez grimper seul, mieux vaut arriver avec votre matériel, coinceurs et friends compris pour s'assurer sur des voies peu équipées. Certaines écoles d'escalade proposent à la vente une petite sélection de matériel importé.

Écoles

Parmi les prestataires fiables, citons :

- **Basecamp Tonsai** (081 149 9745 ; www.tonsaibasecamp.com ; Hat Ton Sai ; demi-journée/journée 800/1500 B, cours sur 3 jours 6000 B ; 8h-17h et 19h-21h).
- **Hot Rock** (085 641 9842 ; www.railayadventure.com ; Hat Railay Est ; demi-journée/journée 1000/1800 B, cours sur 3 jours 6000 B ; 9h-20h).
- **King Climbers** (081 797 8923 ; www.railay.com ; Walking St ; demi-journée/journée 1000/1800 B, cours sur 3 jours 6000 B ; 8h30-21h lun-ven, 8h30-18h sam et dim).

À VOIR

Sa Phra Nang — Bassin

(Bassin de la Princesse). Vers la moitié du chemin entre Hat Railay Est et Hat Tham Phra Nang, un sentier grimpe le long de la falaise couverte de jungle jusqu'à une lagune cachée. La première moitié est une montée abrupte de 10 minutes équipée de cordes permettant de s'aider. À droite, la lagune est accessible après une descente escarpée. Si vous tournez à gauche, vous atteindrez rapidement un point de vue à flanc de falaise. La montée est exténuante mais brève.

Tham Phra Nang — Grotte

(ถ้ำพระนาง, grotte de la Princesse ; Hat Tham Phra Nang). À l'extrémité est de Hat Tham Phra Nang, c'est un sanctuaire important pour les pêcheurs locaux (bouddhistes et musulmans), qui y déposent des phallus en bois afin que l'esprit de la princesse indienne qui y habite leur accorde une pêche abondante. Selon la légende, une barge royale transportant cette princesse sombra ici lors d'une tempête au IIIe siècle av. J.-C. Son esprit se réfugia dans la grotte, réalisant les vœux de ceux qui lui rendaient hommage.

Point de vue — Panorama

Un sentier raide et difficile mène à ce point de vue sur la péninsule. Il démarre à mi-chemin du sentier reliant Hat Railay Est à Hat Phra Nang. Attention, la première moitié est une montée abrupte de 10 minutes équipée de cordes permettant de s'aider. Tournez à gauche à la fourche pour accéder au point de vue.

ACTIVITÉS

Les centres de plongée de Railay proposent des sorties sur les sites environnants, parmi lesquels Ko Poda. Comptez 3 700 B pour deux plongées et 14 500 B pour la certification Open Water. Des excursions à Ko Phi Phi et sur l'épave du *King Cruiser* sont proposées pour 4 900 B. La plupart des agences d'Ao Nang, où le choix est plus large, passeront vous chercher à Railay.

Hôtels et agences peuvent organiser une journée de snorkeling (à partir

De gauche à droite : Tham Phra Nang ; fruits de mer à la thaïlandaise ; Sa Phra Nang

KORKUSUNG / SHUTTERSTOCK ©

KAY MAERITZ / LOOK-FOTO / GETTY IMAGES ©

de 1200 B) autour de plusieurs îles, comprenant Ko Poda, Ko Hong, Ko Kai et d'autres. Vous pouvez également louer un *long-tail boat* (demi-journée/journée 1800/2800 B) au départ de Hat Railay Ouest. La journée de snorkeling à Ko Phi Phi coûte 2400 B. Si vous restez dans la baie de Railay, la plupart des hôtels louent masque et palmes pour 150 B environ.

Location de kayaks à Hat Railay Ouest ou Hat Ton Sai (200/800 B par heure/jour).

OÙ SE RESTAURER

Les restaurants des complexes hôteliers du bord de mer à Hat Railay Ouest sont les meilleurs – et les plus chers – de Railay. Des adresses thaïlandaises et occidentales plus abordables sont installées dans les terres. À Hat Ton Sai, les établissements bon marché dominent.

Mama's Chicken Thaïlandais $
(Hat Ton Sai ; plats 70-100 B ; 7h-22h ;). Transférée le long du chemin dans la jungle reliant l'intérieur des terres à Hat Railay Est et Ouest, l'adresse demeure l'une des échoppes les plus populaires de Ton Sai. Petits-déjeuners occidentaux, smoothies et grande variété de plats thaïlandais économiques – notamment d'inhabituelles recettes adaptées aux végétariens comme un savoureux *massaman* au tofu.

Sunset Restaurant Poisson, fruits de mer $$
(075 81946 3; www.krabisandsea.com ; Hat Railay Ouest ; plats 180-400 B ; 11h-21h ;). Attenant au Sand Sea Resort et bien situé en bord de plage, cet établissement prisé pour la fraîcheur des produits de la mer prépare aussi les grands classiques thaïlandais (curries, sautés et salades).

Mangrove Restaurant Thaïlandais $$
(Walking St ; plats 80-350 B ; 10h-22h). Toit de chaume sur pilotis pour ce modeste établissement toujours bondé, installé entre les plages est et ouest. Tous les classiques thaïlandais sont au menu, de la salade de vermicelles au sauté aux noix de cajou, curries et autres *sôm·đam* (salade de papaye verte épicée),

LEPRETRE PIERRE / GETTY IMAGES ©

en passant par une délicieuse création : le riz gluant grillé à l'œuf. La matriarche qui règne en cuisine mérite bien des éloges.

The Grotto International, thaïlandais **$$$**
(☎075 620740 ; www.rayavadee.com ; Hat Phra Nang ; plats 400-690 B ; ⏲midi-20h). Ce restaurant du luxueux *resort* Rayavadee mijote un menu aux influences thaïlandaises et méditerranéennes dans une grotte illuminée face à Hat Phra Nang.

The Terrace Thaïlandais **$$$**
(Hat Phra Nang ; plats 450-1890 B ; ⏲11h-23h ; 🍸). Menu pan-asiatique haut de gamme – Japon, Vietnam, Inde et Thaïlande – servi sur une terrasse surplombant Hat Phra Nang. Cocktails corrects.

OÙ PRENDRE UN VERRE ET FAIRE LA FÊTE

Last Bar Bar
(Hat Railay Est ; ⏲11h-tard). Rien d'étonnant à ce que ce bar tropical à deux niveaux, qui s'étend jusqu'au bord des mangroves, soit toujours bondé. Selon l'heure, faites votre choix entre l'étage couvert de coussins de sol, et décoré de banderoles et de ballons, et celui avec des tables éclairées aux bougies. Pour couronner le tout : concerts dans la salle du fond et spectacles de cracheurs de feu sur la plage.

Chill Out Bar
(Hat Ton Sai ; ⏲11h-tard ; 📶). Bières fraîches, concerts, DJ sets, et spectacles de feu : le meilleur bar reggae de Ton Sai.

Highland Rock Climbing Café
(Railay Highlands ; ☎084 443 9539 ; ⏲8h-20h). École d'escalade et café, cet établissement décoré de bois flotté s'approvisionne auprès d'exploitations durables de Chiang Rai et sert un des meilleurs cafés de la péninsule.

COMMENT CIRCULER

Des *long-tail boats* partent pour Railay de l'embarcadère Tha Khong Kha à Krabi et du front de mer à Ao Nang et Ao Nam Mao. Dans l'autre sens, les *long-tail boats* pour Krabi partent de Hat Railay Est. Dans les deux sens, les bateaux entre Krabi et Hat Railay Est partent entre 7h45 et 18h, quand ils ont huit passagers (150 B, 45 minutes).

Toute l'année, des ferries assurent la liaison avec Ko Phi Phi (400 B, 1 heure 15) et Phuket (650 B, 2 heures 15).

Où se loger ?

Quatre plages entourent Railay, et il est possible de loger sur le promontoire. Cinq minutes de marche séparent Hat Railay Est, Hat Railay Ouest, Hat Tham Phra Nang et les highlands.

Secteur	Ambiance
Hat Railay Est (Hat Sunrise)	Cette baie peu profonde, humide et boueuse est jalonnée d'hôtels, *guesthouses* et restaurants abordables, à cinq minutes seulement de plages plus attirantes.
Hat Railay Ouest	Une merveille blanche quasi parfaite et le meilleur endroit pour nager ou admirer un coucher de soleil. Beaux *resorts* de catégories moyenne et supérieure uniquement. *Long-tail boats* depuis/vers Ao Nang.
Hat Tham Phra Nang	L'une des plus belles plages au monde ; un seul endroit où loger : le Rayavadee, le *resort* le plus huppé de la péninsule. La plage est ouverte à tous.
Hat Ton Sai	Le repaire des grimpeurs et petits budgets plus téméraires. Des bars et bungalows, nichés dans la forêt, forment un décor animé et sympathique. Pour gagner les autres plages, il faut prendre un *long-tail boat* (50 B), crapahuter sur les rochers à marée basse, ou marcher 30 minutes dans la forêt.
Railay Highlands	À 500 m environ dans les terres depuis Hat Railay Ouest ou Est, la brise marine rafraîchit la canopée et les hébergements sont d'un bon rapport qualité/prix.

KO PHI PHI ET KO LANTA

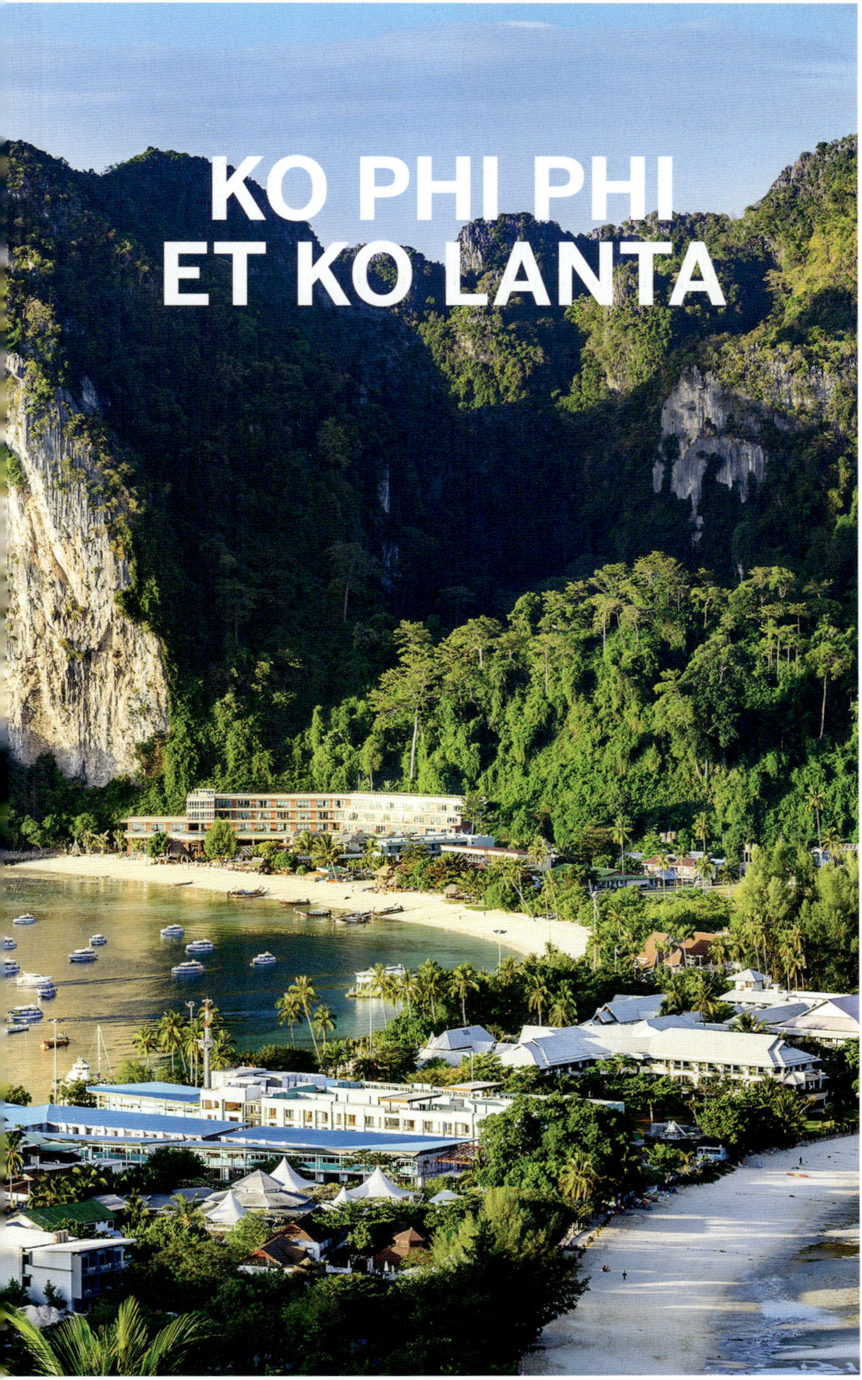

Dans ce chapitre

Ko Phi Phi et Ko Lanta

Avec ses plages de sable blond aux courbes généreuses, Ko Phi Phi est la star de la côte d'Andaman. Elle réunit en réalité deux îles : Ko Phi Phi Don, interdite aux voitures et dont les sentiers mènent à des hôtels à taille humaine, et Ko Phi Phi Leh, parc national qui se visite à la journée.

Ko Lanta, elle, reste bien plus calme et authentique. Des gargotes sont installées au pied de minarets élancés, des villages chow lair sur pilotis s'accrochent à la côte est, et des petits wat se cachent dans l'enchevêtrement brun-vert des mangroves.

Ko Phi Phi en 2 jours

Détendez-vous sur les plages. Faites la fête jusqu'au bout de la nuit, au **Sunflower Bar** (p. 2947) ou au **Banana Bar** (p. 298). Au réveil, soignez votre gueule de bois avec un déjeuner thaïlandais épicé chez **Esan Ganeang** (p. 296) ou faites-vous plaisir chez **Jasmin** (p. 296). Répétez l'opération.

Ko Phi Phi et Ko Lanta en 4 jours

Plongez ou **pratiquez le snorkeling** (p. 292) dans les magnifiques jardins souterrains de Ko Phi Phi. Partez en excursion sur l'île voisine de **Phi Phi Leh** (p. 294) ou découvrez ses côtes lors d'une **croisière avec dîner et boissons** (p. 295). Autrement, prenez un bateau pour **Ko Lanta** (p. 299), où vous partirez à l'aventure à travers la jungle et visiterez les grottes.

Comment s'y rendre

La plupart des bateaux en provenance de Phuket et de Railay mouillent l'ancre à Ao Ton Sai sur Ko Phi Phi Don. Il n'y a aucune route : on se déplace à pied ou en *long-tail boat*.

On peut rejoindre Ko Lanta en ferry depuis Ko Phi Phi, Krabi ou Phuket.

Où se loger

Du fait de la petite taille de l'île, on peine à y trouver un hébergement en haute saison, lorsque les tarifs augmentent démesurément. Les hébergements économiques sont regroupés autour de Ton Sai et Ao Lo Dalam. Plus calme, la côte orientale est occupée par des hébergements haut de gamme et de tranquilles bungalows.

Ko Lanta compte quantités de belles plages, surtout sur la côte ouest. En raison du développement de l'île, nombre d'hébergements aux tarifs intéressants existent désormais en bord de route.

Pour plus de renseignements sur les hébergements, voir p. 302.

Poissons-clowns dans les coraux

Plongée et snorkeling à Ko Phi Phi

Eaux cristallines et riche vie sous-marine… tels sont les atouts de ce site de plongée sublime, où l'on croise fréquemment requins-léopards et tortues. Des requins-baleines font parfois de brèves apparitions en février et mars.

Pour ceux qui aiment…

☑ Ne ratez pas

Ko Mai Phai est un spot de snorkeling très prisé : vous pourrez y voir de petits requins.

Sites de plongée

Les sites de plongée les plus appréciés comprennent **Anemone Reef** (récif corallien profond de 17 à 26 m, où vivent de nombreuses anémones de mer et des poissons-clowns), **Hin Bida Phi Phi** (pic sous-marin abritant coraux, tortues, requins-léopards et quelques raies mantas et requins-baleines ; de 5 à 30 m) et l'**épave du King Cruiser** (navire coulé en 1997 ; guettez vivaneaux, requins-léopards, poissons-scorpions, barracudas, poissons-lions et tortues).

L'**épave du Kledkaeo** gît là où un navire thaïlandais désaffecté fut coulé volontairement en 2014 pour créer un site artificiel de plongée. On y croise poissons-lions, vivaneaux, mérous et barracudas. **Ko Bida Nok** est un massif karstique peuplé de gorgones, de requins-léopards,

Snorkeling au-dessus d'une méduse

GOODOLGA / GETTY IMAGES ©

Infos pratiques

Les tarifs des plongées sont fixes sur toute l'île de Phi Phi. La certification PADI Open Water revient à 13 800 B, les sorties standards deux plongées à 2 500-3 500 B.

Une petite faim ?

Le déjeuner est en principe compris lors des excursions à la journée.

★ Bon à savoir

C'est entre novembre et février que la visibilité est la meilleure.

de barracudas et parfois de requins-baleines et raies mantas (de 18 à 22 m).

Ko Phi Phi Leh (p. 294) est bordé de coraux et de passages traversés par des murènes, pieuvres et hippocampes.

Sites de snorkeling

Ko Mai Phai, à 6 km au nord de Phi Phi Don, est un spot de snorkeling peu profond très fréquenté, où l'on peut apercevoir des petits requins. La pratique du snorkeling est particulièrement plaisante sur la côte orientale de **Ko Nok**, celle de **Ko Nai**, et au large de **Hat Yao**. On peut louer du matériel dans la plupart des complexes hôteliers (masque, palmes et tuba pour 200 B/jour).

Une sortie de snorkeling coûte de 600 à 1 500 B, selon l'embarcation (*long-tail boat* ou bateau à moteur). Vous pouvez accompagner les groupes de plongée, et de nombreux centres proposent également des sorties spéciales snorkeling. Celles organisées par The Adventure Club sont de bonne qualité.

Centres de plongée

Parmi les centres recommandés, citons :

- **The Adventure Club** (☎081 895 1334 ; www.diving-in-thailand.net ; 125/19 Mu 7, Ton Sai Village, Ko Phi Phi Don ; 2 plongées 2 500 B ; ⏲7h-22h).
- **Blue View Divers** (☎094 592 0184 ; www.blueviewdivers.com ; Phi Phi Viewpoint Resort, Ao Lo Dalam, Ko Phi Phi Don ; 2 plongées 2 500 B ; ⏲10h-20h).
- **Princess Divers** (☎088 768 0984 ; www.princessdivers.com ; Ton Sai Village, Ko Phi Phi Don ; ⏲9h30-22h)
- **Sea Frog Diving** (☎087 920 0680, 075 601073 ; www.ppseafrog.com ; Ton Sai Village, Ko Phi Phi Don ; 2 plongées 2 500 B ; ⏲7h-22h).

Grotte des Vikings

Ko Phi Phi Leh

Entourée de falaises abruptes, Ko Phi Phi Leh est la plus petite et la plus sauvage des îles Phi Phi. Les voyageurs viennent y passer la journée pour profiter des récifs coralliens, de la riche faune sous-marine et des eaux transparentes de l'île.

Depuis le film *La Plage* avec Leonardo DiCaprio, adaptation du roman culte d'Alex Garland, Ko Phi Phi Leh ressemble à un lieu de pèlerinage. Outre les classiques excursions en *long-tail boat*, les agences proposent des circuits autour de l'île au coucher du soleil, en passant notamment par Monkey Bay et la plage de Wang Long.

Grotte des Vikings

À l'extrémité nord-est de l'île, la grotte des Vikings est un lieu de récolte des nids de martinets, ingrédient principal de la soupe chinoise dite "au nid d'hirondelle". Des grimpeurs intrépides escaladent de frêles échafaudages de bambou pour les recueillir. La grotte tire son nom trompeur des peintures de navires étrangers laissés il y a 400 ans par des pêcheurs chinois, parmi lesquelles figurait un dessin évoquant

Pour ceux qui aiment...

☑ Ne ratez pas

Une balade en kayak à marée haute dans la baie permet de mieux appréhender cet extraordinaire écosystème marin.

Ao Maya

GLENN VAN DER KNIJFF / GETTY IMAGES ©

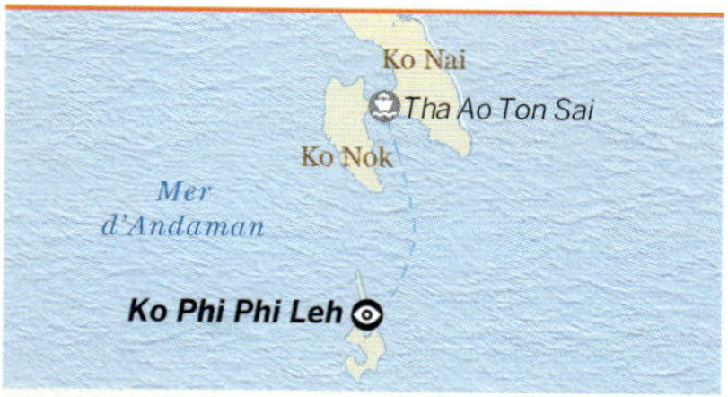

Infos pratiques

Une balade en bateau coûte environ 600-800 B ; comptez 2500 B en bateau à moteur. Le droit d'entrée dans le parc national (adulte/enfant 400/200 B la journée) est à payer à l'arrivée.

Une petite faim ?

Les tour-opérateurs fournissent les repas et les boissons (pas de restauration sur place).

★ Bon à savoir

Respectez l'écologie de ce cadre superbe mais fragile : ne fumez pas et n'abandonnez aucun déchet.

un drakkar. Lors de notre passage, l'entrée était interdite au public, mais les bateaux ralentissaient à l'approche de la grotte.

Ao Pileh

Sur les deux lagons couleur émeraude que renferme Ko Phi Phi Leh, celui de Pileh, sur la côte orientale, est souvent bondé. Malgré tout, le plaisir d'évoluer en kayak entre les falaises calcaires reste intact.

Ao Maya

Entourée de falaises recouvertes de végétation, la majestueuse plage d'Ao Maya est située sur la côte occidentale de l'île. En 1999, cette belle étendue de sable servit de décor à des scènes de *La Plage*. Les dunes naturelles furent aplanies, des palmiers plantés pour accentuer l'aspect paradisiaque du lieu, et, même si l'équipe du film a ensuite réparé certains dégâts, beaucoup estiment que cette intervention a mis à mal l'écosystème pour longtemps. En outre, le ballet désormais incessant des bateaux trouble la sérénité du lieu.

Tour-opérateurs

Le territoire de Ko Phi Phi Leh est seulement accessible dans le cadre d'une visite organisée.

- **PP Original Sunset Tour** (Ton Sai Village, Ko Phi Phi Don ; 900 B/pers ; ⏲circuits 13h). Formidable croisière au soleil couchant, avec kayak, snorkeling et dîner.
- **Maya Bay Sleepaboard** (www.mayabaytours.com ; Ton Sai Village, Ko Phi Phi Don ; 3500 B/pers). Le camping étant interdit à Maya Bay, passer la nuit sur un bateau est la meilleure option.
- **Captain Bob's Booze Cruise** (☎094 464 9146 ; www.phiphiboozecruise.com ; Ko Phi Phi Don ; femmes/hommes 2500/3000 B ; ⏲circuits 13h-19h). Naviguez en sirotant un verre.

Ko Phi Phi Don

À VOIR

Point de vue de Phi Phi Panorama

(จุดชมวิวเกาะพีพีดอน ; Ko Phi Phi Don ; 30 B). Pour atteindre le point de vue de Phi Phi, vous gravirez des centaines de marches et emprunterez des sentiers tortueux, lors d'une ascension éreintante mais gratifiante de 20 à 30 minutes. Depuis Ton Sai Village, prenez la route vers le nord-est et suivez les panneaux. Beaucoup de marcheurs ont besoin de faire une pause en chemin (munissez-vous d'une bouteille d'eau). Au sommet, la montagne luxuriante de Phi Phi se dévoile dans toute sa splendeur et offre un panorama fantastique.

OÙ SE RESTAURER

La plupart des *resorts* et bungalows de Ko Phi Phi Don disposent de restaurants – sur la côte est, vous êtes plus ou moins tenu d'y manger. Les établissements d'Ao Ton Sai ont gagné en qualité ces dernières années et offrent un large choix (fruits de mer, thaïlandais, international), mais rien de raffiné.

Esan Ganeang Thaïlandais $

(Ton Sai Village, Ko Phi Phi Don ; plats 70-150 B ; 10h-minuit). Dans une ruelle pleine de minuscules bouis-bouis prisés des habitants, cette affaire familiale sert d'excellents et authentiques plats de l'Isan (région du Nord-Est). On y mange des salades et des soupes très relevées, ainsi que des curries et des nouilles moins pimentés, mais pleins de saveurs. Commandez du riz gluant pour accompagner votre plat.

Jasmin Poisson, fruits de mer $$

(Hat Laem Thong, Ko Phi Phi Don ; plats 150-500 B ; 10h-22h). Quittez votre hôtel de luxe pour l'ambiance décontractée du Jasmin, au milieu de la plage idyllique de Laem Thong. Ce lieu semi-ouvert sert de très bons produits de la mer, notamment du poisson frais (prix au poids), grillé à la perfection. La carte inclut aussi, outre les classiques thaïlandais, des plats occidentaux, sandwichs et petits-déjeuners. Cocktail maison correct.

APIGUIDE / SHUTTERSTOCK ©

Efe Turc $$

(☎095 150 4434 ; Ton Sai Village, Ko Phi Phi Don ; plats 170-640 B ; ⏲midi-22h30 ; 📶). Avec ses délicieux sandwichs, salades et brochettes, ainsi que ses bons burgers et pizzas, cette table méditerranéenne récemment ouverte s'est rapidement fait un nom auprès d'une clientèle exigeante de touristes et d'expatriés. C'est un lieu intime avec peu de tables à l'intérieur et une minuscule terrasse ; au dîner, il faut souvent attendre pour avoir une table.

OÙ PRENDRE UN VERRE ET FAIRE LA FÊTE

Ko Phi Phi Don est saturée d'établissements bruyants où faire la fête. Whisky bon marché, boissons énergisantes et cocktails sirupeux chauffent l'ambiance et garantissent de sévères gueules de bois.

Sunflower Bar Bar

(Ao Lo Dalam, Ko Phi Phi Don ; ⏲11h-2h ; 📶). Ce bar parmi les plus décontractés de Phi Phi est idéal pour regarder le soleil disparaître dans la mer une bière à la main. Détruit par

De gauche à droite : vue sur Ko Phi Phi ; nourriture de rue

Ko Phi Phi Don

Ko Phi Phi Don

À voir

1 Point de vue de Phi Phi.......B2

Activités

2 The Adventure Club.......A3
3 Blue View Divers.......A2
Princess Divers.......(voir 2)
Sea Frog Diving.......(voir 2)

Où se restaurer

Efe.......(voir 2)
Esan Ganeang.......(voir 2)
4 Jasmin.......A1

Où prendre un verre et faire la fête

Banana Bar.......(voir 2)
Kong Siam.......(voir 2)
Sunflower Bar.......(voir 3)

Renseignements

5 Hôpital de Ko Phi Phi.......A3
Poste.......(voir 2)

Où se loger à Ko Phi Phi Don

La pollution sonore est importante sur Ko Phi Phi. En haute saison, les hébergements sont vite insuffisants et les tarifs exorbitants.

Ao Ton Sai et Ao Lo Dalam Bondées, envahies de touristes et bruyantes ; hébergements bon marché.

Hat Hin Khom Plage de sable blanc, bruyante ; anse rocheuse.

Hat Laem Thong Hébergements haut de gamme ; très fréquentée.

Hat Phak Nam Belle plage tranquille.

Hat Rantee et Ao Toh Ko Tranquilles et isolées ; bungalows familiaux.

Hat Yao Idéale pour la baignade, moins fréquentée qu'Ao Ton Sai.

Ao Lo Bakao Belle plage ; hébergements haut de gamme.

le tsunami de 2004, il a été reconstruit avec du bois de récupération. Des coques de *long-tail boats* portant le nom des quatre proches que le propriétaire a perdus dans la catastrophe servent de tables.

Banana Bar Bar
(Ton Sai Village, Ko Phi Phi Don ; 11h-14h ;). C'est *le* bar alternatif de Ton Sai. Situé dans les terres sur plusieurs étages, il permet d'échapper à la house et à la techno qui font trembler la plage. Installez-vous sur le toit, ou détendez-vous sur les coussins des terrasses aménagées autour du bar. La musique est bonne et la clientèle branchée. Sert aussi de la nourriture mexicaine.

Soirée à Ko Phi Phi Don

OÙ SORTIR

Kong Siam Musique live
(Ton Sai Village, Ko Phi Phi Don ; 18h-2h). Tous les soirs, les concerts attirent ici une foule de Thaïlandais et de *fa·ràng* (Occidentaux). Le propriétaire est un guitariste talentueux, et les autres artistes ne sont pas mauvais non plus.

RENSEIGNEMENTS

Les DAB sont nombreux dans le village touristique, mais vous n'en trouverez pas sur les plages de l'Est. Le Wi-Fi est accessible partout.

Les cambriolages sont fréquents : n'oubliez pas de fermer votre chambre à clé la nuit et toutes les fenêtres quand vous vous absentez.

Vous risquez d'être sollicité par des vendeurs de drogue sur la plage. Certains vendeurs travaillent en réalité pour la police.

Les soins d'urgence peuvent être dispensés à l'**hôpital de Ko Phi Phi** (075 622 151 ; Ao Ton Sai, Ko Phi Phi Don), à l'extrémité ouest d'Ao Ton Sai. Pour tout problème sérieux, rendez-vous à Krabi ou, mieux, à Phuket.

Long-tail boats, Ton Sai

La **poste** (Ton Sai Village, Ko Phi Phi Don ; ⏲9h-17h lun-ven et 9h-13h sam) assure les envois vers l'étranger.

DEPUIS/VERS KO PHI PHI

Des formules incluant bateau et minibus permettent de rejoindre diverses destinations du pays, notamment Bangkok (850 B, 11 heures, 15h30), Ko Samui (500 B, 6 heures 30, 10h30) et Ko Phangan (600 B, 7 heures, 10h30).

La plupart des bateaux accostent à **Tha Ao Ton Sai** (Ton Sai Village, Ko Phi Phi Don) mais quelques-uns en provenance de Phuket utilisent l'embarcadère isolé de **Tha Laem Thong** (Ko Phi Phi Don), au nord. Les ferries circulent toute l'année, mais pas toujours quotidiennement.

COMMENT CIRCULER

Il n'y a pas de routes à Ko Phi Phi Don : les transports se font essentiellement à pied et en *long-tail boats*.

Ko Lanta

Jadis île perdue du sud de la Thaïlande, fréquentée par des baroudeurs et des *chow lair* ("nomades de la mer"), Ko Lanta s'est presque métamorphosée pour devenir un repaire de touristes français, allemands et suédois. Ces derniers viennent profiter des plages sublimes (malgré l'érosion alarmante de la côte nord) et des sites de plongée proches, Hin Daeng, Hin Muang et Ko Ha. Visible de Ko Phi Phi, Lanta reste bien plus calme et authentique et convient à tous les budgets. Relativement plate comparée aux formations karstiques de ses voisines, elle est sillonnée de bonnes routes et s'explore facilement à moto.

Ko Lanta, en réalité Ko Lanta Yai, est la plus grande des 52 îles d'un archipel protégé par le parc national maritime de Mu Ko Lanta. Presque tous les bateaux accostent à Ban Saladan, une bourgade située à la pointe nord de l'île.

À VOIR

Ban Si Raya Village

(บ้านศรีรายา, vieille ville de Lanta). Au milieu de la côte est de Lanta, Ban Si Raya était le port d'origine et le centre commerçant de l'île. Il fournissait un abri sûr aux navires marchands arabes et chinois qui naviguaient entre Phuket, Penang et Singapour. Certaines des gracieuses maisons et boutiques en bois sur pilotis, vieilles de plus d'un siècle, ont été reconverties en *guesthouses* au charme suranné. Dans les restaurants du port, on savoure la pêche du jour avec vue sur la mer. Quelques charmantes boutiques sont disséminées dans les alentours.

Tham Khao Maikaeo Grottes

(ถ้ำเขาไม้แก้ว ; ☎089 288 8954 ; visite 300 B). Ce réseau de grottes et de tunnels, accessible par un trek guidé à travers la jungle, a été créé par les pluies de mousson qui se sont déversées dans les fissures et crevasses calcaires pendant des millions d'années. Certaines grottes sont aussi grandes que des cathédrales, constellées de stalactites et de stalagmites tandis que certains passages sont si petits qu'il faut s'y glisser à quatre pattes. Vous pourrez également nager dans l'eau d'un bassin souterrain. Une famille locale propose des randonnées de 1 heure jusqu'aux grottes (avec lampes frontales). Le circuit complet dure 2 heures et des chaussures adaptées sont indispensables. Les grottes sont indiquées depuis la route principale partant de Hat Khlong Tob vers la côte est. Téléphonez pour les horaires.

Tham Seua Grotte

(ถ้ำเสือ, grotte du Tigre ; visite 200 B ; ⏲oct-avr). À 2 km au sud de Hat Khlong Nin, un chemin balisé part vers l'est depuis la route des bureaux du parc national jusqu'à cette grotte. Tham Seua cache d'intéressants tunnels à découvrir lors de visites guidées de 1 à 2 heures (avec lampes frontales).

ACTIVITÉS

Certains des plus beaux sites de plongée de Thaïlande sont proches de Ko Lanta. Les meilleurs se situent au niveau des pics

Baie de Kantiang, Ko Lanta

sous-marins appelés Hin Muang et Hin Daeng, à environ 45 minutes de bateau.

Les excursions à Hin Daeng et Hin Muang coûtent de 3 400 à 4 500 B, et les plongées à Ko Haa de 3 100 à 4 000 B. Comptez entre 13 900 et 17 900 B pour la certification PADI Open Water. Les tarifs excluent généralement l'accès au parc national.

De mi-octobre à avril, les agences de Ko Lanta organisent des circuits snorkeling (4 îles au programme, 1 200 à 1 800 B) et des sorties en kayak vers Ko Rok Nok, les îles Trang et d'autres îles avoisinantes.

Scubafish Plongée

(075 665095 ; www.scubafish.com ; Ao Kantiang ; 2 plongées 3 500 B ; 8h-20h). Établi de longue date, ce centre réputé, localisé dans le Sud, propose des programmes personnalisés, dont le Liquid Lense consacré à la photographie sous-marine. Les formules de plongée de 3 jours (9 975 B) sont particulièrement appréciées. Le Discover Scuba (une journée) coûte 3 200 B, et la certification PADI Open Water entre 15 900 et 17 900 B. Deux plongées à Hin Daeng/Hin Meuang reviennent à 4 500 B.

OÙ SE RESTAURER

Drunken Sailors International, thaïlandais $$

(075 665076 ; Ao Kantiang ; plats 90-150 B ; 9h-15h et 18h-22h ;). Une salle octogonale et décontractée, agrémentée de poufs, hamacs et tables basses disséminés jusque sur la terrasse. Le menu sert des plats internationaux appétissants (pâtes, sandwichs, hamburgers, etc.), mais aussi des délices thaïlandais (sauté au gingembre ou curry rouge, épicés et cuits à votre goût). Cafés, gâteaux et jus également.

Caoutchouc International, thaïlandais $$

(075 697060 ; www.facebook.com/Caoutchouc-125216317555399 ; Ban Si Raya ; plats 150-300 B ; 10h-21h). Le menu de ce restaurant au chic rustique,

Ko Lanta

À voir

1 Ban Si Raya B3
2 Tham Khao Maikaeo B2
3 Tham Seua A3

Activités

4 Scubafish B3

Où se restaurer

5 Caoutchouc B3
Drunken Sailors .... (voir 4)
6 Kung Restaurant A1

géré par un Français, est court, mais souvent renouvelé. Depuis la terrasse panoramique sur pilotis à 800 m du port de la vieille ville, on se régale de mets originaux, associant arômes thaïlandais et occidentaux.

Kung Restaurant Poisson, fruits de mer $$

(075 656 086 ; 413 Mu 1, Ban Saladan ; plats 90-220 B ; 17h-23h ;). Très apprécié des habitants et des touristes thaïlandais,

Où se loger à Ko Lanta

Ko Lanta compte plusieurs longues et belles plages dorées, surtout sur la côte ouest. On trouve des dizaines d'hébergements en bord de route, aux tarifs intéressants mais à la vue limitée.

Ban Saladan Hôtels corrects pour petits budgets, près des restaurants et des embarcadères ; loin de la plage.

Hat Khlong Dao Plage de 2 km qui disparaît à marée haute, comme toutes celles au nord de l'île.

Hat Phra Ae (Long Beach) Grand village de vacanciers, à 3 km au sud de Ban Saladan. Belle étendue de sable.

Hat Khlong Khong Toits de chaume, bars rastas, beach-volley et fêtes de la Pleine Lune. Longue plage aux eaux turquoise.

Hat Khlong Nin Plage ravissante ; petites *guesthouses* pour baroudeurs aisés.

Ao Kantiang Superbe plage à proximité d'un village avec supérettes, restaurants et loueurs de motos. Plutôt cossu et isolé.

Ao Mai Pai Une crique verdoyante et presque oubliée qui abrite l'une des meilleures plages de l'île.

Laem Tanod La pointe sud sauvage, montagneuse et couverte de jungle.

Ban Si Raya À l'est de Ko Lanta, ville au charme désuet et à l'atmosphère bohème comprenant plusieurs *guesthouses*.

ce restaurant thaïlandais et chinois propose une superbe sélection de poissons frais (prix au poids) dans un cadre simple près de l'embarcadère de Saladan. Allez-y tôt, car les bars, vivaneaux et barracudas partent vite. On y sert aussi de nombreux classiques thaïlandais et quelques plats d'inspiration chinoise.

DEPUIS/VERS KO LANTA

La plupart des visiteurs arrivent à Ko Lanta en bateau ou en minibus climatisé. Si vous voyagez en indépendant, vous devrez prendre l'un des **car-ferries** (moto/piéton/voiture 20/20/200 B ; 6h-22h) qui circulent fréquemment entre Ban Hua Hin, Ban Khlong Mak (Ko Lanta Noi) et Ko Lanta Yai.

BATEAU

Ban Saladan compte deux embarcadères. Celui des passagers est à 300 m de la principale rue commerçante. Les car-ferries accostent à une jetée 2 km à l'est.

De mi-octobre à mi-avril, un ferry express de **Tigerline** (075 668428 ; www.tigerlinetravel.com) va de Phuket à Ban Saladan (Ko Lanta ; 1500 B, 2 heures), puis jusqu'à Ko Lipe (1700 B, 5 heures), via Ko Ngai (750 B, 1 heure), Ko Kradan (850 B, 1 heure 30) et Ko Muk (850 B, 2 heures). Le service débute à 10h et revient de Lipe le lendemain à 10h également, marquant une halte à Ko Lanta autour de 15h, avant de poursuivre vers le nord.

Ko Phi Phi Les ferries reliant Ko Lanta à Ko Phi Phi circulent d'octobre à avril. Ils quittent Ko Lanta à 8h et 13h (250 B, 1 heure 30), et repartent de Phi Phi à 11h30 et 15h. Des vedettes font le même trajet en haute saison (700-800 B, 1 heure).

Krabi De novembre à fin avril, les bateaux relient Ko Lanta à l'embarcadère de Khlong Chilat à Krabi, à 8h30 et 13h30 (400 B, 2 heures). Ils reviennent de Krabi à 11h30. En haute saison, ils desservent Ko Jum (400 B, 1 heure).

Phuket Depuis Ko Phi Phi, un ferry navigue jusqu'à Phuket (il est possible de réserver un billet jusqu'à Phuket sur Ko Lanta même).

KSL/ADOBE STOCK ©

Ban Saladan, Ko Lanta

Comptez 250-350 B de Lanta à Phi Phi, et 700 B de Lanta à Phuket.

MINIBUS

Les minibus circulent toute l'année et sont le moyen de transport le plus pratique depuis le continent. Des minibus vont à l'aéroport de Krabi (300 B, 2 heures 30) et à la ville de Krabi (300 B, 3 heures). Ils circulent toutes les heures, de 7h à 16h, dans les deux sens. Depuis Krabi, d'autres destinations sont accessibles, comme Khao Lak et Bangkok.

Des minibus pour Phuket (400 B, 6 heures) partent à 9h, 10h et 13h30.

COMMENT CIRCULER

La plupart des complexes hôteliers de Ko Lanta envoient des véhicules à l'arrivée des ferries pour transporter gratuitement leurs clients. En sens inverse, comptez de 100 à 400 B. Vous pouvez également prendre un moto-taxi à l'extérieur du 7-Eleven à Ban Saladan – le tarif varie de 50 à 400 B selon la distance à parcourir.

Des motos (250 B/jour) sont en location partout, mais sans assurance. Plusieurs agences de Ban Saladan louent des petits quatre-quatre pour environ 1300 B par jour.

Garuda, Wat Phra Kaew, Bangkok (p. 40)

En savoir plus

Grand Palais, Bangkok (p. 40)

COWARDLION / SHUTTERSTOCK ©

La Thaïlande aujourd'hui

Beaucoup des questions politiques en suspens, source d'instabilité en Thaïlande depuis une dizaine d'années, ont atteint leur point culminant en 2016. Le décès du roi bien-aimé Rama IX a révélé un fort sentiment d'unité nationale. La transmission de la couronne au prince héritier s'est faite de façon pacifique et une nouvelle Constitution a consolidé le rôle de l'armée dans le gouvernement.

Une nation en deuil

Le 13 octobre 2016, Bhumibol Adulyadej (roi Rama IX) s'éteignit à l'âge de 88 ans, après plusieurs années d'une santé déclinante. Le règne de Bhumibol fut le plus long du monde – 70 ans –, et il fut le seul monarque qu'ait connu la majorité des Thaïlandais. Il était considéré comme le père de la nation et un dirigeant bienveillant.

Le pays entra dans une longue période de deuil national officiel. Le gouvernement demanda la suspension de toute activité "joyeuse" (concerts, fêtes, festivals, matchs de football, etc.) durant un mois. Même l'industrie du tourisme sexuel s'y plia, réduisant ses horaires et retirant des rues les jeunes personnes court vêtues qui en faisaient la réclame. On demanda aux fonctionnaires de s'habiller de noir pendant un an. Les habitants se recueillaient dans les espaces publics ou défilaient en processions pour exprimer leur chagrin. Le gouvernement

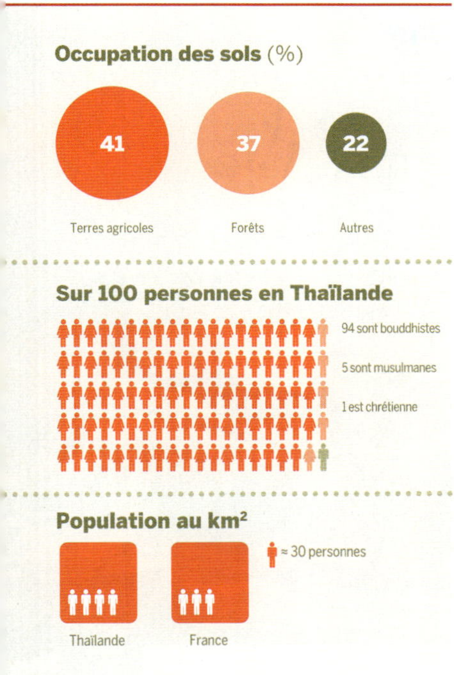

fournit gratuitement 8 millions de chemises noires aux Thaïlandais les plus modestes, et de grandes cuves bouillonnantes surgirent çà et là à Bangkok pour que l'on y teigne ses vêtements.

En octobre 2017, après que le corps de Rama IX eut reposé durant un an au Grand Palais de Bangkok, on organisa de somptueuses funérailles. On bâtit un bûcher haut de 50 m sur Sanam Luang, et les rues de la capitale furent envahies de Thaïlandais vêtus de noir, venus de tout le pays pour assister aux cérémonies.

Un nouveau roi

Après avoir brièvement porté le deuil, le fils du roi, le prince héritier, accéda au trône sous le nom de Maha Vajiralongkorn (roi Rama X) le 1er décembre 2016. Les liens sont étroits entre le palais et l'armée thaïlandaise, qui contrôle le gouvernement.

La personnalité du nouveau roi, trois fois divorcé et de caractère irascible, a toujours été un sujet sensible dans le royaume. Avant la mort de son père, l'héritier du trône passait le plus clair de son temps en Bavière (Allemagne) avec sa maîtresse et était connu pour sa vie personnelle agitée. Cependant, à cause des lois très strictes sur le crime de lèse-majesté – le Code pénal menace d'une peine allant jusqu'à 15 ans de prison quiconque critiquerait la monarchie –, l'opinion thaïlandaise répugne à exprimer des sentiments négatifs, et garde l'espoir que stabilité et bienséance prévaudront. Au moment de nos recherches, la date du couronnement du roi n'était toujours pas fixée.

Une nouvelle Constitution

Le 7 août 2016, la Thaïlande a ratifié par référendum sa 20e Constitution. Cette nouvelle Constitution affaiblit la démocratie dans le royaume et donne aux militaires le pouvoir politique. Le Sénat (chambre haute) de 250 membres sera nommé, sans élections directes, et des sièges y seront réservés aux militaires. Une disposition permet à un conseil, non élu, de démettre un gouvernement élu, et de faire nommer le Premier ministre par le Sénat. Cette Constitution est, selon le régime militaire, un chemin vers la démocratie et un gouvernement stable et non corrompu.

La participation a été faible, 55%, mais une majorité de 61% a approuvé ce projet de Constitution. Les électeurs avaient été peu informés, et les critiques des dispositions relatives à cette Constitution furent étouffées par la junte militaire au pouvoir. Certains électeurs l'approuvèrent parce que l'armée avait mis fin aux manifestations de rue à Bangkok.

Le général-Premier ministre Prayuth Chan-ocha, installé aux commandes du pays depuis le coup d'État de mai 2014, a prévu de nouvelles règles pour les partis politiques aux élections législatives de 2019. Ces élections ayant été repoussées quatre fois, les détracteurs de Chan-ocha lui reprochent d'utiliser tous les prétextes pour se maintenir au pouvoir.

Wat Si Chum, parc historique de Sukhothai (p. 107)

Histoire

On retrouve dans l'histoire thaïlandaise tous les éléments d'un récit épique : intrigues de palais, guerres menées à l'aide de lances et d'éléphants, révoltes populaires et une tendance aux coups d'État "de velours".

4000-2500 av. J.-C.
Les habitants du Nord-Est développent agriculture et outils.

VIe-XIe siècle
Apogée des Mon Dvaravati dans le centre de la Thaïlande.

IXe-XIIIe siècle
Angkor étend sa domination à certaines parties de la Thaïlande et construit des sanctuaires hindou-bouddhiques.

Wat Chai Wattanaram, parc historique d'Ayutthaya (p. 81)

TORTOON / GETTY IMAGES ©

À l'origine

Bien qu'ayant retrouvé la trace de peuples préhistoriques, les spécialistes datent en principe le début de la nation thaïlandaise du Ier millénaire de notre ère avec l'arrivée du peuple "Tai". Originaires du sud de la Chine, ses membres parlaient le tai-kadai, famille de langues tonales censée être le groupe sociolinguistique le plus important du Sud-Est asiatique. Ce groupe se scinda en deux, vers le Laos (peuple Lao) et le Myanmar (les Chan).

Ces nouveaux venus étaient pour la plupart paysans ou chasseurs et vivaient souvent près d'une source, dans des villages peu organisés, sans gouvernement ni armée. Le peuple indigène Môn est souvent considéré comme le premier à avoir élaboré une ébauche de confédération (du nom de "Môn Dvaravati") dans le centre et le nord-est de la Thaïlande, entre les VIe et IXe siècles. On sait peu de choses de cette période, mais les historiens pensent que les Môn Dvaravati avaient pour centre Nakhon Pathom, et des implantations dans certaines zones au nord de la Thaïlande.

Xe siècle
Installation du peuple thaï sur le territoire du futur pays.

1240-1438
Période estimée du royaume de Sukhothai.

1292
Chiang Mai devient capitale du royaume historique de Lanna, dans le Nord.

★ Sites historiques et musées

Parc historique de Sukhothai (p. 104)

Parc historique d'Ayutthaya (p. 80)

Parc historique de Si Satchanalai-Chaliang (p. 108)

Wat Mahathat, parc historique de Sukhothai (p. 105)

COWARDLION / SHUTTERSTOCK ©

L'Empire khmer, la superpuissance de l'époque basée à Angkor, au Cambodge, s'étendait alors de l'autre côté de la frontière occidentale, dans le nord-est et le centre de la Thaïlande actuelle, et ce dès le XIe siècle. Les centres administratifs régionaux de Sukhothai et de Phimai étaient reliés par des routes ponctuées de temples, moyen de locomotion simplifié symbolisant aux yeux de tous le pouvoir impérial. Les monuments khmers, hindous à l'origine, devinrent des temples bouddhiques après la conversion du régime. Malgré le déclin de leur puissance, les Khmers ont légué à la nation thaïlandaise un riche héritage artistique, bureaucratique et monarchique.

L'histoire thaïlandaise telle qu'on l'entend est celle de la région centrale, où se trouve la capitale actuelle. Le sud du pays a une histoire différente et n'a rejoint le centre qu'à l'époque moderne. En effet, la péninsule malaise se trouvait, entre les VIIIe et XIIIe siècles, sous l'emprise de la confédération de Srivijaya, laquelle contrôlait le commerce maritime entre la mer de Chine méridionale et l'océan Indien. On pense que la capitale en était Palembang (île de Sumatra).

Expansion des royaumes thaïs

Entre les XIIe et XVIe siècles, alors que les empires régionaux déclinaient, les Tai de l'arrière-pays créaient de nouveaux États, qui allaient donner naissance à un pays unifié.

Lanna

Fondé par le roi Mengrai dans la région nord, le royaume de Lanna entreprit la construction de Chiang Mai ("Nouvelle Ville") en 1292 et œuvra à l'identité culturelle des communautés du Nord. Chiang Mai fut pendant quelque temps une sorte de centre religieux régional, avant que le royaume, fragilisé par les intrigues dynastiques, ne passe aux mains des Birmans en 1556 et soit finalement éclipsé par Sukhothai et Ayutthaya, à l'origine de l'État thaïlandais moderne.

1351
Création du royaume légendaire d'Ayutthaya.

1511
Installation de missions étrangères à Ayutthaya, portugaises d'abord, suivies d'autres nations européennes.

1767
Ayutthaya tombe aux mains des Birmans.

Sukhothai

Alors simple bourg frontalier à l'extrémité de l'Empire khmer déjà affaibli, Sukhothai chassa le pouvoir central au milieu du XIIIe siècle et intronisa son chef local comme premier roi. C'est le fils de celui-ci, Ramkhamhaeng, qui propulsa la cité-État au rang de puissance régionale, s'étendant alors jusqu'au Laos et au sud de la Thaïlande d'aujourd'hui. Sukhothai remplaça Chiang Mai comme centre du bouddhisme theravada dans le Sud-Est asiatique et les monuments construits à cette période ont défini un style architectural à part entière. L'empire de Ramkhamhaeng disparut pourtant avec lui, passant sous l'égide d'Ayutthaya en 1378.

Ayutthaya

Située à proximité du golfe de Thaïlande, la cité-État d'Ayutthaya bâtit sa puissance et sa richesse sur le commerce maritime international. Son mythique fondateur, le roi U Thong, fut le premier d'une série de 36 rois et 5 dynasties qui régnèrent sur Ayutthaya pendant quelque 416 années. Dans cette ère du commerce, Ayutthaya acquit une place prépondérante dans le Sud-Est asiatique grâce aux exportations de riz et de produits forestiers, et attira nombre de missions étrangères commerciales et diplomatiques, venues s'installer au plus près de la cité royale. Ayutthaya adopta les coutumes judiciaires khmères, le langage honorifique et des principes sur la royauté. Le monarque se rapprochait désormais davantage du *devaraja* (roi de droit divin) khmer que de l'idéal *dhammaraja* (roi vertueux) de Sukhothai.

Soumise à l'empereur chinois, Ayutthaya recevait en retour présents et privilèges commerciaux. Constamment menacée par l'expansionnisme birman, Ayutthaya fut occupée en 1569, puis reprit son indépendance sous le roi Naresuan. En 1765, la jeune et ambitieuse dynastie birmane de Kongbaung poussa à nouveau vers l'est pour écraser son rival politique et commercial. Les troupes birmanes assiégèrent Ayutthaya pendant un an, avant de la mettre à sac en 1767. La capitale fut ravagée, ses bâtiments détruits et ses habitants massacrés. La région alentour fut désertée. La violence de cet événement historique fut si terrifiante que de nombreux Thaïlandais considèrent aujourd'hui encore les Birmans comme des agresseurs impitoyables.

Ère de Bangkok

La renaissance

Ayutthaya en ruine et la lignée des rois interrompue, le chaos s'instaura. Un ancien général, Taksin, fit valoir des droits sur le pouvoir, parvint à écarter ses rivaux potentiels et installa sa capitale à Thonburi, une localité située en aval d'Ayutthaya qui bénéficiait d'un meilleur accès aux routes commerciales. Le roi Taksin, fils d'un Chinois et d'une Thaïe, affermit son pouvoir et favorisa le développement du commerce avec la Chine. Après 15 ans de règne, il fut renversé en 1782 par des militaires. L'un des conspirateurs, Chao

1782
La dynastie Chakri est fondée ; Bangkok devient capitale.

1826
Le Siam s'allie à la Grande-Bretagne lors de la première guerre anglo-birmane.

1868-1910
Règne de Rama V (roi Chulalongkorn) ; époque de modernisation et d'impérialisme européen.

Du Siam à la Thaïlande

Le nom du pays, que l'on connaît aujourd'hui comme la Thaïlande, a évolué au fil du temps. Ce fut d'abord le "Siam", choisi semble-t-il par les Khmers. En 1902, il se dénommait non plus Siam mais *Prathet Thai* (pays des Thaïs) ou *Ratcha-anachak Thai* (royaume des Thaïs). Ce n'est qu'en 1939 qu'il devint la Thaïlande (*Prathet Thai*).

Phraya Chakri, monta sur le trône sous le nom de Yot Fa (Rama Ier) et fonda la dynastie des Chakri, toujours au pouvoir. Le nouveau monarque transféra la capitale sur l'autre rive du Chao Phraya, à Bangkok. Le premier siècle de l'ère de Bangkok fut consacré à restaurer la puissance culturelle, politique et militaire d'Ayutthaya. Les nouveaux souverains étendirent leur influence dans toutes les directions. Ayant détruit les capitales du Laos et du Cambodge, le royaume du Siam contint l'agression birmane et asservit Chiang Mai. Les populations vaincues furent déplacées et jouèrent un rôle important dans l'accroissement de la production rizicole au Siam, dont l'essentiel était exporté vers la Chine.

Au contraire des rois d'Ayutthaya qui vénéraient le dieu hindou Vishnou, les monarques Chakri se firent les défenseurs du bouddhisme. Ils compilèrent et traduisirent en thaï les grands textes bouddhiques et construisirent de nombreux temples royaux.

La réforme

Parallèlement, un ordre social nouveau et une économie de marché apparurent, vers le milieu du XIXe siècle. Le Siam s'ouvrit à l'Occident et à ses idées scientifiques et technologiques modernes pour réformer l'éducation, les infrastructures et le système juridique. L'un des grands modernisateurs du pays fut le roi Mongkut (Rama IV ; r. 1851-1868), qui n'avait jamais envisagé de monter sur le trône : avant d'accéder au pouvoir, il avait passé 27 ans dans un monastère où il avait fondé l'ordre Thammayut, régi par les principes stricts auxquels s'astreignaient les moines môn.

Sous le règne du roi Mongkut, le Siam signa avec les puissances occidentales des traités prévoyant l'intégration du royaume dans le système de marché mondial, céda des monopoles royaux et octroya aux sujets britanniques des droits d'extraterritorialité.

Le fils de Mongkut, le roi Chulalongkorn (Rama V), poursuivit son œuvre de réforme en abolissant l'ancien ordre politique et en adoptant le modèle de l'État-nation. Il abolit l'esclavage et les corvées, qui persistaient vainement depuis la période d'Ayutthaya. Chulalongkorn supervisa la création d'une bureaucratie salariée, d'une force de police et d'une armée active. Ses réformes permirent d'uniformiser le code juridique, les tribunaux et les services fiscaux. Les progrès des techniques d'irrigation et l'accroissement de la population paysanne permirent d'améliorer la production agricole du Siam. Des écoles furent créées sur le modèle européen.

1902
Annexion par le Siam de Yala, Pattani et Narathiwat, appartenant auparavant au sultanat de Patani.

1932
Une révolution pacifique met un terme à la monarchie absolue.

1939
Le nom international du pays passe officiellement de Siam à Thaïlande.

Considéré comme un diplomate tout aussi habile que son père, Chulalongkorn réussit à jouer des puissances européennes les unes contre les autres de manière à éviter la colonisation. Pour maintenir son indépendance, la Thaïlande céda le Laos (1893) et le Cambodge (1907) à l'Indochine française, puis trois États malais à la Birmanie britannique (1909). L'ancien royaume de Patani, remis en 1902 aux Britanniques alors aux commandes en Malaisie, revint dans le giron de la Thaïlande cinq ans plus tard.

Démocratie contre dictature

La révolution de 1932

En 1932, un groupe de jeunes officiers et de fonctionnaires se faisant appeler Khana Ratsadon (Parti du peuple) mit fin sans effusion de sang à la monarchie absolue et instaura son pendant constitutionnel. Les dirigeants du mouvement se réclamaient des idéaux démocratiques découverts pendant leurs études en Europe.

Les années qui suivirent furent marquées par les luttes des différents groupes d'intérêts (royalistes, militaires, civils) cherchant à s'assurer le contrôle du pouvoir. Le Parti du peuple lui-même était divisé quant à sa vision d'une Thaïlande démocratique, et l'aile militaire du parti s'empara du pouvoir avant que des élections générales pussent se tenir. Le leader de la faction civile, Pridi Phanomyong, fut contraint de quitter le pays en 1933 après avoir mis en place un plan économique d'inspiration socialiste qui déplut fortement aux généraux. En 1937, les Thaïlandais participèrent à leur première élection au suffrage universel afin de désigner la moitié des parlementaires de la toute nouvelle Assemblée du peuple. Nommé Premier ministre, le général Phibul Songkhram, l'un des dirigeants militaires, occupa cette fonction de 1938 à 1944, puis de 1948 à 1957.

Le pouvoir de Phibul, qui coïncide largement avec la Seconde Guerre mondiale, fut marqué par un nationalisme fort, axé notamment sur le thème de l'"identité thaïe". Il collabora avec les Japonais et les autorisa à utiliser la Thaïlande pour préparer l'invasion d'autres pays du Sud-Est asiatique. Contraint à la démission en 1944, le général Phibul fut jugé pour crimes de guerre, puis acquitté.

La démocratie s'est épanouie durant une brève période après la guerre : des élections parlementaires pour désigner la totalité des membres de l'Assemblée du peuple furent organisées et une Constitution fut adoptée en 1946. Ce texte qui limitait le pouvoir des militaires et instaurait une série de droits démocratiques ne fut appliqué que jusqu'à la mort du roi Ananda, un prétexte dont s'emparèrent les militaires pour revenir au pouvoir et placer Phibul à leur tête.

La guerre froide

Le général Sarit Thanarat, qui succéda à Phibul en 1957, instaura une véritable dictature militaire : il abolit la Constitution, procéda à la dissolution du Parlement et interdit tous les partis politiques. Dans les années 1950, les États-Unis s'associèrent à Sarit

1941
L'armée japonaise envahit la Thaïlande au cours de la Seconde Guerre mondiale.

1946
Rama IX (Bhumibol Adulyadej) accède au trône ; la Thaïlande rejoint l'ONU.

1957
Un coup d'État mené par Sarit Thanarat instaure un gouvernement militaire, qui restera en place jusqu'en 1973.

et aux dictateurs militaires qui lui succédèrent – Thanom Kittikachorn et Praphat Charusathien (qui contrôla le pays de 1964 à 1973) – afin que l'armée américaine puisse installer des bases en Thaïlande pendant la guerre du Vietnam en échange d'avantages économiques.

En 1973, un groupe d'opposition gauchiste principalement composé d'intellectuels et d'étudiants organisa des rassemblements politiques pour exiger du gouvernement militaire une Constitution. Le 14 octobre, l'armée intervint brutalement lors d'un grand rassemblement à Bangkok, faisant 77 morts et plus de 800 blessés. Un mémorial a été élevé sur Th Ratchadamnoen Klang, près du monument de la Démocratie. Refusant de cautionner davantage le bain de sang, le roi Bhumibol s'interposa et obtint le départ de Thanom et de Praphat.

Le pays resta aux mains des militaires tout au long des années 1980. Le gouvernement du général Prem Tinsulanonda, considéré comme un "soldat politique", fut une période de stabilité politique et économique. Toujours actif, Prem est aujourd'hui président du Conseil privé du roi, un poste de pouvoir qui allie les intérêts de la monarchie à ceux de l'armée. Prem parvint à démanteler l'insurrection communiste en combinant action militaire et programmes d'amnistie. Mais l'embellie économique fit émerger des adversaires de taille au régime militaire : des dirigeants économiques mécontents du poids de l'armée au sein du pouvoir et de ses positions dépassées depuis la fin de la guerre froide. Pour eux, les communistes n'étaient plus des ennemis, mais des partenaires commerciaux potentiels.

Le monde des affaires au pouvoir

En 1988, des élections régulières portèrent au pouvoir Chatichai Choonhavan, dirigeant du parti du Chart Thai. Il installa un pouvoir dominé par d'influents hommes d'affaires de province, écarta les bureaucrates de la prise des décisions et entreprit de transformer le pays en un "tigre asiatique". Chatichai fut accusé de graves faits de corruption et renversé par l'armée. Ce coup d'État dessina une nouvelle tendance dans la politique thaïlandaise. La communauté d'affaires et les classes éduquées se rangèrent du côté des militaires contre les entrepreneurs provinciaux et leur politique de l'argent consistant à l'achat du soutien populaire par les partis politiques.

En 1992, le général Suchinda Kraprayoon vint s'imposer comme Premier ministre sans être passé par les urnes, déclenchant un mouvement de protestation populaire qui se heurta à la répression de l'armée. En mai, quelque 200 000 manifestants défilèrent dans les rues de Bangkok derrière l'ancien gouverneur de la ville, Chamlong Srimuang. Les manifestants (dont une bonne partie appartenait aux classes urbaines prospères) affrontèrent l'armée durant trois nuits de violences, avant que, le 20 mai, le roi Bhumibol ne demande l'arrêt de la répression.

Après les événements du "Mai noir", une nouvelle génération de militants de la démocratie se mobilisa pour obtenir des réformes constitutionnelles. Pendant la plus grande partie des années 1990, le Parti démocrate, représentant les classes moyennes urbaines et les intérêts économiques, fut majoritaire au Parlement.

1973
La dictature militaire est renversée par les manifestants, remplacée par un gouvernement démocratique.

1997
Crise économique asiatique ; adoption de la "Constitution du peuple".

2004
Un tsunami tue près de 5 000 personnes, tourisme et pêche sont durement touchés sur la côte d'Andaman.

L'année 1997 marqua la fin des années de prospérité et l'arrivée de la crise asiatique. Minée par le poids de la dette extérieure, l'économie subit en outre les conséquences du surinvestissement dans l'immobilier et d'une monnaie dévaluée. Le baht se déprécia par rapport au dollar dans des proportions vertigineuses, et le Fonds monétaire international (FMI) intervint pour imposer des réformes financières et juridiques en échange d'une aide de plus de 17 milliards de dollars pour stabiliser la devise thaïlandaise.

La crise et ses conséquences ramenèrent le Parti démocrate au pouvoir, mais les dirigeants perdirent rapidement en crédibilité à mesure de l'aggravation de la situation économique.

L'ère Thaksin

En 2000, la récession économique commença à s'atténuer. Le milliardaire des télécommunications et ancien officier de police Thaksin Shinawatra remporta la majorité lors des élections de 2001 avec son parti, le Thai Rak Thai (TRT). Se posant en responsable politique pragmatique, il agit rapidement pour tenir les engagements de développement rural pris pendant sa campagne, procédant à l'allégement de la dette agricole, à la mise en place de fonds d'investissement dans les villages et à l'instauration de soins de santé bon marché.

Les réformes constitutionnelles de 1997 ayant renforcé la position du Premier ministre, son gouvernement fut l'un des plus stables qu'ait connus la Thaïlande à l'issue d'élections. L'essor de l'économie et sa gouvernance ferme, mais audacieuse, lui valurent de remporter la majorité absolue lors des élections de 2005 – ce qui lui permit de gouverner seul.

En 2006, Thaksin fut accusé d'abus de pouvoir et de conflit d'intérêts, principalement lors de la vente par sa famille de la Shin Corporation au gouvernement singapourien pour 73 milliards de bahts (1,88 milliard de dollars), bénéfice non imposable grâce à la législation qu'il avait contribué à mettre en place. Des manifestants descendirent dans les rues de Bangkok pour réclamer son départ. Le 19 septembre, l'armée prit le pouvoir sans effusion de sang, contraignant Thaksin à quitter le pays. Des élections générales furent organisées, à l'issue desquelles les alliés politiques de Thaksin formèrent un gouvernement dirigé par Samak Sundaravej.

Ce résultat mécontenta les militaires et le groupe anti-Thaksin, appelé People's Alliance for Democracy (PAD ; alliance populaire pour la démocratie) et regroupant principalement des élites urbaines surnommées "chemises jaunes" (le jaune est la couleur de l'anniversaire du roi). Ils estimaient que Thaksin profitait de son mandat pour consolider son pouvoir afin d'interrompre la ligne de succession monarchique.

En septembre 2008, Samak Sundaravej fut destitué par la Cour constitutionnelle. Les chemises jaunes s'emparèrent durant une semaine des principaux aéroports thaïlandais en novembre 2008, jusqu'à ce que les militaires organisent un coup d'État silencieux et qu'une nouvelle décision de justice n'affaiblisse un peu plus les mandataires politiques de Thaksin. Obtenant une coalition in extremis, le démocrate Abhisit Vejjajiva recueillit les suffrages du Parlement et devint le 27e Premier ministre de la Thaïlande.

2006

Un coup d'État chasse du pouvoir le Premier ministre, Thaksin Shinawatra ; les alliés de Thaksin gagnent les élections suivantes.

2008

Les "chemises jaunes" proroyalistes s'emparent des aéroports, paralysant le pays toute une semaine.

2009

Les manifestations des "chemises rouges" (pro-Thaksin) obligent à annuler le 4e sommet de l'Asie orientale prévu à Pattaya.

Les partisans de Thaksin s'organisèrent en un Front uni pour la démocratie (UDD) et contre la dictature, appelé les "chemises rouges". Ses membres, venus principalement du Nord et du Nord-Est, regroupaient des militants démocrates anti-coup d'État, des antiroyalistes et des partisans acharnés de Thaksin. Associés dans une certaine mesure à une lutte des classes, beaucoup de chemises rouges issues du monde ouvrier expriment une hostilité virulente à l'encontre de l'aristocratie.

La réaction la plus spectaculaire des chemises rouges se produisit en 2010, quand la Cour suprême de Thaïlande ordonna la saisie de 46 milliards de dollars d'avoirs appartenant à Thaksin, jugé coupable d'abus de pouvoir durant son mandat. Les chemises rouges occupèrent le centre commerçant de Bangkok, exigeant la dissolution du gouvernement et l'organisation de nouvelles élections. En mai 2010, l'armée expulsa les manifestants, provoquant des affrontements sanglants au cours desquels 91 personnes furent tuées et des centres commerciaux incendiés.

Les élections générales de 2011 furent remportées par le parti Puea Thai, allié politique de Thaksin, la sœur de celui-ci, Yingluck Shinawatra, accédant au poste de Premier ministre.

Les années Yingluck

Première femme et plus jeune Premier ministre à diriger la Thaïlande, Yingluck Shinawatra fut accusée durant tout son mandat d'être la marionnette de son frère contraint à l'exil. Il est certain que le Puea Thai poursuivit la même politique économique d'aide aux pauvres ruraux du Nord et du Nord-Est, bastion électoral des Shinawatra, que celle des gouvernements Thaksin de la décennie précédente. Yingluck rencontra dès le départ une opposition farouche.

L'une de ses mesures controversées contribua à déclencher la vague de protestation qui allait déboucher sur son éviction du pouvoir par un coup d'État. Le dispositif gouvernemental destiné à accroître les revenus des petits paysans en achetant le riz au-dessus du prix du marché et en le stockant pour entraîner une augmentation globale ne fonctionna pas comme prévu. L'Inde autorisa à nouveau l'exportation de sa production et la Thaïlande, plus gros exportateur de riz jusqu'en 2012, assista impuissante à la chute des cours. Ce fut un désastre pour l'économie nationale, d'autant que des millions de bahts auraient été détournés par des politiciens et des fonctionnaires chargés de superviser le plan.

La tentative peu judicieuse d'introduire une loi d'amnistie en faveur de différentes figures politiques pour des chefs d'accusation remontant jusqu'à 2004 fut également mal accueillie. Beaucoup y virent un prélude au retour en Thaïlande de Thaksin. Des manifestations de rue débutèrent en octobre 2013, conduites par l'ancien vice-Premier ministre Suthep Thaugsuban et sa coalition antigouvernementale, le Comité de réforme démocratique du peuple. Demandant la démission de Yingluck, les protestataires occupèrent divers bâtiments administratifs, le parc Lumphini et le centre de Bangkok.

2011
Yingluck Shinawatra devient la première femme Premier ministre en Thaïlande ; des inondations meurtrières frappent le pays.

2014
La Cour constitutionnelle de Thaïlande déclare Yingluck Shinawatra coupable d'abus de pouvoir et la destitue.

2015
Rejet de la nouvelle Constitution proposée par les militaires et report des élections à 2017.

En janvier 2014, Yingluck déclara l'état d'urgence dans la capitale. Le mois suivant, les élections anticipées furent boycottées par le Parti démocrate. Le 15 mai, face aux violences sporadiques entre partisans des deux camps, la cour constitutionnelle obligea Yingluck et neuf de ses ministres à démissionner. Quinze jours plus tard, pour la 13e fois depuis 1932, les militaires s'emparèrent du pouvoir par un coup d'État.

Retour à la dictature militaire

Le 22 mai 2014, l'Armée thaïlandaise du général Prayuth Chan-ocha renversa le gouvernement élu et mit fin à des mois de crise politique. Prayuth affirma que le coup d'État était nécessaire pour mettre fin à l'instabilité.

Le gouvernement militaire de Prayuth est alors appelé Conseil national pour la paix et le maintien de l'ordre (CNPO). Le CNPO a entrepris de restaurer la stabilité en appliquant la loi martiale et en faisant taire ses critiques. Ordre est donné à tous les médias de ne pas exprimer d'opinions dissidentes. Les fournisseurs d'accès Internet ont dû bloquer tout contenu enfreignant les ordres de la junte. Encore aujourd'hui, il est impossible d'accéder à certains sites, telle la section thaïlandaise de Human Rights Watch, qui a pour mission de défendre les droits de l'homme. En mars 2015, Prayuth a annoncé aux journalistes qu'il ferait exécuter ceux qui ne suivraient pas la ligne officielle. Désormais, les médias nationaux s'autocensurent.

Cette répression s'étend aussi à la société civile. Plus de 1000 personnes, politiciens de l'opposition, universitaires, journalistes, blogueurs et étudiants, sont détenues en prison ou ont été jugées par un tribunal militaire. En mars 2015, le haut-commissaire aux droits de l'Homme des Nations unies a affirmé que les militaires thaïlandais usaient de la loi martiale pour museler l'opposition et a réclamé la liberté d'expression pour la tenue de vrais débats.

En préparant l'inévitable transfert de la couronne, la junte intensifia encore les poursuites de crimes de lèse-majesté, en vertu de lois déjà très strictes. En août 2015, un homme fut condamné à 30 ans de prison pour avoir insulté la monarchie après qu'il eut partagé un article d'informations sur sa page Facebook. La BBC thaïlandaise a fait l'objet d'une enquête pour diffamation contre le nouveau roi après la diffusion en ligne d'un portrait en 2016.

Occupé à museler les critiques, le CNPO n'a rien fait pour l'économie déclinante du pays. Les investissements étrangers, les exportations et le PIB ont tous diminué après le coup d'État. En 2016, un plan d'amélioration des infrastructures (plus que nécessaire) fut annoncé pour contrer cette récession et de nouvelles élections législatives sont prévues en février 2019. En attendant, le tourisme continue à être le pilier de l'économie du pays. La Thaïlande, pour le pire et le meilleur, se présente comme le lieu parfait pour l'expatriation, avec des conditions de vie incomparables. Le pays prévoyait une croissance de 3,3 % en 2018.

2016
Mort de Rama IX (roi Bhumibol Adulyadej) ; son fils lui succède. Approbation par référendum de la Constitution proposée par la junte militaire.

2017
Exil du Premier ministre Yingluck Shinawatra pour éviter un procès en corruption.

2018
Le Premier Ministre Prayuth Chan-ocha évoque des élections législatives qui sont finalement reportées à 2019.

Rituel de Songkran (p. 23)

Culture et traditions

Il est facile d'aimer la Thaïlande : la vie s'y déroule paisiblement et la gentillesse des habitants ne fait aucun doute. Vous résoudrez bien des problèmes par un simple sourire, et un état d'esprit positif, tout comme l'humour et l'envie de découvrir, seront toujours les bienvenus. Les Thaïlandais apprécient particulièrement que l'on s'intéresse à leur pays.

Monarchie

Le trait culturel le plus marquant en Thaïlande est la profonde vénération qu'ont toujours portée de nombreux Thaïlandais à la monarchie. Les photos du roi – l'ancien et le nouveau – sont affichées dans presque tous les foyers et les commerces. Des représentations grandeur nature du roi et de la reine bordent Th Ratchadamnoen Klang, l'avenue royale de Bangkok. L'image du défunt souverain, imprimée sur les pièces, les billets de banque et les timbres, est sacrée, et critiquer le roi ou la monarchie est considéré comme un crime de lèse-majesté.

La relation que la monarchie entretient avec son peuple est intimement liée à la religion ; elle est profondément spirituelle et personnelle. Beaucoup de Thaïlandais considèrent le roi comme un dieu, ou tout au moins une figure paternelle (la fête des Pères est célébrée le jour de l'anniversaire du dernier monarque) et le protecteur du pays.

Société thaïlandaise

Dans la plupart des relations sociales, établir l'harmonie est une priorité, et les Thaïlandais se montrent toujours fiers de pouvoir rendre service.

Sà·nùk

Pour les Thaïlandais, la notion de *sà·nùk* (plaisir) est primordiale. C'est l'aune permettant de mesurer la valeur de toute activité, le principe de base de la plupart des interactions sociales et la raison qui fait du pays une destination touristique si appréciée. Les Thaïlandais sont toujours prêts à faire la fête. Par exemple, ils célèbrent trois fois la nouvelle année : d'abord le 31 décembre, puis lors du Nouvel An chinois et enfin pour Songkran (nouvelle année bouddhique du Sud-Est asiatique).

Cela n'empêche pas le peuple thaïlandais d'être fort travailleur. La plupart des bureaux sont ouverts six, voire sept jours par semaine, et la majorité des Thaïlandais exercent une activité secondaire visant à s'assurer un revenu complémentaire. Mais chaque corvée comporte un aspect social qui éclaircit l'humeur et l'empêche de devenir trop "sérieuse" (ce qui est mal vu). Qu'il s'agisse de trimer dans les rizières, de conduire de longues heures au volant d'un bus ou de risquer les dangers d'un chantier de construction, les Thaïlandais ne manquent jamais les occasions de mêler travail et vie sociale.

Les Thaïlandais engagés dans l'industrie du tourisme appliquent ce principe à leurs clients et estiment souvent que les visiteurs étrangers ont besoin de se reposer après une année de travail. Cet état d'esprit reflète le calendrier agricole qui pousse le fermier à travailler de l'aube au crépuscule pendant la saison du riz, avant de se reposer jusqu'aux pluies de l'année suivante, entre flâneries, festivals et funérailles (qui sont davantage prétextes à faire la fête qu'à s'apitoyer), ainsi que *têe·o* (voyage) en famille à bord d'un pick-up.

Pas d'impair !

- Levez-vous quand retentit l'hymne royal ou l'hymne national.
- Gardez le sourire, et évitez de montrer votre colère ou votre frustration.
- Enlevez vos chaussures avant d'entrer chez quelqu'un ou dans un temple ; laissez-les à l'entrée.
- Dans un temple, mettez-vous à genoux avec les pieds sous les fesses.
- Si vous êtes invité chez des habitants, apportez un cadeau (fruits ou boissons).
- Donnez et recevez poliment : tendez la main droite en tenant votre coude droit de la main gauche lorsque vous donnez un objet ou pour le recevoir.
- À table, utilisez votre cuillère comme une fourchette et votre fourchette comme un couteau.

Le statut

Si la culture thaïlandaise se caractérise par l'absence de confrontation et le culte du plaisir, cela ne signifie pas qu'il n'existe pas de règles sociales strictes. Les Thaïlandais ont une conscience très forte du statut de chacun, ainsi que des droits et responsabilités implicites qui l'accompagnent. Le bouddhisme joue un grand rôle dans la définition des classes sociales, et les chefs de famille et les principaux dignitaires religieux et monarchiques trônent aux sommets des diverses couches sociales.

Les Thaïlandais vous poseront sans doute une foule de questions : votre origine, votre âge, si vous êtes marié et si vous avez des enfants. C'est une façon de faire connaissance et de vous situer dans l'échelle sociale. Dans la plupart des cas, vous avez tous les avantages : les Thaïlandais s'occuperont de vous comme d'un enfant et vous honoreront comme un *pôo yài* (littéralement "grande personne" ou ancien). Ne soyez pas surpris si votre hôte place dans votre assiette le meilleur morceau de poisson du plat.

Les Thaïlandais se considèrent comme les membres d'une grande famille et utilisent des préfixes familiaux comme *pêe* (grand frère/grande sœur) et *nórng* (petit frère/petite sœur) pour s'adresser à leurs amis et à leurs proches. Cette convention est souvent traduite en anglais par les Thaïlandais bilingues, incitant les étrangers à penser que leurs amis ont une famille vraiment considérable. On peut aussi utiliser *ƀâh* (tante) ou *lung* (oncle) pour s'adresser à une personne plus âgée. Les étrangers sont rarement inclus dans cette grande réunion de famille ; *farang,* terme fourre-tout les désignant, est descriptif mais, à l'occasion, peut aussi exprimer des frustrations culturelles.

Sauver la face

Le concept de "sauver la face", commun à toutes les cultures asiatiques, est très lié au statut. Il s'agit de viser l'harmonie sociale en évitant les confrontations et les manifestations de colère. Pour les Thaïlandais, montrer ses émotions et faire preuve d'impolitesse est honteux, tandis que les Occidentaux peuvent y accorder peu d'importance.

Conventions sociales et gestuelles

Les Thaïlandais sont généralement tolérants lorsque des visiteurs étrangers commettent des impairs dans les gestuelles et les codes sociaux. Remerciez simplement vos hôtes de leur patience en leur montrant votre respect.

Les salutations

Traditionnellement, les Thaïlandais se saluent en réunissant les paumes de leurs mains dans un geste de prière, appelé *wâi*. Si quelqu'un vous adresse un tel salut, vous devez le lui rendre, sauf s'il s'agit d'un enfant ou d'une personne qui vous sert. Le *wâi* peut également exprimer la gratitude ou des excuses. Les étrangers sont toujours peu sûrs de la manière de pratiquer le *wâi*, ce qui permet d'engager aisément la conversation avec un Thaïlandais.

Un sourire et un *sàwàt-dii khráp* si vous êtes un homme ou un *sàwàt-dii khâ* si vous êtes une femme (la forme de salutation la plus courante) parviennent généralement à calmer l'appréhension que les Thaïlandais peuvent ressentir à la vue d'un étranger. En outre, les Thaïlandais apprécient la beauté et un sourire garantit l'harmonie du visage.

Dans les temples

Lorsque vous visitez un temple, veillez à porter une tenue correcte (les bras couverts jusqu'aux coudes, et les jambes jusqu'aux chevilles) et retirez vos chaussures avant d'entrer dans un bâtiment abritant une représentation du Bouddha. Les bouddhas sont des objets sacrés, aussi ne vous faites pas prendre en photo devant et ne montez pas dessus. Dans un édifice religieux, conduisez-vous comme les fidèles en cherchant un endroit discret pour vous asseoir (vos pieds ne doivent pas être pointés vers le Bouddha : repliez les jambes sur le côté, les pieds pointant vers l'arrière). Les temples sont entretenus grâce aux dons, le vôtre sera apprécié.

Les marques d'affection

Dans les régions les plus traditionnelles, il est mal vu pour des personnes de sexe opposé de se toucher. Cependant, il est courant de voir des gens d'un même sexe le faire – un signe d'amitié et non d'attirance sexuelle. Les hommes âgés peuvent ainsi agripper la cuisse d'un homme plus jeune, un peu comme deux amis se donneraient des tapes dans le dos. Les femmes sont particulièrement affectueuses entre elles : elles s'asseyent souvent très près les unes des autres ou se tiennent bras dessus, bras dessous. Les femmes ne doivent pas toucher les moines ni leurs affaires, ne pas s'asseoir à côté d'eux dans le bus ni les frôler par inadvertance.

Moines novices

Religion

La religion est un élément fondamental de la société thaïlandaise, et on trouve à tous les coins de rue des témoignages colorés de culte. Promenez-vous tôt le matin et vous assisterez à la progression solennelle de moines bouddhistes en plein bin tá·bàht, *passage de maison en maison pour l'aumône de nourriture. Même les demeures les plus modestes possèdent un sanctuaire et on porte souvent en bijou des amulettes de protection.*

Bouddhisme

Environ 95% des Thaïlandais pratiquent le bouddhisme theravada. L'école de theravada est souvent appelée école du Sud, car elle a voyagé du sous-continent indien jusqu'au sud-est de l'Asie.

Les principes religieux

Le bouddhisme est né en Inde au VIe siècle av. J.-C., lorsqu'un prince nommé Siddhartha Gautama abandonna sa vie de privilèges pour rechercher la plénitude religieuse. Devenu ascète, il se soumit à de longues années d'austérité avant de comprendre que ce n'était pas le moyen de mettre fin à la souffrance. Au terme de cette période méditative,

Maison des esprits (p. 324)

Siddhartha parvint à la connaissance des Quatre Vérités universelles : la souffrance de l'homme, l'origine de cette souffrance, la suppression de cette souffrance et le moyen de parvenir à cette suppression. En adoptant une voie plus mesurée, la voie du Milieu, sa pratique gagna en équilibre, ce qui lui permit, la nuit de la pleine lune du cinquième mois (Visakha Bucha), d'atteindre l'illumination sous l'arbre de la Bodhi. Désormais connu sous le nom de Bouddha, "L'Éveillé" ou "L'Illuminé", il exposa les quatre nobles vérités qui avaient le pouvoir de libérer tout être humain capable de les réaliser.

En résumant, on retrouve la *dukkha* (toute forme d'existence est sujette à la souffrance, la maladie, l'imperfection), *samudaya* (le désir est à l'origine de la souffrance), *nirodha* (pour cesser de souffrir, il faut cesser de désirer) et *magga* (le Noble Chemin Octuple, qui mène à la cessation de la souffrance). Le chemin octuple est souvent comparé à la voie du Milieu : une voie entre l'ascétisme total et l'indulgence, qui mène au *nibbana* ("nirvana" en sanskrit). Le *nibbana* signifie, au sens littéral, l'extinction de toute cupidité, donc de toute douleur (*dukkha*). C'est aussi la fin du cycle des renaissances (à la fois de moment à moment et de vie à vie) qui constitue l'existence.

Les pratiques religieuses

En fait, la plupart des bouddhistes thaïlandais aspirent plutôt à une renaissance dans une existence meilleure qu'au but supraterrestre du *nibbana*. En nourrissant les moines, en faisant des dons aux temples et en accomplissant fidèlement leurs devoirs religieux au *wat* (temple ou monastère) local, ils espèrent améliorer leur sort et acquérir suffisamment de mérite (*bun* en thaï) pour empêcher, ou au moins diminuer,

Visakha Bucha (p. 24)

★ Festivités bouddhiques

Visakha Bucha (mai).

Khao Phansaa (juillet).

Ork Phansaa (octobre).

les renaissances successives. Le concept de renaissance est presque universellement accepté en Thaïlande, même par les non-bouddhistes.

Les bouddhistes thaïlandais sont guidés dans leur foi par les Trois Joyaux : le Bouddha, le *dhamma* (l'enseignement) et la *sangha* (la communauté religieuse). Le Bouddha, qui apparaît sous de multiples formes, est souvent au centre des activités religieuses dans les temples. Il trône également sur une étagère dans la plus rustique échoppe de rue comme dans les bars luxueux des grands hôtels de Bangkok. Le *dhamma* est psalmodié matin et soir dans les temples, et enseigné à tous les citoyens à l'école élémentaire. Il existe deux courants dans la *sangha* en Thaïlande : les Mahanikai et les Thammayut. Le premier relève plus de la pensée dominante, tandis que le second, davantage en phase avec la monarchie, se perçoit comme plus strict dans son application des enseignements.

Hindouisme et animisme

L'héritage de l'hindouisme et de l'animisme est très vivace dans la culture thaïlandaise et dans la pratique du bouddhisme thaïlandais actuel. L'hindouisme est le parent religieux du bouddhisme, avec lequel il partage des éléments de mythologie, de cosmologie et de symbolisme. Les Thaïlandais reconnaissent les contributions de l'hindouisme et traitent ses divinités avec révérence. Les sanctuaires hindous, fréquentés également par des bouddhistes, sont particulièrement nombreux à Bangkok. Quantité de cérémonies relatives à la royauté sont issues du brahmanisme.

Le culte des esprits et le bouddhisme se sont rencontrés au point qu'il est difficile de démêler les deux. Les moines pratiquent souvent des rites animistes et les Thaïlandais pensent que les mérites sont bénéfiques pour leurs proches défunts. En fait, nombre des rituels religieux des bouddhistes thaïlandais, hormis la méditation, sont profondément ancrés dans le monde des esprits. Les arbres sont enveloppés de tissus sacrés pour honorer les esprits du monde naturel. Des autels sont érigés sur le tableau de bord des taxis pour se protéger des accidents et des amendes. Les Thaïlandais portent souvent des amulettes gravées d'une silhouette du Bouddha ou contenant de la terre sacrée d'un temple pour les protéger du malheur.

Moines et monastères

Socialement, il est du devoir de tout homme de passer une brève période de sa vie comme moine (*prá* ou *prá pík·sù* en thaï), de préférence après la fin de ses études, avant d'entamer sa carrière et de se marier. Une famille acquiert beaucoup de mérite lorsqu'un de ses fils prend la robe et la sébile. De nombreux jeunes gens entrent au monastère pour gagner des mérites pour une mère ou un père défunt. Traditionnellement, les novices passaient trois mois au *wat* pendant le carême bouddhique (*pan·săh*), qui commence en juillet et coïncide avec la saison des pluies. De nos jours, ils n'y séjournent qu'une semaine.

Maisons sacrées

De nombreuses maisons – ou lieux d'habitation – en Thaïlande possèdent une "maison des esprits" attenante, qui a pour fonction d'abriter les *prá poum* (esprits gardiens) du lieu. Vestiges de croyances animistes antérieures au bouddhisme, ces esprits gardiens, qui vivraient dans les rivières, les arbres et autres éléments naturels, doivent être honorés (et apaisés) – comme un membre de la famille respecté mais parfois gênant. Pour s'offrir leurs bonnes grâces, les Thaïlandais construisent de jolies petites maisons sur leur terrain afin que les esprits puissent "vivre" confortablement loin des affaires des hommes. Pour cultiver ces bonnes relations et s'attirer la chance, les résidents y déposent des offrandes quotidiennes de riz, de fruits, de fleurs et d'eau.

Autrefois, le temple jouait le rôle de refuge social pour les familles dans le besoin. Le monastère recueillait et éduquait les enfants dont les parents ne pouvaient s'occuper. Dans les régions rurales, les vieillards se retiraient dans les monastères après une dure vie de labeur. Aujourd'hui, ces fonctions sont moins recherchées, mais les temples continuent d'accueillir les familles dans le besoin, les animaux abandonnés ou blessés, et les voyageurs (généralement les étudiants thaïlandais désargentés) pour la nuit.

Dans le bouddhisme thaïlandais, les femmes désireuses de mener une vie monastique se voient accorder un petit rôle dans le temple. Une nonne bouddhiste est appelée *mâa chi* (mère prêtresse) et vit comme une nonne *atthasila* (selon les huit préceptes, alors que les profanes en suivent cinq et ceux qui ont été ordonnés moines 227), position traditionnellement occupée par des femmes qui n'avaient pas d'autre place dans la société. Les nonnes thaïlandaises se rasent la tête, portent des robes blanches et s'occupent des travaux ménagers du temple. En général, les *mâa chi* ne jouissent pas du prestige des moines, même si certaines sont devenues des enseignantes respectées et comptent de nombreux adeptes.

La visite des temples

Le bouddhisme thaïlandais ne connaît pas de jour spécifique consacré aux dévotions. Les fidèles fréquentent le temple selon leurs envies ou leurs besoins, mais plus souvent pendant les *wan prá* ("excellents jours"), période faste qui revient tous les sept ou huit jours, selon la lune.

La visite d'un temple se fait généralement entre amis, collègues ou en famille. Les Thaïlandais effectuent parfois des pèlerinages dans les temples importants d'autres régions pour les visiter et obtenir des mérites.

La plupart des candidats au mérite vont au *wihăan* (sanctuaire central), qui abrite la principale représentation du Bouddha. Le fidèle dépose son offrande traditionnelle de boutons de lotus (symbole d'illumination), de guirlandes de fleurs et d'encens et lève les mains sur le front dans un geste de prière.

Pour amasser du mérite, on peut aussi offrir de la nourriture à la *sangha* (communauté) du temple, méditer (individuellement ou en groupe), écouter les moines psalmodier les *sutta* et les "choix d'instructions" (recueil de sutras du bouddhisme), et assister aux *têht* ou *dhamma* (les enseignements).

Dans certaines situations, les bouddhistes consultent les moines pour connaître le meilleur moment pour se marier, lancer une entreprise ou pour accomplir les rites relatifs au nom que portera leur enfant. Les rites funéraires ont aussi lieu dans les temples.

Islam et autres religions

Si le bouddhisme est prédominant en Thaïlande, les religions minoritaires coexistent souvent.

Environ 5% de la population est musulmane. Le reste de la population se répartit entre chrétiens (notamment des ethnies montagnardes évangélisées et des immigrants vietnamiens), confucianistes, taoïstes, bouddhistes mahayana et hindous.

La majorité des musulmans vivent dans les provinces du Sud, bien que quelques poches musulmanes existent ailleurs. Dans les provinces les plus méridionales, les musulmans sont d'origine malaise, alors que dans le Nord, ils sont les descendants d'habitants du Yunnan. On retrouve, dans la forme d'islam du sud de la Thaïlande, des éléments animistes et malais qui donnent une religion culturellement plus souple que celle des nations arabes. Les provinces méridionales de Yala, de Pattani et de Narathiwat comptent la plus grande majorité musulmane et sont depuis longtemps isolées géographiquement et culturellement du reste de la société. Certaines parties de ces provinces étaient autrefois des sultanats indépendants conquis par les rois de Bangkok. La région réagit, à l'époque ultranationaliste des années 1940, par une résistance séparatiste, avant de devenir un refuge de communistes et d'insurgés dans les années 1980. La situation se dégrada en guerre sourde au début des années 2000 et persiste à l'heure actuelle. Beaucoup d'analystes considèrent cette situation comme une lutte ethnico-nationale.

Les femmes musulmanes thaïlandaises occupent dans la société la même place que leurs sœurs bouddhistes. Le voile est très répandu sans être obligatoire : il arrive de découvrir qu'une personne est musulmane à table seulement, lorsqu'elle s'abstient de manger du porc.

Les musulmans thaïlandais dévots doivent parfois gérer une incompatibilité spirituelle due à leur identité nationale, largement définie par la majorité bouddhiste. Sous le règne du roi Bhumibol (Rama IX), la réputation de divinité du monarque était considérée comme une hérésie pour une religion monothéiste comme l'islam, même si de nombreux Thaïlandais musulmans respectaient, voire aimaient le roi et ne critiquaient pas ouvertement cette vénération. Les musulmans évitent l'alcool et le jeu (à divers degrés) – très prisés par ailleurs dans les milieux bouddhistes ruraux. Sous cet angle, les préceptes religieux marquent la distinction entre les deux cultures, ainsi qu'une certaine méfiance de l'une par rapport à l'autre.

Marché flottant

Cuisine thaïlandaise

L'une des exportations les plus emblématiques du pays, la cuisine thaïlandaise, est recherchée pour son harmonisation experte et relevée des saveurs épicées, sucrées, amères et salées. Les ingrédients sont très frais et les arômes intenses – les piments, très appréciés, garantissent une poussée d'adrénaline.

Riz

Dès le matin en Thaïlande, l'odeur du riz en train de cuire se mêle à celle de l'encens des autels familiaux. Le riz occupe une telle place dans l'alimentation thaïlandaise que le verbe *gin kôw* (littéralement "manger du riz") est employé communément pour dire "manger".

Le riz peut être cuit à la vapeur, frit, bouilli dans une soupe, transformé en nouilles ou cuisiné pour le dessert. Dans sa version vapeur, on le mange avec une cuillère et, dans le cas du *kôw nĕe·o* (riz gluant), avec les doigts. Le petit-déjeuner typique est constitué d'une soupe de riz (*jóhk* ou *kôw đôm*), idéale pour les estomacs en décalage horaire, les ventres sensibles ou les lendemains de fête. Le repas du midi sera probablement composé d'un plat sauté ou d'un curry accompagné de riz. Dans les villes de province, les Thaïlandais se rendent au marché nocturne pour voir et être vu, et pour déguster à nouveau du riz.

Nouilles

De jour comme de nuit, sur les étals de rue et dans les modestes boutiques, vous trouverez l'en-cas thaïlandais typique : le *gŏo·ay đĕe·o* (nouilles de riz), parfaite illustration du penchant des Thaïlandais pour la déclinaison des saveurs. C'est vous qui choisissez le type de nouilles, votre viande et la sauce de poisson, le sucre, le vinaigre et les piments. N'hésitez pas à sucrer, le résultat est étonnant.

On trouve trois types de nouilles de riz de base – *sên yài* (larges), *sên lék* (fines) et *sên mèe* (plus fines encore) –, ainsi que du *bà·mèe*, une nouille bouclée à base de farine de blé et d'œufs. La plupart n'apparaissent que dans les soupes, mais quelques-unes sont sautées, comme les *pàt tai* (vermicelles de riz sautés avec des crevettes fraîches ou séchées, du tofu et de l'œuf).

Investissez le marché du matin pour déguster un bol de *kà·nŏm jin* (nouilles de riz au curry, agrémentées de légumes frais et marinés). Ce plat est généralement servi sur des tables de bois branlantes, partagées par des Thaïlandaises de classe modeste et des étudiants.

Un petit verre ?

- Les bières thaïlandaises, comme la Singha (prononcer "sing"), sont des blondes, souvent rafraîchies avec des glaçons.
- Les jus de fruit sont désaltérants et servis avec une pincée de sel pour aider à réguler la température corporelle.
- Thés et cafés glacés sucrés sont proposés aux étals de rues.
- Les Thaïlandais aiment boire un verre d'alcool de riz avec des glaçons, de l'eau gazeuse et un doigt de Cola.

Curries

Composante la plus célèbre de la cuisine thaïlandaise, le curry (*gaang*) est ici un plat modeste. Sur les étals au bord des routes, particulièrement dans le sud de la Thaïlande, de grandes marmites en métal contiennent divers mélanges aux couleurs vives. À votre demande, le vendeur soulèvera les couvercles et nommera les types de viande qu'elles contiennent : *gaang gài* (curry de poulet) ou *gaang Ƀlah* (curry aigre de poisson). À Bangkok, les vendeurs de rue et les boutiques présentent leurs curries dans de grands plats. Dans les deux cas, montrez du doigt ce que vous avez choisi pour qu'il vous soit servi sur du riz. Vous le consommerez avec une cuillère. Ne mangez pas les feuilles de citronnier qui ne sont pas comestibles.

Tous les curries sont faits à partir d'une pâte constituée le plus souvent de graines de coriandre moulues, de graines de cumin, d'ail, de citronnelle, de combava, de galanga, de pâte de crevette et de piments (frais ou séchés). Les cuisiniers thaïlandais les faisaient autrefois eux-mêmes, mais aujourd'hui beaucoup vont l'acheter au marché où il est vendu en vrac. La recette de la pâte de curry varie d'une région à l'autre : le *gaang mát·sà·màn* (curry musulman) se compose d'anis étoilé, épice plutôt utilisée dans le Sud. Beaucoup de visiteurs identifient les currys à la couleur, généralement rouge (à cause des piments rouges séchés) et vert (grâce aux piments verts frais). Le curry vert est un plat classique du centre de la Thaïlande.

Cuisines régionales

Les migrations économiques ont pris une telle ampleur au cours des vingt dernières années que nombre de plats régionaux ont été adoptés dans tout le pays.

Dans le Nord

Fidèle à la mentalité de l'époque Lanna, la cuisine du Nord est plus décontractée, les saveurs y sont douces et marquées par des influences du Myanmar (Birmanie) et de Chine. La cuisine

★ **Plats des étals de rue**

Kôw pàt – riz frit

Pàt gá·prow – piments tranchés, basilic et poulet ou porc sauté sur du riz

Pàt pàk ká·náh – chou chinois sauté accompagné de *mŏo gròrp* (porc frit)

Pàt gá·prow

EKACHAI SATHITTAWEECHAI / SHUTTERSTOCK ©

du Nord utilise du porc dans presque tous les plats, notamment dans les *sâi òo·a* (saucisses) et les *kâap mŏo* (couenne de porc). L'influence birmane a propagé l'usage du curcuma et du gingembre (certains y opposeront que les Birmans du Nord ont été influencés par les Chinois) dans les pâtes de curry utilisées dans le *gaang hang·lair* (riche ragoût de porc).

Les saveurs du Nord favorisent les notes plus aigres. Les plats de nouilles typiques – *kôw soy* (nouilles de blé aux œufs accompagnées d'un épais curry rouge à la noix de coco) et *kà·nŏm jin nám ngée·o* (nouilles de riz servies avec un bouillon de curry au porc et tomates) – sont surmontés de légumes marinés et accompagnés d'échalotes et de citrons.

Le nord de la Thaïlande partage avec la région de l'Isan l'amour du *kôw nĕe·o* (riz gluant), servi dans des paniers en bambou arrondis en accompagnement de plats classiques comme le *nám prík òrng* (pâte de chili composée de porc haché et de tomates).

Dans le Sud

La cuisine du sud de la Thaïlande s'inspire davantage des traditions des commerçants au long cours, dont beaucoup étaient des musulmans venus d'Inde ou de Malaisie. Le pain plat de style indien (*roti*) rivalise souvent avec le riz en accompagnement du curry, quand il n'est pas saupoudré de sucre et de lait concentré sucré pour le dessert. Le curcuma teinte de jaune le *kôw mòk gài* (poulet *biryani*) et le poulet frit typique du Sud.

Les currys prennent ici des teintes flamboyantes, grâce aux épices séchées et grillées préparées à l'indienne et avec beaucoup de lait de coco local. La noix de coco est largement utilisée dans la cuisine.

Poissons et fruits de mer frais sont omniprésents dans la cuisine méridionale. Les calmars sont grillés et servis en brochettes, accompagnés d'une sauce aigre-douce. On déguste des poissons entiers farcis de citronnelle et de citron, et grillés sur un feu d'écorces de noix de coco.

Dans le Nord-Est

Les habitants du nord-est de la Thaïlande ne quittent jamais la maison sans avoir consommé les trois plats incontournables : *sôm·đam* (salade de papayes vertes épicée), *kôw nĕe·o* (riz gluant) et *gài yâhng* (poulet grillé).

Dès le matin, le poulet mariné grillé dégage de vastes panaches de fumée qui balaient la ville. Près du gril, le *sôm·đam* est préparé dans un grand mortier où il est concassé au pilon. On y trouve des lanières de papayes vertes, du sucre, des piments, de la sauce de poisson, des haricots verts, des tomates, des crevettes séchées et quelques extras : cacahuètes pour le *sôm·đam thaï* ; crabe et *Ƀlah ráh* (sauce de poisson fermenté) pour le *sôm·đam lao* (qui se réfère à la fois au pays et aux Laotiens vivant dans le nord-est de la Thaïlande).

La cuisinière écrase les ingrédients avec son pilon en produisant le son "pow-pow-pow", parfois utilisé comme surnom du plat.

Maison de Jim Thompson, Bangkok (p. 50)

Arts et architecture

La Thaïlande possède un sens de l'esthétique qui se manifeste aussi bien dans les sculptures bouddhiques que dans l'architecture des temples. Les monarques, jadis de grands mécènes, furent honorés par des stupas très décorés servant de monuments funéraires. L'artisanat fut aussi développé pour la royauté. Aujourd'hui, l'art religieux domine toujours l'imaginaire artistique (installations multimédias ou toiles contemporaines).

Art religieux

Le patrimoine artistique de la Thaïlande se trouve principalement dans ses temples, où vous pouvez admirer des fresques élaborées illustrant la mythologie hindo-bouddhique et des sculptures du Bouddha, qui constituent la principale contribution du pays à l'art religieux.

C'est durant le royaume de Sukhothai, réputé pour ses bouddhas d'allure gracieuse et sereine, qu'un style spécifiquement thaïlandais a vu le jour. Toujours didactiques, les fresques comprennent souvent des représentations des *jataka* (récits des vies antérieures du Bouddha) et de la version thaïlandaise du *Ramayana* (récit épique indien). Pour décrypter ces œuvres, il faut à la fois connaître les mythes religieux auxquels elles se réfèrent et être initié à la correspondance entre la place occupée par les représentations sur le mur et leur place dans le temps. La plupart des fresques sont divisées en scènes, le thème principal étant dépeint au centre et les événements qui en résultent au-dessus et au-dessous. En marge des épisodes relatant l'histoire de personnages figurent souvent des scènes indépendantes représentant la vie villageoise : femmes portant des victuailles dans des paniers en bambou, hommes à la pêche ou réunions de village.

Périodes artistiques

Le développement de l'architecture et de l'art religieux thaïlandais s'organise en différentes périodes ou écoles reliées à la capitale dominante de l'époque. Les caractéristiques les plus évidentes d'une époque se révèlent dans les variations des traits du visage des sculptures du Bouddha, dans l'ornement qui surmonte sa tête, dans sa robe et la position de ses pieds quand il est représenté en méditation. Le socle et la cloche centrale des *chedi* (stupas) changent souvent de forme en fonction des styles.

Période	**Temples et chedis**	**Bouddhas**	**Exemples**
Période de Dvaravati (VIIe-XIe siècle)	*Chedi* de base rectangulaire avec des niveaux décroissants	Influences indiennes ; torse massif, longues boucles de cheveux, sourcils arqués, yeux protubérants, lèvres épaisses et nez épaté	Chedi Phra Pathom, Nakhon Pathom ; musée de Lopburi ; Wat Chama Thewi, Lamphun
Période de Srivijaya (VIIe-XIIIe siècle)	Temples de style bouddhique mahayana ; *chedi* de style javanais, avec des arches raffinées	Influences indiennes ; très orné, traits humains et légère torsion au niveau de la taille	Wat Phra Boromathat, Chaiya ; Wat Phra Mahathat Woramahawihaan et Musée national, Nakhon Si Thammarat
Période khmère (IXe-XIe siècle)	Temples hindo-bouddhiques ; *prang* (*chedi* de style khmer) en forme d'épi de maïs	Bouddha méditant sous un dais en forme de naga à 7 têtes et sur un piédestal en forme de lotus	Phimai, Nakhon Ratchasima ; parc historique du Phanom Rung, Surin
Période de Chiang Saen-Lanna (XIe-XIIIe siècle)	Temples en teck ; *chedi* carré à la base et coiffé d'une ombrelle dorée ; il en existe aussi de base octogonale	Influences birmanes : personnage rond et charnu, visage souriant, plante des pieds tournée vers le haut en position de méditation	Wat Phra Singh, Chiang Mai ; musée national de Chiang Saen
Période de Sukhothai (XIIIe-XVe siècle)	Temples d'inspiration khmère ; *chedi* à la flèche élancée, coiffée d'un bouton de lotus	Postures élégantes, souvent en train de "marcher", sans détail anatomique humain	Parc historique de Sukhothai
Période d'Ayutthaya (XIVe-XVIIIe siècle)	Temple thaïlandais classique, avec toit à 3 niveaux et pignons ornés ; *chedi* en forme de cloche surmonté d'une flèche fuselée	Roi de l'époque d'Ayutthaya, portant une couronne sertie de pierres et d'autres attributs royaux	Parc historique d'Ayutthaya
Période de Bangkok-Ratanakosin (XIXe siècle)	Temple doré et coloré de styles occidental et thaïlandais ; *chedi* recouvert de mosaïques	Reprise des éléments de style Ayutthaya	Wat Phra Kaew, Wat Pho et Wat Arun, Bangkok

Art contemporain

L'adaptation des thèmes et de l'esthétique traditionnels aux modèles laïques remonte au début du XXe siècle, alors que l'influence occidentale prend son essor. D'une façon générale, la peinture thaïlandaise préfère l'approche abstraite au réalisme et continue de privilégier les représentations unidimensionnelles, à la manière des fresques murales traditionnelles.

L'Italien Corrado Feroci est souvent considéré comme le père de l'art thaïlandais moderne. Invité en Thaïlande pour la première fois par Rama VI en 1924, il est notamment l'auteur du monument de la Démocratie de Bangkok. En 1933, il fonde la première école des beaux-arts du pays, noyau de la future université Silpakorn, principal lieu de formation des artistes thaïlandais actuels. Pour le remercier, le gouvernement offrit à Feroci la nationalité thaïlandaise, lui donnant le nom de Silpa Bhirasri.

En juillet 2016 s'est ouvert un nouveau lieu à Chiang Mai, le MAIIAM Contemporary Art Museum, fondé par le Français Jean-Michel Beurdeley, qui présente l'art contemporain thaïlandais à travers d'intéressantes collections permanentes et diverses expositions temporaires,

Le Bouddha moderne

Dans les années 1970, les artistes thaïlandais entreprennent de moderniser les thèmes bouddhiques par le biais de l'expressionnisme abstrait. Parmi les tendances, les dessins mystiques au crayon et à l'encre de Thawan Duchanee ont particulièrement marqué leur époque. Montien Boonma utilisa certains éléments de la pratique bouddhique, comme la feuille d'or, les clochettes et la cire de bougie, pour créer des espaces-temples abstraits dans les musées.

Contestation et satire sociale

Dans une société qui s'industrialisait rapidement, de nombreux artistes ont assisté à la transformation des rizières en usines et des forêts en autoroutes, et observé les cercles du pouvoir tirer profit de ces mutations. Dans les années 1970, grande époque de l'activisme estudiantin, les artistes révoltés, musiciens, peintres et intellectuels de tout poil, se regroupèrent sous la bannière du mouvement Art for Life. Opposés à la dictature militaire, ils reprenaient à leur compte certains aspects du communisme et des droits des travailleurs. Deux artistes importants ont marqué cette période : Sompote Upa-In et Chang Saetang.

Une tendance anti-autoritaire se manifeste toujours aujourd'hui dans l'œuvre de certains artistes. Le photographe Manit Sriwanichpoom s'est fait remarquer avec sa série des *Pink Man On Tour* ("Performance de l'homme rose"), où il met en scène l'acteur Sompong Thawee, vêtu d'un costume rose et poussant un chariot de supermarché dans les grands sites touristiques thaïlandais. Ses photos en noir et blanc dénoncent le capitalisme et le consumérisme, qualifiés d'influences occidentales indésirables. Dans la lignée de cette série, ses clichés suivants, toujours impliqués socialement, tournent en dérision le patriotisme et le nationalisme.

Pendant les troubles politiques récents, des artistes ont traduit leurs expériences personnelles en installations multimédias. Tanks, pistolets, violence et protestation se mêlent pour exprimer l'indignation, la peine, l'anxiété et même l'apathie. Vasan Sitthiket a ainsi réalisé une série de collages colorés et tourmentés intitulée *Hypocrisy*. Le court métrage *A Brief History of Memory*, de Chulayarnnon Siripholre, retrace l'expérience d'une femme face à la violence des manifestations de rue.

★ Plus beaux exemples d'architecture

Maison de Jim Thompson (p. 50)
Wat Phra Kaew et Grand Palais (p. 40)
Phuket Thaihua Museum (p. 265)

Maison de Jim Thompson, Bangkok (p. 50)

COWARDLION / SHUTTERSTOCK ©

L'art sort du cadre

Dans cette société très hiérarchisée, l'innovation artistique est souvent réprimée par la génération précédente, qui détient prestige et pouvoir. Les années 1990 ont été marquées par un mouvement visant à sortir l'art des musées pour le rendre à la vie dans les espaces publics. C'est alors que l'artiste et organisateur d'expositions Navin Rawanchaikul a commencé ses collaborations "de rue" à Chiang Mai, sa ville natale. Ses grandes idées l'ont suivi à Bangkok, où il a créé des installations d'art dans les taxis de la capitale, devenus de véritables galeries ambulantes. Il se plaît aussi à jouer sur les mots, comme dans les titres de son œuvre multimédia de 2002, *We Are the Children of Rice (Wine)*, et de son tableau monumental *Super (M)art Bangkok Survivors* (2004). Ce tableau, qui réunit des artistes, conservateurs et décideurs renommés dans un décor inspiré de Véronèse, évoque le combat de la communauté artistique pour empêcher que le nouveau musée d'Art contemporain de Bangkok ne devienne une galerie commerçante déguisée.

Le pop art

En accord avec le caractère des Thaïlandais, l'art est parfois purement ludique. Les travaux de Thaweesak Srithongdee sont d'un pur style pop, avec des personnages extravagants que l'on dirait sortis de dessins animés, auxquels il associe des éléments de l'imagerie ou de l'artisanat traditionnels. Dans une mouvance similaire, Jirapat Tatsanasomboon oppose des figures thaïlandaises traditionnelles à des icônes occidentales dans des combats de BD ou de sensuelles étreintes. Dans *Hanuman is Upset!*, le roi singe mâchonne les lignes géométriques des célèbres toiles quadrillées de Mondrian. Quant à l'artiste thaïlando-japonaise Yuree Kensaku, elle produit des tableaux aux airs de bandes dessinées, saupoudrés de références à la culture pop.

La sculpture

Même si la sculpture thaïlandaise ne suscite pas l'intérêt qu'elle mérite sur le marché de l'art, on la considère souvent comme le plus marquant des arts contemporains en Thaïlande. Rien d'étonnant à cela quand on connaît l'importance de la production traditionnelle de statues du Bouddha. Ayant opté pour un registre profane, Khien Yimsiri se pose comme le maître moderne avec ses élégantes créations en bronze évoquant des formes humaines et mythiques. Kamin Lertchaiprasert explore la spiritualité et la vie quotidienne à travers ses installations sculpturales, qui incluent souvent une armée de figurines en papier mâché. L'une de ses expositions les plus récentes, intitulée "Ngern Nang" ("Argent assis"), regroupe une série de personnages fabriqués à partir de vieux billets mis au rebut par la Banque nationale et agrémentés de conseils poétiques sur la vie et l'amour.

Théâtre et danse

Le théâtre traditionnel prend la forme de pièces dansées, aux histoires interprétées par des acteurs masqués ou costumés. Autrefois réservé aux événements royaux ou religieux, il a perdu ses mécènes et a commencé à décliner avec la modernisation de la monarchie.

La danse thaïlandaise classique, en revanche, survit plutôt bien et est encore largement enseignée dans les écoles et les universités.

Kŏhn et lí·gair

Le *kŏhn* est un drame dansé classique avec masques qui suit des règles précises et représente des scènes du *Ramakien* (la version thaïlandaise du *Ramayana* indien). Les pièces du répertoire *kŏhn* traditionnel ont pour principale intrigue la recherche par le prince Rama de sa bien-aimée, la princesse Sita, enlevée par le démon aux dix têtes, Ravana, et emmenée sur l'île de Lanka.

Le plus souvent représenté lors de fêtes bouddhiques, le *lí·gair* est une forme théâtrale provocante et bruyante, dont les origines remontent probablement à des cérémonies théâtrales introduites dans le sud de la Thaïlande par des commerçants malais et arabes. Il associe de manière enlevée musique classique et folklorique, costumes extravagants, grosse farce, mélodrame, allusions scabreuses et commentaires d'actualité.

Artisanat thaïlandais

Le tourisme fait revivre l'artisanat thaïlandais, parfois revisité par des créateurs de Bangkok.

- **Céramique** Les plus connues sont le céladon vert thaïlandais et le *ben·jà·rong* (cinq couleurs) du centre.
- **Laque** Le Nord est célèbre pour son art du laque hérité de la Birmanie.
- **Textiles** Le *mát·mèe*, un épais tissu de coton ou de soie tissé à partir de fils teints selon la technique du tie-dye. Chaque ethnie a sa propre tradition de broderie ; Chiang Mai et Chiang Rai sont des centres artisanaux reconnus.

La danse classique et folklorique

Héritée des Khmers, la danse classique était à l'origine une offrande sacrée interprétée par la version terrestre des apsaras (vierges divines, dotées de beauté et de talent de danseuses, dépeintes dans de gracieuses positions sur les fresques des temples et les bas-reliefs). Les villages comptaient une forme de danse traditionnelle distincte, aux caractères régionaux. Certaines danses décrivent la saison de la plantation du riz ou des histoires d'amour. Pendant les fêtes locales et les défilés, surtout dans le Nord-Est, de jeunes danseuses de moins de vingt ans, maquillées de blanc, revêtent des costumes traditionnels et des coiffes élaborées, pour se donner en spectacle accompagnées de musiciens ambulants.

Musique

La musique traditionnelle thaïlandaise mêle des sons étonnamment subtils, des tempos renversants et des mélodies pastorales. L'orchestre classique est appelé le *ƃèe pâht* et peut comprendre de 5 à 20 musiciens. L'un des instruments les plus courants est le *ƃèe*, un instrument à vent en bois, avec un bec à anche, joué la plupart du temps en accompagnement des matchs de boxe. Le *rá·nâht èhk*, un instrument à percussion en bambou ressemblant au xylophone, assure la mélodie. On joue également du *sor*, un instrument à archet dont la caisse est creusée dans une noix de coco.

Si vous prenez un taxi à Bangkok, vous aurez sûrement l'occasion d'entendre la version thaïlandaise de la country : le *lôok tûng* ("enfants des champs"). L'amour perdu, la mort

Symboles du temple

Le symbolisme architectural des diverses parties du temple s'inspire nettement de l'iconographie hindo-bouddhique. Sur la ligne de toit du temple est représenté le naga, le serpent mythique qui protégeait le Bouddha durant ses méditations. Sur le dessus du toit se détache la silhouette du *chôr fáh*, constitué d'ornements dorés généralement en forme d'oiseaux. Les lignes de toit représentent souvent les Trois Joyaux : le Bouddha, le *dhamma* (enseignements) et la *sangha* (communauté bouddhiste). Autre motif sacré, le bouton de lotus apparaît au-dessus des portes des temples, sur les colonnes des galeries et les flèches des chedis de la période de Sukhothai. Le Bouddha est souvent représenté méditant sur un piédestal en forme de fleur de lotus. Les fleurs de lotus servent à des fins religieuses.

aussi tragique que prématurée et le sort des laborieux agriculteurs sont les thèmes les plus courants chantés de façon larmoyante et accompagnés de musique mélancolique. Plus enlevé, le *mŏr lam* est une musique folklorique traditionnelle originaire du Nord-Est rural.

Il suffit d'entrer dans un centre commercial ou une discothèque pour entendre les notes rythmées de la pop thaïlandaise (surnommée "T-pop"). Quant aux *pleng pêu·a chi·wít* (chansons pour la vie), lancés par les hippies vieillissants de l'époque contestataire des années 1970 et 1980, on les entend dans des bars country thaïlandais de plus en plus difficiles à trouver. Les années 1990 ont donné naissance à la scène pop alternative – connue sous le nom de "indie".

Architecture

L'habitat traditionnel

Les maisons thaïlandaises traditionnelles, aussi élégantes que fonctionnelles, sont adaptées au climat, à la vie familiale et aux sensibilités artistiques. Ces habitations anciennes étaient de modestes maisons en bois sur pilotis, composées d'une pièce unique. Plus élaborées, celles des chefs de village ou des membres mineurs de la famille royale comportaient plusieurs pièces reliées par des passerelles. À l'origine, les Thaïlandais s'installaient le long des cours d'eau et la surélévation des maisons permettait de préserver leurs habitations d'éventuelles inondations pendant la mousson. Durant la saison sèche, l'espace situé sous la maison servait à s'abriter de la chaleur, mais aussi de cuisine ou même d'étable. Il a plus tard été transformé en garage pour les motos et les vélos. Lorsqu'il était encore abondant dans les forêts thaïlandaises, le teck était le matériau de prédilection des Thaïlandais. Les habitations en teck que l'on voit aujourd'hui ont été édifiées il y a au moins une cinquantaine d'années.

En Thaïlande du Centre, du Nord et du Sud, les toits sont très pentus. Ils sont souvent décorés aux angles et le long des combles d'un naga, un serpent mythique, longtemps considéré comme le protecteur spirituel des cultures thaïes, éparpillées dans toute l'Asie.

Dans les provinces méridionales, on aperçoit souvent des habitations d'inspiration malaise, dont les hauts frontons ou les fondations en maçonnerie remplacent les pilotis. Les habitants du Sud utilisent aussi parfois le bambou et le palmier, plus abondants que le bois. Au nord, les maisons des chefs de village étaient souvent décorées d'un motif ouvragé en forme de corne appelé *galare*, un élément décoratif devenu représentatif de l'ancienne architecture Lanna. Les toits en tuiles ou en palmes présentent en général une pente moins accentuée, et certaines habitations situées plus au nord possèdent même des pignons arrondis (une forme venue du Myanmar).

Les temples

Le spécimen le plus frappant de l'héritage architectural thaïlandais est le temple bouddhique (*wat*), resplendissant sous le soleil tropical, tout en couleurs flamboyantes et en lignes élancées. Les temples thaïlandais se composent de différents bâtiments dévolus à des fonctions bien précises. Les plus importants sont l'*uposatha* (*bòht* dans le Centre, *sĭm* dans le Nord et le Nord-Est), un sanctuaire où a lieu l'ordination des moines, et le *wí·hăhn* (grande salle), qui abrite les représentations du Bouddha.

Autre élément classique de l'architecture des temples : la présence d'un ou de plusieurs stupas (*chedi* en thaï). Il s'agit d'un monument robuste, en forme de cône, édifié en l'honneur de la pérennité du bouddhisme. Il existe de nombreux styles de stupas, du simple dôme importé du Sri Lanka aux formes octogonales plus élaborées que l'on trouve dans le Nord. De nombreux stupas sont censés abriter des reliques du Bouddha (souvent des morceaux d'os). Certains stupas abritent aussi les cendres d'importants rois et membres de la famille royale. Variante du stupa hérité du royaume d'Angkor, le *prang*, en forme d'épi de maïs, évoque les anciens temples de Sukhothai et d'Ayutthaya.

L'architecture contemporaine

L'ajout de formes européennes à l'architecture traditionnelle remonte au tournant des XIXe et XXe siècles, comme en témoignent certains bâtiments du Grand Palais à Bangkok.

Les villes portuaires, Bangkok et Phuket notamment, abritent des réalisations architecturales d'inspiration sino-portugaise – en brique et en stuc avec de belles façades ouvragées, un style qui a vu le jour avec l'arrivée des marchands de l'époque coloniale. Ce style est désigné sous le nom de "vieux Bangkok" ou "Ratanakosin".

Dans les années 1960 et 1970, le Bauhaus européen fait basculer l'architecture vers un fonctionnalisme total. Durant le boom de la construction des années 1980, les architectes thaïlandais utilisent des designs high-tech, comme le fameux "Robot Building" de Sumet Jumsai, sur Th Sathon Tai, à Bangkok.

Depuis le début du nouveau millénaire, les centres commerciaux et les hôtels réinterprètent l'habitat thaïlandais traditionnel à travers un style moderniste relevé d'une touche contemporaine industrielle. Ainsi, des séries de cubes présentent une structure en acier apparente et de grandes baies vitrées.

Éléphants, Chiang Mai

Nature et environnement

Accrochée à un versant méridional de l'Himalaya, la Thaïlande est couverte de plaines fluviales fertiles et entourée de mers chaudes et peu profondes, bordées de récifs coralliens. La forme du pays est souvent comparée à celle d'une tête d'éléphant dont la trompe serait la péninsule malaise. S'étirant sur 1 650 km et 16 degrés de latitude du nord au sud, la Thaïlande est l'un des pays d'Asie du Sud-Est dont l'environnement est le plus contrasté.

Nord de la Thaïlande

Le nord de la Thaïlande côtoie le Myanmar (Birmanie), le Laos et le sud de la Chine, le long de l'extension sud-est de la chaîne himalayenne du Dawna-Tenasserim. Son point culminant, le Doi Inthanon (entre 2 565 à 2 576 m selon les mesures), est recouvert d'une forêt d'arbres à feuillage persistant et d'espèces typiques des marécages, notamment un épais tapis de mousse. À moindre altitude se dressent des forêts de mousson constituées d'arbres à feuilles caduques, dont la luxuriance disparaît à la saison sèche. Le teck est l'arbre le plus précieux de ce type de forêt, mais il est aujourd'hui menacé et son abattage est illégal.

Le Nord thaïlandais est considéré comme l'une des meilleures destinations asiatiques pour les amateurs d'ornithologie. En effet, l'air frais des montagnes couvertes de forêt convient à des espèces d'oiseaux sédentaires et migrateurs de type himalayen, comme le gobe-mouches et la grive.

Centre de la Thaïlande

Au centre, la topographie s'aplatit en rizières alimentées par des rivières aussi vénérées que la monarchie nationale. Le fleuve le plus révéré est le Chao Phraya, formé par les affluents septentrionaux des Ping, Wang, Yom et Nan, tous aussi aristocratiques. Le delta du fleuve est cultivé presque toute l'année, passant du vert émeraude des jeunes pousses à l'or des moissons. Cette région a été entièrement modelée par l'homme : routes, champs et villes ont transformé le paysage en cœur laborieux du pays.

À la frontière occidentale, à la lisière de la frontière montagneuse avec le Myanmar, s'étend un ensemble de réserves forestières couvrant près de 1,7 million d'hectares. La plus grande réserve protégée du Sud-Est asiatique constitue un habitat tranquille pour les espèces menacées (dont les éléphants et les tigres). Ces parcs sont peu développés en termes d'infrastructures touristiques ou commerciales.

Le saviez-vous ?

- La taille de la Thaïlande est équivalente à celle de la France.
- Bangkok se trouve à 14° de latitude nord, comme Madras, Manille, le Guatemala et Khartoum.
- Le Mékong rivalise avec le fleuve Amazone en termes de biodiversité.
- La Thaïlande abrite des serpents venimeux, comme la vipère de Russell (*pit viper*) et le cobra royal.
- Les formations karstiques de Thaïlande sont composées de calcaire, issu de coquillages et de coraux qui peuplaient les fonds marins il y a 250 à 300 millions d'années.

Nord-Est de la Thaïlande

Le paysage de la frontière nord-est de la Thaïlande est l'aride plateau de Khorat qui s'élève à quelque 300 m au-dessus du niveau de la plaine centrale. Sur cette terre peu fertile, les pluies sont rares, le sol pauvre, et la poussière rouge tache autant que la noix de bétel mâchée avec obstination par les grands-mères du cru. La forêt dominante est constituée de diptérocarpacées sèches, famille d'arbres qui perdent leurs feuilles à la saison sèche pour conserver leur humidité. La plus grande réserve forestière de la région est le parc national de Khao Yai, inscrit avec d'autres parcs de la région au patrimoine mondial par l'Unesco. Il est principalement constitué de forêts arides, habitat privilégié des calaos et de plus de 300 espèces d'oiseaux. On y trouve encore des éléphants sauvages, mais le développement avoisinant a eu un impact négatif sur d'importants corridors fauniques.

Sud de la Thaïlande

Les fleuves de l'est du royaume déversent leurs eaux et leurs sédiments dans le golfe de Thaïlande, cuvette peu profonde de la mer de Chine voisine. Bangkok s'étend à l'endroit où le golfe prend une forme d'hameçon, entourée d'une large zone industrielle qui a éliminé ou pollué la plus grande partie de l'environnement naturel. Les extrémités du golfe, à l'est comme au sud, sont plus caractéristiques de l'environnement littoral : des mangroves, transition entre la terre et la mer, font office de nursery de l'océan, où se reproduisent et grandissent poissons, oiseaux et batraciens. La Thaïlande abrite près de 75 espèces d'arbres tolérant le sel, souvent considérées comme inutiles et, à ce titre, subissant le bétonnage des côtes.

La longue "trompe" qui se déroule entre le golfe de Thaïlande et la mer d'Andaman est souvent surnommée péninsule malaise. C'est la région équatoriale de Thaïlande : les précipitations y sont abondantes, entretenant d'épaisses forêts tropicales humides, vertes toute l'année. La faune et la flore malaises y prédominent, et une impressionnante chaîne de montagnes calcaires, vestige d'un ancien fond marin élevé lors de collisions intercontinentales, serpente de la terre à la mer.

Sur la côte ouest, la mer d'Andaman, extension de l'océan Indien, recèle d'étonnants récifs coralliens abritant des milliers de variétés de poissons et faisant office de brise-lames contre les raz-de-marée. Nombre d'îles bordées de coraux ont été classées réserves nationales maritimes afin de limiter un minimum le développement et la circulation des bateaux qui contribuent à la destruction des coraux. On estime qu'en 2010 le blanchissement des coraux (El Niño aurait contribué au phénomène en réchauffant l'eau) a tué ou endommagé de grandes portions de récifs thaïlandais.

Parcs nationaux et réserves naturelles

Avec 15% de son territoire – terrestre et maritime – déclarés réserves ou parcs naturels, la Thaïlande possède l'un des plus forts pourcentages d'espaces protégés de toute l'Asie : plus de 100 parcs nationaux, auxquels s'ajoutent plus d'un millier de "zones interdites à la chasse", des réserves naturelles et forestières, des jardins botaniques et des arboretums.

Les efforts en matière de protection de la nature en Thaïlande remontent à 1960, date de la promulgation de la loi sur la protection des animaux sauvages, qui permit de mettre en place les premières réserves naturelles. Elle fut suivie d'une loi sur les parcs nationaux en 1961. Khao Yai fut le premier à bénéficier de ce nouveau statut.

Malgré les promesses, le classement en zone protégée ou en parc national ne peut empêcher le braconnage ou le développement touristique. Les intérêts financiers, l'agriculture et la chasse vont souvent à l'encontre des efforts de préservation de la nature. Faire appliquer la loi dans ce domaine impliquerait une plus grande volonté politique et un financement plus adapté. Ainsi, les visiteurs étrangers sont souvent étonnés de constater la présence de complexes hôteliers à l'intérieur des parcs nationaux : soit la propriété privée était antérieure au classement en zone protégée, soit de puissants intérêts financiers ont permis de contourner la loi.

Mékong

Le Mékong, l'artère du Sud-Est asiatique, dessine la frontière entre la Thaïlande et le Laos. Ce fleuve, à l'origine d'une foule de légendes locales et de fêtes, est largement mis à profit grâce aux barrages hydroélectriques dont il est jalonné. Il serpente parmi les chaînes de montagnes jusqu'au plateau du Nord-Est, où il prend de l'ampleur et se réduit au gré des pluies saisonnières. À la saison sèche, les agriculteurs plantent des légumes dans les plaines inondables boueuses et moissonnent leurs récoltes avant que le fleuve n'y reprenne ses droits.

Les scientifiques se sont penchés sur l'impressionnante biodiversité des régions du Mékong (qui comprennent le Vietnam, le Laos et le Cambodge). Quelque 1 000 espèces d'animaux et de végétaux inconnus y ont été découvertes au cours des dix dernières années.

Problèmes environnementaux

Tout au long de son industrialisation, la Thaïlande a mis ses écosystèmes à rude épreuve. Le couvert forestier naturel occupe aujourd'hui 28% du territoire, contre 70% il y a environ

Parc national maritime d'Ang Thong (p. 220)

GANG PENG / 500PX ©

★ Parcs nationaux

Parc national maritime d'Ang Thong (p. 220)

Ko Phi Phi Leh (p. 294)

Parc national d'Ao Phang-Nga (p. 258)

Parc national de Khao Yai (p. 96)

Parc national de Khao Sok (p. 272)

cinquante ans. Caractérisées par une densité de population et une croissance économique supérieures à la moyenne nationale, les régions côtières sont touchées par l'érosion des sols, la pollution des eaux et la dégradation des systèmes coralliens.

Étant donné la nature des pluies de mousson, les crues saisonnières sont un phénomène répandu dans certaines parties du pays. Cependant, ces inondations ont gagné en fréquence et en ampleur. La crue record de 2011 figure parmi les catastrophes naturelles les plus préjudiciables de l'histoire. Sur les 77 provinces thaïlandaises, 65 furent déclarées zones sinistrées ; on enregistra 815 victimes et des dégâts estimés à 45,7 milliards de dollars.

Avec le déclin des réserves de poisson, l'industrie de la pêche est en souffrance, d'autant que l'industrie, autrefois composée de petites affaires familiales, est passée aux mains de puissantes entreprises, qui n'hésitent pas à puiser en eaux plus profondes et à mettre en esclavage les personnes travaillant sur les bateaux.

En 2013, une fuite dans un oléoduc au large de Rayong déversa en mer 50 000 L de pétrole brut, créant une marée noire sur la côte ouest de Ko Samet. En surface, les plages, nettoyées à l'aide de dispersants, ont rapidement retrouvé leur aspect normal. Toutefois, les experts estiment que les effets à long terme, tant sur l'écosystème marin que sur la santé humaine, pourraient être considérables.

Femmes akha, Chiang Rai (p. 166)

Tourisme responsable

Le peuple thaïlandais est chaleureux, accueillant envers les visiteurs étrangers et apprécie que l'on s'intéresse à sa culture et à son mode de vie. Vous pourrez vous informer sur place auprès de nombreuses associations bénévoles, un agréable moyen de découvrir le pays et ses habitants.

Conventions culturelles

Étroitement liées, la monarchie et la religion sont traitées avec la plus grande déférence en Thaïlande. Pour ne froisser personne – ou pis encore être accusé de lèse-majesté, une infraction passible d'emprisonnement –, les Thaïlandais s'abstiennent de toute critique ou de tout commentaire négatif vis-à-vis de la famille royale.

Les représentations du Bouddha sont des objets sacrés. On ne pose pas devant une statue et on ne grimpe pas dessus (dans les ruines par exemple). Les Thaïlandais font un *wâi* (salutation les mains jointes au niveau de la poitrine) en signe de respect lorsqu'ils passent devant une statue du Bouddha, aussi humble soit-elle. L'ascèse des moines leur interdit tout contact physique avec une personne de sexe féminin. Pour donner quelque chose à un moine, les femmes placent l'objet à sa portée ou sur son "tissu d'offrandes".

Maladresses à éviter

Se faire tatouer un bouddha sur le corps. Ou arborer un tatouage déjà réalisé. Cette pratique est considérée comme un sacrilège.

Critiquer la monarchie. La monarchie est révérée et protégée par la loi de lèse-majesté, aujourd'hui plus que jamais.

Poser les pieds sur une table ou une chaise. Les pieds sont considérés comme sales, et personne ne veut s'asseoir ou manger à un endroit où ils se sont posés.

Mettre le pied sur un billet de banque tombé de votre poche pour l'empêcher de s'envoler. Les coupures sont à l'effigie du roi et ce geste constituerait une offense grave.

Enjamber quelqu'un ou ses effets personnels. Toujours cette phobie des pieds !

Accrocher vos chaussures à l'extérieur de votre sac à dos. Elles risqueraient d'effleurer quelqu'un, ce qui serait grossier.

Toucher la tête d'un(e) Thaïlandais(e). C'est une attitude jugée impolie.

Toucher les moines ou leurs effets. Les femmes doivent s'écarter de leur passage quand elles les croisent et ne pas s'asseoir à côté d'eux dans les transports publics.

D'un point de vue spirituel, les Thaïlandais considèrent la tête comme la partie la plus haute et la plus sacrée du corps, et les pieds, comme la plus basse et la plus sale. Nombre des tabous associés aux pieds ont une origine pratique. Autrefois, les Thaïlandais mangeaient, dormaient et recevaient leurs invités directement par terre. Dans un souci de propreté, les pieds (et les chaussures) sont donc devenus les objets de règles diverses.

Il est d'usage de se déchausser avant d'entrer dans un temple ou une habitation, à la fois en signe de respect et pour des raisons d'hygiène. Les Thaïlandais parviennent à ôter leurs chaussures d'un seul geste fluide – les souliers à lacets sont généralement portés en "claquettes". Par ailleurs, ils enjambent le seuil d'une maison, pour ne pas poser le pied là où réside l'esprit de l'habitation. Dans certains bus et trains de 3e classe, vous verrez parfois des passagers poser les pieds sur la banquette : si la chose n'est pas de très bon goût, vous noterez cependant qu'ils enlèvent leurs chaussures. On se déchausse aussi pour monter sur une chaise ou un fauteuil.

Les Thaïlandais ne touchent pas la tête et ne caressent pas affectueusement les cheveux d'autrui. Vous verrez parfois des jeunes se toucher la tête, mais il s'agit alors d'une petite taquinerie entre amis, à la limite de la provocation.

Les Thaïlandais mettent un point d'honneur à s'habiller sobrement – bien que les choses changent chez les jeunes. La pudeur est de mise à la plage. À l'exception des habitants des grandes villes, la plupart des Thaïlandais se baignent entièrement habillés. Dans ces conditions, le naturisme et le monokini sont très mal perçus, voire interdits par la loi. N'oubliez pas qu'en dehors de la plage, le maillot de bain n'est pas une tenue acceptable ; couvrez-vous lorsque vous circulez entre la plage et votre hôtel.

Le tourisme

Malgré les nuisances que l'on connaît, le tourisme sous la plupart de ses formes a un impact positif sur l'économie locale : il fournit des emplois aux jeunes travailleurs et ouvre des opportunités pour les créateurs d'entreprise. De nombreux voyageurs souhaitent toutefois ne plus être de simples consommateurs et cherchent à dépenser leur argent dans les lieux où l'on en a le plus besoin, soit pour des causes caritatives, soit pour des activités respectueuses du mode de vie traditionnel. La Thaïlande s'est remarquablement adaptée à cette nouvelle tendance et a développé des programmes d'artisanat et de séjour chez l'habitant dans les villages. Beaucoup de ces solutions s'adressent encore davantage au marché intérieur qu'aux étrangers, mais ces petites entreprises touristiques qui permettent d'avoir un aperçu de la vie traditionnelle sont de plus en plus accessibles aux visiteurs d'autres pays. Dans tous les cas, les voyageurs doivent rester conscients des répercussions de leurs activités sur l'environnement.

La plongée

La popularité de la plongée en Thaïlande met son écosystème corallien à rude épreuve. Pour le préserver, suivez ces règles simples.

- Évitez de toucher des organismes marins vivants, de vous tenir debout sur du corail ou de traîner votre équipement dans les récifs. Les polypes des coraux peuvent souffrir du moindre contact.
- En marchant dans l'eau peu profonde, évitez de soulever des nuages de sable, susceptibles d'étouffer les fragiles organismes des coraux.
- Dans les grottes sous-marines, faites en sorte que vos bulles d'air ne se coincent pas sous le plafond et n'assèchent pas des organismes submergés.
- Participez à une campagne de nettoyage des coraux sponsorisée par un centre de plongée.
- Ne nourrissez pas les poissons et empêchez votre prestataire de le faire. Les poissons deviennent dépendants de cette ressource et ne s'occupent plus de manger les algues du corail, ce qui détruit le récif.

Les éléphants

En Thaïlande, les pachydermes ont toujours été vénérés pour leur force, leur endurance et leur intelligence, travaillant aux côtés de leurs cornacs pour récolter du teck, transporter des charges sur des terrains montagneux ou combattre dans les guerres du passé.

De nombreuses tâches jadis dévolues aux éléphants ont été confiées à des machines ou interdites. Les animaux et leurs cornacs se sont ainsi retrouvés au chômage. Certains cornacs, accompagnés de leur éléphant, en sont désormais réduits à mendier dans les rues de Bangkok ou ailleurs. La plupart des pachydermes ont toutefois été remis à la tâche dans l'industrie touristique, et se produisent en spectacle ou promènent des voyageurs. On trouve aussi des éléphants dans les écoles de formation de cornacs, les sanctuaires et les refuges où vivent les bêtes qui ne peuvent plus travailler.

L'entretien correct d'un éléphant coûte environ 30 000 B (1 000 $US) par mois, l'équivalent du salaire d'un cadre moyen en Thaïlande. Les conditions de vie des animaux utilisés dans l'industrie touristique n'étant ni normalisées ni soumises à des lois nationales, il appartient aux consommateurs d'encourager les prestataires à réserver le meilleur traitement aux éléphants.

Les spécialistes du bien-être animal ayant démontré que les excursions et les spectacles impliquant des pachydermes nuisaient à ces derniers, souvent maltraités pour les contraindre à exécuter ce que l'on attend d'eux, un nombre croissant de réserves se tournent désormais vers des activités plus éthiques. Elles proposent par exemple de se promener avec des animaux à la retraite ou secourus et de les baigner.

Lonely Planet ne recommande pas les promenades à dos d'éléphant ni les spectacles les mettant en scène. Nous encourageons les voyageurs à se méfier des organismes qui s'identifient comme centre de préservation, mais organisent balades et spectacles.

Les treks dans les villages des ethnies montagnardes

Tout en vivant en marge de la société thaïlandaise, les ethnies montagnardes attirent les touristes. Un certain nombre de prestataires (y compris de grandes agences) organisent de vrais treks ou de simples balades dans les villages, qui permettent au visiteur de découvrir la culture et d'échanger avec les habitants. D'un point de vue économique, rien ne garantit que ces excursions contribuent à soulager concrètement la pauvreté des minorités ou à maintenir la spécificité culturelle de ces groupes. Toutefois, une petite partie des bénéfices du tourisme dans les villages finit par revenir aux familles elles-mêmes. Cette modeste source de revenus peut les aider à rester sur place au lieu d'aller chercher du travail en ville.

De manière générale, les agences qui organisent des treks dans les villages de montagne sont aujourd'hui plus attentives à l'impact qu'ont les visites des étrangers sur les populations concernées. La plupart essaient de limiter le nombre de passages dans un même secteur, même s'il reste beaucoup à améliorer. Il est à noter que les agences de trek appartiennent à des Thaïlandais qui n'emploient que leurs compatriotes : sans carte d'identité, les guides des ethnies montagnardes ne peuvent obtenir de licence de la TAT (l'office du tourisme officiel du gouvernement) et ne peuvent donc pas postuler à un emploi.

Les visiteurs doivent savoir que les minorités ont préservé leur identité culturelle et que beaucoup poursuivent leurs traditions animistes avec leurs propres tabous et conventions sociales. Si vous envisagez de visiter ces villages dans le cadre d'un trek organisé, renseignez-vous auprès de votre guide pour savoir comment vous comporter. Voici quelques indications générales pour commencer :

- Demandez la permission avant de prendre en photo les membres des ethnies, surtout lors de moments privés dans leurs habitations. Beaucoup de communautés traditionnelles se méfient des photos.
- Montrez du respect envers les rites et les symboles religieux. Ne touchez pas les totems à l'entrée des villages ni les objets sacrés accrochés aux arbres. Ne vous joignez aux cérémonies que si vous y êtes invité.
- N'encouragez pas la mendicité, surtout chez les enfants. Demandez plutôt à votre guide comment faire un don à une école locale.
- Ne vous déshabillez pas près d'une fenêtre ouverte où des enfants pourraient vous voir.
- Ne faites pas la cour à un membre du sexe opposé si vous n'avez pas l'intention de l'épouser.
- Ne buvez pas d'alcool et ne consommez pas de drogue avec les villageois ; un état second peut mener à des conflits culturels.
- Souriez aux villageois même s'ils vous dévisagent, et demandez à votre guide comment dire "bonjour" dans la langue locale.
- Évitez les démonstrations publiques d'affection qui, dans certaines cultures traditionnelles, sont offensantes pour le monde des esprits.
- Ne jouez pas avec le bétail, pas même avec les cochons en liberté ; ce sont des possessions de valeur. Évitez aussi toute interaction avec les animaux de la jungle, considérés par certains comme des esprits en visite.
- Ne semez pas vos détritus.
- Appliquez les mêmes tabous que pour la culture thaïlandaise concernant les pieds. Ne marchez pas sur le seuil d'une maison, ne présentez pas vos pieds au feu et déchaussez-vous à l'intérieur.

Chez l'habitant

Loger chez l'habitant donne l'occasion d'appréhender la culture rurale thaïlandaise, avec l'assurance que l'argent dépensé reviendra directement aux locaux. Surtout pratiqué par les touristes thaïlandais, ce mode d'hébergement permet de séjourner dans une famille, généralement dans un village reculé. Le confort est rudimentaire : en général, un tapis ou un matelas pliant sur le sol, même si certaines familles proposent une chambre privée. Les tarifs comprennent l'hébergement, les repas avec la famille et les activités correspondant au style de vie de la région, de la culture du riz au tissage de la soie. Les hôtes parlant plus ou moins bien anglais, séjourner chez l'habitant est un excellent moyen de pratiquer le thaï.

Le bénévolat

Il existe en Thaïlande une myriade d'organisations qui font le lien entre les besoins des habitants et le désir d'aider des visiteurs. Mis à jour régulièrement, le site **Volunteer Work Thailand** (www.volunteerworkthailand.org) répertorie des emplois bénévoles de terrain. Sachez toutefois que le "volontourisme" est devenu un business important et que tous les organismes ne rempliront pas leurs promesses de vous faire vivre une expérience enrichissante. Renseignez-vous bien avant de vous engager.

Un certain nombre d'ONG mettent en œuvre des programmes de conservation à l'échelle locale, gèrent des centres et des réserves pour les animaux sauvages recueillis, et font fonctionner des cliniques vétérinaires pour les chiens et les chats domestiques. Le travail, assez rude, est récompensé par de passionnants contacts avec les animaux.

Le Nord, surtout Chiang Mai et Chiang Rai, compte plusieurs associations de bénévoles travaillant avec des groupes ethniques marginalisés. Un grand nombre de postes d'enseignants bénévoles (si vous maîtrisez suffisamment l'anglais) sont également à pourvoir dans le Nord-Est, le cœur agricole du pays.

Lorsqu'on cherche un emploi bénévole, il importe de se renseigner sur les activités de l'organisation et, surtout, sur son mode de fonctionnement. Si elle ne s'intéresse pas en priorité à vos compétences et à la manière de les employer au profit des locaux, restez sur vos gardes. De même, une structure qui promet de vous laisser accomplir n'importe quel travail, sur le site que vous souhaitez et pour la durée de votre choix n'a sans doute pas pour objectif premier l'intérêt de la population dont elle s'occupe.

Dans le cas d'organisations travaillant avec des enfants, la protection de ces derniers soulève de vraies craintes. Les organismes qui ne vérifient pas les antécédents des bénévoles doivent être considérés avec la plus grande prudence. Les spécialistes recommandent de s'engager pour trois mois minimum pour tout travail avec des enfants. Plus d'infos sur www.thinkchildsafe.org.

Pour les voyageurs qui ne parlent pas l'anglais, voici quelques organismes en France qui sauront vous orienter : **Concordia** (www.concordia.fr), **Cotravaux** (www.cotravaux.org), **Jeunesse et Reconstruction** (www.volontariat.org) et **Solidarités Jeunesses** (www.solidaritesjeunesses.org).

Rue de Bangkok (p. 34)

Carnet pratique

Infos utiles

Alimentation

Les symboles suivants indiquent le prix d'un repas en Thaïlande.

$ moins de 150 B

$$ 150-350 B

$$$ plus de 350 B

Ambassades et consulats

Ambassades et consulats de Thaïlande à l'étranger

Le site www.thaiembassy.org répertorie les missions diplomatiques thaïlandaises à l'étranger. Voici les coordonnées de quelques ambassades et consulats :

Belgique Ambassade (☎32-02 640 68 10 ; www.thaiembassy.be ; 876, chaussée de Waterloo, 1000 Bruxelles).

Canada Ambassade (☎613 722 4444 ; www.thaiembassy.ca/en ; 180 Island Park Drive, Ottawa, Ontario, K1Y OA2). Consulat général à Montréal (☎514-878-4466 ; info@thaiconmtl.com ; 1155 bd René-Lévesque Ouest, bureau 2500, 25ᵉ ét, Montréal, Québec, H3B 4N4). Autres consulats à Calgary, Edmonton, Toronto et Vancouver.

France Ambassade (☎01 56 26 50 50 ; www.thaiembassy.fr/fr ; 8, rue Greuze, 75116 Paris). Consulat honoraire à Lyon (☎04 78 37 16 58 ; 40, rue du Plat, 69002 Lyon). Consulat honoraire à Marseille (☎07 83 67 16 84 ; consulat.thai.marseille@gmail.com ; 2 rue Henri-Barbusse, 13001 Marseille).

Suisse Ambassade (☎41-031 970 30 30 ; thaiembassy.ch ; Kirchstrasse 56, 3097 Liebefeld, Berne). Consulat honoraire à Genève (☎022 715 10 10 ; www.thaiconsulate.ch ; 91, rue de la Servette, 1202 Genève). Consulat à Bâle (☎41-61 206 45 65 ; www.thaikonsulat.ch ; Aeschenvorstadt 71, Postfach, 4051 Bâle).

Ambassades et consulats étrangers en Thaïlande

Toutes les ambassades sont situées à Bangkok. Certains pays possèdent également un consulat à Chiang Mai, Pattaya, Phuket ou Songkhla.

Belgique (☎02 108 1800 ; thailand.diplomatie.belgium.be/fr ; 16/F Sathorn Square, 98 North Sathorn Road, Silom Sub-District, Bangrak District, Bangkok 10500 ; ⏲accès libre sans rdv 8h-11h45 lun-ven, sur rdv 13h-15h lun-jeu et 13h-14h ven ; MSi Lom).

Cambodge (☎02 957 5851 ; 518/4 Th Pracha Uthit, Soi Ramkhamhaeng 39, Wangtonglang, Bangkok 10310 ; ⏲8h30-midi et 14h-17h lun-ven ; MPhra Ram 9 sortie 3 et taxi). Consulat à Sa Kaew.

Canada (☎02 646 4300 ; www.canadainternational.gc.ca ; 15ᵉ ét, Abdulrahim Pl, 990 Th Phra Ram IV, Bangrak District, Bangkok 10500 ; ⏲9h-midi lun-ven ; MSi Lom sortie 2, SSala Daeng sortie 4). Consulat à Chiang Mai (☎053 850147 ; 151 Superhighway, Tambon Tahsala, Amphur Muang, Chiang Mai 50000 ; ⏲9h-midi lun-ven).

France (☎02 657 5100 ; th.ambafrance.org ; 35 Charoen Krung, Soi 36/rue de Brest, Th Charoen Krung, Bangrak District, Bangkok 10500 ; ⏲8h30-midi lun-ven ; Oriental Pier). Consulat à Chiang Mai (☎053 281466 ; 138 Th Charoen Prathet, Chiang Mai ; ⏲10h-midi lun-ven). Consulats également à Chiang Rai, Hua Hin, Khon Kaen, Phuket et Surat Thani.

Laos (☎02 539 6679 ; 520, 502/1-3 Soi Sahakarnpramoun, Th Pracha Uthit, Wang Thonglang, Bangkok 10310 ; ⏲8h-midi et 13h-16h lun-ven ; MPhra Ram 9 sortie 3 et taxi).

Malaisie (☎02 629 6800 ; www.kln.gov.my/web/tha_bangkok/home ; 33-35 Th South Sathon, Tungmahamek, Bangkok 10120 ; ⏲8h-16h lun-ven ; MLumphini sortie 2). Consulat à Songkhla.

Myanmar (Birmanie) (☎02 233 2237 ; www.myanmarembassybkk.com ; 110 Th Sathon Neua, Bangkok 10500 ; ⏲9h-midi et 13h-15h lun-ven ; SSurasak sortie 3).

Suisse (☎02 674 6900 ; www.eda.admin.ch/bangkok ; 35 Th Witthayu Neua/North Wireless Rd, Bangkok 10330 ; ⏲9h-11h30 lun-ven).

Un fil d'Ariane en voyage

Vous êtes ressortissant français ? Pensez à vous enregistrer sur le portail Ariane (pastel.diplomatie.gouv.fr/fildariane) du ministère des Affaires étrangères. Ce service gratuit vous permet de recevoir des alertes si la situation le justifie. Crise politique, catastrophe naturelle, attentat... recevez en temps réel des consignes de sécurité lors de votre voyage.

Argent

La plupart des établissements n'acceptent que les espèces. Certaines cartes bancaires étrangères sont acceptées dans les établissements haut de gamme.

Change

Les banques et les bureaux de change privés proposent les meilleurs taux. Pour acheter des bahts, sachez que le dollar US est la devise la plus couramment acceptée, devant l'euro. La plupart des banques prélèvent une commission sur chaque chèque de voyage (traveller's chèques) changé. Les taux de change actualisés sont affichés aux comptoirs de change.

Distributeurs automatiques de billets (DAB)

Vous pouvez retirer de l'argent (en bahts uniquement) dans les DAB de Thaïlande. Ceux-ci sont très répandus dans tout le pays. La plupart ont un débit limite de 20 000 B par jour.

L'inconvénient est le suivant : retirer de l'argent dans un DAB coûte désormais 200 B par transaction (transfert international), quels que soient les taux de conversion et les frais de votre banque. Cela signifie que les DAB sont beaucoup plus chers aujourd'hui qu'avant. Avant de partir pour la Thaïlande, nous vous conseillons de comparer les banques qui vous permettront, si vous y ouvrez un compte, de ne pas payer de frais supplémentaires aux DAB internationaux et d'être remboursé des commissions lorsque vous utiliserez les DAB d'autres banques.

Cartes bancaires

Nombre de magasins, hôtels et restaurants acceptent les paiements par carte de crédit (Visa et MasterCard notamment). La carte American Express n'est généralement acceptée que dans les grands hôtels et restaurants.

Avant de partir, signalez votre voyage à votre banque.

Pourboire

Le pourboire n'est pas une pratique courante dans le pays, mais il est apprécié. Lorsqu'on règle une grosse note de restaurant, on laisse généralement la menue monnaie ; ainsi, un Thaïlandais qui règle une addition de 488 B avec une coupure de 500 B n'empochera pas la différence. Il s'agit d'une manière d'affirmer son désintérêt pour une somme minime. Beaucoup de restaurants d'hôtels et d'établissements haut de gamme majorent la note de 10% pour le service.

Assurance

Il est conseillé de souscrire une assurance qui vous couvrira en cas d'annulation de votre voyage, de vol, de perte de vos affaires, de maladie ou encore d'accident.

Vérifiez notamment que les "sports à risque" comme la plongée, la moto ou même la randonnée ne sont pas exclus de votre contrat, ou encore que le rapatriement d'urgence, en ambulance ou en avion, est couvert.

Certains contrats ne couvrent pas les permis moto passés sur place. Vous pouvez contracter une assurance qui réglera directement les hôpitaux et les médecins, vous évitant ainsi d'avancer des sommes qui ne vous seront remboursées qu'à votre retour. Dans ce cas, conservez avec vous tous les documents nécessaires (les consultations médicales se règlent généralement en espèces : demandez un reçu pour le remboursement).

Attention ! Avant de souscrire une police d'assurance, vérifiez bien que vous ne bénéficiez pas déjà d'une assistance par votre carte de crédit, votre mutuelle ou votre assurance automobile.

N'oubliez pas de prendre avec vous les documents relatifs à l'assurance ainsi que les numéros à appeler en cas d'urgence.

Climat

Bangkok

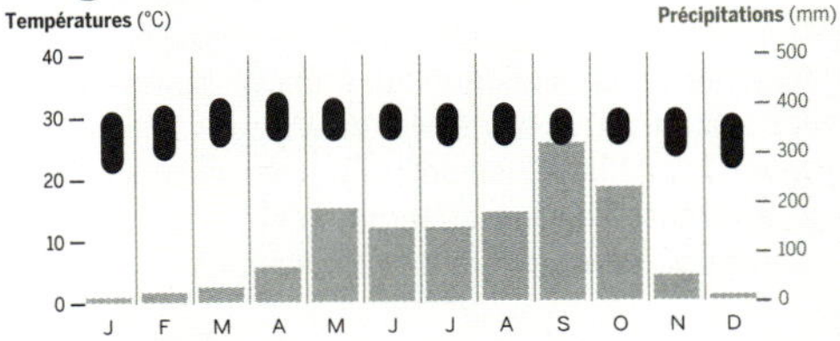

Chiang Mai

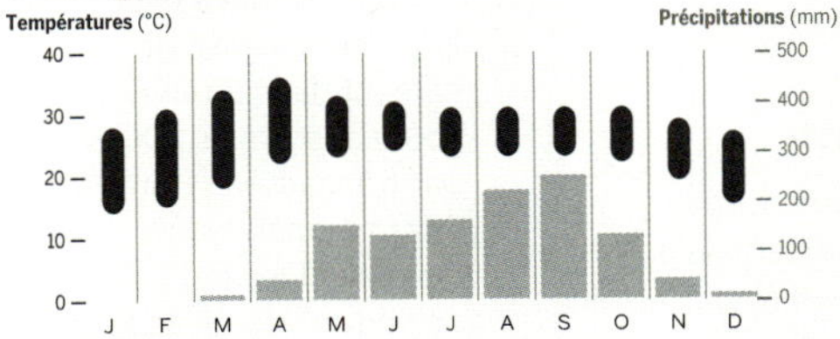

Phuket

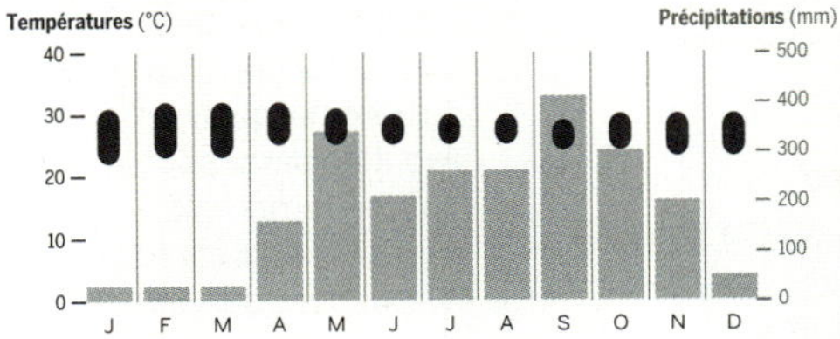

Douane

Vous n'avez pas à remplir de formulaire à la douane à moins d'avoir des produits importés à déclarer. Si tel est le cas, vous pouvez demander un formulaire aux fonctionnaires des douanes thaïlandaises à votre point d'entrée. Le **département des Douanes** (☎02 667 6000 ; www.customs.go.th) entretient un site Internet (en anglais) présentant une information détaillée sur la réglementation.

La Thaïlande admet en franchise les produits suivants :

- effets personnels de toilette et vêtements, en quantité raisonnable
- instruments professionnels
- 200 cigarettes
- 1 litre de vin ou spiritueux
- L'importation des produits suivants est interdite :
- armes à feu et munitions (à moins de les déclarer à l'avance au Police Department)
- drogues
- documents à caractère pornographique

Lorsque vous quittez la Thaïlande, vous devez être en possession d'une licence d'exportation pour toute antiquité, y compris les statues récentes du Bouddha. Pour l'obtenir, vous devrez présenter à l'**Office of the National Museum** (☎02 224 1370 ; National Museum, 4 Th Na Phra That, Bangkok ; 9h-16h mar-ven ; Chang Pier, Maharaj Pier, Phra Chan Tai Pier) : deux photos de l'objet prises de face, une photocopie de votre passeport, ainsi que la facture et l'objet en question. Le délai d'attente est de 4 jours.

Électricité

Les prises thaïlandaises ont un voltage de 220 V. Les équipements électriques comportent habituellement des prises à deux broches, rondes ou plates.

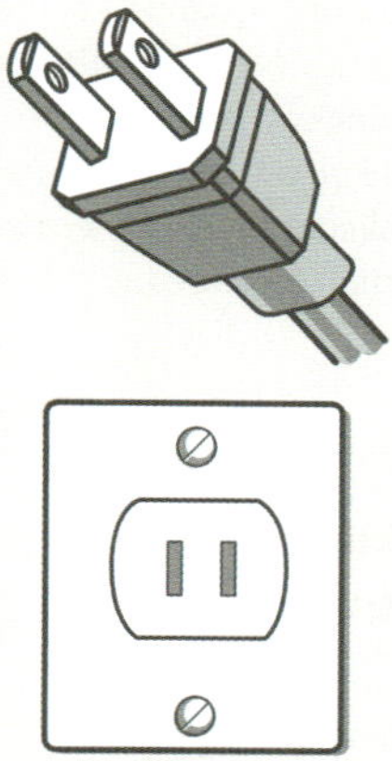

Type A
220 V/50 Hz

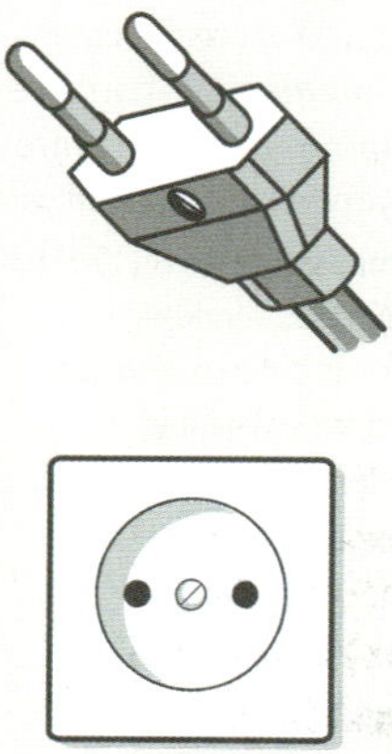

Type C
220 V/50 Hz

Formalités et visas

Le **ministère thaïlandais des Affaires étrangères** (☎02 203 5000 ; www.mfa.go.th) supervise les questions d'immigration et la délivrance des visas. Consultez le site Internet ou déplacez-vous à l'ambassade ou au consulat de Thaïlande le plus proche de chez vous pour connaître les procédures et leur coût. Ces cinq dernières années, la réglementation en matière de visas et de prorogations n'a cessé de changer. Thaivisa (www.thaivisa.com) constitue la source d'information en ligne la plus fiable.

Visas de tourisme

Les ressortissants de France, Belgique, Suisse et Canada peuvent entrer en Thaïlande sans visa, en présentant leur passeport valide encore 6 mois après leur date de retour. Ils pourront y séjourner 30 jours s'ils arrivent par voie aérienne, et entre 15 jours (Belgique et Suisse) et 30 jours (France et Canada) s'ils arrivent par voie terrestre.

En théorie, il faut être en possession d'un billet de retour (ou de poursuite de votre voyage) et d'une somme d'argent suffisante pour le séjour. En pratique, les services de l'immigration procèdent rarement à ces contrôles.

Si vous prévoyez de rester plus de 30 jours, vous devrez demander un visa de tourisme valable 60 jours auprès d'une ambassade ou d'un consulat thaïlandais avant votre départ. Pour cela, vous devrez prendre un rendez-vous via le site Internet de l'ambassade afin de venir y déposer un dossier. Consultez la représentation diplomatique la plus proche de chez vous pour connaître la procédure à suivre et les tarifs.

Avant le départ, il est impératif de contacter les ambassades et les consulats pour s'assurer que les modalités d'entrée sur le territoire n'ont pas changé. Nous vous conseillons de scanner ou de photocopier tous vos documents importants (pages d'introduction de votre passeport, cartes de crédit, police d'assurance, billets de train/d'avion/de bus, permis de conduire, etc.). Conservez ces copies à part des originaux. Vous remplacerez ainsi plus aisément ces documents en cas de perte ou de vol.

Handicapés

La Thaïlande est un pays peu pratique pour les handicapés. Bangkok n'est guère recommandée avec ses hauts trottoirs au revêtement inégal et sa circulation incessante ;

Réservation en ligne

Trouvez un vol, un séjour ou un hôtel en quelques clics dans la rubrique "Réservation" de www.lonelyplanet.fr.

de nombreuses rues se traversent au moyen de passerelles en hauteur, aux escaliers assez raides. Les bus et les bateaux s'arrêtent si brièvement que même les personnes non handicapées peinent pour monter à bord. Quant aux rampes d'accès pour les personnes en fauteuil roulant, elles sont quasi inexistantes.

Beaucoup d'hôtels de catégorie supérieure s'efforcent de réaliser les aménagements nécessaires aux personnes handicapées. Dans certains établissements, le personnel, nombreux, permet de pallier l'absence d'installations appropriées. Ailleurs, vous serez livré à vous-même.

Quelques sources d'information en Thaïlande :

Asia-Pacific Development Centre on Disability (www.apcdfoundation.org)

Wheelchair Holidays @ Thailand (www.wheelchairtours.com)

L'**APF France handicap** (☎01 40 78 69 00 ; www.apf-francehandicap.org ; 17, bd Auguste-Blanqui, 75013 Paris) peut fournir des informations utiles sur les voyages accessibles. **Yanous** (www.yanous.com), **Hizy** (hizy.org), **Handicap.fr** (www.handicap.fr) et **Tourisme et handicaps** (www.tourisme-handicaps.org) constituent également de bonnes sources d'information.

Désormais, les principales plateformes d'hébergement que sont **Abritel** (www.abritel.fr), **Airbnb** (www.airbnb.fr), **Booking** (www.booking.com) et **Hotels.com** (fr.hotels.com) ont intégré des critères d'accessibilité à leur moteur de recherche. **Handivoyage** (www.handivoyage.net) est une start-up qui regroupe des hébergements accessibles et qui propose aussi des séjours sur mesure. Plus modeste, Wilengo (www.wilengo.com) fonctionne sur le modèle d'Airbnb. Les agences de voyages **Yoola** (www.yoola.fr) et **Comptoir des voyages** (www.comptoir.fr) organisent des voyages adaptés aux personnes à mobilité réduite.

Hébergement

La Thaïlande possède un grand choix d'hébergements à prix très variés, allant du tarif raisonnable au haut de gamme. Si le personnel d'accueil ne parle pas anglais, sachez demander une *hôrng pát lom* (chambre avec ventilateur) ou une *hôrng aa* (chambre climatisée).

Heure locale

La Thaïlande est en avance de 7 heures sur l'heure GMT (Londres). Quand il est midi à Paris, il est 17h ou 18h à Bangkok, selon l'heure d'été ou d'hiver. Les heures sont souvent exprimées au format 24 heures.

Heures d'ouverture

Les administrations et les banques ferment les jours fériés. Certains bars et clubs sont fermés lors des élections et certains jours fériés quand la vente d'alcool est interdite. Les banques installées dans les centres commerciaux ferment tard.

Administrations 8h30-16h30 du lundi au vendredi ; certains bureaux ferment pendant le déjeuner (midi-13h)

Banques 8h30-16h30 ; 24h/24 aux DAB

Bars 18h-minuit ou 1h

Clubs 20h-2h

Commerces 10h-19h

Restaurants 8h-22h

Homosexualité

La société thaïlandaise se montre relativement tolérante envers l'homosexualité, masculine ou féminine. La communauté homosexuelle est bien représentée à Bangkok, Pattaya et Phuket. Les tenues vestimentaires et les comportements suscitent rarement des commentaires. En revanche, les démonstrations d'affection en public, homo ou hétéro, sont mal vues.

Peut-être parce que la Thaïlande reste malgré tout un pays assez conservateur, les lesbiennes adoptent un look très marqué. Les "butch" ouvertement masculines, appelées *tom* (de *tomboy*, garçon manqué), portent les cheveux courts et s'habillent avec des vêtements d'homme. Les lesbiennes féminines ("fems") se qualifient elles-mêmes de *dêe* (dérivé de *lady*). Aussi, les voyageuses homosexuelles n'entrant pas dans l'une de ces catégories peuvent-elles susciter une certaine confusion.

Utopia (www.utopia-asia.com) poste de nombreuses informations sur la Thaïlande pour les voyageurs LGBT et publie un guide du pays pour les gays.

Internet (accès)

Presque toutes les pensions, hôtels et cafés disposent du Wi-Fi. Dans les immeubles, demandez une chambre proche d'un routeur s'il vous est essentiel d'avoir le Wi-Fi, car la qualité de la connexion a tendance à se détériorer aux étages supérieurs. Les réseaux cellulaires continuent de s'étendre et de s'améliorer.

Jours fériés

Les administrations et les banques ferment les jours fériés. Pour connaître les dates précises des fêtes du calendrier lunaire, voir la page *Events and Festivals* du site Internet de la Tourism Authority of Thailand (fr.tourismthailand.org/Events-and-Festivals).

1er janvier – Nouvel An

Février (dates variables) – Makha Bucha, fête bouddhique

6 avril – Jour des Chakri, en l'honneur du fondateur de la dynastie Chakri, Rama Ier

13-15 avril – Songkran

1er mai – Fête du Travail

5 mai – Jour du Couronnement

Mai/juin (dates variables) – Visakha Bucha, fête bouddhique

28 juillet Anniversaire du roi Maha Vajiralongkorn

Juillet/août (dates variables) – Asanha Bucha, fête bouddhique

12 août – Anniversaire de la reine Sirikit/fête des Mères

23 octobre – Jour du roi Chulalongkorn

5 décembre – Commémoration de feu le roi Bhumibol/fête des Pères

10 décembre – Jour de la Constitution

31 décembre – Veille du jour de l'An

Offices du tourisme

La **Tourism Authority of Thailand** (TAT ; ☎1672 ; www.tourismthailand.org), service d'État de promotion et d'information touristique, existe depuis 1960 et édite d'excellentes brochures sur les sites à visiter. Le siège de la TAT est à Bangkok, et elle possède quelque 35 bureaux régionaux dans tout le pays. Consultez le site Internet pour leurs coordonnées.

La TAT possède plusieurs bureaux à l'étranger, dont ceux en France de l'**Office national du tourisme de Thaïlande** (☎01 53 53 47 00 ; www.tourismethaifr.com ; 90, av. des Champs-Élysées, 75008 Paris) et un représentant en **Belgique** (☎00 32 (0)468 17 28 46 ; kris@konsultra.be ; KonsulTra bvba, Heuvel 109, B-9320 Erembodegem). Il n'existe pas de bureaux de la TAT en Suisse et au Canada ; les ressortissants de ces pays pourront s'adresser respectivement au bureau français et au bureau new-yorkais.

Photographie

Dans les régions montagnardes les plus touristiques, les membres de certaines ethnies s'attendent à recevoir de l'argent en échange d'une photo, et d'autres refusent de se laisser photographier. Utilisez votre appareil avec discrétion et demandez toujours l'autorisation avant de photographier une personne.

Problèmes juridiques

Habituellement, la police thaïlandaise n'importune pas les étrangers, surtout les touristes. Elle se donne généralement beaucoup de mal pour éviter d'avoir à parler anglais avec eux, surtout lorsqu'il s'agit d'une infraction mineure au code de la Route.

En revanche, elle fait strictement respecter les lois antidrogues. Sachez que certains services de police, notamment sur les îles, voient parfois les étrangers, et les infractions qu'ils commettent, comme une occasion facile de gagner de l'argent.

Si l'on vous arrête pour un délit quelconque, la police vous autorisera à appeler votre ambassade ou votre consulat, sinon un parent ou un ami. Une procédure légale s'applique à la durée de la détention et à la manière dont elle doit se dérouler jusqu'à l'inculpation ou le procès, mais la police dispose d'une grande latitude en la matière. Si elle fait plus facilement preuve de mansuétude envers les étrangers, mieux vaut, comme partout ailleurs, respecter les forces de l'ordre si l'on ne veut pas aggraver son cas.

La justice thaïlandaise ne présume pas de la culpabilité ou de l'innocence d'un prévenu, considéré plutôt comme "suspect". Le tribunal tranchera au cours d'un procès, souvent expéditif.

La **police touristique** (☎ 1155 ; 24h/24) peut se révéler d'un grand secours en cas d'arrestation. Bien qu'elle ne puisse pas intervenir dans les cas qui relèvent de la police régulière, elle peut aider les étrangers à trouver un interprète ou à contacter leur ambassade. N'hésitez pas à la contacter en cas de vol ou d'escroquerie à partir de n'importe quel téléphone du pays. Cette ligne reçoit les plaintes tout comme les demandes d'assistance en cas de danger.

Santé

En Thaïlande, les risques sanitaires et la qualité des infrastructures médicales varient selon la destination et la façon de voyager. Les grandes villes et les zones touristiques sont dotées d'excellentes infrastructures médicales. En revanche, dans des zones rurales isolées, vous aurez plus de risques de contracter certaines affections et aussi plus de difficultés à vous faire soigner.

Les voyageurs redoutent les maladies infectieuses propres aux zones tropicales, mais il est rare qu'une infection soit à l'origine d'une maladie grave ou d'un décès. Les problèmes les plus sérieux sont liés à des soucis de santé préexistants (comme les maladies cardiaques) ou à des blessures accidentelles (comme les accidents de la route).

Les infections respiratoires, la diarrhée et la dengue sont des risques inhérents à la Thaïlande. Heureusement, la plupart des maladies peuvent être évitées ou soignées facilement.

Les conseils donnés dans ce chapitre le sont à titre indicatif et ne peuvent en aucun cas remplacer l'avis d'un médecin formé à la médecine du voyage.

Avant le départ

Assurance

Voir la rubrique *Assurance* p. 347.

Quelques conseils

Assurez-vous que vous êtes en bonne santé. Si vous suivez un traitement régulier, n'oubliez pas votre ordonnance (avec le nom du principe actif). Transportez vos médicaments dans leur emballage d'origine. Nous vous conseillons de joindre une lettre de votre médecin qui indique votre état de santé et le matériel dont vous avez besoin (médicaments, aiguilles et seringues). En cas de problème cardiovasculaire, prenez une copie de votre dernier électrocardiogramme (ECG).

Si vous prenez un traitement régulier, emportez le double de ce dont vous aurez besoin. En Thaïlande, beaucoup de médicaments se vendent sans ordonnance, mais il peut être difficile de trouver le médicament précis que vous prenez.

Enfin, assurez-vous auprès de l'ambassade de Thaïlande la plus proche de chez vous que les médicaments emportés sont autorisés. Des règles, en effet, s'appliquent selon la nature des médicaments et la quantité admissible.

Créez un compte Ariane sur le site du ministère des Affaires étrangères français (pastel.diplomatie.gouv.fr) et inscrivez vos dates de voyage – précaution utile en cas de problème majeur.

Vaccins

Plus vous vous éloignez des circuits classiques, plus il faut prendre vos précautions. Faites inscrire vos vaccinations dans un carnet international de vaccination (livret jaune) que vous pourrez vous procurer auprès de votre médecin ou d'un centre.

Le **ministère des Affaires étrangères** (www.diplomatie.gouv.fr/fr/conseils-aux-voyageurs) effectue une veille sanitaire et met régulièrement en ligne des recommandations sur les vaccinations.

Seul le vaccin contre la fièvre jaune a un caractère obligatoire dans certaines conditions. Si vous avez visité une zone à risque (Afrique ou Amérique du Sud) dans les 6 jours précédant votre arrivée en Thaïlande, on vous demandera la preuve de votre vaccination.

Planifiez vos vaccinations à l'avance (au moins 6 semaines avant le départ), car certaines demandent des rappels ou sont incompatibles. Les vaccins ont des durées d'efficacité très variables ; certains sont contre-indiqués pour les femmes enceintes.

MALADIE	DURÉE DU VACCIN	PRÉCAUTIONS
Diphtérie	10 ans	La mise à jour de la vaccination diphtérie-tétanos-polio est conseillée.
Encéphalite japonaise	–	Vaccination conseillée en cas de séjour en zone rurale.
Fièvre jaune	10 ans	Obligatoire dans les régions où la maladie est endémique (Afrique et Amérique du Sud) et en Thaïlande lorsque l'on vient d'une région infectée. À éviter en début de grossesse.
Hépatite virale A	5 ans (environ)	Vaccination conseillée. Il existe un vaccin combiné hépatite A et B qui s'administre en 3 injections.
Hépatite virale B	10 ans (environ)	Vaccination conseillée. Il existe un vaccin combiné hépatite A et B qui s'administre en 3 injections.
Rage	sans	Vaccination préventive lors d'un long séjour ou dans les zones reculées.
Tétanos et poliomyélite	10 ans	La mise à jour de la vaccination diphtérie-tétanos-polio est conseillée.
Typhoïde	3 ans	Recommandé si vous voyagez dans des conditions d'hygiène médiocres.

Vous pouvez obtenir la liste complète des centres habilités à vacciner contre la fièvre jaune sur le site www.sante.gouv.fr.

Santé sur Internet

Il existe de très bons sites Internet consacrés à la santé en voyage. Avant de partir, vous pouvez consulter les conseils en ligne du **ministère des Affaires étrangères** (www.diplomatie.gouv.fr), de l'**Organisation mondiale de la santé** (OMS ; www.who.int/fr) ou le site très complet du **ministère de la Santé** (www.sante.gouv.fr). Vous trouverez, par ailleurs, plusieurs liens sur le site de **Lonely Planet** (www.lonelyplanet.fr).

Trousse médicale de voyage

Veillez à emporter avec vous une petite trousse à pharmacie contenant quelques produits indispensables. Certains ne sont délivrés que sur ordonnance. Attention, les liquides et les objets coupants sont interdits en cabine.

- Des **antibiotiques**, à utiliser uniquement aux doses et aux périodes prescrites. Il n'est pas absurde de demander à votre médecin traitant de vous en prescrire pour le voyage.
- Un **antidiarrhéique**, en cas de forte diarrhée, surtout si vous voyagez avec des enfants.
- Un **antihistaminique** en cas de rhumes, allergies, piqûres d'insectes, mal des transports.
- Un **antiseptique** ou un désinfectant pour les coupures, les égratignures superficielles et les brûlures, ainsi que des pansements gras pour les brûlures.
- De l'**aspirine** ou du **paracétamol** (douleurs, fièvre).
- Une **bande Velpeau** et des **pansements** pour les petites blessures.
- Une **paire de lunettes de secours** (si vous portez des lunettes ou des lentilles de contact) et la copie de votre ordonnance.
- Un **produit contre les moustiques**, un écran total et des comprimés pour stériliser l'eau.
- Une **pommade** pour soigner les piqûres et les coupures.
- Une **paire de ciseaux** à bouts ronds, une **pince à épiler** et un **thermomètre à alcool**.
- Une petite trousse de **matériel stérile** avec une seringue (il faut une lettre de votre médecin), des aiguilles, du fil à suture, une lame de scalpel et des compresses.
- Des **préservatifs** (norme CE).

Pendant le voyage

Les trajets en avion, principalement du fait d'une immobilité prolongée, peuvent favoriser la formation de caillots sanguins dans les jambes (par exemple une phlébite). Le risque est d'autant plus élevé que le vol est plus long.

Généralement, l'un des premiers symptômes est un gonflement ou une douleur du pied, de la cheville ou du mollet.

En prévention, buvez en abondance des boissons non alcoolisées, faites jouer les muscles de vos jambes lorsque vous êtes assis et levez-vous de temps à autre pour marcher dans la cabine.

Le décalage horaire est fréquent dans le cas de trajets traversant plus de trois fuseaux horaires. Il se manifeste par des insomnies, de la fatigue, des malaises ou des nausées. En prévention, buvez abondamment (des boissons non alcoolisées) et mangez léger. En arrivant, exposez-vous à la lumière naturelle et adoptez les horaires locaux aussi vite que possible (pour les repas, le coucher et le lever).

En Thaïlande

Précautions élémentaires

Faire attention à ce que l'on mange et à ce que l'on boit est la première des précautions à prendre. Les troubles gastriques et intestinaux sont fréquents, même si la plupart du temps ils restent sans gravité. Ne soyez cependant pas paranoïaque et ne vous privez pas de goûter la cuisine locale, cela fait partie du voyage. N'hésitez pas également à vous laver les mains fréquemment.

Eau

Si vous avez un doute, ne buvez pas l'eau du robinet (même sous forme de glaçons). Préférez les eaux minérales et les boissons gazeuses, tout en vous assurant que les bouteilles sont décapsulées devant vous. Évitez les jus de fruits, souvent allongés à l'eau. Attention au lait, rarement pasteurisé. Pas de problème pour le lait bouilli et les yaourts. Thé et café, en principe, sont sûrs, puisque l'eau doit bouillir. Par prudence, évitez également les crudités, qui sont bien souvent lavées avec de l'eau.

Pour stériliser l'eau, la meilleure solution est de la faire bouillir durant 15 minutes. Si vous ne pouvez faire bouillir l'eau, traitez-la chimiquement avec des comprimés ou des gouttes, comme le Micropur (vendu en pharmacie), très efficace.

Vous éviterez bien des problèmes de santé en vous lavant souvent les mains. Brossez-vous les dents avec de l'eau traitée.

Eau du robinet

Bien qu'elle soit considérée comme potable par les autorités, les Thaïlandais ne boivent pas l'eau du robinet et vous devriez en faire autant. Pendant votre séjour, tenez-vous-en à l'eau en bouteille ou filtrée.

Affections transmises par les insectes

Dengue

Cette maladie transmise par les moustiques est un réel problème en Thaïlande, surtout dans les villes. La dengue se transmet par les moustiques de la famille *Aedes*, qui piquent la journée et se trouvent souvent près des habitations, ou à l'intérieur. Ils pondent dans les réserves d'eau artificielles (citernes, barils, tonneaux, pots à eau, conteneurs en plastique ou pneus jetés aux ordures). En conséquence, la dengue est surtout répandue dans les environnements urbains densément peuplés.

Il n'existe pas de traitement prophylactique contre cette maladie. Poussée de fièvre, maux de tête, douleurs articulaires et musculaires précèdent une éruption cutanée sur le tronc qui s'étend ensuite aux membres puis au visage.

Au bout de quelques jours, la fièvre régresse, et la convalescence commence. Les complications graves sont rares et les cas les plus sévères touchent généralement les enfants de moins de 15 ans qui contractent la dengue pour la deuxième fois. La meilleure prévention est de suivre les protections d'usage contre le paludisme (voir l'encadré ci-dessous).

En cas de fièvre à votre retour en France, signalez à votre médecin votre voyage en Thaïlande.

Paludisme

Le paludisme, ou malaria, est transmis par un moustique, l'anophèle, dont la femelle pique surtout la nuit, entre le coucher et le lever du soleil.

En Thaïlande, en particulier dans les villes et dans les grands complexes touristiques, le risque de paludisme est minime, voire inexistant. Vous avez plus de risques de souffrir d'effets secondaires dus aux médicaments contre le paludisme que de la maladie elle-même. Si vous visitez des zones rurales à haut risque (peu touristiques), il faut consulter un médecin pour un traitement préventif.

Le paludisme survient généralement dans le mois suivant le retour de la zone d'endémie. Symptômes : maux de tête, fièvre et troubles digestifs. Non traité, il peut avoir des suites graves, parfois mortelles. Il existe différentes espèces de paludisme et le traitement devient de plus en plus difficile à mesure que la résistance du parasite aux médicaments gagne en intensité.

Les médicaments antipaludéens n'empêchent

Se protéger des moustiques

Hormis les traitements préventifs, la protection contre les piqûres de moustique est le premier moyen d'éviter d'être contaminé par le paludisme.

- Le soir, dès le coucher du soleil, couvrez vos bras et surtout vos chevilles et mettez de la crème antimoustique. Ils sont parfois attirés par le parfum ou l'après-rasage.
- En dehors du port de vêtements longs, l'utilisation d'insecticides ou de répulsifs à base de DEET (de type Cinq sur Cinq) sur les parties découvertes du corps est à recommander (sauf pour les enfants de moins de 2 ans).
- En vente en pharmacie, les moustiquaires constituent en outre une protection efficace, à condition qu'elles soient imprégnées d'insecticide. De plus, ces moustiquaires sont radicales contre les insectes à sang froid (puces, punaises, etc.) et permettent d'éloigner serpents et scorpions. Vérifiez bien que celles dans les hôtels n'ont pas de trous.
- D'une manière générale, le risque de contamination est plus élevé en zone rurale et pendant la saison des pluies.

pas la contamination mais ils suppriment les symptômes de la maladie. Si vous voyagez dans des régions où la maladie est endémique, il faut absolument suivre un traitement préventif (uniquement sur ordonnance), qu'il faut en général poursuivre après le retour. Renseignez-vous impérativement auprès d'un médecin spécialisé. Indispensable également : vous protéger des moustiques (voir l'encadré ci-contre).

Tout voyageur atteint de fièvre ou montrant les symptômes de la grippe doit se faire examiner. Il faut une analyse de sang pour établir le diagnostic. Contrairement à certaines croyances, une crise de paludisme ne signifie pas que l'on est touché à vie.

Maladies infectieuses et parasitaires

Dermatite vermineuse rampante

Ce parasite (ankylostome) transmis par les chiens est très fréquent sur les plages de Thaïlande. Il se forme d'abord un petit bouton, puis la zone infectée s'étend de manière linéaire. Les démangeaisons sont très fortes, surtout la nuit. Il ne faut pas ouvrir la lésion. Il est assez facile de se soigner en suivant un traitement adapté.

Diarrhée

La diarrhée est de loin le problème le plus courant chez les voyageurs. Le changement de nourriture, d'eau ou de climat suffit à la provoquer ; si elle est causée par des aliments ou de l'eau contaminés, le problème est plus grave. En dépit de toutes vos précautions, vous aurez peut-être la "turista", mais quelques visites aux toilettes sans aucun autre symptôme n'ont rien d'alarmant. Il est fortement recommandé d'emmener un antidiarrhéique et un antiseptique intestinal (de type Intetrix et Ercefuryl). Demandez conseil à votre pharmacien et à votre médecin.

La déshydratation est le danger principal lié à toute diarrhée, particulièrement chez les enfants. Le premier traitement consiste à boire beaucoup. Quand vous irez mieux, continuez à manger légèrement. Lorsque la diarrhée persiste au-delà de 48 heures ou s'il y a présence de sang dans les selles, il est préférable de consulter un médecin.

Grippe

Présente toute l'année sous les tropiques, la grippe (*Myxovirus influenzae*) peut être très sévère chez les plus de 65 ans ou les personnes présentant des pathologies chroniques (affections cardiaques, diabète) ; la vaccination est alors recommandée. Mais tous les voyageurs devraient envisager de se faire vacciner contre la grippe, car c'est la maladie qui risque le plus de gâcher leurs vacances alors qu'elle peut être évitée. Si vous l'avez attrapée, pas de traitement spécifique, juste du repos et du paracétamol. Certaines complications telles qu'une bronchite ou une infection de l'oreille moyenne peuvent nécessiter un traitement antibiotique.

Hépatite A

Le risque a diminué à Bangkok mais est toujours présent dans une grande partie du pays. La contamination est alimentaire. Il n'y a pas de traitement médical ; il faut simplement se reposer, boire beaucoup, manger légèrement et s'abstenir de toute boisson alcoolisée pendant au moins 6 mois. L'hépatite A se transmet par l'eau, les coquillages et, d'une manière générale, tous les produits manipulés à mains nues. En faisant attention à la nourriture et à la boisson, vous préviendrez le virus. La maladie peut, dans de rares cas, être fatale chez des personnes de plus de 40 ans. Tous les voyageurs en Thaïlande devraient se faire vacciner contre l'hépatite A.

Hépatite B

Dans certaines zones de Thaïlande, 20% de la population est contaminée par cette maladie. Elle se transmet par voie sexuelle ou sanguine (piqûre, transfusion). Évitez de vous faire percer les oreilles, tatouer, raser ou de vous faire soigner par injection si vous avez des doutes quant à l'hygiène des lieux. Les symptômes de l'hépatite B sont les mêmes que ceux de l'hépatite A. La vaccination est très efficace.

Leptospirose

Cette maladie infectieuse, due à une bactérie (le leptospire) qui se développe dans les mares et les ruisseaux, se transmet par des animaux comme le rat et la mangouste.

On peut attraper cette maladie en se baignant dans des nappes d'eau douce, contaminées par de l'urine animale. La bactérie pénètre dans le corps humain par le nez, les yeux, la bouche ou les petites coupures cutanées. Les symptômes, similaires à ceux de la grippe, peuvent survenir 2 à 20 jours suivant la date d'exposition. Ils durent quelques jours, voire quelques semaines. La maladie est rarement mortelle.

Évitez de nager et de vous baigner dans un plan d'eau douce, notamment si vous avez des plaies ouvertes ou des coupures.

Maladies sexuellement transmissibles

Les MST les plus courantes en Thaïlande sont la blennorragie, l'herpès, les mycoses, la syphilis et la chlamydia. Dans un premier temps, les personnes infectées ne développent pas de symptômes. Il est indispensable d'utiliser des préservatifs, mais ils ne sont pas suffisants pour se protéger de l'herpès ou des mycoses. Si vous avez des démangeaisons, pertes ou douleurs en urinant, consultez tout de suite un médecin. Si vous avez eu des relations sexuelles lors de votre séjour, il est prudent de faire des analyses médicales complètes à votre retour.

Parasites

Les Thaïlandais sont souvent touchés par des parasites, mais les visiteurs sont rarement affectés. Deux règles à respecter : ne pas marcher pieds nus et éviter de manger des aliments crus, surtout le poisson, le porc et les légumes. Certains parasites (strongyloïdes, ankylostomes, *arva migrans* cutanée, etc.) se transmettent via la peau au contact des pieds nus sur le sol.

Rougeole

La bactérie qui est à l'origine de cette infection est très contagieuse (en particulier par la toux), et encore très présente en Thaïlande. Les premiers symptômes de la rougeole sont la fièvre et l'apparition de boutons. Des complications telles que pneumonie ou lésions cérébrales peuvent survenir. Il n'existe pas de traitement. Vaccinez-vous.

Typhoïde

La fièvre typhoïde est une infection du tube digestif. Elle se transmet directement de personne à personne par les mains contaminées ou indirectement par de l'eau ou de la nourriture contaminées par des matières fécales humaines (bactérie *Salmonella typhi*). Mieux vaut être vacciné, même si la vaccination n'est pas entièrement efficace.

Fièvre, maux de tête et de gorge parfois accompagnés de vomissements, de diarrhée ou de constipation, puis une éruption rose sur l'abdomen sont généralement les premiers symptômes, qui s'accompagnent parfois d'une septicémie (empoisonnement du sang). S'il n'y a pas d'autres complications, la fièvre et les autres symptômes disparaissent peu à peu la troisième semaine. Cependant, un suivi médical est indispensable, car les complications sont fréquentes, en particulier la pneumonie (infection aiguë des poumons) et la péritonite (éclatement de l'appendice). De plus, la typhoïde est très contagieuse. Mieux vaut être vacciné si vous passez plus d'une semaine en Thaïlande et voyagez hors des grandes villes, même si la vaccination n'est pas entièrement efficace, car l'infection est particulièrement dangereuse.

VIH/sida

En Thaïlande, le sida est l'une des principales causes de décès chez les moins de 50 ans. La transmission de cette infection se fait : par rapport

Maladies infectieuses rares

Grippe aviaire – La plupart des personnes infectées ont eu des contacts avec des oiseaux malades ou morts.

Filariose – Maladie parasitaire transmise par des piqûres d'insectes, fréquente parmi la population locale. Bien se protéger des moustiques (voir l'encadré p. 356).

Hépatite E – Transmise par de l'eau ou de la nourriture contaminée. Mêmes symptômes que l'hépatite A. Peut être dangereuse pour les femmes enceintes. Se référer aux conseils sanitaires sur l'alimentation et l'eau.

Encéphalite japonaise B – Maladie virale généralement transmise par les moustiques dans les zones rurales. Vaccin conseillé en cas de séjour de plus d'un mois dans ces régions.

Mélioïdose – Se transmet au contact de la peau avec la terre. Les symptômes ressemblent à ceux de la tuberculose. Il existe un traitement efficace, mais pas de vaccin.

Strongyloïdes – Parasite qui se transmet au contact de la terre. Répandu dans la population locale. Éruption cutanée ponctuelle sur le tronc en forme de ligne qui peut être suivie d'une grave infection si le parasite n'est pas traité. Il existe des médicaments adaptés.

Tuberculose – Symptômes principaux : fièvre, toux, perte de poids, suées nocturnes et fatigue. Traitement médicamenteux multiple sur le long terme.

Typhus – Le typhus est transmis soit par des acariens (dont les tiques), soit par des poux. Symptômes principaux : rhume, fièvre, frissons, douleurs musculaires et éruption cutanée. Bien se protéger des insectes permet de prévenir la maladie.

sexuel (hétérosexuel ou homosexuel – anal, vaginal ou oral), d'où l'impérieuse nécessité d'utiliser des préservatifs à titre préventif ; par le sang, les produits sanguins et les aiguilles contaminées. Il est impossible de détecter la présence du VIH chez un individu apparemment en parfaite santé sans procéder à un examen sanguin.

Évitez, s'ils ne sont pas stérilisés, tous les instruments de chirurgie, les aiguilles d'acupuncture et de tatouage, ainsi que les instruments utilisés pour percer les oreilles ou le nez.

Toute demande de certificat attestant la séronégativité pour le VIH est contraire au Règlement sanitaire international (article 81).

Affections liées à l'environnement

Alimentation

C'est en mangeant dans les restaurants que vous risquez le plus d'attraper la "turista". Une façon d'y échapper est de ne consommer que de la nourriture fraîchement cuisinée et d'éviter les mets traînant sur un buffet. Pelez tous les fruits, veillez à ce que les légumes soient cuits. Il est préférable de manger dans des restaurants très fréquentés. Observez la plus grande prudence si vous consommez des produits locaux sur les marchés. Évitez la consommation de poisson, de viande et de volailles crus.

Coup de chaleur

De longues périodes d'exposition à des températures élevées peuvent vous rendre vulnérable à l'insolation. Cet état grave survient quand le mécanisme de régulation thermique du corps ne fonctionne plus : la température s'élève alors de façon dangereuse. Évitez l'alcool et les activités fatigantes lorsque vous arrivez dans un pays à climat chaud.

Symptômes : malaise général, transpiration faible ou inexistante et forte fièvre (39 à 41°C) et céphalée lancinante, difficultés à coordonner ses mouvements, signes de confusion mentale ou d'agressivité. Il faut absolument hospitaliser le malade. En attendant les secours, installez-le à l'ombre, ôtez-lui ses vêtements, couvrez-le d'un drap ou d'une serviette mouillés et éventez-le continuellement.

Coup de soleil et insolation

Sous les tropiques, les coups de soleil sont plus fréquents, même par temps couvert. Utilisez un écran total et pensez à couvrir les endroits habituellement protégés, les pieds par exemple. Les lunettes de soleil sont indispensables.

Sur la plage, un parasol est vivement recommandé, de même que le port d'un chapeau. Évitez de vous exposer aux heures les plus chaudes (midi-16h) et privilégiez l'ombre.

Une exposition prolongée au soleil peut provoquer une insolation. Symptômes : nausées, peau chaude, maux de tête. Dans ce cas, il faut rester dans le noir. Appliquer une compresse d'eau froide sur les yeux et prendre de l'aspirine.

Problèmes de peau

Les boutons de chaleur apparaissent souvent dans les tropiques. Ils sont dus à la sueur restée piégée sous la peau. Des douches froides et des poudres résoudront le problème.

Voir aussi la rubrique *Coupures et égratignures* ci-dessous.

Coupures, piqûres et morsures

Coupures et égratignures

Les blessures s'infectent très facilement dans les climats chauds et cicatrisent difficilement. Coupures et égratignures doivent être traitées avec un antiseptique et du désinfectant cutané. Évitez si possible bandages et pansements, qui empêchent la plaie de sécher.

Les coupures de corail sont particulièrement longues à cicatriser, car le corail injecte un venin léger dans la plaie. Portez des chaussures pour marcher sur des récifs, et nettoyez chaque blessure à fond.

Piqûres de méduses

Les piqûres de méduses-boîtes sont extrêmement douloureuses et peuvent même être fatales. Il existe deux espèces principales de méduses-boîtes : l'une à plusieurs tentacules, l'autre à tentacule unique.

Les méduses-boîtes multitentaculaires, les plus dangereuses, sont présentes dans les eaux thaïlandaises. En 2 minutes, une piqûre sévère peut tuer un adulte. On les trouve généralement sur les plages sablonneuses près des estuaires et de la mangrove pendant les mois les plus chauds.

Les méduses-boîtes unitentaculaires englobent différents genres, certaines causant des symptômes sévères, comme le syndrome d'Irukandji. La piqûre peut passer pour anodine avant que, 5 à 40 minutes après, apparaissent des douleurs insoutenables : maux de dos, nausées, vomissements, suées et difficultés respiratoires.

Il existe beaucoup d'autres espèces de méduses en Thaïlande qui causent des piqûres urticantes mais sans gravité. Le seul moyen de s'en protéger est de porter des vêtements protecteurs.

Morsures de serpents

Bien que les voyageurs soient rarement mordus par des serpents, plus de 85 espèces venimeuses sont présentes en Thaïlande. Portez toujours bottes, chaussettes et pantalons longs pour marcher dans la végétation à risque. Ne hasardez pas la main dans les trous et les anfractuosités, et faites attention lorsque vous ramassez du bois pour faire du feu. Les morsures de serpent ne provoquent pas instantanément la mort, et il existe généralement des antivenins. Il faut calmer la victime, lui interdire de bouger, bander étroitement le membre comme pour une foulure et l'immobiliser avec une attelle. Trouvez ensuite un médecin, et essayez de lui apporter le serpent mort. N'essayez pas d'attraper le serpent s'il y a le moindre risque qu'il pique à nouveau. Il ne faut pas sucer le venin ou poser un garrot.

La Croix-Rouge thaïlandaise produit de l'antivenin efficace contre un grand nombre de serpents venimeux du pays.

Piqûres

Les piqûres de guêpes ou d'abeilles peuvent causer des problèmes aux personnes allergiques. En cas d'allergie sévère, emportez une seringue d'adrénaline (EpiPen par exemple) pour les urgences. Pour les autres, la douleur est le principal souci : appliquez de la glace sur la piqûre et prenez des antalgiques.

Premiers soins en cas de piqûre de méduse-boîte

En cas de piqûre grave, la priorité est de garder la personne en vie. Restez avec elle et envoyez quelqu'un chercher une aide médicale. Si la victime est inconsciente, commencez immédiatement le bouche-à-bouche et le massage cardiaque. Si elle est consciente, versez du vinaigre à l'endroit de la piqûre – du vinaigre alimentaire suffit – pendant 30 secondes.

Dans le cas d'une piqûre infligée par une méduse moins urticante, versez de la même façon du vinaigre. Il faut cependant toujours rechercher une aide médicale le plus vite possible au cas où d'autres symptômes se développent dans les 40 minutes qui suivent.

L'Australie et la Thaïlande collaborent aujourd'hui à l'identification des espèces de méduses peuplant les eaux thaïlandaises et étudient leur mode de vie, ce qui donne bon espoir de pouvoir un jour mieux les détecter dans les endroits qu'elles affectionnent.

Rage

Très répandue, cette maladie est transmise par un animal contaminé. Morsures, griffures ou même simples coups de langue d'un mammifère doivent être nettoyés immédiatement et à fond. Frottez avec du savon et de l'eau, puis nettoyez avec de l'alcool. S'il y a le moindre risque que l'animal soit contaminé, allez immédiatement voir un médecin. Même si l'animal n'est pas enragé, toutes les morsures doivent être surveillées de près pour éviter les risques d'infection et de tétanos.

Un vaccin antirabique est disponible. Il faut y songer si vous comptez séjourner longtemps dans des zones rurales, travailler avec des animaux ou pratiquer la spéléologie (les morsures de chauves-souris peuvent être dangereuses). La vaccination préventive ne dispense pas de la nécessité d'un traitement antirabique immédiatement après un contact avec un animal enragé ou dont le comportement peut paraître suspect.

Sangsues, tiques et punaises

Les punaises affectionnent la literie douteuse. Vérifiez l'état de la literie avant de vous glisser dans votre lit ; si vous repérez de petites taches de sang sur les draps ou les murs autour du lit, cherchez un autre hôtel. Les piqûres de punaises forment des alignements réguliers. Une pommade calmante apaisera la démangeaison.

Les sangsues, présentes dans les régions de forêts humides, se collent à la peau et sucent le sang. Les randonneurs en retrouvent souvent sur leurs jambes ou dans leurs bottes. Vérifiez toujours que vous n'avez pas attrapé de tiques dans une région infestée : elles peuvent transmettre le typhus ou la maladie de Lyme.

Sangsues ou tiques, ne les arrachez pas, car la morsure s'infecterait plus facilement. Détachez les tiques délicatement avec une pincette fine (huile, vaseline, allumette, alcool sont déconseillés). Passez l'ongle sous la bouche de la sangsue pour lui faire lâcher prise (ne pas appliquer de sel). Une crème répulsive peut les éloigner.

Voyager avec des enfants

Les personnes voyageant avec des enfants doivent pouvoir soigner des affections mineures, et savoir quand avoir recours aux services médicaux. Bien avant le départ, assurez-vous que les vaccinations des enfants sont à jour, et sachez que certains vaccins ne conviennent pas aux enfants de moins d'un an.

Dans les zones chaudes et humides, la moindre égratignure peut s'infecter. Toute blessure doit être parfaitement nettoyée et tenue au sec. Soyez particulièrement vigilant en évitant de boire l'eau du robinet et en ne prenant aucun risque concernant la nourriture et les boissons. Pensez à emporter des poudres réhydratantes à utiliser avec de l'eau bouillie si votre enfant est sujet à des vomissements ou à des diarrhées. Demandez conseil à votre médecin. Afin d'éviter les risques de rage ou d'autres maladies, les enfants doivent être tenus à l'écart des chiens et des mammifères en général. Les morsures, griffures ou coups de langue d'un animal à sang chaud et à fourrure doivent être immédiatement et soigneusement nettoyés. S'il y a un risque, même infime, que l'animal soit contaminé, il convient de chercher immédiatement une assistance médicale.

Santé au féminin

Grossesse

Pendant les trois derniers mois, il vaut mieux rester à distance raisonnable de bonnes infrastructures médicales. Les femmes enceintes doivent éviter de prendre inutilement des médicaments. Cependant, certains vaccins et traitements préventifs contre le paludisme restent nécessaires. Mieux vaut consulter un médecin avant de prendre quoi que ce soit. L'OMS déconseille aux femmes enceintes de voyager en régions infestées où le paludisme résiste à la chloroquine.

Problèmes gynécologiques

Une nourriture pauvre, une résistance amoindrie par l'utilisation d'antibiotiques contre des problèmes intestinaux peuvent favoriser les infections vaginales lorsqu'on voyage dans des pays à climat chaud. Respectez une hygiène intime scrupuleuse, et portez jupes ou pantalons amples et sous-vêtements en coton.

Les champignons, caractérisés par une éruption cutanée, des démangeaisons et des pertes, peuvent se soigner facilement. En revanche, les trichomonas sont plus graves ; pertes blanches et sensation de brûlure lors de la miction en sont les symptômes. Le partenaire masculin doit également être soigné.

Il n'est pas rare que le cycle menstruel soit perturbé lors d'un voyage.

Vous trouverez facilement des serviettes hygiéniques dans les zones urbaines en Thaïlande.

En 2016, le virus Zika a été identifié en Thaïlande, et deux cas d'anomalies congénitales liées au virus ont été rapportés. Consultez le site Internet de l'Organisation mondiale de la santé (OMS ; www.who.int/fr) pour connaître l'évolution de la situation.

Téléphone

L'indicatif de la Thaïlande est le ☎66. Tous les numéros thaïlandais commencent par 0 si vous appelez depuis la Thaïlande (le 0 est omis pour les appels depuis l'étranger). Les trois chiffres qui suivent correspondent à l'indicatif régional, qui fait partie intégrante du numéro. Si le 0 est suivi d'un 6, d'un 8 ou d'un 9, il s'agit d'un numéro de portable.

Appels nationaux

Depuis la Thaïlande, il faut toujours composer l'indicatif régional, ce qui signifie que tous les numéros de téléphone comportent 9 chiffres. L'indicatif de Bangkok est 02. En province, l'indicatif compte d'ordinaire 3 chiffres commençant par 0. Le 0 n'est omis que pour les appels depuis l'étranger.

Appels internationaux

Lorsque vous appelez la Thaïlande depuis l'étranger, composez le code d'accès international (☎00 depuis la France, la Belgique ou la Suisse ; ☎011 depuis le Canada), suivi du ☎66, puis du numéro souhaité.

Pour appeler l'étranger depuis la Thaïlande, composez un code d'accès international, suivi de l'indicatif du pays (☎33 pour la France, ☎32 pour la Belgique, ☎41 pour la Suisse et ☎1 pour le Canada) et du numéro de votre correspondant.

Il existe pour cela plusieurs codes d'accès internationaux à tarifs variables. Le numéro standard, le ☎001, est géré par la CAT Telecom (Communications Authority of Thailand) et possède la meilleure qualité d'écoute. Il permet d'appeler de nombreux pays, mais c'est aussi le plus cher. Un autre code avantageux est le ☎007, géré par la TOT (Telephone Organization of Thailand), un peu moins cher et de bonne qualité. Différents opérateurs proposent des tarifs économiques ; recherchez des codes de promotion sur Internet.

Vous pouvez également contacter votre opérateur pour connaître son numéro international gratuit.

Téléphones portables

Le plus pratique consiste à acquérir un téléphone portable équipé d'une carte SIM locale. Se procurer une carte prépayée n'est pas plus difficile que de trouver un 7-Eleven. Les cartes SIM incluent habituellement des forfaits (appels et données mobiles) ; on peut ajouter du crédit grâce aux recharges prépayées. Le marché est très concurrentiel et les offres diffèrent, d'où l'intérêt de se renseigner d'abord sur les sites Internet. Les cartes SIM débutent à 49 B. D'autres plus chères possèdent un crédit de communication. Dans le cas contraire, les mêmes magasins vendent des recharges à partir de 10 B.

Numéros utiles

Indicatif de la Thaïlande	☎66
Indicatif de Bangkok	☎02
Téléphones portables	☎06, ☎08, ☎09
Appels internationaux avec opérateur	☎100
Renseignements téléphoniques locaux (gratuits)	☎1133

Toilettes

Les toilettes à la turque sont de moins en moins la norme en Thaïlande. Elles subsistent dans les zones rurales, les gares routières de province, les vieilles maisons et les petits restaurants, mais on trouve de plus en plus de toilettes à l'occidentale.

Après votre passage dans des toilettes à la turque, l'usage est de nettoyer avec l'eau mise à disposition dans le récipient en plastique. Certains établissements fournissent du papier toilette (5 B). Sinon, il faut prévoir le sien ou utiliser de l'eau.

L'installation septique n'est pas toujours adaptée au papier toilette, même lorsqu'il s'agit de toilettes à l'occidentale. Dans ce cas, utilisez la corbeille pour le papier et les produits d'hygiène féminine. Certaines toilettes sont équipées de jets d'eau (version thaïlandaise du bidet).

Voyager en solo

Femmes seules

Les voyageuses rencontrent peu de problèmes en Thaïlande. Il est plus respectueux de se couvrir les bras jusqu'aux coudes et les jambes jusqu'aux genoux dans les zones rurales, dans les temples ou en dehors de la plage. Mais dans l'ensemble, les Thaïlandaises adoptent des styles très variés (en particulier en ville) et les touristes peuvent donc porter débardeurs et jupes courtes sans offenser les Thaïlandais.

Comme dans la plupart des pays, agressions et viols peuvent se produire, notamment quand un assaillant repère une cible vulnérable. Évitez de sortir seule d'un bar, surtout si vous avez bu. N'acceptez pas d'être ramenée en voiture par des inconnus et faites attention si vous voyagez seule dans des zones isolées.

Gardez à l'esprit les usages thaïlandais lors des interactions sociales. Un homme pourrait perdre la face si, après une conversation ou un flirt avec lui, vous jetez votre dévolu sur un autre. Dans les cas extrêmes (et alcool aidant), cela pourrait entraîner une situation déplaisante, voire conduire à la violence. Attention, il est plus prudent de ne pas s'engager dans un flirt avec des hommes thaïlandais si l'on ne souhaite pas aller jusqu'au bout.

Transports

Depuis/vers la Thaïlande

Trouvez un vol ou un séjour en quelques clics dans la rubrique "Réserver" de www.lonelyplanet.fr.

Voie aérienne

Les aéroports suivants couvrent des destinations internationales :

Aéroport international Suvarnabhumi (☎02 132 1888 ; www.suvarnabhumiairport.com). Le principal terminal aérien du pays se situe à Samut Prakan, à 30 km à l'est de Bangkok et à 110 km de Pattaya. Son nom se prononce *sù·wan·ná·poum*.

Aéroport international Don Mueang (☎02 535 2111 ; www.donmueangairportthai.com). À 25 km au nord du centre de Bangkok, cet aéroport a fermé en 2006, avant de devenir la base de facto des vols intérieurs et à bas coût.

Aéroport international de Phuket (☎076 632 7230 ; www.phuketairportthai.com). Plusieurs destinations en Thaïlande et au-delà.

Aéroport international de Chiang Mai (☎053 270222 ; www.chiangmaiairportthai.com). Des destinations internationales comme Hong Kong, Kuala Lumpur, Luang Prabang, Macao, Mandalay,

Séoul, Singapour, Taipei, Yangon, ainsi que Pékin, Shanghai et d'autres villes chinoises.

Aéroport international de Chiang Rai (Mae Fah Luang International Airport ; ☎053 798000 ; www.chiangraiairportthai.com). Des destinations internationales comme Kunming et la Chine.

Aéroport international de Samui (www.samuiairportonline.com) Destinations internationales, incluant Singapour.

Aéroport international de Krabi Destinations internationales comme Doha, Kuala Lumpur, Singapour et quelques villes de Chine.

Depuis la France

Un vol direct pour Bangkok depuis la France dure entre 11 et 12 heures avec Air France ou la THAI.

Agences en ligne

Vous pouvez réserver votre vol via une agence en ligne ou vous renseigner auprès d'un comparateur de vols :

www.bourse-des-vols.com
www.ebookers.fr
www.expedia.fr
www.govoyages.com
www.illicotravel.com
www.kayak.fr
www.opodo.fr
www.oui.sncf
www.partirou.com
www.skyscanner.fr
voyages.kelkoo.fr

Au moment de la rédaction de ce guide, les tarifs les plus avantageux pour un aller-retour avec escale se situaient autour de 400 € sur Jet Airways ; pour un vol direct sur la THAI, il fallait plutôt compter à partir de 600 €.

Un aller-retour avec escales pour Phuket ou Chiang Mai commençait à environ 550 € en saison creuse.

Pendant la haute saison (de décembre à mars), trouver un billet depuis ou vers Bangkok peut relever du défi, sans compter que les billets que vous finirez par dénicher seront assez chers. Il est donc conseillé de réserver le plus tôt possible.

Pour des voyages et circuits organisés, voir page ci-contre.

Voici des compagnies aériennes et agences recommandées :

Air France (☎36 54, 0,35 €/mn ; www.airfrance.fr).

Etihad Airways (☎01 57 32 43 43 ; www.etihad.com).

Jet Airways (www.jetairways.com).

Thai Airways International (THAI ; ☎01 55 68 80 70 ; www.thaiairways.fr).

Bourse des Vols (☎0892 888 949, 0,60 €/mn ; www.bourse-des-vols.com).

Oui.SNCF (☎0 899 500 500, 0,70 €/mn ; agence-voyage.oui.sncf/vol).

Thomas Cook (☎01 55 90 10 41 ; www.thomascook.fr).

TUI (☎0 825 000 825, 0,20 €/mn ; www.tui.fr).

Depuis la Belgique

Seule la THAI assure un vol direct Bruxelles-Bangkok. Au moment de nos recherches, un aller-retour Bruxelles-Bangkok avec escales commençait à environ 460 €. Pour un vol Bruxelles-Phuket ou Chiang Mai avec escales, vous débourserez au moins 550 €.

Voici des transporteurs et agences utiles :

Brussels Airlines (☎0902 51600, 0,75 €/mn www.brusselsairlines.com)

Etihad Airways (☎32-22 00 88 80 ; www.etihad.com).

Thai Airways International (THAI ; ☎02 502 47 44 ; www.thaiairways.com ; Av. de la Toison d'or 21, 1050 Bruxelles).

Airstop (☎070 233 188, 09 268 85 20 ; www.airstop.be ; Vlaanderenstraat 70, 9000 Gand). Agences également à Gand et Louvain.

Connections (☎070 23 33 13, à partir de 0,30 €/mn, 02 550 01 30 ; www.connections.be ; Rue du Midi 19-21, 1000 Bruxelles). Nombreuses agences en Belgique.

Gigatours Voyages Éole (☎02 672 35 03 ; www.voyageseole.be ; Place Eugène Keym 3, 1170 Bruxelles). Plusieurs agences en Belgique.

Depuis la Suisse

Swiss et THAI proposent des vols directs Zurich-Bangkok. En réservant bien à l'avance, vous pourrez trouver des vols Genève-

Bangkok avec escales à partir de 580 FS (environ 510 €), en basse saison.

Quelques adresses utiles :

Swiss (☎0848 700 700 ; www.swiss.com).

Thai Airways International (THAI ; ☎44 215 65 00 ; www.thaiairways.com).

STA Travel (☎058 450 49 49 ; www.statravel.ch ; Rue Vignier 3, 1205 Genève). Nombreuses agences en Suisse.

Depuis le Canada

Il n'y a pas de vol direct entre le Canada et la Thaïlande. Lors de nos recherches, les premiers prix pour un aller-retour Montréal-Bangkok, avec escales (au moins 20 heures 30 de vol), se situaient autour de 870 $CA (environ 580 €).

Voici plusieurs transporteurs et des agences à partir du Canada :

Air Canada (☎1 888 247 2262 ; www.aircanada.ca).

Thai Airways International (THAI ; ☎1 800 767 3598 ; www. thaiairways.com ; C/O Anjuna, LLC, 1111 bd Dr. Frederik Philips, suite 600, Saint-Laurent QC H4M 2X6).

United Airlines (www.united.com).

Expedia (☎1 800 489 9103 ; www.expedia.ca).

Travel CUTS – Voyage Campus (☎1 800 667 2887 ; www.travelcuts.com). L'agence de voyages des étudiants canadiens. Nombreuses agences au Canada.

Travelocity (www.travelocity.ca).

Avertissement

Les informations contenues dans ce chapitre sont particulièrement susceptibles de changements. Vérifiez directement auprès de la compagnie aérienne ou de l'agence de voyages les modalités d'utilisation de votre billet d'avion. N'hésitez pas à comparer les prestations. Les détails fournis ici doivent être considérés à titre indicatif et ne remplacent en rien une recherche personnelle attentive.

Voie terrestre

La Thaïlande partage des frontières avec le Cambodge, le Laos, la Malaisie et le Myanmar (Birmanie). Il est possible de circuler par voie terrestre entre tous ces pays en passant par des postes-frontières où vous serez contrôlé. L'amélioration des autoroutes et des nouveaux ponts permet également de voyager plus facilement de Thaïlande jusqu'en Chine, via le Laos.

Voyages organisés

Séjours

La Thaïlande figure au catalogue de nombreux tour-opérateurs, qui proposent des forfaits tout compris à des tarifs défiant toute concurrence. Beaucoup se limitent à Bangkok et aux destinations balnéaires les plus touristiques (Pattaya, Phuket...). On prêtera une attention particulière aux prestations hôtelières, de qualité très variable, tant du fait de leur emplacement (éloignement des plages et des divers centres d'intérêt, système de transport...) que des activités proposées (sport, activités pour les enfants...) : la réalité est souvent très éloignée des belles images illustrant les brochures publicitaires.

On peut réserver un séjour de dernière minute ou le modifier auprès des agences de voyages thaïlandaises. Les tarifs appliqués étant variables, il est conseillé de comparer au préalable. Payer par carte bancaire est souvent une garantie : en apportant la preuve qu'un service prévu n'a pas été rendu, vous pourrez obtenir remboursement. Les agences qui pratiquent le paiement en liquide doivent vous remettre les billets immédiatement. N'acceptez pas de "revenir demain". Après avoir réservé et versé un acompte, appelez la compagnie aérienne pour confirmer la réservation.

Circuits

Les meilleures agences de voyages établies hors de Thaïlande créent

Conseils aux voyageurs

La plupart des gouvernements possèdent des sites Internet qui recensent les dangers possibles et les régions à éviter. Consultez notamment les sites suivants :

Ministère des Affaires étrangères français (www.diplomatie.gouv.fr)

Ministère des Affaires étrangères de Belgique (diplomatie.belgium.be/fr)

Département fédéral des Affaires étrangères suisse (www.eda.admin.ch/eda/fr/dfae.html)

Ministère des Affaires étrangères du Canada (www.voyage.gc.ca)

leurs circuits de A à Z, en sélectionnant leurs collaborateurs locaux en fonction de la qualité de leurs services. En voici, ci-dessous, quelques-unes, généralistes ou spécialisées dans les voyages axés sur la plongée ou le trek.

Agences généralistes

Asia (01 56 88 66 75, 01 44 41 50 10 ; www.asia.fr ; 1, rue Dante, 75005 Paris). Autres agences en France et en Suisse.

Clio (01 53 68 82 82 ; www.clio.fr ; 34, rue du Hameau, 75015 Paris).

Club Aventure (514-527 0999 ; www.clubaventure.com ; 2398 bd Rosemont, Montréal, H2G 1V1, Canada). Nombreuses agences au Canada.

Maisons du voyage (01 84 25 43 13 ; www.maisonsduvoyage.com 76, rue Bonaparte, 75006 Paris).

TUI (voir p. 364).

Orients (01 70 64 16 19 ; www.orients.com ; 10, rue de Mézières, 75006 Paris).

Voyageurs du monde (www.voyageursdumonde.fr) ; Paris (01 42 86 16 00 ; 55, rue Sainte-Anne, 75002 Paris) ; Belgique (02 543 95 50 ; 23 chaussée de Charleroi, 1060 Bruxelles) ; Suisse (022 518 04 94 ; 19 rue de la Rôtisserie, 1204 Genève) ; Canada (514 789 0101 ; 555, bd René Lévesque, Montréal, QC OH2Z 1B1). Autre agence à Québec.

Plongée

Océanes (04 42 52 82 40 ; www.oceanes.com ; 425, allée François Aubrun, 13100 Le Tholonet).

Ultramarina (0825 02 98 02, 0,18 €/mn ; ultramarina.com) ; Paris (29, rue de Clichy, 75009 Paris) ; Marseille (27, rue de la Palud, 13001 Marseille) ; Lyon (11, rue Bugeaud, 69006 Lyon) ; Nantes (2 ter, rue des Olivettes, CS 33221, 44032 Nantes Cedex 1) ; Genève (022 786 14 86 ; Rue de Montchoisy 21, 1207 Genève, Suisse).

Trek

Allibert Trekking (04 76 45 50 50 ; www.allibert-trekking.com) ; Paris (01 44 59 35 35 ; 37, bd Beaumarchais, 75003 Paris) ; Belgique (02 318 32 02) ; Suisse (022 519 03 23). Autres agences en France à Chapareillan, Nice, Toulouse et Chamonix.

Atalante (www.atalante.fr) ; Paris (01 55 42 81 00 ; 18, rue Séguier, 75006 Paris) ; Lyon (04 72 53 24 80 ; 36, quai Arloing, 69009 Lyon) ; Bruxelles (02 318 42 69 ; rue César-Franck 44A, 1050 Bruxelles).

Huwans (www.huwansclubaventure.fr) ; Paris (01 44 32 09 30 ; 18, rue Séguier, 75006 Paris) ; Lyon (04 96 15 10 52 ; 38, quai Arloing, 69009 Lyon) ; Marseille (04 88 66 48 93 ; 4, rue Henri et Antoine Maurras, 13016 Marseille ; Genève (rue Prevost Martin 51, CP 124-1211 Genève 4, Suisse).

Nomade Aventure (www.nomade-aventure.com) ; Paris (01 46 33 71 71 ; 40, rue de la Montagne-Sainte-Geneviève, 75005 Paris) ; Toulouse (05 62 30 10 77 ; 43, rue Peyrolières, 31000 Toulouse) ; Lyon (04 72 44 13 50 ; 10, quai Tilsitt, 69002 Lyon) ; Marseille (04 84 25 21 86 ; 12, rue Breteuil, 13001 Marseille).

Terres d'Aventure (www.terdav.com) ; Paris (01 70 82 90 00 ; 30, rue Saint-Augustin, 75002 Paris) ; Lyon (5, quai Jules-Courmont, 69002 Lyon) ; Bruxelles (02 543 95 60 ; 23 chaussée de Charleroi, 1060 Saint-Gilles) ; Genève (022 518 05 13 ; 19 rue de la Rôtisserie, 1204 Genève). Nombreuses agences en France et trois agences au Canada.

Comment circuler

Avion

Voyager en avion en Thaïlande reste assez accessible financièrement. La plupart des liaisons aériennes se font au départ des aéroports de Bangkok (Don Muang et Suvarnabhumi), mais ceux de Chiang Mai, Hat Yai, Ko Samui, Phuket et Udon Thani desservent également quelques villes thaïlandaises.

Bateau

L'authentique embarcation thaïlandaise est le *long-tail boat* ("bateau à longue queue", ou *reu·a hăhng yow*), ainsi dénommé parce que l'hélice est fixée à l'extrémité d'un long arbre de transmission sortant du moteur. À Bangkok et dans les provinces voisines, ainsi que pour relier les îles, les *long-tail boats* constituent le moyen de transport le plus utilisé sur les rivières et les canaux.

Entre le continent et les petites îles moins touristiques, les traversées se font généralement à bord d'embarcations en bois de 8 à 10 m de long, équipées d'un moteur au centre de la coque, d'un gouvernail et d'un simple toit pour protéger passagers et marchandises. Les destinations les plus fréquentées sont le plus souvent assurées par des hydroglisseurs et des vedettes.

Bus et minibus

Le réseau de bus thaïlandais est à la fois très dense et fiable. L'État subventionne la Transport Company (*bò·rí·sàt kŏn sòng*), souvent abrégée en Baw Khaw Saw (BKS). Toutes les villes et les bourgades desservies par les bus disposent d'une gare BKS – parfois un simple cabanon le long de la route.

Les compagnies les plus sûres sont celles qui partent des gares routières BKS. Il peut s'agir de bus publics ou privés bénéficiant de concessions.

Nous déconseillons d'emprunter les bus privés opérant depuis des centres touristiques tels que Th Khao San, à Bangkok, car des vols et des commissions abusives sont fréquemment signalés. Méfiez-vous des escroqueries et prenez les précautions d'usage.

Sur un nombre croissant de destinations, les minibus remplacent de plus en plus les bus. Gérés par des entreprises privées, ils sont en train de devenir une option de catégorie moyenne. Plus petits, ils peuvent partir du marché (et non d'une gare routière en dehors de la ville) et vous déposer directement à votre hôtel. Évitez de vous asseoir à l'avant, ou alors sensations fortes assurées !

Train

Bien qu'ils soient plus lents, les trains thaïlandais parcourent tout le pays et sont la meilleure solution en dehors des bus pour les longs voyages vers Chiang Mai au nord ou Surat Thani au sud, mais aussi pour rallier Ayutthaya et Lopburi depuis Bangkok en évitant les embouteillages.

Le réseau ferré de 4 500 km est géré par la société des chemins de fer thaïlandaise, la **State Railway of Thailand** (SRT ; ☎1690 ; www.railway.co.th) et dessert 4 lignes principales : nord, sud, nord-est et est. Tous les trajets longue distance partent de la gare Hualamphong à Bangkok.

Les gares, à l'exception des plus petites, affichent généralement les horaires des trains en anglais.

Classes

Les trains de passagers de la SRT comptent en général 3 classes, qui diffèrent parfois considérablement selon le type de train : ordinaire, rapide ou express. En 2016, la SRT a annoncé l'achat de 115 voitures modernes avec des sièges équipés d'écran TV et des toilettes plus confortables, actuellement en service sur les lignes nord et nord-est.

1re classe – Les wagons de 1re classe comportent des cabines privées de deux couchettes, disponibles seulement dans les trains rapides, express et trains express spéciaux.

2e classe – Les sièges rembourrés (généralement inclinables) sont disposés comme dans un bus, par paires, tous tournés dans le sens de la marche. Dans les wagons-couchettes, les sièges se font face deux par deux et se transforment en couchettes, l'une au-dessus de l'autre. La couchette inférieure offre plus d'espace au-dessus de la tête, ce qui explique son prix plus élevé. Les enfants sont toujours placés en couchettes inférieures. Il existe des voitures de 2e classe uniquement sur les trains rapides et express. Certains wagons sont climatisés, d'autres ont des ventilateurs.

3e classe – Un wagon de 3e classe typique compte 2 rangées de banquettes qui se font face. Chaque banquette est conçue pour 2 ou 3 passagers, mais, sur les lignes bondées des régions rurales, on tient peu compte de ces considérations. Les express n'ont pas de 3e classe. Les trains qui desservent la banlieue de Bangkok ne possèdent que des wagons de 3e classe.

Tarifs

Les tarifs sont calculés en ajoutant des suppléments au prix de base, selon le type du train (express spécial, express, rapide, train ordinaire), la classe choisie et la distance parcourue. Des frais supplémentaires sont ajoutés pour les wagons climatisés et les couchettes (basse ou haute).

Réservations

Vous pouvez réserver vos billets de train entre 1 et 60 jours avant la date de départ, en personne, depuis n'importe quelle gare ferroviaire. On peut aussi les acheter dans les agences de voyages, mais c'est un peu plus cher. Si vous effectuez une réservation depuis l'étranger, faites appel à un voyagiste habilité ; la SRT avait auparavant une billetterie en ligne, mais celle-ci n'existe plus.

Les réservations sont recommandées pour les trains-couchettes entre Bangkok et Chiang Mai ou entre Bangkok et Surat Thani, car les places partent très vite.

Pour les trajets plus courts, achetez vos billets au moins un jour avant pour avoir un siège (au lieu d'une couchette).

Vous pourrez obtenir des remboursements partiels si vous annulez votre billet, selon le nombre de jours restants avant le départ. Rendez-vous au guichet des réservations de la gare.

Transports urbains

Bus urbains et *songthaew*

C'est à Bangkok que le réseau de bus urbains est le plus développé. Udon Thani et quelques autres capitales provinciales en ont un moindre. L'usage veut que les passagers attendent à l'arrêt et hèlent le bus avec la main, paume vers le bas. Il faut généralement payer après s'être assis ou au moment de descendre.

Ailleurs, les transports publics sont assurés par des *songthaew* (*sŏrng·tăa·ou*, camionnettes ou pick-up avec deux rangées de sièges face à face pour les passagers). Ces véhicules desservent parfois des itinéraires fixes, comme les bus, mais ils peuvent aussi fonctionner comme des taxis collectifs en prenant plusieurs passagers allant dans la même direction. Dans les régions touristiques, ils peuvent être loués comme un taxi ordinaire, mais vous devrez négocier le tarif avant de monter. Vous pouvez héler un *songthaew* sur la route et payer le trajet à la descente.

Dans certaines régions, les *songthaew* desservent des destinations fixes depuis le centre-ville jusqu'aux régions ou provinces avoisinantes.

Moto-taxi

Dans de nombreuses villes de Thaïlande, on peut louer des *mor·đeu·sai ráp jâhng*, des motos-taxis, pour des petites courses. C'est la meilleure solution si vous n'avez pas de bagage (ou seulement un petit).

Dans la plupart des villes, les motos-taxis restent groupés aux carrefours. Les conducteurs portent généralement des T-shirts numérotés. Le tarif de la course oscille entre 10 et 50 B selon la distance. Il faut convenir du prix avant de monter.

Taxi

Bangkok possède le réseau de taxis avec compteur le plus officiel, mais un nombre croissant de villes l'imitent. Dans certains cas toutefois, les tarifs sont fixés à l'avance ou négociables.

Dans les grands centres urbains, les taxis traditionnels cohabitent avec des systèmes basés sur des applications mobiles.

Apparu sur le marché thaïlandais en 2014, **Uber** (www.uber.com) a rapidement gagné en popularité chez ceux qui veulent s'épargner les tracas inhérents aux taxis de la capitale : problèmes de communication, manque perpétuel de monnaie et impossibilité de trouver un taxi aux heures de pointe. À l'heure de la rédaction de ce guide, la situation semblait bloquée, Uber poursuivant son activité à Bangkok mais de manière moins ostensible. Plus tard cette année-là, cependant, le service a été interdit car les chauffeurs et les systèmes de paiement ne correspondaient pas aux standards gouvernementaux. Uber fonctionne toujours, mais est moins visible.

D'autres compagnies fonctionnant avec des applications existent, comme **GrabTaxi** (www.grab.com/th/en), **Easy Taxi** (www.easytaxi.com) et **Thai Taxi** (www.allthaitaxi.com).

Voyages et changement climatique

Tous les moyens de transport fonctionnant à l'énergie fossile génèrent du CO^2 – la principale cause du changement climatique induit par l'homme. L'industrie du voyage est aujourd'hui dépendante des avions. Si ceux-ci ne consomment pas nécessairement plus de carburant par kilomètre et par personne que la plupart des voitures, ils parcourent en revanche des distances bien plus grandes et relâchent quantité de particules et de gaz à effet de serre dans les couches supérieures de l'atmosphère. De nombreux sites Internet utilisent des "compteurs de carbone" permettant aux voyageurs de compenser le niveau des gaz à effet de serre dont ils sont responsables par une contribution financière à des projets respectueux de l'environnement. Lonely Planet "compense" les émissions de tout son personnel et de ses auteurs.

Transports en commun

Bangkok est la seule ville de Thaïlande à posséder à la fois un métro aérien (BTS) et un métro souterrain (MRT), respectivement connus sous le nom de Skytrain et de Metro.

Săhm·lór et tuk-tuk

Les *săhm·lór* (ou *săamláw*) sont des cyclopousses à trois roues que l'on trouve encore dans les villes de petite taille sans circulation excessive, où les modes de transport traditionnels persistent.

La version moderne et motorisée du *săhm·lór* est le *tuk-tuk* (prononcé *đúk dúk*). Il s'agit de petits véhicules utilitaires aux moteurs pétaradants (fonctionnant souvent au GPL) et produisant des étincelles.

Pour l'un comme pour l'autre, nous vous conseillons de convenir d'un prix au préalable avec le conducteur. Dans les lieux touristiques, ceux-ci ont tendance à énormément gonfler leurs prix avec les étrangers, donc ayez en tête une idée des tarifs pratiqués normalement (renseignements disponibles auprès de votre hôtel).

Si les *rickshaws* traditionnels et leur design vous intéressent, consultez *Sur la trace des rickshaws* (Lonely Planet, 2005), signé Tony Wheeler, fondateur de Lonely Planet.

Vélo

Le manque d'infrastructures et la dangerosité des routes rendent le cyclotourisme peu recommandé au visiteur lambda. Les circuits guidés de Bangkok et d'autres grandes villes, qui évitent les principaux axes urbains, font exception.

Voiture et moto

Assurance

La réglementation impose la souscription d'une assurance responsabilité civile pour tous les véhicules en circulation. Les meilleures agences de location proposent une couverture complète. Vérifiez toujours que vous êtes assuré au tiers et demandez à voir les papiers d'assurances datés. Un accident au volant d'un véhicule non assuré entraînerait des ennuis considérables.

Code de la Route et règles de sécurité

Les Thaïlandais roulent à gauche (la plupart du temps !). En dehors de cela, tout semble permis, en dépit des panneaux de signalisation et des limitations de vitesse.

La règle cardinale de sécurité est de laisser la priorité au véhicule le plus gros. Même si ce n'est pas ce que dit la réglementation, il s'agit bien de la réalité. La vitesse est limitée à 50 km/h dans les villes et de 80 à 100 km/h sur la plupart des routes nationales, mais vous verrez toujours des véhicules rouler à 30 km/h comme à 150 km/h !

Souvent, des panneaux lumineux informent les conducteurs du trafic en cours. Un indicateur clignotant sur la gauche vous signifie que vous pouvez passer, un indicateur allumé sur la droite signale qu'un véhicule arrive dans l'autre sens. Le klaxon permet d'avertir les autres usagers que le conducteur compte passer. Si un conducteur vous fait des appels de phares, il vous indique de ne pas avancer.

À Bangkok, il faut des nerfs d'acier pour affronter la circulation désordonnée et la mauvaise signalisation des routes. Nous déconseillons fortement l'expérience, d'autant plus dangereuse que les motos sont omniprésentes et le système de circulation à sens alterné hasardeux.

Hors de la capitale, les conducteurs sont surtout confrontés à une multitude de véhicules en tout genre circulant sur la chaussée : camions, vélos, *tuk-tuk* et motos. Une situation encore aggravée par le fait que de nombreux feux de circulation ne fonctionnent pas. Dans les villages, la circulation est moins dense, mais vous rencontrerez en chemin poulets, chiens et buffles d'eau.

Sécurité routière

Les routes de Thaïlande sont dangereuses. En 2015, l'Organisation mondiale de la santé a classé le pays au deuxième rang mondial en termes de mortalité liée aux accidents de la circulation. Après plusieurs graves accidents de bus ayant impliqué des touristes étrangers, certains pays occidentaux ont diffusé des avertissements aux voyageurs signalant le non-respect des limitations de vitesse, les imprudences au volant et l'utilisation de stimulants par les chauffeurs de bus longue distance.

Les accidents de bus mortels font la une des journaux, mais en Thaïlande, plus de 75% des accidents de la circulation impliquent des motos. Moins de la moitié des conducteurs de deux-roues portent des casques et beaucoup de touristes se blessent en conduisant des motos ou des scooters car ils ne maîtrisent pas leur véhicule et ne sont pas habitués aux habitudes de conduite locales.

Si vous êtes novice à moto, familiarisez-vous avec votre engin dans une zone peu fréquentée et limitez-vous à une moto de 100 cm^3. Conduisez lentement, surtout sur des routes glissantes ou couvertes de graviers. Pour faciliter le maniement, pensez à répartir le poids de façon aussi équilibrée que possible. Et ne pensez pas à ce que les autres véhicules vous prêtent une attention particulière : les deux-roues sont en bas de l'échelle dans la hiérarchie de la circulation automobile.

Location

Il est possible de louer des voitures, des quatre-quatre et des camionnettes dans la plupart des grandes villes et des aéroports, auprès de compagnies locales ou des habituelles chaînes internationales. Les agences de location locales pratiquent des tarifs inférieurs à ceux des grandes chaînes internationales, mais la qualité de leurs véhicules est variable. Vérifiez toujours l'état des pneus et l'aspect général du véhicule avant de signer un contrat de location.

On trouve également des motos à louer dans toutes les grandes villes, ainsi que dans les centres touristiques, auprès des pensions ou des petites sociétés familiales. Il est assez facile de louer une moto. C'est le moyen de transport idéal pour parcourir la campagne de façon indépendante. Pour les locations à la journée, on vous demandera la plupart du temps de laisser votre passeport en dépôt. Là encore, avant de vous engager, vérifiez l'état de la moto et réclamez un casque (dont le port est obligatoire).

Langue

On peut transcrire la langue thaïe de plusieurs manières. Nous avons choisi ici l'une d'entre elles : les tirets indiquent un changement de syllabes à l'intérieur d'un même mot et certaines syllabes sont à leur tour scindées par un point pour une prononciation facilitée. Langue tonique, les accents sur les voyelles déterminent une intonation descendante, ascendante, basse, haute ou intermédiaire.

Une particule de politesse vient ponctuer chaque phrase : *káp*, pour les hommes et *ká* pour les femmes.

Indispensable pour mieux communiquer sur place : le *Guide de conversation thaï* de Lonely Planet. Pour réserver une chambre, lire un menu ou simplement faire connaissance, ce manuel permet d'acquérir des rudiments de thaïlandais.

Civilités et expressions de base

Bonjour	สวัสดี	sà-wàt-di
Excusez-moi	ขออภัย	kŏr à-pai
Oui/Non	ใช่/ไม่ / ไม่	châi/mâi
Merci	ขอบคุณ	kòrp kun
De rien	ยินดี	yin di

Comment allez-vous ?
สบายดีไหม — sà-bai di măi

Je vais bien. Et vous ?
สบายดีครับ/ค่า แล้วคุณล่ะ — sà-bai di kráp/ kâ (m/f) kâ láa·ou kun lâ (m/f)

Parlez-vous anglais ?
คุณพูดภาษาอังกฤษได้ไหม — kun pôot pah-săh ang-grìt dâi măi

Je ne comprends pas.
ผม/ดิฉันไม่เข้าใจ — pŏm/dì-chăn mâi kôw jai (m/f)

Combien ça coûte ?
เท่าไร — tôw-rai

Pouvez-vous baisser un peu le prix ?
ลดราคาได้ไหม — lót rah-kah dâi măi

Hébergement

Où puis-je trouver un hôtel ?
โรงแรมอยู่ที่ไหน — rohng raam yòo têe năi

Avez-vous un(e) chambre... ?	มีห้อง ... ไหม	mi hôrng ... măi
simple	เดี่ยว	dèe·o
double	เตียงคู่	đee·ang kôo

Se restaurer et prendre un verre

Je voudrais (le menu), s'il vous plaît.
ขอ (รายการอาหาร) หน่อย — kŏr (rai gahn ah-hăhn) nòy

Que nous conseillez-vous ?
คุณแนะนำอะไรบ้าง — kun náa-nam à-rai bâhng

C'était délicieux !
อร่อยมาก — à-ròy mâhk

Santé !
ไชโย — chai-yoh

L'addition, s'il vous plaît.
ขอบิลหน่อย — kŏr bin nòy

Je ne mange pas de...	ผม/ดิฉันไม่กิน ...	pŏm/dì-chăn mâi gin (m/f)
noix	ถั่ว	tòo·a
œufs	ไข่	kài
poisson	ปลา	Ƃlah
viande rouge	เนื้อแดง	néu·a daang

Urgences

Au secours ! ช่วยด้วย — chôo·ay dôo·ay

Appelez un médecin !
เรียกหมอหน่อย — rêe·ak mŏr nòy

Appelez la police !
เรียกตำรวจหน่อย — rêe·ak đam-ròo·at nòy

Je suis malade.
ผม/ดิฉันป่วย — pŏm/dì-chăn Ƃòo·ay (m/f)

Où se trouvent les toilettes ?
ห้องน้ำอยู่ที่ไหน — hôrng nám yòo têe năi

Directions

Où se trouve... ?
... อยู่ที่ไหน — ... yòo têe năi

Quelle est l'adresse ?
ที่อยู่คืออะไร — têe yòo keu à-rai

Pourriez-vous l'écrire ?
เขียนลงให้ได้ไหม — kĕe·an long hâi dâi măi

Pourriez-vous m'indiquer (sur la carte) ?
ให้ดู (ในแผนที่) ได้ไหม — hâi dou (nai păan têe) dâi măi

En coulisses

Un mot des auteurs

Austin Bush

Mille mercis aux éditeurs Dora Ball et Clifton Wilkinson, ainsi qu'à toutes les personnes sur place à Bangkok et dans le nord de la Thaïlande.

Tim Bewer

Du fond du cœur, *kòrp jai lăi lăi dêu* aux habitants de l'Isan, toujours accueillants, qui ont rarement failli à leur réputation d'hospitalité et de gentillesse face à mes questions incessantes, tout particulièrement Prapaporn Sompakdee (notamment pour ses conseils sur le porc croustillant) et Julian Wright. Et tout particulièrement merci à ma femme Suttawan, pour tout.

Celeste Brash

Merci à l'université de Chiang Mai et à mes chers professeurs ; à Samui Steve, Iain Leonard, Frans Betgem, Lee chez Akha Ama et Catherine Bodry. J'embrasse Janine Brown du Smithsonian Conservation Biology Institute pour sa passion et ses explications sur un sujet compliqué ; et ma famille, Josh, Jasmine et Tevai, que j'aimerais emmener dans chacun de mes voyages.

David Eimer

Merci à mes homologues écrivains et à toute l'équipe Lonely Planet de Londres. Merci également à Alex et sa bande pour les soirées à Phuket. Comme toujours, toute ma gratitude aux personnes que j'ai rencontrées sur la route et qui ont partagé de bons tuyaux, parfois sans le savoir.

Damian Harper

Un immense merci à feu Neil Bambridge, toute ma gratitude pour tout, puisses-tu reposer en paix. Merci aussi à la femme de Neil, Ratchi, à Maurice Senseit, au joyeux personnel de Nira's à Thong Sala, à Piotr, Gemma, James Horton, George W, Celeste Brash, et à tous ceux qui m'ont aidé en chemin, de quelque manière que ce soit.

Anita Isalska

Un grand merci à toutes les personnes qui m'ont aidée lors de mes voyages en Thaïlande. Toute ma reconnaissance à Sai et Anna pour leur chaleureux accueil et leurs conseils pour l'Ouest sauvage, à l'équipe du Tourism Authority of Thailand à Kanchanaburi, et à Tim Bewer pour ses suggestions utiles. Je remercie aussi les enfants de Lopburi qui ont aidé une auteure perplexe à s'extirper de l'enceinte d'un temple fermé trop tôt. Merci comme toujours à Normal Matt pour les appels sur Skype et son soutien.

Crédits

Données de la carte climatique adaptées à partir de Peel MC, Finlayson BL & McMahon TA, "Updated World Map of the Köppen-Geiger Climate Classification", *Hydrology and Earth System Sciences* (2007), 11, 1633-44.

Illustrations p. 42-43, p. 46-47 par Michael Weldon.

Photographie de couverture : Phra Nakhon, temple du Bouddha couché Wat Po (Wat Phra Chettuphon), Bangkok. MAISANT Ludovic / hemis.fr ©

À propos de ce guide

Cette 5e édition du guide *Essentiel de la Thaïlande* est l'adaptation française de la 2e édition du guide *Best of Thailand* en anglais. L'édition anglaise a été dirigée par Austin Bush, épaulé de Tim Bewer, Celeste Brash, David Eimer, Damian Harper et Anita Isalska.

Traduction Christelle Taureau

Direction éditoriale Didier Férat

Adaptation française Cécile Couet

Responsable prépresse Jean-Noël Doan

Maquette Valérie Police

Cartographie Cartes adaptées en français par Eduardo Yanes-Blanch

Couverture Laure Wilmot

Remerciements à Michel MacLeod et Alexandra Guyot pour leur révision du texte, à Jacqueline Menanteau pour sa relecture, et à Basile Mariton pour son travail de comparaison et de référencement. Merci également à Dominique Spaety et Dominique Bovet du bureau parisien pour leurs conseils et leur soutien. Enfin, merci à Glenn van der Knijff, Jacqui Saunders et Brad Smith du bureau australien, ainsi qu'à Clare Mercer et Imogen Harrison du bureau de Londres.

Vos réactions ?

Vos commentaires nous sont très précieux et nous permettent d'améliorer constamment nos guides. Notre équipe lit toutes vos lettres avec la plus grande attention. Nous ne pouvons pas répondre individuellement à tous ceux qui nous écrivent, mais vos commentaires sont transmis aux auteurs concernés. Tous les lecteurs qui prennent la peine de nous communiquer des informations sont remerciés dans l'édition suivante, et ceux qui nous fournissent les renseignements les plus utiles se voient offrir un guide.

Pour nous faire part de vos réactions, prendre connaissance de notre catalogue et vous abonner à notre newsletter, consultez notre site Internet : www.lonelyplanet.fr

Nous reprenons parfois des extraits de notre courrier pour les publier dans nos produits, guides ou sites web. Si vous ne souhaitez pas que vos commentaires soient repris ou que votre nom apparaisse, merci de nous le préciser. Notre politique en matière de confidentialité est disponible sur notre site Internet.

A–Z

Index

Références des **cartes**

Q

R

S

T

Comment utiliser ce guide

Ces symboles vous aideront à identifier les différentes rubriques :

- À voir
- Activités
- Cours
- Circuits organisés
- Fêtes et festivals
- Où se restaurer
- Où prendre un verre
- Où sortir
- Achats
- Renseignements et transports

Ces symboles vous donneront des informations essentielles au sein de chaque rubrique :

- Adresses écoresponsables
- GRATUIT Sites libres d'accès

- Numéro de téléphone
- Heures d'ouverture
- Parking
- Non-fumeur
- Climatisation
- Accès Internet
- Wi-Fi
- Piscine
- Bus
- Ferry
- Tramway
- Train
- Végétarien
- Familles bienvenues

Choisissez des lieux sur mesure grâce aux symboles suivants :

- Petits prix
- Gastronomie
- Prendre un verre
- Vélo
- Sports
- Art et culture
- Fêtes et festival
- Sites photogéniques
- Paysages
- En famille
- Excursion
- Détour
- Randonnée
- 100% local
- Histoire
- Sortir
- Plages
- Café
- Faune et flore
- Scène LGBT
- Hébergement
- Transports
- Activités aquatiques
- Infos pratiques

À voir

- Cave/vignoble
- Château
- Église
- Monument
- Mosquée
- Musée/galerie/ édifice historique
- Plage
- Réserve ornithologique
- Ruines
- Synagogue
- Temple bouddhiste
- Temple confucéen
- Temple hindou
- Temple jaïn
- Temple shintoïste
- Temple sikh
- Temple taoïste
- Zoo/réserve animalière
- Autre site

Achats

- Magasin

Activités

- Bodysurfing
- Canoë/kayak
- Cours/circuits organisés
- Plongée/snorkeling
- Randonnée
- Sentô (bain public)
- Ski
- Snorkeling
- Surf
- Piscine/baignade
- Planche à voile
- Autres activités

Où se loger

- Camping
- Hébergement

Où se restaurer

- Restauration

Où prendre un verre

- Bar
- Café

Où sortir

- Salle de spectacle

Renseignements

- Banque
- Ambassade/consulat
- Hôpital/centre médical
- Accès Internet
- Police
- Bureau de poste
- Centre téléphonique
- Toilettes
- Office du tourisme
- Autre adresse pratique

Géographie

- Aire de pique-nique
- Cascade
- Col
- Montagne/volcan
- Oasis
- Parc
- Phare
- Plage
- Point de vue
- Portail
- Refuge/gîte

Transports

- Aéroport
- Bart
- Bus
- Ferry
- Gare/chemin de fer
- Métro/MRT
- Monorail
- Parking
- Piste cyclable
- Poste-frontière
- Station-service
- Subway
- T/T-Bane
- Taxi
- Téléphérique/ funiculaire
- Tramway
- Tube
- U-Bahn
- Autre moyen de transport

Tim Bewer

Après un bref poste d'assistant parlementaire, Tim a décidé qu'il n'avait pas l'ego nécessaire pour réussir en politique (ni l'envie de travailler avec ceux qui y étaient destinés). Il a quitté son travail pour voyager, sac au dos, en Afrique de l'Ouest, et réfléchir à la suite. C'est alors qu'il a décidé d'écrire un guide des parcs, forêts et réserves naturelles du magnifique État du Wisconsin (États-Unis). Depuis, il est rédacteur et photographe de voyages free-lance.

Celeste Brash

Comme beaucoup de natifs de Californie, Celeste vit désormais à Portland, Oregon. Toutefois, elle s'y est installée après 15 années passés en Polynésie française, 18 mois en Asie du Sud-Est et une période d'enseignement de l'anglais deuxième langue à Brighton, en Angleterre – entre autres choses. Elle rédige des guides pour Lonely Planet depuis 2005, et ses articles de voyage paraissent dans des publications comme *BBC Travel* ou *National Geographic*.

David Eimer

David est journaliste et auteur depuis qu'il a abandonné l'idée d'une carrière juridique en 1990. Après avoir travaillé dans son Londres natal et à Los Angeles, il a emménagé à Beijing en 2005, d'où il participe à divers journaux et magazines du Royaume-Uni. Il a ensuite parcouru la Chine et de nombreuses villes d'Asie du Sud-Est, dont Bangkok, Phnom Penh et Rangoun. Depuis 2006, il couvre la Chine, le Myanmar (Birmanie) et la Thaïlande pour Lonely Planet.

Damian Harper

Titulaire de deux diplômes (dont un en chinois moderne et classique de la SOAS University de Londres), Damian écrit pour Lonely Planet depuis plus de 20 ans. Il a travaillé sur de nombreux titres, notamment *Chine*, *Vietnam*, *Thaïlande*, *Irlande*, *Londres*, *Majorque*, *Malaisie*, *Singapour*, *Brunei*, *Hong Kong* et *Royaume-Uni*. Auteur de guides expérimenté, Damian rédige des articles pour plusieurs journaux et magazines, notamment *The Guardian* et *The Daily Telegraph*. Il vit actuellement dans le Surrey, en Angleterre. Suivez-le sur Instagram (damian.harper).

Anita Isalska

Anita est journaliste spécialisée dans les voyages, éditrice et rédactrice. Son travail pour Lonely Planet l'a conduite des villes balnéaires grecques aux forêts malaisiennes, en passant par une multitude d'autres endroits fantastiques. Après plusieurs années passées notamment dans les bureaux londoniens de Lonely Planet, Anita travaille désormais en free-lance entre le Royaume-Uni, l'Australie et des pensions des Balkans équipées d'une bonne connexion Wi-Fi. Elle écrit sur les voyages, la cuisine et la culture pour divers sites Internet et magazines. Découvrez son travail sur www.anitaisalska.com.

Les guides lonely Planet

Une vieille voiture déglinguée, quelques dollars en poche et le goût de l'aventure, c'est tout ce dont Tony et Maureen Wheeler eurent besoin pour réaliser, en 1972, le voyage d'une vie : rallier l'Australie par voie terrestre via l'Europe et l'Asie. De retour après un périple harassant de plusieurs mois, et forts de cette expérience formatrice, ils rédigèrent sur un coin de table leur premier guide, *Across Asia on the Cheap*, qui se vendit à 1 500 exemplaires en l'espace d'une semaine. Ainsi naquit Lonely Planet, dont les guides sont aujourd'hui traduits en 13 langues.

Nos auteurs

Austin Bush

Austin s'est rendu en Thaïlande pour la première fois en 1999 dans le cadre d'un programme linguistique à l'université de Chiang Mai. L'attrait de la vie citadine, d'un emploi et... de la cuisine épicée l'a ensuite conduit à Bangkok, où il réside encore aujourd'hui. Auteur et photographe, Austin a contribué à de nombreux livres, magazines et sites Internet, mais aussi au texte et aux photos de plus de vingt titres Lonely Planet, parmi lesquels *Bangkok en quelques jours*, *Malaisie, Singapour et Brunei*, *Thaïlande îles et plages*, *Thaïlande* et *Vietnam*, entre autres.

Nos auteurs (suite)

L'essentiel de la Thaïlande
5e édition
Traduit et adapté de l'ouvrage *Best of Thailand, 2nd edition, August 2018*

Dépôt légal Février 2019
ISBN 978-2-81617-761-9
Photographes © comme indiqué 2018
Imprimé par ESTIMPRIM, Baume-les-Dames, France
Réimpression 02, août 2022

En Voyage Éditions | un département édi8